RESEARCH ON EFFECT MECHANISM OF
WORKING RELATIONSHIP AND ITS MANAGEMENT

工作关系的效应机制及其管理研究

韦慧民 潘清泉◎著

经济管理出版社
ECONOMY & MANAGEMENT PUBLISHING HOUSE

图书在版编目（CIP）数据

工作关系的效应机制及其管理研究/韦慧民，潘清泉著 . —北京：经济管理出版社，2018.11
ISBN 978 – 7 – 5096 – 6195 – 6

Ⅰ. ①工… Ⅱ. ①韦… ②潘… Ⅲ. ①人事管理—研究 Ⅳ. ①D035.2

中国版本图书馆 CIP 数据核字（2018）第 263517 号

组稿编辑：胡　茜
责任编辑：任爱清
责任印制：黄章平
责任校对：陈　颖

出版发行：经济管理出版社
　　　　　（北京市海淀区北蜂窝 8 号中雅大厦 A 座 11 层　100038）
网　　址：www.E – mp.com.cn
电　　话：（010）51915602
印　　刷：北京玺诚印务有限公司
经　　销：新华书店
开　　本：720mm×1000mm/16
印　　张：19.25
字　　数：367 千字
版　　次：2018 年 11 月第 1 版　2018 年 11 月第 1 次印刷
书　　号：ISBN 978 – 7 – 5096 – 6195 – 6
定　　价：69.00 元

·版权所有　翻印必究·
凡购本社图书，如有印装错误，由本社读者服务部负责调换。
联系地址：北京阜外月坛北小街 2 号
电话：（010）68022974　　邮编：100836

本书获得国家自然科学基金项目"社交网站使用及其对领导—成员交换关系的'双刃剑'效应研究：基于边界管理与身份建构视角"（71862004）资助

前　言

长期以来,"关系"都被认为是社会生活的重要部分,对于个体和社会均会产生显著影响。在强调"关系"与"人情"的中国社会环境中尤其如此。实际上,"关系"除影响人们的日常生活之外,也是职场环境中不可忽视的重要主题。在工作中形成的关系已经成为人们生活的一个核心构成(Kahn, 2007)。"关系"对于组织成员的相关行为和态度有着显著的影响作用,包括职场偏离行为、组织公民行为、职业认同、情感承诺等(Dirks & Ferrin, 2002; Rhoades & Eisenberger, 2002)。"关系"还会影响团队或群体的有效性,如有效的协调、团队的灵活性等(Dutton et al., 2006; Stephens et al., 2013)。在组织中,每一个成员都会投入各种社会交换关系之中,包括与同事、主管、团队以及组织(Emerson, 1976)相应地发展起不同的工作关系。同时,对于工作关系的理解有着重要意义。基于此,组织研究者投入了大量的时间与精力去研究组织情境中的社会交换关系的形式与内容是如何影响成员在组织中的态度与行为的(Cropanzano & Mitchell, 2005)。不过,尽管工作领域中的"关系"是关系研究的中心,但工作关系的形成和维持方式、工作关系的发展和改变过程以及工作关系影响结果的作用机制等问题的研究仍然不足,还有许多问题需要进一步的探讨。

长期以来,组织研究者都认为,在组织背景中发生的社会关系主要受到互惠(Reciprocity)规则的影响(Eisenberger et al., 1986; Sparrowe & Liden, 1997)。根据互惠规则,互动关系双方均会权衡自己的投入与回报,并尽可能使两者保持平衡,即投入与回报尽可能差异不大。根据互惠观视角,随着时间发展,双方通过一系列基于互惠的互动并且这些互动被双方都认为是成功地履行了互惠预期后,互动双方的社会交换关系就得以发展(Molm, Takahashi & Peterson, 2000)。因为这种基于互惠的互动使互动双方的个人义务感和信任感得以提升,从而对于关系发展有着重要的促进作用(Lawler, 2001; Cropanzano & Mitchell, 2005)。

Lawler(2001)基于社会交换的情感理论指出,"重复的交换"是发展积极情感过程的重要部分,而这种积极情感是导致积极交换行为所必需的。Cropanzano 和 Mitchell(2005)也赞同这一观点,认为关系发展不是一个单一刺激的结果,而是类似于爬楼梯。由此来看,关系发展可能是一个持续的动态过程,通过

工作关系的效应机制及其管理研究

多次互动双方的交换得以发展。只是这个过程机制,不同的理论观点有不同的解释。如基于互惠理论,每一方都反复权衡交换中的得与失,每一方都会判断彼此并且判断与对方的每一次互动,这种互动是否平衡将决定双方对于关系的知觉如何,并形成一种隐性的在未来交换中应遵循的双方互动规则。

但是这一互惠规则的交换关系假设忽视了不同关系状态下交换模型实际上存在非常大的差异,而这是仅依靠互惠规则而无法完全解释的(Meglino & Korsgaard,2004)。在日常生活中,我们就对此有着明显的体验。例如,我们与不同对象发展不同的关系,而不同关系的交往规则有着很大的不同。如与陌生人的等价及时交换,与熟人的互惠或者适当延后的交换,而与家人或者家人交往则可能是不计回报的奉献。而在组织背景下,我们也可能发展出不同亲密度的交换关系,适用于不同的交换互动规则。基于此,组织研究者显然还需要进一步深入地探讨为什么"非互惠"关系会随着时间发展仍然可以维持得非常好?其中,内在的作用机制是什么?导致这种"非互惠"关系发展的主要因素有哪些?相信对于这些问题的探讨将极大地有助于关系理论研究的进一步拓展,同时也能够更好地解释和指导组织背景中不同形式关系的发展实践。

Ballinger 和 Rockmann(2010)就提出交换关系发展不仅依靠互惠规则进行的,实际上交换关系也可以以非互惠的方式发生和发展的,即交换关系发展可以有互惠规则和非互惠规则两种方式,只是不同规则适用于不同关系状态。他们指出,交换关系可以在互惠形式与非互惠形式间变动,而这种变动是通过一个"加强式平衡"(Punctuated - equilibrium)过程实现的,在这一个过程中以极端情感性和工具性内容为特征的一种或者一个短暂过程的交换使关系达到了某种状态后,互惠形式可能向非互惠形式转变,当然也可能反过来,即非互惠形式向互惠形式转变。Ballinger 和 Rockmann(2010)把这些关键交换称为锚定事件(Anchoring Events),即自动记下来并导致用于在评价双方关系中接下来行为的规则发生了持久变化的事件。一旦在关系中确定了一个锚,双方会通过这个锚定事件去评价之后双方关系中发生的交换。据此,锚定事件可能导致评价双方互动规则的变化,从而使双方关系未必总是依据互惠规则。

正是出于工作场所中关系的普及性与重要性,探讨工作关系的效应机制及其有效管理是组织管理学者和实践者均需关注的重要问题。基于此,本书聚焦于工作关系,探讨工作场所中不同形式的关系形式、发展及其影响机理,期望能够对工作场所关系的理论研究有所推动,同时对于工作关系的治理实践也有所借鉴。

本书共包括十七章,第一章导言概括性地介绍工作场所中的关系的意义、发展及影响机制,以对工作关系有一个整体性的认识与把握。第二章、第三章和第四章聚焦于组织中的垂直关系,从整体视角综合探讨了当前组织中垂直关系的两个主要流派的研究,即领导—成员交换关系(LMX)以及上下级关系(SSG),详细剖析领导与下属之间发展的工作关系与私人关系的内涵、过程与影响效应。其中,第二章领导—成员交换(LMX)关系对员工离职倾向的影响研究,主要探讨 LMX 关系影响员工离职倾向的中介机制和边界条件,并基于态度和认知的视角进一步揭示组织承诺和组织公平感在 LMX 关系与离职倾向之间的中介作用,以及领导—成员交换关系质量差异化(Leader - Member Exchange Differentiation, DLMX)的调节作用。当 LMX 关系质量较高时,领导者对员工表现出更多的支持与激励,而员工也可能产生如"士为知己者死""滴水之恩,涌泉相报"的感受。正是 LMX 关系对员工的工作态度与认知产生的这些影响,有助于降低其离职倾向。而 DLMX 会使员工产生受到了领导不公平对待的感知,当 DLMX 程度越高时,LMX 对组织公平感和组织承诺的正向影响作用越弱,进而导致对员工离职倾向的抑制作用减弱。第三章为领导—成员交换(LMX)关系差异化的内涵、发展及影响研究,聚焦于群体层面的领导—成员交换关系的分布状态。领导—成员交换关系差异化(LMX 差异化),表现为同一工作组或者团队中不同成员与领导间发展的 LMX 关系质量的差异性(Erdogan & Bauer, 2010; Liden et al., 2006)。差异化的 LMX 关系在团队中是一种常态而不是一种特例。有研究指出,LMX 关系差异化的影响效应要远大于 LMX 本身的影响。LMX 差异化与绩效间关系的不一致均有一定的理论支持。具体而言,公平理论支持了 LMX 差异化与绩效间的正向关系,而平等理论则支持了 LMX 差异化与绩效间的负向关系。为此,未来研究有必要探讨 LMX 差异化与绩效间关系的调节机制。第四章为组织中积极的上下级关系及其管理研究,围绕组织中积极的上下级关系的相关文献进行梳理,主要是通过对组织中积极的上下级关系进行内涵的丰富和界定,以及对目前关于积极上下级关系的前因后效进行归类和梳理,为积极上下级关系的管理提供理论框架并给予一定的管理建议和意见。高水平的上下级关系会给组织及其成员个人带来一系列的积极影响,但先前研究的重点主要从上级的角度出发,学者普遍认为,上级对于积极上下级关系的建立和培养发挥着至关重要的作用,而同时却也忽视了下属也是构成积极的上下级关系中重要的一方。实际上,上级和下属对于积极的上下级关系的培养均可以发挥积极主动作用,共同促进积极上下级关系发展。

第五章、第六章和第七章从具体细化视角探讨组织中垂直关系分别对于员工情感承诺、建言行为和工作绩效的中介传递机制及相应的可能边界条件。其中,第五章为主管—下属关系(SSG)与员工情感承诺:积极情绪和趋近动机的影响,主要探讨主管与下属的私人关系(SSG)对员工情感承诺的影响机制,旨在丰富主管—下属关系的影响效应机理以及员工情感承诺的发生机制研究。与此同时，进一步探讨了员工的积极情绪和趋近动机在主管—下属关系与员工情感承诺之间的中介作用和调节作用，以期拓展主管—下属关系对员工情感承诺影响的作用内在机制理论研究，同时对员工情感承诺激发管理实践有所借鉴。第六章为上下级关系对员工建言行为的影响：员工自我效能感的中介作用和组织建言氛围的调节作用，将员工自我效能感作为中介变量，以期能进一步解释上下级关系对员工建言行为产生影响的作用机制。另外，对于建言行为这一特定行为而言，影响其发生的背景因素可能更需考虑针对性的组织中的建言氛围的影响。从现实情况来看，员工的建言行为的产生不仅是受到个人层面的影响，还包括了组织层面因素的影响。基于此，本书将组织建言氛围这一情景因素融入研究中进行讨论，可以更好地从组织层面因素挖掘上下级关系对员工建言行为产生影响的边界条件。第七章为上下级关系（SSG）对员工工作绩效的影响：信任的中介作用和尽责性的调节作用，探讨了SSG对员工绩效表现的具体作用机制。SSG反映了上级与下级之间的私人关系质量的高低，具体可以表现在情感性、义务性和工具性成分上。虽然三个成分的含义有区别并且反映关系的深度上也有差别，但是就其对员工工作绩效表现的影响而言，较高水平的情感性、义务性和工具性均会促进员工更多地投入到工作绩效提升的努力之中，包括任务绩效和组织公民行为。而良好的SSG水平会提高下属对领导的信任，进而激发员工更多地投入到工作相关表现之中，以回馈领导。不过，个体的尽责性特征在期间可能作为边界条件发挥影响，表现为对于高尽责性的员工而言，信任—绩效间关系的紧密程度相对较低，而低尽责性员工的信任—绩效关系相对更强。

第八章和第九章探讨的是组织中的师徒指导关系，分别从整体框架和具体作用机制视角探讨师徒指导关系。其中，第八章师徒指导关系：内涵、影响效应与驱动机制。首先，对师徒指导关系的内涵、分类以及指导关系的发展历程进行论述；其次，进一步深入剖析师徒指导关系的影响效应和驱动机制；最后，基于上述相关研究发现提出师徒指导关系的管理启示和未来的研究展望。师徒指导关系是一种特定类型的工作关系。师徒指导关系是在组织中特定的时期发展的，是独一无二的（Ragins，2012），并不等同主管—监督关系或领导—成员交换关系（Godshalk & Sosik，2007）。组织中的师徒指导关系对徒弟、导师和组织而言都会受益匪浅。但是并非所有的师徒指导关系均能产生积极影响，其中主要决定于师徒指导关系的质量。而师徒指导关系的质量是动态的，在关系发展过程中会受到各种因素的影响。由此可见，为了发挥师徒指导关系的积极价值，组织和个体均需要高度重视高质量师徒指导关系的发展与维护。第九章师徒指导关系、隐性知识共享与徒弟创新绩效的关系研究，具体基于徒弟视角探讨师徒指导关系的影响效应机制。师徒指导关系是包括纵向高级别者或者横向资历较深者向被指导者提供职业发展相关帮助同时双方间发展起一定水平认同的一种特定类型工作关系。良好的师徒指导关系可以有效降低隐性知识共享的风险知觉。而较低的风险知觉会促使师傅将自身职业生涯中积累的隐性知识尽力传递给徒弟，并督促徒弟吸收和利用（王晓蓉，2012）；对于徒弟来说，较低的风险知觉也促使其更愿意接受并运用师傅共享的隐性知识。师徒间的这种积极隐性知识共享将有利于徒弟更快地获取创新所需的信息，培养创新能力，提高创新绩效。

第十章和第十一章针对组织中的横向关系（同事关系）进行探讨。其中，第十章工作场所中同事关系的研究进展及其管理启迪，在分析工作场所中同事关系的内涵与特征基础之上，剖析影响同事关系的主要因素以及同事关系的影响效应机制。同事关系的度量可以从正式的角度和非正式的角度进行。在工作场所中同事关系具有混合属性，其兼具有情感属性和利益交换属性，同时这两种属性还可以向各自对立的方向发展。高质量的同事关系不仅有利于员工的身心健康，还对员工的积极主动行为产生正向影响，既能够帮助员工出色完成工作任务、提高员工工作绩效，进而也能促进组织绩效和效能的提高。鉴于此，企业需要高度重视企业中良好员工关系培养与和谐组织氛围的营造。第十一章员工的自我疏离感与离职倾向：同事关系以及组织支持感的影响，具体检验员工的自我疏离感对于同事关系的影响，以及随之可能引发的离职倾向。作为一种负面的心理分离状态，员工的自我疏离感又可能负面影响同事关系，并进一步导致对继续留在所在组织的意愿降低，但是如果在组织的支持强度比较大的情况下，个体可能会缓解离开的意愿。

第十二章团队—成员交换关系：内涵、影响效应与驱动机制，基于团队背景，聚焦于团队层面中的成员关系影响研究。团队—成员交换关系（Team Member Exchange，TMX），即基于互惠理论和社会交换理论视角下个体与其他团队成员建立的社交交流关系（Seers et al.，1995）。随着组织越来越多以团队为基础开展工作，团队—成员交换关系已经成为组织和团队工作完成效能的关键影响要素。除团队—成员交换关系高低的绝对水平影响个体层面的结果之外，团队—成员交换关系差异化也会产生一定的影响。考虑到协调团队—成员交换关系的重要影响，组织管理学者和实践者需要高度重视团队成员关系管理，不仅重视二元视角下的关系质量，而且还需要重视团队整体的关系差异化状态。

第十三章和第十四章结合当前普遍发展的移动网络技术以及工作—非工作边界渗透日益增强的背景，探讨新形势下的工作关系发展。其中，第十三章移动网络技术使用与员工组织内二元工作关系发展机制研究，探讨当前普遍应用的移动网络技术对于组织中工作关系的可能影响。尽管借助于移动网络技术的 QQ、微信等沟通方式极大地拓展了员工的工作关系联系，可以超越时间与空间的限制。

但这种不受限制的联系可能是一把"双刃剑",既可能成为关系的"助推器",也可能成为关系的"破坏者"。在移动网络技术超越时间与空间的有利刺激下,工作关系更可以拓展和利用到更大的范围,包括工作领域与非工作领域,工作时间与非工作时间。究竟如何恰当运用移动网络技术促进组织内工作关系的积极发展是当前背景下的一个关系研究新主题。第十四章工作关系与边界工作的相互关系研究,探讨个体与他人之间的工作关系会如何对其从事边界工作的动机、类型及结果产生影响,同时个体所从事的边界工作又会反过来对其工作关系产生什么样的影响,在分析边界工作与工作关系相互影响作用的基础上,提出相应的边界工作管理策略。本书为边界工作作为一种基本的关系过程提供了一种新的理论理解,在不同类型的关系中运用的边界工作是不同的。边界工作类型与关系类型相结合可以有效预测边界工作的实质性结果和关系性结果。结合边界工作视角理解与发展工作关系将是一个新的有益尝试。

第十五章特别关注工作关系研究中一直被忽视的负面关系问题,具体探讨组织情境中的负面关系及其影响。在中国社会中"关系"能够带来很多益处。然而,"关系"本身具有两面性,有好坏之分(刘乐,2018)。"好关系"代表着信任,而"坏关系"与之截然相反,代表着不喜欢、不信任甚至是敌对(Labianca & Brass,2006),这两种截然相反的关系所带来的后果截然不同。一方面,我们无法回避关系所带来的负面效应;另一方面,将关系作为一个总体概念进行讨论,忽视了关系性质上的两分性。本书在此主要聚焦于以往研究被忽视"负面关系",探讨负面关系的发展及影响效应机制,以期促进对组织情境中关系的更全面认识,也为关系管理实践提供更全方位的借鉴参考。

第十六章和第十七章以新创企业为背景,分析聚焦于个体与组织间关系以及组织层面的关系活动,期望从更高层面切入拓展对工作场所中关系的认识与理解。其中,第十六章新创企业员工—组织关系发展及其影响效应研究。员工—组织关系是员工与组织形成的一种人群关系状态(朱苏丽和龙立荣等,2015)。本书聚焦于新创企业,探讨这一独特背景之下员工—组织关系的发展及其影响效应。对处于高不确定性的新创企业的可持续性发展来说,恰当的员工—组织关系的构建与维护可能是一个重要而现实的支撑。基于时间轴视角对比分析新创企业员工—组织关系的不同发展趋势可能导致的动态匹配适应性发展的绩效提升效应机制以及非匹配性发展的绩效阻滞效应机制,可以从一个新的关系视角明晰新创企业绩效的内在机制,为新创企业可持续发展提供关系治理对策与建议。第十七章新创企业关系行为的发展及影响效应研究。在强调"关系"的中国文化背景下,企业关注关系行为是一个必然而又现实的选择。新创企业由于新生劣势可能带来的企业发展受阻更促进新创企业投入到关系行为之中。但同时,在面对"新生劣势"的问题下,新创企业如何正确运用关系活动支持新创企业可持续发展是一个现实而迫切的问题。目前而言,相关研究还较少见,仍需要深入探讨。

综合而言,本专著聚焦于工作关系这一主题,详细探讨了不同形式工作关系的内涵、发展及其效应机制,具体包括领导—下属关系、师徒指导关系、同事关系、团队—成员关系、员工—组织关系、企业关系行为。鉴于关系在职场中的重要意义,对于不同形式关系以及整体工作关系的探讨将有助于更深入地理解工作关系问题,一方面能够更深入推进工作关系的理论研究,另一方面相信相关研究发现对于工作关系的治理与发展实践同样具有重要价值。而这对于"关系"文化突出的中国情境而言,显然有着更为凸显的意义。

目 录

第一章 导 言 ·· 1

第二章 领导—成员交换关系对员工离职倾向的影响机制研究 ················ 6
    第一节 引言 ··· 6
    第二节 LMX 关系与离职倾向 ··· 8
    第三节 组织承诺在 LMX 关系与员工离职倾向间的中介作用 ······· 9
    第四节 组织公平感在 LMX 关系与员工离职倾向间的中介作用 ··· 11
    第五节 DLMX 的调节作用 ··· 13
    第六节 讨论分析、管理启示与未来研究展望 ··································· 14

第三章 领导—成员交换关系差异化的内涵、发展及影响研究 ················ 19
    第一节 引言 ··· 19
    第二节 LMX 关系差异化的内涵与表现形式 ································· 20
    第三节 LMX 关系及其差异化的发展演化 ····································· 28
    第四节 LMX 差异化的影响效应机制 ··· 30
    第五节 LMX 差异化及其影响研究的管理启迪 ····························· 40
    第六节 结论及未来研究展望 ··· 42

第四章 组织中积极的上下级关系及其管理研究 ··· 46
    第一节 引言 ··· 46
    第二节 组织中积极的上下级关系的内涵 ······································· 47
    第三节 组织中积极的上下级关系的影响效应 ······························· 50
    第四节 积极的上下级关系发展的驱动机制 ··································· 56
    第五节 积极上下级关系管理的综合模型构建及其管理启示 ······· 63
    第六节 结论及未来研究展望 ··· 65

第五章 主管—下属关系与员工情感承诺：积极情绪和
        趋近动机的影响 …………………………………………… 69
    第一节 引言 ……………………………………………………… 69
    第二节 核心概念界定 …………………………………………… 70
    第三节 理论模型构建与假设提出 ……………………………… 75
    第四节 讨论与分析 ……………………………………………… 79

第六章 上下级关系对员工建言行为的影响：员工自我效能感的中介
        作用和组织建言氛围的调节作用 ………………………… 83
    第一节 引言 ……………………………………………………… 83
    第二节 上下级关系对员工建言行为的影响 …………………… 85
    第三节 员工自我效能感在上下级关系与员工
            建言行为间的中介作用 ………………………………… 86
    第四节 组织建言氛围在员工自我效能
            感与建言行为关系中的调节作用 ……………………… 88
    第五节 讨论与分析 ……………………………………………… 89

第七章 上下级关系对员工工作绩效的影响：信任的中介作用和
        尽责性的调节作用 ………………………………………… 92
    第一节 引言 ……………………………………………………… 92
    第二节 上下级关系对员工工作绩效的影响 …………………… 93
    第三节 下属的领导信任在 SSG 与下属工作绩效间的中介作用 … 95
    第四节 尽责性在领导信任与员工工作绩效间的调节作用 …… 97
    第五节 讨论与分析 ……………………………………………… 98

第八章 师徒指导关系：内涵、影响效应与驱动机制 …………… 102
    第一节 引言 …………………………………………………… 102
    第二节 师徒指导关系的内涵、分类和发展 ………………… 103
    第三节 师徒指导关系的影响效应机制 ……………………… 111
    第四节 师徒指导关系的驱动效应机制 ……………………… 115
    第五节 师徒指导关系研究的管理启示 ……………………… 116
    第六节 结论及未来研究展望 ………………………………… 117

第九章 师徒指导关系、隐性知识共享与徒弟创新绩效的关系研究 …………… 122

第一节 引言 ………………………………………………………………… 122
第二节 师徒指导关系与徒弟创新绩效 …………………………………… 123
第三节 师徒指导关系与隐性知识共享 …………………………………… 125
第四节 隐性知识共享与徒弟创新绩效 …………………………………… 126
第五节 隐性知识共享的中介作用 ………………………………………… 127
第六节 讨论、管理启示与未来研究展望 ………………………………… 128

第十章 工作场所中同事关系的研究进展及其管理启迪 ……………………… 132

第一节 引言 ………………………………………………………………… 132
第二节 工作场所中同事关系的内涵与特征 ……………………………… 133
第三节 工作场所中影响同事关系的因素 ………………………………… 135
第四节 工作场所中同事关系的影响效应机制 …………………………… 141
第五节 工作场所中同事关系研究的管理启迪 …………………………… 146
第六节 结论及未来研究展望 ……………………………………………… 148

第十一章 员工的自我疏离感与离职倾向：同事关系以及组织
支持感的影响 ……………………………………………………………… 151

第一节 引言 ………………………………………………………………… 151
第二节 自我疏离感与员工离职倾向的关系 ……………………………… 152
第三节 同事关系在自我疏离感和离职倾向之间的中介作用 …………… 154
第四节 讨论与分析 ………………………………………………………… 158

第十二章 团队—成员交换关系：内涵、影响效应与驱动机制 ……………… 160

第一节 引言 ………………………………………………………………… 160
第二节 团队—成员交换关系的内涵、维度及测量 ……………………… 161
第三节 团队—成员交换关系的影响效应机制 …………………………… 164
第四节 团队—成员交换关系的驱动机制 ………………………………… 167
第五节 团队—成员交换关系的综合管理模型及其启示 ………………… 172
第六节 结语及未来研究展望 ……………………………………………… 174

第十三章 移动网络技术使用与员工组织内二元工作关系发展机制研究 …… 177

第一节 引言 ………………………………………………………………… 177

第二节　工作关系的内涵与维度 …………………………………… 178
　　第三节　工作关系的影响效应研究 …………………………………… 180
　　第四节　工作关系的发展及其影响因素研究 ………………………… 182
　　第五节　移动网络技术使用对员工二元工作关系发展的影响 ……… 185
　　第六节　结语及未来研究展望 ………………………………………… 186

第十四章　工作关系与边界工作的相互关系研究 …………………………… 189
　　第一节　引言 …………………………………………………………… 189
　　第二节　核心概念界定与理论基础 …………………………………… 190
　　第三节　工作关系对边界工作的影响 ………………………………… 203
　　第四节　边界工作对工作关系的影响 ………………………………… 209
　　第五节　工作关系与边界工作的相互关系研究发现的管理启示 …… 210
　　第六节　结论及未来研究展望 ………………………………………… 216

第十五章　组织情境中的负面关系及其影响研究 …………………………… 219
　　第一节　引言 …………………………………………………………… 219
　　第二节　组织情境中的负面关系的内涵界定 ………………………… 220
　　第三节　组织情境中负面关系的发展 ………………………………… 221
　　第四节　组织情境中负面关系的影响效应机制 ……………………… 222
　　第五节　组织情境中负面关系的管理启示 …………………………… 225
　　第六节　结语与未来研究展望 ………………………………………… 227

第十六章　新创企业员工—组织关系发展及其影响效应研究 ……………… 230
　　第一节　引言 …………………………………………………………… 230
　　第二节　员工—组织关系的内涵及特征 ……………………………… 231
　　第三节　员工—组织关系的影响因素及其动态发展机制 …………… 232
　　第四节　新创企业员工—组织关系的影响效应机制与理论基础 …… 240
　　第五节　新创企业员工—组织关系综合管理模型及其启示 ………… 244
　　第六节　结论及未来研究展望 ………………………………………… 248

第十七章　新创企业关系行为的发展及影响效应研究 ……………………… 251
　　第一节　引言 …………………………………………………………… 251
　　第二节　新创企业关系行为的内涵及其发展 ………………………… 252
　　第三节　新创企业关系行为的影响因素 ……………………………… 254

第四节 新创企业关系行为的效应机制 ············· 255
第五节 结论、管理启示及未来研究展望 ············· 256

参考文献 ························ 263

后　记 ························ 284

第一章 导　言

随着组织壮大以及利用团队合作完成任务的增多，工作变得越来越互相依赖，关系也就成为工作背景中很重要的一部分（Chiaburu & Harrison, 2008; Grant & Parker, 2009）。组织中的成员常常被激发投入到各种各样的社会交换关系之中，包括与同事、主管、团队以及组织整体的交换关系（Ballinger & Rockmann, 2010）。正是基于此，组织研究者和实践者对于组织内部的社会交换关系发展投入了极大的兴趣，如探讨各种形式的交换关系如何发展，对于组织背景下的态度和行为的影响机制如何等（Cropanzano & Mitchell, 2005）。

组织中的人际关系基于层级方向可以分为两种，一种是纵向的上下级关系，而另一种是横向的同事关系（于桂兰、付博，2015）。上下级关系是组织成员人际关系中十分重要的一种关系，积极的上下级关系对组织和个人来说都十分宝贵。目前，关于上下级关系的研究基本以两种理论为基础进行：第一种是西方主导的领导—成员交换关系理论（Leader – Member Exchange，LMX）；第二种是基于中国本土研究发展起来的SSG（Supervisory – Subordinate Guanxi，SSG）理论。

领导—成员交换理论（LMX）关注领导者与其追随者之间的关系（Bauer & Erdogan, 2015），而不是领导者的一般特征或行为（Barling, Christie & Hoption, 2011）。高质量的 LMX 关系以相互信任、尊重和义务为基础，而低质量的 LMX 关系则是基于经济和雇佣合同发展而来的（吴婷、张正堂，2017）。LMX 关系的影响主要包括两个方面：一是态度和认知，二是行为（Liden et al., 1997），并且还可能通过对员工的态度和认知间接员工当下和后续的行为与决策（Chen & Aryee, 2007）。然而，尽管高质量的 LMX 关系对个人和组织的好处已经得到了广泛的理论和实证研究的支持，但是领导会和不同的成员发展成差异化的 LMX 关系（Henderson et al., 2009），即领导—成员交换关系差异化（Leader – Member Exchange Differentiation，DLMX）。DLMX 反映了 LMX 关系在组织中的一种离散状态，其实质是领导者仅与部分员工发展高质量的 LMX 关系，而与部分员工发展低质量的 LMX 关系，形成差异化的交换关系格局（Yu et al., 2018）。而关系差异化常常被认为是对平等和公平原则的违背（Graen & Scandura, 2000），这种亲疏有别的区别对待可能会被员工认为是不公平的，进而影响其后续的态度和认知。总的来说，LMX 关系差异化是 LMX 关系发展过程中的必然结果，而关系差异化又会推动 LMX 关系的进一步改变，形成循环往复的过程。LMX 差异化拓展了 LMX 理论的研究视角，有助于进一步深化 LMX 理论，同时也有助于理解团队中的 LMX 关系格局的改变及其对成员产生影响的过程。

在西方领导—成员交换关系理论的基础上，中国本土的 SSG 理论得到了发展。上下级关系（SSG）是存在于上下级之间基于某种共同经历或共同属性的特殊连带（Jacobs，1979）。朱苏丽、龙立荣和贺伟等（2015）指出，上下级关系不仅包含像 LMX 理论中所描述的工具性联系，还存在情感性联系。为此，高质量 SSG 将会促使双方的行为选择不会受对等义务的限制。因为在积极上下级关系，特别是包含高质量私人关系内涵的 SSG 中，人际互动更多遵循的是人情法则。鉴于积极的上下级关系所带来的具有正面价值的影响效果，培养高水平的上下级关系对于组织来说是非常重要的。不过，积极的上下级关系给下属的情绪和态度造成的影响既包含了积极影响，也可能包含了消极影响。积极影响效应主要产生在与上级关系水平高的下属身上，会促进下属的责任感、工作满意度和对企业的忠诚度等，即"当事人效应"，享受到了积极关系的特殊照顾与偏爱；而消极影响效应则发生在与上级关系质量较低的下属身上，常常会促使下属产生不良情绪和消极态度，即"旁观者效应"，旁观了他人的特殊待遇与照顾偏向。因此，在组织管理中要注重上下级关系给下属带来的正面效应，也要防止负面效果的产生，不仅要关注当事人的感受，还需要兼顾他人比较可能产生的反应。

横向的同事关系其实可以分为两个部分：较为正式的工作关系与非正式的私人关系。脱离了工作关系谈私人关系会使私人关系显得如无源之水，因为同事之间的私人关系很大部分来源于工作关系；脱离私人关系谈工作关系则会显得死板，因为仅靠正式的工作关系也很难建立持续稳定的高质量同事关系。良好的同事关系会发挥积极的影响价值，而负面的同事关系则可能产生严重的破坏作用。不过，尽管"关系"（Guanxi）作为研究中国人心理和行为影响因素的重要研究方向，但在管理学研究领域内，同事之间的关系受到的研究关注较少。未来还需要对这一主题关系进行更深入的探讨。同时管理实践也需要注意，一方面，需要发展良好的同事关系以利于形成良好的个体工作态度和行为；另一方面，凡事亦有度，过于突出同事关系的重要性反而可能发生关系的"黑暗面"效应。

除上述所分析的纵向领导—下属关系以及横向的同事关系之外，师徒指导关系也是组织中的一种重要工作关系形式。师徒指导关系既不同于纵向视角的上下级关系，也不同于横向视角的同事关系。师徒指导关系作为一种特定类型的工作关系，指经验丰富、知识渊博的个体（导师）和经验较少的个体（徒弟）之间的一种特定类型的人际交换关系（Haggard et al.，2011；Ragins，2012）。Humberd 和 Rouse（2016）认为，师徒指导关系除具备必要的指导性之外，还必须兼备等级性，两者缺一不可。不过，这种等级性不等同于职位权力等级，还可以包括非权力等级，如由在职业能力与经验领域等级较高的同事承担导师职责。尽管师徒指导关系对组织和个人发展的重要性是不言而喻的，但指导关系并不总是有效的，而且质量也并非总是很高的（Chandler et al.，2011），并且在师徒指导关系的不同发展阶段，质量会随着时间的推移而变化（Ragins，2012）。基于此，组织及个体均需采取一种动态观高度重视师徒指导关系质量的发展性管理，使组织中的师徒指导关系对于徒弟、导师以及组织均可能产生积极影响。

上述工作关系强调的是二元视角下的个体间关系。而实际上，工作关系还可以拓展到更高的层面，如团队和组织层面。就团队层面的工作关系而言，团队高效能发挥的关键前提条件之一就是团队成员彼此间的协作与认同。而达到成员间这一和谐状态的基础就是团队内的关系。团队—成员交换关系（Team Member Exchange，TEX），即基于互惠理论和社会交换理论视角下个体与其他团队成员建立的社交交流关系（Seers et al.，1995），正成为团队关系研究的一个重要主题。低质量的团队—成员交换关系只是出于完成任务的需要，而高质量的团队—成员交换关系还会出于更强的相互承诺、义务和信任感，增进相互尊重等社交情感的交流（Farh et al.，2017）。团队—成员交换关系作为团队成员和团队之间互惠关系的体现，其质量的高低会对团队成员及整个团队都可能产生影响。加强对团队—成员交换关系内涵、驱动因素和影响效应的研究将有助于我们进一步理解工作场合社会交换关系的本质，促进工作团队更好地运作。

就组织层面的工作关系而言，员工—组织关系是员工与组织形成的一种人群关系状态（朱苏丽和龙立荣等，2015）。优秀企业对于员工—组织关系关注是一种普遍现象。这也反映了员工—组织关系的重要价值。不过，不同企业的员工—组织关系可能存在显著差异，并由此导致了企业不同的关系状况和绩效结果。而对处于高不确定性的新创企业的可持续性发展来说，恰当的员工—组织关系的构建与维护可能是一个重要而现实的支撑。基于此，新创企业需要高度关注企业的员工—组织关系管理。尽管员工—组织关系研究一直以来都受到组织管理学者的重视，并取得了较为丰富的研究成果。但由于新创企业有其不同于成熟企业的地方，致使已有的成熟企业的员工—组织关系研究成果虽然可以为新创企业员工—组织关系研究提供有益的参考与借鉴，但能否直接应用可能还需要进一步检验与比较。

不论是二元个体间关系还是拓展到团队或者组织层面的工作关系，其发展一般认为是基于互惠原则。有众多学者都认为"关系"是互惠的。正是这种互惠性，"关系"中的互动方会努力寻求最小化收益与回报之间的差距，即力图让自己所付出的与从他人处所得到的尽可能等价（Gittell & Douglass, 2012），以实现交换的等价性。据此，有研究指出，随着时间发展基于一系列的互惠基础之上的互动，社会交换关系得以不断发展（Molm, 2003；Molm et al., 2000）。在这一过程中，互动双方会不断产生义务感、感激和信任（Cropanzano & Mitchell, 2005；Lawler, 2001）。当然，除互惠性之外，"关系"还可能达到更高层次的情感性关系深度，至此等价互惠并不是关注的点，而可能出现不计回报的奉献，如中国员工—组织的类亲情关系发展就支持了这一类似亲情关系的存在。

为了更全面地理解工作关系及其影响，还需要把握工作关系可能存在的不同性质。基于性质划分，工作关系可以分为积极工作关系和消极工作关系。其中，积极工作关系是在一个工作背景中的两个人之间发生的基于循环发生的接触而产生的高质量关系联系，在这一过程之中双方体验到的是相互获益（Ragins & Dutton, 2007）。高质量的积极工作关系是员工的一种重要资源，可以用于获取缄默信息以及任务信息，并且伴随着较高水平的情感（Stephens et al., 2013）。Khazanchi 等（2018）又进一步将积极工作关系区分为两种类型：第一，情感性联系（Expressive Ties）或者友谊。这种关系的特征是分享私人非工作和私密的沟通，具有一种私人认同感和情感依恋（Ashforth et al., 2016）。这种情感性联系是较强的情感支持，有助于提升员工的心理和情感幸福度。第二，工具性联系（Instrumental Ties）。这种关系是任务导向的，特征是任务相关的信息交换以及工作相关的互依性。这种联系有助于创造性的问题解决、协调以及缄默知识的传递，提供工作相关的支持和资源（Casciaro et al., 2014）。

与积极工作关系相对的是消极工作关系。消极工作关系则是低质量的联系，对个体可能具有破坏性影响的（Dutton & Deaphy, 2003）。具体来说，消极工作关系是至少关系中的一方采取了一种对另一方相对稳定的讨厌模式的一种关系，甚至可能会有一种以破坏对方结果的方式行动的意图（Labianca & Brass, 2006）。此外，负面工作关系也包括在工作中避免与让自己感觉不舒服的人互动（Labianca et al., 1998）。与积极工作关系相比，负面工作关系的特征是负面的情感，并且没有办法发挥资源的作用；相反，这种消极工作关系还可能阻碍任务和目标的实现（Sparrowe et al., 2001）。

由此来看，在工作场所中的关系还需要进一步根据性质区分，以更好地理解工作关系的内涵与影响。根据上述分析，"关系"并非一定会产生积极的影响作用。实际上，关系因性质的不同可以区分为相对立的两种关系，即积极工作关系和消极工作关系。虽然平常所强调的"关系"的益处是针对积极工作关系而言的，但是消极工作关系可能比没有发展起亲密关系会更好，至少没有以讨厌的方式看待对方或者产生破坏对方结果的意图。

另外，Coleret、Bond 和 Purvanova（2016）发现积极的工作关系可产生比以往更广泛的影响效应，甚至超越工作领域，延伸到了员工的非工作领域。当前移动网络技术的普遍使用，包括智能手机、平板电脑以及手提电脑等，从根本上改变了员工的工作与生活方式（Boswell et al.，2007）。不过，这种改变可能是一把"双刃剑"。例如，移动网络技术使用的频率、时间段、内容蕴含的情感基调等对于互动方关系的发展都可能产生不同方向的影响效应。一方面，移动网络技术使用促进了关系的加深，使关系各方有更多的时间和方式进行交流和联系；另一方面，不恰当的移动网络技术使用有可能带来负面的结果，导致关系质量的停滞甚至下降。基于此，组织管理者和员工均需要重视移动网络技术，学会恰当利用移动网络技术的关系发展优势，同时避免因使用移动网络技术不当可能带来的关系发展风险。

总之，虽然工作关系与非工作关系有许多共同的特质，但是组织背景使工作关系研究具有其独特性（Ferris，Liden，Munyon，Summers，Basik，& Buckley，2009）。典型的二元工作交换关系有以下三种形式：领导—成员关系、师徒关系、同事关系。此外，还发展出团队层面的团队—成员交换关系，以及员工与组织之间的交换关系。对于上述关系研究，国内外不少学者都进行了相关的探讨，取得了较为丰富的成果。不过，在中国现代社会生活中，当人们说到"关系"时，更多是指人与人之间特殊的人情关系（陈维政和任晗，2015）。为此，在中国组织背景下员工的工作关系可能有其不同于西方的特色，并且工作关系的发展是一个动态的过程。加强联系是促进关系发展并进一步提供关系支持功能的基础。一段高质量的人际关系是需要关系双方共同投入和长期维护的，在讲究人情社会的中国更是如此，"毕竟来而不往非礼也"。另外，人情行为也是常见的一种关系运作行为，在关注人情的中国文化背景下更是如此。个体可能主动发展关系，不同个体可能根据多方面因素有意识选择关系发展对象，并有针对性地实施相应的关系运作行为，如加强联系、人情行为或者分享行为等，进而主动推动关系发展。组织管理者也需要采取主动发展关系，加强组织内工作关系的管理与指导，以更好地发挥关系对于组织及其成员的积极价值。

第二章 领导—成员交换关系对员工离职倾向的影响机制研究

第一节 引 言

当提及企业面临的最大挑战时，40%的管理者认为，人才流失是当今企业面临的关键难题之一（Society for Human Resource Management/Globoforce，2015）。虽然一定的离职率可以帮助企业剥离低绩效的员工，但重新雇用和培训新员工会造成企业管理成本的大量增加（Bushey & Glynn，2012）。因此，从长远来看，较高的离职率对组织的消极影响是显而易见的。同时，不断离职对于员工个人而言有一定的风险，如职场发展的高度可能受限。鉴于此，如何有效降低员工的离职倾向也就成为管理者和研究者关注的热点问题。

在对离职倾向影响因素的长期探索中，领导—成员交换关系（Leader – Member Exchange，LMX）被证实与员工离职倾向密切相关（Rubenstein et al.，2018；Hausknecht & Trevor，2011）。因为对大多数员工而言，他们对组织最根本和最直接的体验是由领导者决定的（Dulebohn et al.，2012）。因此，探索领导者和员工之间的关系质量（LMX）将有助于更好地了解员工离职或留任的原因。已有研究表明，虽然高质量的 LMX 关系可以有效降低个体离职倾向（Dulebohn et al.，2012；Graen，Liden & Hoel，1982）；但也有研究指出，LMX 对离职倾向的这种负向预测作用并不显著（Vecchio et al.，1985；Vecchio & Norris，1996）；甚至有研究表明两者之间存在非线性关系（Harris，Kacmar & Witt，2005；黄磊和周小兰，2009）。既往研究结论的不一致表明，LMX 关系对员工离职倾向的影响效应并不清晰，揭示两者关系的内在作用机制构成了一个神秘的"黑箱"，亟待探索和厘清。

文献研究表明，LMX 关系的影响主要包括两个方面，一是态度和认知，二是行为（Liden et al.，1997），即 LMX 关系会对员工的态度和认知产生影响，进而影响员工当下和后续的行为和决策（Chen & Aryee，2007）。常言道"态度决定行为，行为决定结果"，从态度视角而言，在 LMX 关系影响员工离职倾向的过程中，个体对工作的态度与离职倾向息息相关（赵西萍、刘玲和张长征，2003）。组织承诺（Organizational Commitment）反映了个体对所属组织的目标和价值观的认同和信任，是个体对组织形成的重要态度，被证实对员工离职倾向有显著的影响作用（叶仁荪、王玉芹和林泽炎，2005）。因此，基于态度的视角，考虑组织承诺在 LMX 关系与员工离职倾向之间的中介作用，更能准确地揭示 LMX 关系影响员工离职倾向的内在机理。另外，从认知视角而言，现有研究表明，组织公平感会导致员工产生一系列的变化，包括心理层面上的离职倾向的产生和变化（Robert & James，2005）。组织公平感源于对工作和组织的感受和认知（James，2004），管理者作为组织的"代言人"，他们的领导方式以及与员工的 LMX 关系会在很大程度上影响员工的组织公平感（余倩倩，2014；Tekleab, Takeuchi & Taylor，2005），进而对员工的离职倾向产生影响。因此，探讨组织公平感在 LMX 与员工离职倾向关系中的中介作用，从认知的视角考虑 LMX 关系对员工离职倾向的影响同样重要。鉴于此，本书将从态度和认知的视角探讨 LMX 关系对员工离职倾向的作用机制，具体而言本书将探究组织承诺和组织公平感在 LMX 与员工离职倾向关系中的中介作用。

另外，现存研究大多关注在 LMX 关系对员工态度、认知和行为的有效或无效的争论上，而忽视了这种作用发生的边界条件。忽视边界条件很有可能是造成 LMX 关系对离职倾向影响的研究结论不一致的关键原因。现存的少量研究探讨了部分的调节变量，如曾垂凯（2012）探讨了情感承诺对 LMX 与员工离职意向关系的调节作用，还有研究探讨了管理者正直性的调节作用（Jiang et al.，2014），但少有研究关注领导与下属关系本身的重要构成和特征，即领导—成员交换关系质量差异化（Leader - Member Exchange Differentiation，DLMX）对 LMX 关系作用机制的影响。LMX 理论表明，为实现时间和资源的优化配置，管理者会与不同的下属发展成差异化的上下级关系（Erdogan & Bauer，2010；Liden et al.，2006），包括以经济交换为特征的低质量关系到以社会情感为特征的高质量关系。无独有偶，权变领导理论也提出，管理者应该根据具体环境的不同而采取不同的行为方式。事实上，DLMX 普遍存在于管理者与成员的人际关系中是一种常态而非特例（Yu, Matta & Cornfield，2018）。然而，关系差异化常常被认为是对平等和公平原则的违背（Graen & Scandura，2000），这种亲疏有别的区别对待可能会被员工认为是不公平的，进而影响其后续的态度和认知。检验 DLMX 作为一种情境背景的可能影响作用，能够更好地揭示 LMX 关系是如何影响到员工对组织的态度和认知的。因此，本书将尝试对 DLMX 的调节作用进行探讨。

综上所述，本书将探讨 LMX 关系影响员工离职倾向的中介机制和边界条件，并基于态度和认知的视角进一步揭示组织承诺和组织公平感在 LMX 关系与离职倾向之间的中介作用，以及 DLMX 的调节作用。本书的理论创新之处在于：其一，以往虽有少量的研究探讨了组织承诺或组织公平感在 LMX 与离职倾向关系中的中介作用，但迄今为止，作为影响员工离职倾向的员工对组织的关键态度和认知，现存研究对组织承诺和组织公平感在 LMX 与离职倾向关系中的中介作用的检验都是孤立进行的，得出的结论也大相径庭，因此，尚不明确与 LMX 关系影响离职倾向相关的是其中一个还是两者共同作用的结果。本书将首次整合 LMX 影响离职倾向的态度视角和认知视角，同时探讨组织承诺和组织公平感在两者之间的中介作用，以期为 LMX 与离职倾向关系的研究提供一个完整而全面的理论框架。其二，以往对 LMX 与离职倾向作用机制的研究忽视了与领导和下属关系特征相关的边界条件，本书将关注 DLMX 在 LMX 作用机制中的调节作用，以厘清 LMX 关系对离职倾向作用机制中潜在的边界条件。一方面可以加深理论界和实务界对员工离职倾向产生与作用机制的理解，另一方面也可以对降低员工的离职行为提出有价值和针对性的对策和建议。

第二节　LMX 关系与离职倾向

离职倾向（Turnover Intention）是指个体在工作过程中产生不满意的体验，进而采取的一种规避性行为，反映个体在一定时期内变换工作的可能性，是离职行为最有效的预测变量之一（Hom et al.，2012）。一般而言，员工产生离职行为之前，通常都会或多或少地表现出离职倾向（Bluedorn，1982）。学者已经对员工离职倾向的影响因素进行了长期的探索，最后发现与领导者相关的因素在员工的去留上起到了关键性的影响作用（Ballinger，Lehman & Schoorman，2010；Waldman，Carter & Hom，2012）。其中，领导—成员交换关系（LMX）就是一个重要方面（Graen，Liden & Hoel，1982）。

LMX 关系的特点是关注领导者与其追随者之间的关系（Bauer & Erdogan，2015；House & Aditya，1997），而不是领导者的一般特征或行为（Barling，Christie & Hoption，2011；Graen & Uhl - Bien，1995）。领导者会与下属建立不同质量的 LMX 关系，高质量的 LMX 关系是基于领导者与成员情感上的亲近发展而来的，表现为领导和成员之间的相互信任、尊重和支持；而低质量的 LMX 关系则是基于经济和雇佣合同发展而来的，表现为领导者与成员之间较低的信任、尊重和支持（Graen，Novak & Sommerkamp，1982；Liden et al.，2000；吴婷和张正堂，2017；杨晓、师萍和谭乐，2015）。

Hausknecht 和 Trevor（2011）通过对员工离职倾向影响因素的元分析发现，

领导者与员工的离职倾向之间的关系是很微妙的。组织中与领导者相关的因素（如领导风格、领导者素质和 LMX 关系等）对员工的离职倾向具有权变的影响效应，影响效应的显著程度会随情境的变化而发生改变，但从根本上而言，LMX 关系质量对员工的离职倾向有显著的影响作用。曾垂凯（2012）在研究中证实，LMX 关系负向影响员工离职意向。在高质量的 LMX 关系中，员工能得到领导者的偏私照顾，领导者会给予员工更多的信任、支持和发展机会。基于互惠原则，相应地，员工也会报之以领导者更高的信任感和忠诚度，因而员工的离职意向较低。在低质量 LMX 关系中，员工得不到领导者的偏私照顾，获得的发展机会较少，因此，可能会表现出较高的离职倾向。于桂兰和付博（2015）对上下级关系影响员工离职倾向的研究表明，高质量的上下级关系以忠诚、信任为基础，会增加员工对领导的信任程度，减少员工离开组织的意愿。而低质量的上下级关系具有较强的利己倾向，管理者可能会出于个人原因放弃低质量上下级关系的员工，员工也可能会因一己私利选择主动离开组织，产生较高的离职倾向。另外，在高质量的 LMX 关系中，员工能够享受到更高程度的领导者支持和工作自主性，领导也会分配给具有高质量 LMX 关系的下属更多有形和无形的工作资源（Liden et al., 2000）。由于能够得到领导者特殊的关注、支持和照顾，具有高质量 LMX 关系的员工与领导者会有更强的情感上的依附，一般不会轻易离职，因而表现出较低的离职倾向。相反，在低质量的 LMX 关系中，员工得不到必要的领导者支持和工作自主性，可能会表现出较高的离职倾向。Gerstner（2005）等认为，在高质量的 LMX 关系中，领导者和员工之间的信息交换和资源分配更高效，领导者在员工完成工作任务时会倾向于给予员工更高的绩效评价，员工也会表现出对上级、组织更高的满意度和较低的离职倾向。Nishii 和 Mayer（2009）以及 Dulebohn 等（2012）的研究也表明，LMX 关系与个体离职倾向呈负相关，高质量的 LMX 关系可以有效降低个体的离职倾向。因此，本书提出以下假设：

H1：LMX 与员工离职倾向负相关。

第三节　组织承诺在 LMX 关系与员工离职倾向间的中介作用

组织承诺是指随着员工对组织投入的增加，而甘愿全身心地参与组织各项工作的感情（Becker, 1960）。Becker（1960）指出，员工对投入所能产生回报的预期是形成组织承诺的基础。一段高质量的人际关系是需要关系双方共同投入和长期维护的，在讲究人情社会的中国更是如此，"来而不往非礼也"就是最好的体现。高质量的 LMX 关系被刻画为成熟的伙伴关系,领导者会给予具有高质量 LMX 关系的员工更多的支持和反馈,将其划分为"圈内人",这可以看作领导者对员工工作投入的回报,因而在高质量 LMX 关系中,员工的组织承诺普遍较高。而在低质量的 LMX 关系中,员工会进入领导者的"圈外人"范畴,得到领导者较少的信任和支持。在此情况下,员工可能会觉得自己的付出没有得到应有的回报,认为领导者违反了互惠的关系原则,此时员工对领导者的认可和忠诚度会降低,对于领导者所代表的组织的承诺也随之降低。可见,LMX 关系与员工的组织承诺密切相关,在高质量的 LMX 关系中,员工会产生较高的组织承诺,而在低质量的 LMX 关系中,员工的组织承诺普遍较低。

当 LMX 关系质量较高时,领导者对员工表现出更多的支持与激励。正所谓"士为知己者死""滴水之恩,涌泉相报",感受到领导者支持和激励的员工会抱之以相应的积极态度和努力行为回报领导者,员工对组织的认同感和归属感也会随之提升,进而形成较高的组织承诺。LMX 与组织承诺的这种积极关系已经得到了大量实证研究的证实(王辉和刘雪峰,2005)。吴继红(2006)指出,高质量的 LMX 关系可以有效提高员工的组织支持感,进而降低其离职倾向。Joo(2010)通过对知识型员工的实证研究发现,在组织学习氛围较高的团队中,LMX 与组织承诺($p=0.41$)呈显著正相关,高质量的 LMX 关系可以有效提升员工的组织承诺。Gerstner 和 Day(1997)的研究表明,LMX 与组织承诺呈正相关关系。在高质量的 LMX 关系中,员工对组织更有信心,上下级进行信息交换和沟通过程也会更加顺利,从而员工对组织的满意度、认同感和组织承诺都更高。尹奎和刘永仁等(2016)指出,高质量的 LMX 关系能够营造良好的信任氛围,与员工的情感承诺正相关。当员工体会到来自领导者的信任和支持时,会产生互惠直觉和互惠责任,作为对领导者信任的回报,员工也会满足领导者"忠于自己,忠于组织"的角色期待,表现出更高的组织承诺。Lee 等(2004)的研究也证实,LMX 对组织承诺有正向影响作用。鉴于此,本书提出假设:

H2:LMX 关系与组织承诺呈显著正相关。

文献研究表明,组织承诺对于离职倾向的影响十分显著。早期在对影响离职倾向的员工工作态度的研究中,员工的工作满意度被认为是影响员工离职倾向的关键因素。但 Porter 等(1973)发现,离职倾向较低的员工对组织有着更高的情感承诺,同时他们进一步将组织承诺和工作满意度对离职倾向的影响做了对比研究,最后发现组织承诺比工作满意度对员工的离职倾向有更好的解释效果。此后,学界普遍以组织承诺预测个体的离职倾向,并认为组织承诺在离职倾向与其潜在前因变量的关系中起中介作用(Gardner et al.,2011;Jiang, Lepak, Hu, & Baer, 2012;Kehoe & Wright, 2013)。

社会交换理论和组织支持理论表明，在高质量的 LMX 关系中，员工对管理者支持感的认知会增强员工对于组织的认同和承诺，进而降低离职倾向（Aselage & Eisenberger，2003）。Chang 和 Choi（2007）以及 Anastasios 等（2014）的研究表明，组织承诺与员工的离职倾向呈负相关，具有较高组织承诺的员工离开组织的可能性较小。我国学者基于中国本土文化情境的大多数研究也支持了组织承诺与离职倾向之间的负相关关系（曾垂凯，2012；王重鸣，2002；崔勋，2003）。Gatling 等（2016）在研究中指出，组织承诺不但对离职倾向具有负向影响作用，还能作为中介变量，传导真实型领导风格对离职倾向的负向影响。Azusa 等（2016）对跨国公司本土化对离职倾向的影响研究证实，组织承诺对离职倾向有负向影响作用，并且在跨国公司本土化对离职倾向的影响中起中介作用。Seo、Nahrgang、Carter 和 Hom（2018）也证实，在高质量的 LMX 关系中，团队成员的集体组织承诺较高，而较高的集体组织承诺显著降低了团队产生集体离职的可能性。大量研究表明，较高的组织承诺能有效降低成员的离职倾向（Mathieu & Zajac，1990；Mowday，Price & Mueller，1986）。Champy（2003）指出，具有高质量 LMX 关系的员工能得到更多的来自领导者的关爱和支持，关爱与支持是领导与员工之间情感纽带的一部分，"领导关心你"这个事实往往让员工献上自己的忠诚来回报该领导者。实际上，对员工而言，领导与组织是没有区别的，并且领导更实，组织更虚（刘亚、龙立荣和李晔，2003）。因此，员工会把对领导的忠诚泛化为对组织的承诺。忠于组织的员工通过与组织建立"心灵纽带"而与组织紧密地联系在一起，留在组织的意愿也更强烈（Meyer & Allen，1997）。换言之，如果在高质量的 LMX 关系中员工对组织的承诺较高，那么员工的离职倾向会显著降低。基于以上论述，结合前文提出的假设，本书提出以下假设：

H3：组织承诺在 LMX 与个体离职倾向的负向关系中起中介作用。

第四节 组织公平感在 LMX 关系与员工离职倾向间的中介作用

组织公平感是指个体对组织内是否公平的一种认知、感受和判断（Colquitt et al.，2002）。在组织中，领导者掌握着组织的各种资源及其分配权，因此，LMX 关系对员工的绩效评价、资源分配以及晋升等均有很强的预测作用，并最终对员工的组织公平感知产生影响（Graen & Uhl-bien，1995）。组织公平理论认为，员工会通过对工作付出与所得回报之间的比率来判断自己与组织之间的交换关系是否公平（张正堂等，2018）。在高质量的 LMX 中，领导者偏向于给予员工更多的组织资源和更高的绩效评价，因此，具有高质量 LMX 关系的员工会有更高的组织公平感，但这对低质量 LMX 关系的员工而言是不公平的，从而低质量 LMX 关系的员工会产生较低的组织公平感（马力和曲庆，2007）。

研究表明，组织公平感可细分为分配公平、程序公平和互动公平三个维度（Tyler & Bloder，2000）。在高质量的 LMX 关系中，员工可从领导处获得更多的经济利益（如经济报酬、物质奖励）和社会利益（如发展机会）（余倩倩，2014）。经济利益作为组织直接的分配结果，必然会对员工的分配公平感知产生影响。而社会利益作为间接的分配结果，与员工的期望和绩效紧密相关，因此，也会影响到员工的组织公平感。此外，拥有高质量 LMX 关系的员工凭借和领导者建立的良好私人关系，与领导者沟通交流的频率更高，渠道也更畅通，同时对决策拥有更多的参与权和发言权，所以，更能体验到组织中的互动公平和程序公平。相反，低质量 LMX 关系的员工获得的交流和发言机会较少，因此，其互动公平感和程序公平感都相对较低。Lee（2001）通过实证研究发现，LMX 与包括分配公平在内的组织公平感呈显著正相关。与领导者有高质量 LMX 关系的员工能够与领导进行充分的信息交换，并从领导手中得到更多的机会和资源。而具有低质量 LMX 关系的员工则占有领导者较少的时间和喜爱，拥有资源和机会相对较少。因此，具有高质量 LMX 关系的员工会比低质量 LMX 关系的员工具有更高的分配公平感。Jaesub（2001）在对不同行业员工的组织公平感研究中发现，LMX 关系与分配公平感、程序公平感显著正相关，并且具有高质量 LMX 关系的员工会比低质量 LMX 关系的员工知觉到更高的分配公平和程序公平。Manogran 等（1994）则发现，LMX 关系对互动公平感有显著的正向影响。

总之，虽然 LMX 关系质量不同的员工关注的组织公平感的角度不同，但LMX 关系与组织公平感的不同维度之间的正向关系已经得到了大量研究的支持。国内学者刘彧彧、丁国林和严肃（2010）也表明，LMX 有助于促进组织沟通，进而提升员工的组织公平感。鉴于此，本书提出以下假设：

H4：LMX 关系与组织公平感显著正相关。

员工较高的组织公平感能有效降低员工的离职倾向已经得到了大量研究证据的支持。Daly 和 Geyer（1994）指出，员工的分配公平感与离职倾向的关系最为密切，对分配公平的满意可以显著降低员工离开组织的动机。Loi（2009）表明，当组织中的人际关系不公平时，员工会产生消极的情绪并最终选择离开组织。Robert 和 James（2005）以及马超（2014）发现，员工组织公平感的提升可以有效降低其离职意愿。杨春江（2014）对组织公平感与离职倾向关系的实证研究也表明，包括程序公平感在内的组织公平感在很大程度上负向影响员工的离职倾向。

高质量的 LMX 关系能有效提高员工的工作满意度（Janssenet et al., 2004；叶仁荪等，2005），当员工有较高的工作满意度时，意味着其对所从事的工作有较高的评价或积极情感，从而带来较高的组织公平感，产生离职意向的可能性较小。Masterson 等（2000）认为，在领导与员工进行社会交换过程中，公平应被视为组织的一种投入，回报的产生与投入息息相关，因此，组织公平会影响员工后续的行为和态度。当员工的组织公平感较高时，员工会报之以组织更为积极的工作态度，对组织有更高的认同感和归属感，其离职倾向就较低。而当员工的组织公平感较低时，员工对组织的认同感会随之下降，从而可能带来较高的离职倾向。邢以群和方建俊等（2013）研究表明，LMX 关系对组织公平感的各个维度有积极的影响作用，并且在公平感较高的组织中员工的离职率相对较低。即当组织内部的 LMX 关系质量水平较高的时候，员工的组织公平感就较强，员工的离职意愿也随之下降。总之，高质量 LMX 关系带来的较高组织公平的认知能提高员工的满意度和对组织的认同感，降低员工的消极情绪，从而降低其离职倾向。相反，低质量 LMX 关系带来的不公平感会使员工产生通过离职来结束这种不公平状态的想法，从而产生较高的离职倾向。基于此，本书提出假设：

H5：组织公平感在 LMX 与个体离职倾向的负向关系中起中介作用。

第五节 DLMX 的调节作用

领导会和不同的成员发展出差异化的 LMX 关系是领导—成员交换理论的一个基本原则（Henderson et al., 2009）。从已有的研究来看，虽然现有研究强调了高质量的 LMX 关系的积极影响效应，以及低质量 LMX 关系的消极影响效应，但却忽视了高质量 LMX 关系与低质量 LMX 关系共存（即 LMX 关系差异化，DLMX）的情形，因此，并未触及 LMX 理论的核心内容（Henderson et al., 2009）。实际上，高质量的 LMX 关系与低质量的 LMX 关系通常共存于同一团队中（王震、仲理峰，2011）。DLMX 反映了 LMX 关系在组织中的一种离散状态，其实质是领导者仅与另部分员工发展高质量的 LMX 关系，而与另部分员工发展低质量的 LMX 关系，形成差异化的交换关系格局（Yu et al., 2018）。然而，领导者区别对待员工常常会带来一些消极的后果，马力和曲庆（2007）在研究中就暗示了 DLMX 存在的阴暗面。

在组织中，LMX 关系是领导者为员工提供的重要组织资源之一，高度的 LMX 关系差异化实际上代表了组织中不平等的资源分配，低 LMX 关系差异化则表明组织中的资源分配较平均（吴婷和张正堂，2017）。对具有高质量的 LMX 关系员工而言，高质量的 LMX 关系能给他们带来更多的组织资源，因此，他们对组织的态度和认知都更为积极。而对与领导发展了低质量 LMX 关系的员工来说，领导者对员工的差别对待会使员工与其他同事进行比较，并认识到自己在组织中的相对地位是较低的，此时员工会产生不公平的感知，削弱 LMX 关系对其组织公平感的促进作用。Van Breukelen 等（2002）表明，员工更倾向于领导者的公平和一致对待，而不是差别对待。基于公平理论，DLMX 违反了资源必须平均分配的公平原则，这会引起员工对管理者正直性的怀疑，即使是与领导"关系好"的员工也会担忧自己将来成为受害者（Hooper & Martin，2008）。因此，在高水平 DLMX 环境下，由于领导的差别化对待，员工会认为自己受到了不公平待遇（Lee，2001），此时员工的组织公平感和组织承诺会显著降低。Liao 等（2010）以及王震和孙健敏（2013）检验了 DLMX 在 LMX 关系与员工态度之间的调节作用，最后发现在高度 DLMX 的情况下，LMX 关系与员工工作态度之间的积极关系不再显著。已有的实证研究结果也表明，在低水平 DLMX 情境下，LMX 关系质量与员工组织公平感和组织承诺的积极关系更强（Van Breukelen et al.，2002）。鉴于此，本书提出以下假设：

H6：DLMX 负向调节 LMX 与组织承诺的关系，即 DLMX 程度越低，LMX 与组织承诺的正向关系越强。

H7：DLMX 负向调节 LMX 与组织公平感的关系，即 DLMX 程度越低，LMX 与组织公平感的正向关系越强。

本书的理论模型如图 2-1 所示。

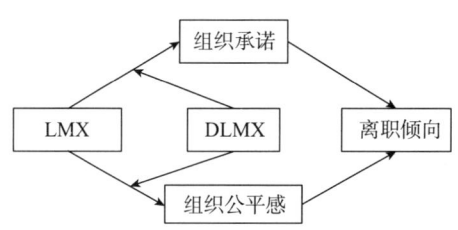

图 2-1　本书构建的 LMX 关系对员工离职倾向影响的理论模型

第六节　讨论分析、管理启示与未来研究展望

一、讨论分析

本书提出的理论模型表明，LMX 与离职倾向负相关，与低质量的 LMX 关系

相比，高质量的 LMX 关系可以显著降低员工的离职倾向。这与 Wayne 和 Green（1993）、Graen 和 Uhl-Blen（1995）等以及国内学者曾垂凯（2012）、于桂兰等（2015）的研究结果一致。然而现存的关于 LMX 与离职倾向关系的研究却忽视了对其中介机制的探讨，对其作用机制的整合更是少见。本书基于态度视角和认知视角探讨了 LMX 关系对员工离职倾向的影响机制。LMX 关系会影响员工对组织的态度和认知，进而对其离职倾向产生影响。即除对离职倾向的直接影响效应之外，LMX 关系还可能作用于员工的态度和认知，从而对离职倾向产生间接影响。具体来说，从态度视角而言，在高质量的 LMX 中，管理者与员工之间的相互信任和相互尊重使员工对组织产生较高的认同感和归属感，进而提高了员工的组织承诺。同时，组织承诺可以显著降低员工的离职倾向，即组织承诺在 LMX 与员工离职倾向的关系中起中介作用。从认知视角而言，LMX 与组织公平感呈正相关，高质量的 LMX 关系有助于提高员工的组织公平感。所谓"不患寡而患不均"，组织公平感作为一项激励因素，对员工的工作行为和工作态度可能会产生显著影响。因此，一般而言，员工感知到的组织公平感越高，其离职倾向越低（Robert & James, 2005）。高质量 LMX 关系带来的组织公平感可以显著降低员工的离职倾向，即组织公平感在 LMX 关系与离职倾向的关系中起中介作用。

另外，本书还探讨了 LMX 关系差异化（DLMX）在 LMX 与组织公平感和组织承诺关系中的调节作用。以往研究如曾垂凯（2012）和 Tekleab 等（2005），虽然也证实了 LMX 关系对组织承诺和组织公平感的积极作用，但是却忽略了 LMX 关系的本质特征，即 DLMX 对这一积极作用的影响。本书的研究表明，DLMX 负向调节 LMX 与组织公平感和组织承诺之间的正向关系，DLMX 程度越高，LMX 对组织公平感和组织承诺的正向影响作用越弱。DLMX 会使员工产生受到了不公平对待的感知，这会显著降低员工的组织公平感（Lee, 2001）。此外，DLMX 越显著，领导者对员工的区别对待越明显，这会挫伤员工的积极情感和工作积极性，降低员工的组织承诺（Ma & Qu, 2010）。对 DLMX 调节作用的探讨不仅丰富了关于 LMX 发挥作用的边界条件的研究，对未来进一步基于其他视角探讨 LMX 关系的影响效应也具有重要的启示意义。

二、管理启示

第一，文献研究表明，LMX 关系与离职倾向呈负相关。从实践意义上来说，LMX 关系能够有效降低员工的离职倾向。因此，管理者应注重领导力的培养，致力于营造和谐融洽的组织关系氛围，为员工提供工作中所需的信息、资源和支持，如及时为员工提供有效的反馈和辅导，以提高组织内整体的 LMX 关系水平，从而降低员工的离职倾向。在当前职场离职率普遍较高的背景之下，如何降低员工，特别是核心员工的离职率显然已经成为一个突出的管理挑战。在新生代员工进入职场后，由于金钱的影响作用相对较弱，情感留人的效应日益突出。LMX关系与离职倾向的显著负面相关关系提示了管理者可以通过加深领导与下属之间的关系质量，达到情感留人的目的，更有效地降低离职率。这对于新生代员工的管理将有着特别的意义。

第二，LMX可以有效地促进员工组织承诺的提升，进而降低其离职倾向。组织承诺在LMX与员工离职倾向之间的中介作用表明，LMX关系除直接影响员工的离职行为之外，在很大程度上还会先影响员工的态度，如组织承诺，进而影响其离职倾向。促进员工的组织承诺需要增强LMX关系，因此，为降低员工的离职倾向，管理者在日常工作中应给予员工更多的支持和信任，促进员工由"圈外人"向"圈内人"转化，建立和谐互信的高质量LMX关系。同时，在构建高质量LMX关系的同时，关注员工工作态度的变化，重视对员工组织承诺的培养和提高，使员工对领导、对组织产生信任感、责任感和认同感，增强员工的组织承诺，进而降低其离职倾向。

第三，LMX关系可以提高员工的组织公平感，进而降低其离职倾向。员工对自己与管理者的关系是非常敏感的，如果和管理者的LMX关系质量较低，则可能引起员工组织公平感下降，导致较高的离职率。因此，管理者在控制员工的离职行为方面，除物质激励之外，在管理过程中还应重视员工的认知因素，对待员工的态度采取多关注的方式。如管理者作为组织资源的分配者，可以通过制定合理的分配政策来确保分配结果的公平性，提高员工的分配公平感；在互动公平方面，通过丰富上下级沟通渠道与员工开展有效的沟通，提高员工的互动公平感；在程序公平方面，管理者应在管理过程中力求公平，在组织内部建立公平、公正、公开的管理氛围，努力提高所有员工参与决策的机会，鼓励员工自由讨论和发表意见，加大决策制定过程的透明度，从而提高员工的程序公平感，从客观上保证组织公平感的形成，最终降低员工的离职意愿，为组织留住人才。

第四，DLMX在LMX与组织承诺和组织公平感关系中的负向调节作用表明，员工不仅会关注自身与管理者的LMX关系，还会和组织内其他成员与管理者之间的关系进行社会比较，而员工之间的比较正是造成员工离职的关键原因之一（Felps et al.，2009）。高度的LMX关系差异化会带来大量员工之间的冲突和比较问题，进而削弱LMX对组织公平感和组织承诺的积极作用。因此，管理者在提高组织内LMX关系的同时，还应注意协调与不同员工之间的关系，降低与不同员工之间LMX关系的差异性，对下属一视同仁，以公平公正的方式为员工提供资源、帮助和支持，与员工发展成高质量无偏私的LMX关系，降低LMX关系差异化可能对 LMX 关系造成的负面影响。

第五，对于个人离职而言，集体离职造成的业务中断以及人力资本损耗给组织带来的负面影响要远远大于个人离职所造成的负面影响。因此，虽然已经有学者开始关注 LMX 关系对集体离职的影响作用（Hancock et al., 2013; Hausknecht & Trevor, 2011; Nyberg & Ployhart, 2013），但目前还少有研究揭示 LMX 关系对集体离职的作用机制。当组织内部存在导致员工个体离职的因素时，在组织的内聚力、工作嵌入等内部因素和共同远景吸引力等外部因素的作用下，有可能会引发员工集体离职的现象。因此，领导者不仅要促成组织内部的较高质量的 LMX 关系和凝聚力，促使员工的个人目标与组织的远景相一致，实现"双赢"。还要关注组织内部凝聚力较强的个别员工，如明星员工（或管理者）的离职带来的对组织整体员工离职倾向的影响。在其稳定性不高的情况下，管理者应该提高警惕，测试其是否存在离职倾向，并且尽量在离职前化解矛盾，防微杜渐，避免集体离职的发生。

三、未来研究展望

首先，尽管本书从 LMX 关系影响离职倾向的态度机制和认知机制出发，并首次对这两个机制进行了整合，证实了组织公平感和组织承诺在 LMX 与员工离职倾向关系之间的中介作用。但 LMX 对员工离职倾向的影响路径可能是多种多样的，未来的研究应尝试从其他的视角对 LMX 和员工离职倾向之间的作用机制进行阐述，例如，近年来学术界日益关注的组织支持感、工作满意度和工作压力等是否也会对 LMX 与离职倾向的关系产生影响作用。同样，除 LMX 关系差异化之外，在 LMX 的影响效应中还可能存在其他潜在的边界条件尚未厘清，这些都值得进一步的深入探索。

其次，虽然本书提出了 LMX 关系差异化对 LMX 关系与组织承诺和组织公平感关系的负向影响作用。但 LMX 关系差异化并不总是会产生负面影响。LMX 关系差异化会产生积极还是消极影响效应可能与组织所处的文化背景或 LMX 关系差异化的不同表现形式相关。如 Seo 等（2018）的研究表明，在碎片化状态的 LMX 关系差异化团队中，LMX 关系差异化与集体组织承诺正相关，能有效降低集体离职率。而双峰状态的 LMX 关系差异化则可能削弱团队的协调能力，同时增加集体离职的可能性（Li & Liao, 2014）。因此，LMX 关系差异化与组织结果变量之间并非只是简单的积极或消极的线性关系，有可能存在更为复杂的非线性关系。未来的研究可以对 LMX 关系差异化的不同状态和表现形式及其影响效应进行深入探索，这既可以丰富我们对 LMX 关系差异化的认识，也有助于拓展 LMX 理论的解释范围。

最后，本书仅是提出了一个理论框架和研究的假设，这些假设还有待进一步去探讨和证实。未来的研究可以利用相应的测量工具对本研究提出的理论假设进行实证的检验。如借鉴 Liden 等（1993）和 Aryee 等（2002）对 LMX 关系和离职倾向的测量方法对 LMX 与离职倾向的关系进行测量。这既是一个有趣的研究方向，同时也可以对研究的理论假设提供实证支持。

第三章 领导—成员交换关系差异化的内涵、发展及影响研究

第一节 引 言

在过去的几十年里,领导—成员交换理论(Leader - Member Exchange Theory, LMX)是研究组织领导行为最重要的理论之一(Dinh et al., 2014; Schriesheim, Castro & Cogliser, 1999)。LMX 的研究起源于二元领导理论,其特点是关注领导者与其追随者之间的关系(Bauer & Erdogan, 2015; House & Aditya, 1997),而不是领导者的一般特征或行为(Barling, Christie & Hoption, 2011; Graen & Uhl - Bien, 1995)。高质量的 LMX 关系是以相互信任、尊重和义务为基础的,而低质量的 LMX 关系则是基于经济和雇佣合同发展而来的(Graen, Novak & Sommerkamp, 1982; 吴婷、张正堂, 2017; 杨晓、师萍、谭乐, 2015)。迄今为止,大量研究强调了领导和成员之间的关系质量对于个体和组织的好处,如高质量的 LMX 关系对员工工作态度、人际行为和绩效的积极影响作用(Dulebohn et al., 2012; Ilies et al., 2007; Martin et al., 2016)。

然而,尽管高质量的 LMX 关系对个人和组织的好处已经得到了广泛的理论和实证研究的支持,但 LMX 理论的基本原则表明,领导者不会与所有下属建立高质量的 LMX 关系。实际上,理论与实践均表明,领导者获得以及可支配的个人资源是有限的(Graen & Uhl - Bien, 1995; Kinicki & Vecchio, 1994; Liden et al., 1997)。为实现资源的优化配置,领导者会与下属建立不同质量的关系,从而可能与下属发展起不同水平的 LMX,包括以经济交换为特征的低质量关系到以社会情感为特征的高质量关系。反映这一现象的研究中出现的最普遍的观点是领导—成员交换关系差异化(LMX 差异化),表现为同一工作组或者团队中不同成员与领导间发展起来的 LMX 关系质量的差异性(Erdogan & Bauer, 2010; Liden et al., 2006)。作为一个团队的概念,LMX 差异化指的是团队中领导者区别对待团队成员,与不同的成员发展不同的交换关系,进而形成差异化的交换关系

质量（吴婷、张正堂，2017）。Yu、Matta 和 Cornfield（2018）指出，LMX 关系差异化的实质是领导者与团队中部分成员而非所有成员建立高质量 LMX 关系。Yu 等（2018）对 LMX 差异化本质的阐释直接表明了在团队中领导者会与不同成员建立差异化 LMX 关系的事实。可见，LMX 关系差异化普遍存在于领导者与成员的人际关系中，并且有研究指出，LMX 关系差异化的影响效应要远大于 LMX 本身的影响。

综合以上分析可知，LMX 关系差异化是 LMX 关系理论的进一步发现。差异化的 LMX 关系在团队中是一种常态而不是一种特例。LMX 关系差异化普遍存在于领导者与成员的人际关系中。在一个群体或者团队背景中，领导会和不同的成员发展出差异化的 LMX 关系是领导—成员交换理论的一个基本原则（Graen & Uhlbien，1995）。尽管研究表明领导者对员工的区分有助于领导者更好地配置有限的时间和资源（Henderson et al.，2009；Liden et al.，2000），但也有研究指出，LMX 关系的差异会对组织造成负面影响（Erdogan & Bauer，2010；Hooper & Martin，2008）。不过，近年来 LMX 关系差异化虽然已逐渐被研究领域所关注，但其影响因素仍然不够清晰，对个体和组织行为等的重要结果变量的影响效应迄今为止也未能形成统一结论。总的来说，LMX 关系差异化普遍存在于组织中是不争的事实，然而目前对于 LMX 差异化现状和理论的研究仍不够深入和全面。关注 LMX 差异化的作用机制和边界条件对于 LMX 理论的发展和组织实践均有着重要意义。鉴于此，本书将初步梳理 LMX 差异化的内涵和表现形式、相关理论和边界影响效应，期望借以促进 LMX 关系的研究更加深入，并同时对组织中领导和成员之间的关系治理实践有所借鉴。

第二节 LMX 关系差异化的内涵与表现形式

一、LMX 关系差异化的内涵

领导—成员交换理论（Leader - Member Exchange Theory，LMX）最早由社会交换理论（Social Exchange Theory）发展而来，与以往的领导理论强调领导者的一般特征或行为不同，LMX 理论主要关注领导者与其追随者之间的关系（Bauer & Erdogan，2015；House & Aditya，1997）。从 LMX 理论产生至今，学者已经系统地探讨了 LMX 的内涵、影响因素、对成员态度和行为的影响作用及内在机制（任孝鹏和王辉，2005；Dulebohn et al.，2012；Gerstner & Day，1997；Ilies et al.，2007；Zhou et al.，2012）。随着对 LMX 理论研究的发展与深入，LMX 理论开始被应用于团队层面的研究，并衍生出领导—成员交换关系差异化（Leader - Member Exchange Differentiation，DLMX）和团队—成员交换关系（Team - Member Exchange，TMX）两类构念。从已有的文献来看，LMX关系差异化的研究已经成为LMX关系研究领域的热点课题（Anand et al.，2011；Martin et al.，2010）。

相对于其他"均衡式"领导理论（如变革型领导理论），LMX理论表明，由于资源和精力的有限性，领导者会与团队成员建立不同的交换关系，采取差异化的管理策略，以最大限度地发挥资源优势（Dansereau, Graen & Haga, 1975）。领导者与每个下属的关系都是不同的，他们会与不同的成员发展质量高低不等的交换关系（Graen & Scandura, 1987；Henderson et al.，2009；Scandura, 1999），并最终在团队中呈现差异化的LMX关系格局。另外，与团队—成员交换关系（TMX）强调领导者与不同成员交换关系的总体平均水平相比，LMX差异化关注团队领导与不同成员之间交换关系存在的差异。Henderson等（2009）指出，LMX差异化是LMX理论的核心内容，代表了团队中LMX的离散度。可见，LMX差异化是一个团队层面的概念，反映了团队领导者与不同成员的交换关系在质量上的差异性，并且这种差异既可以表现为类型差异（如社会情感交换和经济交换），也可以表现为程度差异（如社会交换或经济交换水平的高低）（Erdogan & Bauer, 2010；Henderson et al.，2009）。

从已有的研究来看，现有研究突出强调了高质量的LMX关系对团队成员产生的正面影响，如Graen、Novak和Sommerkamp（1982）的研究表明，高质量的LMX关系与团队绩效呈正相关。Paglis和Green（2002）证实，高质量的LMX关系能显著降低团队冲突，增强团队凝聚力，并最终提升团队合作水平。而低质量的LMX关系对成员产生消极影响，如Lai、Chow和Loi（2016）以及Jiang等（2014）发现，低质量的LMX关系会导致团队成员消极的工作表现和心理状态。但是这些研究并没有探讨高质量LMX关系与低质量LMX关系共存（即LMX关系差异化）的情况，因此，并未触及LMX理论的核心内容（Henderson et al.，2009）。实际上，高质量的LMX关系与低质量的LMX关系通常共存于同一团队中，关系差异化是LMX关系的常态（王震和仲理峰，2011）。LMX差异化表明，领导者会以不同的方式对待下属，与下属建立个性化和亲疏有别的关系，因此，更符合团队管理的实际情况（王震和孙健敏，2013）。可见，LMX关系差异化的研究和探讨更符合团队的实际管理需求，同时也扩展了LMX理论的解释范围。

依据对LMX差异化的研究，领导者会将成员划分为"圈内人"和"圈外人"。"圈内人"是基于高质量的LMX发展而来的，而"圈外人"则表现为低质量的LMX关系（Henderson, Liden, Glibkowski & Chaudhry, 2009；Tse, Ashkanasy & Dasborough, 2012; Tse, Dasborough & Ashkanasy, 2008)。在现存的研究中，"圈内人"和"圈外人"的区分也被作为 LMX 差异化的主流表现形式，但 Seo 等（2018）认为，不同成员之间的 LMX 关系存在差异，并且这些"差异"之间大相径庭，LMX 关系差异化的表现形式存在但不限于"圈内"和"圈外"之分。因此，探讨 LMX 关系差异化其他潜在的表现形式将有助于更全面、更清晰地认识 LMX 关系差异化的内涵。

二、LMX 关系差异化的表现形式

LMX 关系差异化可以根据团队内部成员 LMX 关系的差异化程度区分为高、中、低不同水平。在差异化水平不同的团队中，无论是领导者的资源分配还是团队成员之间的人际关系格局都会有不同的表现，LMX 关系差异化对团队产生的影响也具有显著的差异。探讨 LMX 关系差异化的表现形式，可以为进一步细化探讨 LMX 关系差异化的影响效应奠定理论基础。不过，不同学者对于 LMX 关系差异化表现形式的划分有不同的观点。如有学者区分为高、中、低水平，也有学者更细分地探讨 LMX 差异化的构成而区分为更细化的形态，具体如表 3-1 所示。

表 3-1 LMX 关系差异化的表现形式

	分类	具体表现
LMX 关系差异化水平表现	高水平的 LMX 关系差异化	明显的"圈内人"与"圈外人"区分，存在明显的"领导红人"
	中等水平的 LMX 关系差异化	阶梯状的 LMX 关系分布
	低水平的 LMX 关系差异化	均衡的 LMX 关系分布
LMX 关系差异化状态表现	碎片化状态	每一对领导者—下属的关系都是独一无二的，没有相似关系
	双峰状态	形成"圈内人"与"圈外人"各自分布，发展出两个"阵营"
	单调低 LMX 状态	领导者与大多数成员保持高质量 LMX，而与少数成员保持低质量 LMX
	单调高 LMX 状态	领导者与少数成员保持高质量 LMX，而与大多数成员保持低质量 LMX

1. LMX 关系差异化水平表现

根据差异化水平的高低不同，LMX 关系差异化具体可以表现为高水平的 LMX 关系差异化、中等水平的 LMX 关系差异化以及低水平的 LMX 关系差异化。

具体阐述如下:

(1) 高水平的 LMX 关系差异化。高水平的 LMX 关系差异化强调领导者和不同的成员所形成的交换关系质量(或感知)存在很大的差别的情况,形成明显的"圈内"员工与"圈外"员工之分(吴婷和张正堂,2017)。当 LMX 差异化最大时,表现为团队中所有或大部分的资源被某一个团队成员所占有,而剩余的其他成员则占有等同的但很少的资源。具体来说,LMX 关系差异越大,领导的时间、精力、资源和喜爱就越被某一个(或少数)的成员所占据,而其他成员的 LMX 关系则很低,但质量基本相近。在高水平 LMX 差异化的情况下,团队内部容易出现极端的关系格局,"领导红人"现象在这一类团队关系中也最为普遍。

有研究指出,高水平的 LMX 差异化与公平原则相违背,因此,会对团队产生消极影响(Ma & Qu,2010)。但 Henderson(2009)认为,团队中差异悬殊的 LMX 关系并不必然给团队带来消极的后果。一方面,具有高质量 LMX 关系的少数成员会成为团队中的副中心(Boies & Howell,2006),他们能够得到其他大部分成员没有而渴望获得的资源。而当一个人拥有他人没有但需要的资源时,他的社会影响力就会增强(Blau,1964),进而获得更多的支持和认同。此时,其他团队成员由于差异化所产生的不公平感会显著降低。另一方面,出于领导对"红人"的偏爱,不平均的交换关系使其他成员意识到与领导者的关系并不是一成不变的,通过提高自己的工作表现,可以改善与领导者的关系。因此,相比均等的 LMX 关系,高差异化的 LMX 关系对于其他成员可以产生激励效果。总的来说,迄今为止,对高水平的 LMX 关系差异化所带来的后果还存在较大的争议。

(2) 中等水平的 LMX 关系差异化。中等水平的 LMX 差异化表现为不同成员之间的 LMX 关系质量各不相同,呈阶梯状分布的情况(潘静洲和王震等,2017)。"阶梯状"的 LMX 关系容易滋生"层级型"的资源分配方式,此时,LMX 关系在某种程度上会演变为成员在团队中地位指标(Liden et al.,2002)。LMX 差异化的这种"阶梯状"的表现形式会使团队成为 LMX 关系的竞技场,LMX 关系差异化会加剧团队成员的竞争和冲突,对团队的负面影响最为显著(潘静洲等,2017)。

(3) 低水平的 LMX 关系差异化。随着差异水平的进一步降低,团队中开始形成低水平的 LMX 关系差异化。低水平 LMX 关系差异化表示领导与成员的交换关系很平衡,虽存在差异但差异较小的情形(吴婷和张正堂,2017)。当 LMX 差异化最小时,所有成员与领导者保持质量相同的交换关系,并从领导手中获得同等的资源和支持。在此情况下,领导者对所有成员一视同仁,公平(甚至平均)地分配资源和信息,在团队中能够形成较为宽松的团队氛围。但相对于高水平的 LMX 关系差异化而言,较低的 LMX 关系差异化对成员缺乏激励效果。

2. LMX 关系差异化状态表现

除将 LMX 关系差异化区分为高中低不同水平之外，还有学者提出了可以更为细化地剖析 LMX 关系差异化表现形式的标准。结合数值失衡理论（Theory of Numerical Imbalance）和领导—成员交换理论，Seo、Nahrgang、Carter 和 Hom（2018）提出了 LMX 关系差异化的不同状态，为团队内 LMX 差异化的进一步深入探究打下了良好的基础。Seo 等（2018）认为，团队内部高低不同的 LMX 关系的组合即构成了团队内部 LMX 关系差异化的具体状态，主要包括碎片化状态（Fragmented Configurations）、双峰状态（Bimodal Configurations）、单调低 LMX 状态（Solo – Status Low LMX Configurations）与单调高 LMX 状态（Solo – Status High LMX Configurations）。

（1）碎片化状态。碎片化的 LMX 关系是指团队内部的所有成员与领导者发展成独一无二的关系，即团队内部没有相同的一组 LMX 关系差异化状态。早期的实证研究表明，领导者并非以平均的领导风格对待所有成员，而是与不同的成员发展不同的关系（Graen，1976；Graen，Liden，et al.，1982；Graen，Novak，et al.，1982；Katerberg & Hom，1981）。在此过程中，领导者通过一系列的角色内化事件来激发每个成员的才能和动机，并随着时间的推移与各个成员发展出独一无二的关系（Graen & Scandura，1987；Graen & Uhlbien，1995）。在角色内化过程中，领导者通过评估成员的技能、能力、个性和绩效，最终决定彼此的关系质量（Graen & Scandura，1987；Nahrgang，Morgeson & Ilies，2009；Nahrgang & Seo，2015）。至此，领导和成员之间独特的关系就会形成，反映了 LMX 关系碎片化的状态（Li & Liao，2014）。

文献研究表明，碎片化状态的 LMX 关系差异化对组织有积极的影响作用。如 Seo、Nahrgang、Carter 和 Hom（2018）指出，碎片化状态下的 LMX 差异化与集体组织承诺呈正相关。即在此状态下的 LMX 差异化越高，团队成员的集体组织承诺就越高。Lau 和 Murnighan（1998）基于断裂带理论（Faultline theory）提出，高度多样化的 LMX 关系会以碎片化的状态呈现，在此状态下，组织产生群体划分的可能性很小。在此基础上，Earley 和 Mosakowski（2000）进一步将处于碎片化 LMX 关系中的团队定义为异质性团队（Hetereogenous Team）。并指出在异质性团队中，团队成员之间会积极寻求建立新的相互理解与联系，从而形成彼此交流和互动的共同基础。虽然在异质性团队中存在分歧或差异，但因为团队成员之间没有共享或形成相同的 LMX 关系，因此，失去了形成关系圈（如双峰状态）的条件。Earley 和 Mosakowski（2000）以及 Li 和 Liao（2014）在研究中证实，在形成碎片化 LMX 关系的团队中，团队在运行过程中产生的诸如团队冲突或相互比较的问题较少。因此，同质和高度异质的团队往往比中等异质性的团队效率更高,因为在同质或高度异质的团队中更容易建立统一的团队文化(Earley & Mosakowski,2000)。

(2)双峰状态。在"双峰"状态下的LMX关系中,领导者会将成员划分为"圈内"成员和"圈外"成员。领导者会与"圈内"成员发展高质量的关系,并优先为这部分成员提供信息、任务、反馈、支持和关注等;与此相反,领导者会和"圈外"成员形成低质量的关系,并给予这些成员相对少的资源和支持(Sherony & Green,2002;吴婷和张正堂,2017)。另外,领导者通过将关键任务分配给具有高质量LMX关系的成员,同时将更多常规任务分配给具有低质量LMX关系的成员,从而协调团队成员的贡献(Liden et al.,2006)。"圈内"成员与"圈外"成员的比例可以是均衡的,也可以是非均衡的,并且随着圈内和圈外成员比例的不同会对团队整体的绩效造成差异化的影响(Kanter,1977)。

虽然在角色内化阶段领导者会与成员发展成独一无二的关系,但并不排除领导与不同成员之间的关系也存在彼此相似的可能性。事实上,相似理论认为,不同个体之间的相似程度越大,则双方(或多方)的交往与互动就越频繁、越顺畅。基于相似理论,潘镇、李云牵和李健(2017)指出,人际吸引是人际交往与互动的内在动力,而人际吸引的内部推动力则是人与人之间内在或外在的某一特征或某些特征的相似程度。Sherony和Green(2002)在研究中发现,当不同的成员和领导有着相似质量的关系时,这一部分成员之间会形成更高质量的关系。因此,与领导关系相似的成员之间会相互吸引,促进了以领导者关系质量为划分依据的"圈内"成员和"圈外"成员的形成(Liden & Graen,1980;Sparrowe & Liden,1997;Sparrowe & Liden,2005)。

社会分类理论(Social Categorization Theory)认为,在双峰状态下,"圈内"成员更有可能与"圈内"的成员加强互动,而减少与"圈外"员工的沟通交流,从而导致"圈内"和"圈外"成员之间的信任降低(Abrams, Wetherell, Cochrane, Hogg & Turner,1990;Hogg & Terry,2000)。在双峰状态下的LMX关系中,团队成员会被划分成大小相当的两个"阵营",成员之间既有可能产生不同的"派系",也有可能形成彼此互动或关系的断裂带(Earley & Mosakowski,2000;Lau & Murnighan,1998)。团队中"派系"的形成会损害团队的整体团结,阻碍团队成员之间共同观点和价值观的发展(Roberson & Colquitt,2005)。因此,虽然双峰状态下的LMX关系有利于领导者实现时间和资源的优化配置,但与其他状态下的LMX关系相比,仍然会削弱团队的协调能力(Li & Liao,2014),降低集体组织承诺。Seo、Nahrgang、Carter和Hom(2018)也证实,双峰状态下的LMX差异化与集体组织承诺呈负相关,即相对于其他状态下的LMX关系差异化而言,双峰状态下的LMX关系差异化越高,团队成员的集体组织承诺就越低。

（3）单调低 LMX 状态。单调状态的 LMX 关系差异化反映了团队中只有一个或相对少数的成员与领导者有独特的关系的情形。Seo、Nahrgang、Carter 和 Hom（2018）指出，单调状态的 LMX 关系差异化具有单调高 LMX 关系（Solo – Status High LMX）和单调低 LMX 关系（Solo – Status Low LMX）两种情形。单调低 LMX 关系指领导者与大多数成员保持高质量的交换关系，而与一个或相对少数的成员发展低质量交换关系的情况。Kanter（1977）和 Pfeffer（1981）指出，虽然团队中存在各种相似关系的组合，但在单调低或单调高 LMX 关系状态的团队中，少数群体存在代表性不足且与多数群体在数量上不平衡的现象。由于在数量上不占优势，团队中的"少数"并不能产生普遍的影响力。Kanter（1977）基于数值比例理论（Theory of Numerical Proportions）将单调状态概括为大群体具备的优势与小群体之间的较量，两个群体之间的比例类似于 85∶15。如果整个团队的规模很小，那么少数或"象征性"成员就可能成为被大群体孤立的对象（Kanter，1977）。

在单调低 LMX 关系状态中，团队中的大多数成员与领导者保持高质量的 LMX 关系，因此，他们不仅在数量上占主导地位，而且还可以优先获得发展的机会、具有挑战性的任务、授权和奖励等（Boies & Howell，2006；Erdogan & Bauer，2010；Nishii & Mayer，2009）。与此相反，处于低质量的 LMX 关系的成员在数量上只占少数，并且由于与领导者形成的 LMX 关系质量较低，因此，这部分成员会处于团队中较低权力的地位（Fairhurst & Snavely，1983）。在此差异悬殊的 LMX 关系中，对处于弱势地位的少数团队成员而言，其影响可能是喜忧参半的。如 Kanter（1977）指出，在单调低 LMX 状态下，领导者与少数成员保持低质量的 LMX 关系。这一部分少数成员可能会成为众矢之的，这一状况使他们所面临的绩效压力显著增加。在此情况下，这部分少数成员通常会采取两种方法应对绩效压力。一方面，他们会不遗余力地促成团队产生建设性的变化（Crosby，1984；Mark & Folger，1984），这将有助于团队目标的实现，同时通过反复的互动促进集体组织承诺的建立。此时，这种单调状态的 LMX 交换关系对成员会产生激励作用。另一方面，更常见的反应是这部分少数成员会想方设法阻止自己的现状进一步恶化，并试图融入多数群体，以避免面临进一步被孤立的风险（Kanter，1977）。但是，当这部分少数成员意识到他们与多数成员之间的差距无法逆转或改变时，他们会质疑领导者的公平性，进而可能导致团队产生较高的离职率（Erdogan & Bauer，2010），增加团队人才管理成本。

（4）单调高 LMX 状态。与单调低 LMX 状态相反，单调高 LMX 关系是指领导者与一个或少数几个成员建立高质量的 LMX 关系，而与其他大部分成员保持较低或中等水平关系质量的情形。在单调高 LMX 关系状态中，虽然获得高质量的 LMX 关系的成员只占少数，但这些少数的成员从领导处获得的支持、信息和资源会进一步突出他们的独特性，并赋予他们更高的地位（Fairhurst & Snavely，1983）。这一部分少数并且获得高地位的成员会发展为团队的副中心（Boies & Howell，2006），成为领导者身边的"红人"。由于在领导心中的特殊位置，这一部分少数成员在很大程度上能够影响领导者的决策，甚至作用团队的局势。研究表明，在单调高 LMX 关系状态中，拥有高质量 LMX 关系的少数成员还会充当领导者与其他成员之间沟通的桥梁（Sias & Jablin，1995；Kramer，1995），这将有助于减少团队内部的人际冲突，促进团队合作，并提高团队效能。

然而，在单调高 LMX 关系状态中，只有一个或极少数成员拥有高质量的 LMX 关系，而其他大部分成员处于低质量的 LMX 关系中。Sachdev 和 Bourhis（1991）指出，虽然这个团队中的大多数成员由于其低质量的 LMX 关系而具有较低的地位，但他们因数量优势而成为团队成员中的大多数时，这个团队中的大多数人不仅有较低的组织承诺（Dulebohn et al.，2012），而且他们会觉得自己在数量上的优势受到了拥有较高 LMX 关系的少数成员的威胁。当这个占大多数的群体受到威胁或拥有较高质量 LMX 关系的少数成员不易被削弱时，他们会采取孤立少数成员或拒绝共享信息的行为（Fairhurst & Snavely，1983）。另外，在较高的 LMX 关系差异化的团队中，团队成员会产生对比心理（Weick，1995），并且通过将自身与他人的分配进行对比，作为判断是否公平的依据（Sais & Jablin，1995）。Sias 和 Jablin（1995）指出，成员会减少与受欢迎的同事的沟通，因为他们认为个别成员得到特殊待遇是不公平的。此外，团队中对"领导红人"的认知也加剧了成员之间的相对剥夺，这会进一步引发负面影响效应，如消极的工作态度和不良工作行为（Bolino & Turnley，2009；Crosby，1976）。因此，在单调高 LMX 状态中，拥有高质量 LMX 关系的少数团队成员会成为大多数成员的对手或威胁，多数成员会憎恨这部分少数成员，并质疑领导者的偏袒（Erdogan & Bauer，2010；Hooper & Martin，2008），这些会削弱团队成员的集体组织承诺。Seo 等（2018）在研究中也证实，在单调高 LMX 状态下，LMX 关系差异化越大，团队的整体离职率越高。

总之，Simmel（1950）在研究中指出，对团队相关的数值进行修改，特别是对团队规模的修改，会对成员之间的相互作用和作用过程产生显著影响。与 Simmel（1950）关注绝对数值的影响不同，Kanter（1977）重点关注相对的数值，即焦点成员在群体中所占的比例。Kanter（1977）认为，不同比例的文化类别、地位或社会类型构成的群体产生的影响过程是存在差异的。就 LMX 关系、领导者与成员形成不同类型的关系，团队内部存在不同比例的具有较高或较低的

LMX 关系的成员，从而造成了 LMX 关系的不同状态。

虽然将 LMX 关系差异化划分为高、中、低水平的表现形式与描述为不同的状态对 LMX 差异化内容的阐释具有一定的差异，但在关键之处也表现出了一定的共性，如研究者对高水平 LMX 关系差异化与单调状态下的 LMX 关系对"领导红人"的积极和消极影响共存的观点。值得肯定的是，无论是将 LMX 关系差异化划分为高、中、低水平的表现形式还是碎片化等状态，都有助于更清晰和全面地了解 LMX 关系差异化的内涵。为此，Seo、Nahrgang、Carter 和 Hom（2018）就特别强调，为更全面地理解 LMX 差异化对组织的影响，不仅要关注领导者与不同成员的关系存在差异的事实，还应重视领导者和成员关系差异化及其不同表现形式对组织结果的影响。

第三节 LMX 关系及其差异化的发展演化

一、LMX 关系的建立与发展

LMX 理论认为，领导者与成员通过一系列的观望、试探和互动等活动在一段时间内建立起双方的关系（Graen & Scandura，1987），并随着互动的深入，发展出亲疏有别的关系。Graen 和 Uhl-Bien（1995）基于领导和成员双向互动的视角对 LMX 关系的建立与发展过程进行了解析。他们认为，LMX 关系从建立到发展成熟的过程中，领导者和下属都会经历相互评价、相互信任和相互忠诚三个阶段。在这个建立关系的过程中，团队成员可以是主动的，也可能是被动的。与其他社会关系不同，领导者和成员的关系具有正式的等级差异、权力的不对称分配和不可避免的社会互动的特点（Bono & Yoon，2012）。具有权力优势的团队领导者往往成为 LMX 关系发展的推动者、把控者和维持者。因此，在大多数情况下团队成员在 LMX 关系建立和发展的过程中会处于被动地位。成员对领导的依赖要大于领导对成员的依赖（马力和曲庆，2007）。在此过程中，一方面，领导者对成员的正面评价会推动领导者主动与成员建立交换关系。另一方面，正是因为领导者对成员所向往的结果有控制力，那些希望从领导处获得资源和利益的成员会抓住机会主动开始建立与领导的交换关系，并努力发展与领导者的友好关系（Kipnis et al.，1980）。而成员对领导者的正面评价则成为促使成员主动寻求与领导者建立交换关系的动力。并且随着双方关系的良好发展，领导和成员会相互信任，这反过来也进一步推动更高质量的 LMX 关系的形成，表现为领导和成员之间的相互忠诚。

在前人研究的基础上，Cropanzano、Dasborough 和 Weiss（2017）将 LMX 关系的发展概括为角色扮演（Role Taking）、角色内化（Role Making）和角色固化（Role Routinization）三个阶段。具体而言，在早期的角色扮演阶段，成员缺乏正式的权力，因此关系的发展主要由领导引起和推动（Dienesch & Liden, 1986；Graen & UhlBien, 1995），并为接下来的 LMX 关系的发展奠定基础。经过前一阶段的发展，领导者和成员会进入角色内化阶段。在角色内化阶段，LMX 关系质量开始成型（Nahrgang et al., 2009；Sin et al., 2009）。领导通过授权向成员提供有挑战性的工作来推动这一阶段关系的发展（Dienesch & Liden, 1986；Schyns et al., 2005）。成员以更高或更低的绩效对领导的授权行为进行响应。如果领导认为成员的绩效提高，就会为该成员提供额外的授权机会。在这一阶段中，领导和成员会经历一系列的交换和互动（Bauer & Green, 1996），并随着角色内化阶段的展开，领导和成员都会积极参与到 LMX 关系的发展中来。最后，在角色固化阶段，LMX 关系的质量得到了合理的确立，LMX 关系基本趋于稳定。

二、LMX 关系差异化的动态演化

随着时间的推移，成熟稳定的 LMX 关系还是会表现出一定的变化（Cropanazano et al., 2017）。因为团队成员不仅会关注自身与领导者的互动所形成的 LMX 关系，还会关注其他成员与领导者的 LMX 关系。成员倾向于在日常的交往和非正式沟通中观察、分析同事的 LMX 关系（Hu & Liden, 2013），从而知悉其 LMX 在团队中的相对位置。具体来说，团队成员的 LMX 关系质量的高低不是绝对的，而是相对的。在观察、分析过程中，成员会有意识地将自己的 LMX 关系与其他成员的 LMX 关系进行比较评价（Hog et al., 2005），而这种比较和评价最终会影响成员的意愿、态度和行为。当成员在比较之后对现有的 LMX 关系做出消极的评价时，他们就会致力于改变现有的 LMX 关系。另外，领导者会与多个成员建立 LMX 关系，而在大多数工作环境中都会发生一定数量的人员流动（如成员的晋升或离职），因此，LMX 关系会发生周期性的重新评估。例如，当一名受人尊敬的高层员工退休时，该员工的离开可能导致其他成员在 LMX 关系的等级中向上移动一步，而这会改变领导者与其他成员的 LMX 关系。另外，工作中的政治事件可能会把某成员从领导者的"圈内人"范围中移除。如果这被成员认为是不公正的，它可能会导致该特定成员的 LMX 关系质量下降。

随着 LMX 关系的发展，领导者会与不同的成员发展成差异化的 LMX 关系（Henderson et al., 2009）。差异化的关系本身就埋藏了不稳定因素，获得高质量 LMX 关系的成员会增强现有的关系，而那些处在低质量 LMX 关系的成员就会致力于改变现有关系（Cropanazano et al., 2017），这又会再次打破原有的 LMX 关系格局。总的来说，LMX 关系差异化是 LMX 关系发展过程中的必然结果，而关系差异化又会推动 LMX 关系的进一步改变，形成循环往复的过程。LMX 差异化拓展了 LMX 理论的研究视角，有助于进一步深化 LMX 理论，同时也有助于理解团队中的 LMX 关系格局的改变及其对成员产生影响的过程，从而使领导者采取有效对策来促进领导力的提升。

总之，LMX 关系差异化作为 LMX 关系发展的产物，指的是团队领导与不同成员的交换关系在质量上的差异（Erdogan & Bauer，2010；Henderson et al.，2009）。作为 LMX 理论的核心内容（Henderson et al.，2009），LMX 差异化并不是一个新的概念，但它直到最近这几年才逐渐受到关注。Cropanzano、Dasborough 和 Weiss（2017）认为，随着时间的推移，成熟稳定的 LMX 关系还是会表现出一些变化，成员对于团队中其他成员的 LMX 关系的反应会改变他们当下的 LMX 关系。

第四节　LMX 差异化的影响效应机制

在现存的 LMX 差异化研究中，LMX 关系差异化影响效应的研究成果相对丰富。在团队层面上，按关系差异化作用类型的不同，LMX 关系差异化的影响效应可分为主效应影响机制和调节效应影响机制。具体而言，LMX 差异化的主效应影响机制探讨了 LMX 关系差异化作为自变量对团队成员态度、团队互动过程以及团队产出的影响。Anand（2015）在最近对 LMX 差异化文献的研究中指出，LMX 差异化影响的结果是好坏参半的。目前，关于 LMX 差异化主效应影响的确切结论仍然不多见，LMX 关系差异化与团队产出的关系尚不明晰，甚至出现了结果相反的情况。这其中一个关键的原因可能是 LMX 关系差异化影响效应的边界条件尚未厘清。探讨 LMX 关系差异化的调节效应机制将有利于调和已有 LMX 关系差异化影响效应不一致的研究发现，以更好地厘清变量之间复杂的关系，并系统地揭示 LMX 理论在团队管理研究中的作用和价值。

一、LMX 差异化的主效应影响

1. LMX 差异化与团队成员公平感

在 LMX 关系差异化的研究中，学者普遍关注的一个问题是关系差异化对团队而言是利还是弊。从现存的研究成果来看，学者普遍认为，差异化对团队的影响弊大于利，如 LMX 关系差异化对公平感产生的消极影响。Pillai、Scandura 和 Williams（1999）以及 Vecchio 等（1986）指出，LMX 差异化可能会对团队成员的公平感知产生负面影响。Hooper 和 Martin（2008）也认为，差异化会使员工感到沮丧，如果他们没有进入领导者"圈内人"的范畴，往往会认为与其他同事相比自己地位较低，进而会产生被剥夺感和受到了不公平待遇的感受（Bolino & Turnley，2009；Tse et al.，2012）。马力和曲庆（2007）在对 LMX 关系的"阴暗面"探索中就暗示，LMX 关系差异化会损害组织公平。具体而言，基于公平理论，领导者与成员发展亲疏有别的关系可能会带来不公平的结果。因为拥有高质量 LMX 关系的成员与领导者会相互给予对方偏高的评价，即领导者会给予这部分成员高于实际工作表现的评分，而成员则给予领导者的领导风格以更高的评价。这一相互偏高的评价过程最终会影响分配公平。另外，领导者会优先为具有高质量 LMX 关系的成员提供信息、任务、反馈和支持等，并伴随大量的正式或非正式互动（Sherony & Green，2002；吴婷和张正堂，2017）。与此相反，领导者会减少与低质量 LMX 关系成员的沟通与交流，这会损害团队的互动公平。实际上，根据 LMX 理论，由于存在不同的 LMX 关系，领导者区别对待成员的行为就已是对公平原则的违背（Graen & Scandura，2000）。

然而，若笼统地说 LMX 差异化降低组织公平感是有失偏颇的。原因在于：首先，研究表明，个体对公平与否的判断会受到多种因素的影响，如 Andrews 和 Kacmar（2001）证实，LMX 关系的质量对成员公平性的判断有直接的影响作用。与领导者关系好的员工会有更高的公平感，而与领导者关系差的员工会更容易产生不公平感。在 LMX 关系差异化较大的团队中，不同的成员对公平的感知并不相同，在检验关系差异化对公平感的影响时，并不能排除关系质量本身对公平感知的干扰作用，因此，不能说 LMX 关系差异化必然降低成员的公平感。其次，还有研究表明，成员自身的公平敏感性（马力和曲庆，2007；Miles, Hatfield & Huseman，1989）、公平依据的标准以及所处的工作环境（Colquitt & Jackson，2006）也会影响个体对公平性的判断。可见，LMX 差异化与公平感的关系远比想象中的复杂。虽然有许多学者研究证实了 LMX 差异化与公平感显著呈负向相关。但是这一关系显然还会受到较多因素的调节影响。未来需要进一步探讨 LMX 差异化与公平感关系的边界条件，以更全面地把握 LMX 差异化对于团队不同成员公平感可能产生的差异性影响及具体调节机制。

2. LMX 差异化与工作绩效

文献研究发现，LMX 差异化对工作绩效的影响并不稳定，迄今为止仍未得出统一的结论。研究结论不一致除受到研究目的、样本和测量因素的影响之外，研究视角还是一个极为关键的因素。其中，公平视角和平等视角是研究者考察 LMX 差异化时最常用的理论视角。公平视角认为，资源和奖励应根据个体或群体成员的投入与产出比率分配（Adams，1963，1965），而平等视角不论个人的努力如何则强调资源和奖励应由群体共享（Deutsch，1975，1985）。总体而言，来自分配偏好理论的公平和平等视角为 LMX 差异化对团队产生的有利或有害影响提供了理论依据。不同视角为 LMX 差异化与绩效间可能关系提供了不同的理论基础。

（1）公平视角下的分析。一些研究从公平视角对 LMX 差异化的绩效的影响进行了解释。公平视角认为，能够为实现集体目标做出更大贡献和付出更多努力的个体应该获得更多的资源与回报（如与 LMX 相关的资源）（Kabanoff，1991）。具体而言，在公平原则下的资源配置通过优先向高绩效成员提供所需的资源，降低高绩效成员的离职率，并激发其持续不断地为实现团队目标努力，进而对团队绩效产生积极影响。Yu、Matta 和 Cornfield（2018）提出，领导者应公平地分配可支配的资源，与成员形成差异化的 LMX 关系，以促进集体绩效和生产率的提高。有效的领导者会区分与成员形成的 LMX 关系质量，以高效地利用资源，实现资源的优化配置（Liden & Graen，1980）。反过来，这一视角也强调领导者要为最有能力并且可以为实现团队目标做更大贡献的成员提供更多的资源（Graen & Scandura，1987；Graen & Uhl–Bien，1995），进而为团队绩效的提升提供保障。Littlepage 等（1995）指出，通过识别不同成员之间贡献和能力等的差异，领导者会通过奖励高绩效成员以促进其在后续的工作中取得更好的团队绩效。Deutsch（1985）和 Leventhal（1976）表明，公平地进行资源配置更有助于提升团队绩效，因为将资源提供给更有能力的成员，能够激励成员形成更高的生产效率。Leventhal 等（1980）也证实，根据能力差异将更多的奖励和资源分配给表现更好的成员，而减少分配给表现差的成员，既能够实现资源优化配置，也有助于提高团队的生产力。因此，在强调绩效与生产率的团队中，基于成员的能力公平地分配资源更受到青睐。

文献研究发现，将资源分配给对实现团队目标更为关键的核心团队成员是有益的，并有助于促进团队绩效的提升（Humphrey，Morgeson & Mannor，2009）。关于分配决策的早期研究也表明，在强调绩效和生产力时，员工更倾向于采用公平的分配标准（Meindl，1989）。在存在绩效导向文化的工作团队中，相对于平等原则，团队成员更倾向于基于公平原则分配资源（Mannix，Neale & Northcraft，1995），将有限的资源和奖励分配给更有能力或更努力的成员，而能力较低的成员得到更少的资源，而不是平均分配，这在强调绩效的团队中符合团队成员对公平的定义，更有利于提高团队整体绩效。此时，LMX 差异化将有利于集体绩效的提升。

显然，根据公平理论视角，在 LMX 差异化下的资源差异性分配是适当的也是必要的。这种差异性的资源分配有利于实现"好钢用在刀刃上"的目标，即有限的资源提供给更有能力为团队创造高绩效的成员,从而实现 LMX 差异化与绩效间关系的良性发展。简单而言,公平理论支持 LMX 差异化,并认为这是保证高绩效的基础。

(2) 平等视角下的分析。与公平视角的观点相反,基于平等的视角,每个人对工作团队具有同等的价值,因此,应该平等地分配资源。资源配置中的平等原则与个体的自尊相关,对团队的和谐与团结有重要影响作用(Deutsch, 1975; Kabanoff, 1991; Leventhal, 1976)。具体而言,平等视角下的资源配置通过平均分配团队内部的资源,能够培养成员之间的积极情感,并通过营造成员之间"命运共同体"的感知,减少成员之间的冲突,进而促进团队的有效性。Deutsch (2006) 和 Leventhal 等 (1980) 指出,基于平等原则分配资源有助于协调群体成员之间的情感和行动,并且能最大限度地减少群体之间的忌妒和相互敌对,从而促进团队的和谐与团结,这对团队合作而言异常重要。因此,当以促进团队和谐为目标时,基于平等原则的资源配置更可取。

另外,在团队目标的实现取决于成员之间相互依赖的贡献的团队环境中,单个成员的贡献是难以衡量的。因此,基于平等原则的资源分配可以促进团队成员的集体公平感(Anand et al., 2015; Martin, Thomas, Legood & Russo, 2018)。已有研究表明,当团队成员有更高的公平感时往往会表现出进行更多的互惠行为(如协调和高水平的团队—成员交换),从而使团队能够更有效地完成任务(Colquitt & Jackson, 2006; Roberson, 2006; Whitman, Caleo, Carpenter, Horner & Bernerth, 2012)。从这个角度来看,领导者的关键作用是营造一个和谐的人际环境,以激励成员们共同努力,实现团队目标。此时,若领导者与成员发展差异化的 LMX 关系会使成员产生一种不平等感,这会导致不满和敌对,进而阻碍团队的团结和成员之间的互动(Cropanzano & Schminke, 2001; Deutsch, 1975; Kabanoff, 1991),最终对团队绩效产出负面影响。Likewise、Hooper 和 Martin (2008) 证实,对 LMX 差异化的感知会增加团队成员冲突,这些冲突反过来又会降低成员的幸福感和工作效率。Yu、Matta 和 Cornfield (2018) 也指出,在平等视角下,LMX 关系与团队和谐与团结相关,差异化的 LMX 关系破坏团队团结,进而对团队绩效产生消极影响。

此外,研究表明,团队成员的和谐与团结体现在成员之间的情感和行动的统一或一致上。以往对 LMX 的研究证实,LMX 关系质量上的差异会导致成员之间形成关系壁垒,从而破坏协调的有效性,增加群体冲突(Hooper & Martin, 2008; Li & Liao, 2014; Sherony & Green, 2002)。这会破坏团队内部的感情和行动的统一或一致,进而损害团队内部信任(De Jong, Dirks & Gillespie, 2016; Liu, Hernandez, & Wang, 2014),降低团队绩效。总而言之,平等视角下的

LMX 差异化被认为对团队绩效的提升是有害的。因为平等理论视角强调了成员之间保持平等关系是非常重要的,这是实现团队和谐乃至团队高绩效的基础。为此,基于平等视角,LMX 差异化带来的不平等的资源分配最终导致差的绩效表现。

概括而言,LMX 差异化与绩效间关系的不一致均有一定的理论支持。具体而言,公平理论支持了 LMX 差异化与绩效间的正向关系,而平等理论则支持了 LMX 差异化与绩效间的负向关系。由此可见,LMX 差异化与绩效间的关系并不明确,究竟公平理论还是平等理论更能支持,显然还需要考虑一定的边界条件,不同的边界条件可能影响何种理论更是优势理论。为此,未来研究有必要探讨 LMX 差异化与绩效间关系的调节机制。

3. LMX 差异化与离职意向

虽然一定的离职率可以帮助企业剥离低绩效的员工,但重新雇用和培训新员工会造成企业成本的大量增加(Bushey & Glynn, 2012)。因此,从长远来看,较高的离职率对组织而言弊大于利。如何有效降低员工的离职倾向也就成为管理者和研究者关注的热点问题。研究表明,LMX 及其差异化对于员工的离职意向有着显著影响,只是相关结论并不一致。

(1) LMX 及其差异化与离职意向负相关的观点及分析。LMX 及其差异化与离职意向可能负相关。已有研究表明,高质量的领导成员交换(LMX)关系可以有效降低个体离职倾向(Dulebohn et al., 2012;Graen, Liden & Hoel, 1982)。如曾垂凯(2012)研究证实,LMX 关系负向影响员工离职意向,即在高质量的 LMX 关系中,员工对组织有着更高的情感承诺,进而能有效降低员工离职意向。另外,在差异化的 LMX 关系中,领导者通过将关键任务分配给具有高质量 LMX 关系的成员,同时将更多常规任务分配给具有低质量 LMX 关系的成员,从而协调组织成员的贡献(Liden et al., 2006)。尤其是在相互依存程度高的任务中,差异化的 LMX 关系使小组成员之间能够更好地进行协调互动,因为成员知道彼此在组织中的位置,并且能够利用自身的技能来实现团队目标。通过一系列的协调和互动,团队成员开始形成对组织的承诺,降低自我的离职倾向(Gardner et al., 2011;Meyer & Herscovitch, 2001)。

(2) LMX 差异化与离职意向正相关的观点及分析。有不少学者指出,LMX 差异化可能与离职意向呈正相关。具体而言,不少学者将 LMX 差异化细分为不同的差异化状态,探讨不同差异化状态对于离职意向的影响。

首先,LMX 差异化相对较大的双峰状态下集体离职率较高。因为在双峰状态的 LMX 差异化下,团队成员会被划分成大小相当的两个"阵营",成员之间既有可能产生不同的派系,还有可能形成彼此互动或关系的断裂带(Earley & Mosakowski，2000；Lau & Murnighan，1998）。Roberson 和 Colquitt（2005）指出，团队中"派系"的形成会损害团队的整体团结，阻碍成员之间共同观点和价值观的发展，由此会降低团队成员的集体组织承诺，并最终导致较高的集体离职率的产生。而且，虽然在双峰状态下的 LMX 关系有利于领导者实现时间和资源的优化配置，但也有研究表明，双峰状态的 LMX 差异化会削弱团队的协调能力，同时增加产生集体离职的可能性（Li & Liao，2014）。Seo、Nahrgang、Carter 和 Hom（2018）也指出，双峰状态下的 LMX 差异化会导致较高的离职率。

其次，LMX 差异化相对较小的碎片化状态下离职意向相对较低。Gibson 和 Vermeulen（2003）指出，良好的协调互动以及对整个团队的认同和承诺更有可能发生在处于碎片化的 LMX 关系的团队中。Felps 等（2009）就明确提出，员工之间的比较是造成员工离职的关键原因之一。在碎片化状态的 LMX 差异化团队中，产生群体划分的可能性很小，由此带来的群体冲突或比较的问题也较少（Earley & Mosakowski，2000；Li & Liao，2014），更容易建立统一的团队文化，降低团队成员的离职倾向。Seo、Nahrgang、Carter 和 Hom（2018）也指出，在碎片化状态下的 LMX 差异化与集体组织承诺呈正相关，能有效降低集体离职率。

（3）LMX 差异化与离职意向间的关系权变化的观点与分析。就 LMX 关系差异化而言，单调状态中成员的权力或地位取决于成员与领导者独特的关系。单调 LMX 关系差异化包括单调低 LMX 差异化和单调高 LMX 差异化。其中，在单调低 LMX 差异化状态中，团队中的大多数成员与领导者保持高质量的 LMX 关系，他们不仅在数量上占主导地位，而且还可以优先获得发展的资源和信息（Erdogan & Bauer，2010）。而在单调高 LMX 差异化状态中，大部分团队成员与领导者保持低质量的 LMX 关系，只有一个或少数成员与领导者发展成高质量的 LMX 关系。相比较双峰状态和碎片化状态下的 LMX 差异化，单峰状态的 LMX 差异化的水平相对较低，因为大部分领导—成员关系是相似的。只是这种相似关系的关系质量在单调低状态和单调高状态下有所不同。在单调低 LMX 关系差异化中，相似关系的关系质量较高，即较大比例的领导者—成员关系是较高质量的；而在单调高 LMX 关系差异化中，相似关系的关系质量较低，即较大比例的领导者—成员关系是较低质量的。

首先，Seo、Nahrgang、Carter 和 Hom（2018）指出，在单调低 LMX 差异化状态下，LMX 差异化对集体离职起负向影响作用。占据这些优势的成员会忠诚于他们的领导者。换言之，他们会忠诚于领导者所代表的组织（Gardner et al.，2011；Meyer et al.，2002；Shapiro，Hom，Shen & Agarwal，2016）。因为团队成员对组织的情感以及产生的组织支持感均来源于领导者的支持（Sluss & Ashforth，2008；Sluss，Klimchak & Holmes，2008）。大量研究表明，较高的组织承诺能有效降低成员的离职倾向（Mathieu & Zajac, 1990; Mowday, Steers & Porter, 1979; Price & Mueller, 1986）。忠于组织的员工通过与组织建立"心灵纽带"而与组织紧密地联系在一起，留在组织的意愿也更强烈（Meyer & Allen, 1997）。换言之，如果成员对组织的承诺较高，那么成员的离职意愿会显著降低，从而减少集体离职的发生。在反复的互动中，具有高质量LMX关系的成员将形成并保持对组织的承诺（Gardner et al., 2011; Morgeson & Hofmann, 1999; Ostroff, 1992），同时将对组织承诺的情感在团队成员之间传递（Barsade, 2002），成员离开团队的意愿就很低。与此同时，在单调低LMX差异化状态下，领导者与少数成员保持低质量的LMX关系。在此情况下，这部分少数者所面临的绩效压力显著增加（Kanter, 1977）。为应对绩效压力，他们会试图融入多数群体，不遗余力地促成团队产生建设性的变化（Crosby, 1984; Mark & Folger, 1984）。并通过表达对组织的承诺从而迎合多数群体，避免进一步被孤立的风险，阻止自己的现状进一步恶化（Kanter, 1977）。随着组织承诺的提高，这部分少数成员的集体离职率也随之下降。

其次，在单调高LMX差异化状态下，大部分成员与领导者保持低质量的LMX关系，低质量的LMX关系基于雇佣关系发展而来，成员对组织的情感依附较弱，发生离职的可能性更大。Sachdev和Bourhis（1991）指出，虽然这个团队中的大多数成员由于其低质量的LMX关系而具有较低的地位，但他们却在数量上占据优势，这些成员就会产生较高的离职倾向。Seo等（2018）表明，在单调高LMX差异化状态下，大部分成员的集体组织承诺较低，更可能发生集体离职。除此之外，拥有高质量LMX关系的少数团队成员会成为大多数成员的对手或威胁，多数团队成员会憎恨少数团队成员，并质疑领导者的偏袒（Erdogan & Bauer, 2010; Hooper & Martin, 2008），这些都会削弱集体组织承诺，造成集体离职率的上升。

概括而言，由于相对于个人离职而言，集体离职造成的业务中断以及人力资本损耗给组织绩效带来的损害要远远大于个人离职所造成的损害，因此，有学者开始关注LMX关系对集体离职的影响作用，试图揭示LMX关系与集体离职的关系机制（Hancock, Allen, Bosco, McDaniel & Pierce, 2013; Hausknecht & Trevor, 2011; Nyberg & Ployhart, 2013）。在这一过程中，有学者提出领导会和不同的成员发展成差异化的LMX关系是领导成员交换理论的一个基本原则（Dansereau, Graen & Haga, 1975; Graen & Uhlbien, 1995），关于LMX关系对组织影响效应的研究，尤其是LMX关系对集体离职的影响研究，忽视了LMX差异性都会造成不完整或有争议的结论（Anand, Vidyarthi & Park, 2015; Erdogan & Liden, 2002; Liden, Erdogan, Wayne & Sparrowe, 2006）。并且，不同的LMX差异化状态对集体离职的影响可能不同,为更全面地理解 LMX 差异化对集体离职的影响,不仅要关注领导者与员工关系存在差异的事实,还应重视 LMX 关系差异化的不同状态对集体离职的影响。研究表明,相对于其他状态下的 LMX 差异化而言,双峰状态下的 LMX,团队成员的集体组织承诺越低,造成集体离职的可能性越大。

二、LMX 差异化影响效应的边界条件

结合现有的研究成果不难发现,LMX 差异化对个体和团队的影响并不稳定,关于 LMX 差异化影响的确切结论还不多见。Yu、Matta 和 Cornfield(2018)认为,在现存文献中对 LMX 影响效应的研究难以得出统一结论的关键原因之一是忽略了验证 LMX 差异化作用的边界条件,如团队任务的独立性(Liden et al., 2006)和文化(Sui, Wang, Kirkman & Li, 2016)等。Liden 等(2006)在对 LMX 差异化影响的长期研究也表明,在群体层面,充分考虑调节变量的作用可以更好地理解 LMX 差异化与群体绩效之间的关系。虽然先前已有研究探讨 LMX 差异化的边界条件,但迄今为止几乎没有团队层面的理论可以解释 LMX 差异化与团队层面变量的作用机制。因此,探索团队层面 LMX 差异化影响的边界条件就成为研究者关注的热点问题。

1. 团队平均 LMX 关系质量

Cropanzano、Dasborough 和 Weiss(2017)发现,LMX 差异化的影响效应取决于成员与领导者的关系质量。Liden(2006)证实,LMX 关系质量调节 LMX 差异化与个体行为和态度之间的关系。具体在团队情境下,团队的平均 LMX 关系质量对于 LMX 关系差异化与结果变量之间的关系可能起着一定的调节影响。

首先,在具有低平均水平 LMX 关系质量的团队中,对本身拥有高质量关系的成员而言,LMX 差异化会进一步改善他们 LMX 关系的质量,获得更多完成工作任务所需的资源。相反,对 LMX 关系质量较低的成员而言,LMX 差异化与绩效负相关(Henderson et al., 2008),会进一步恶化他们的 LMX 关系。

其次,在高平均水平的 LMX 关系质量的团队中,有学者表明,LMX 差异化对于处在低 LMX 关系质量的员工而言并非总是消极的。如 Liden 和 Erdogan 等(2006)在研究中发现,虽然高度的 LMX 差异化不会导致成员的动机下降,反而会激励绩效低的成员为改变现状而付出额外的努力,进而有助于提高个人工作绩效,但对于高质量 LMX 关系的成员却没有此作用。

最后,LMX 关系质量越高,LMX 差异化对个体工作的满意度(Erdogan, 2010)和情感承诺的负向影响作用越弱。此外,Hooper(2008)证实,LMX 关系质量调节 LMX 差异化与成员主观幸福感和团队冲突感之间的关系。具体而言,

高质量的 LMX 关系基于信任、尊重和喜爱发展而来的（Graen, Novak & Sommerkamp, 1982；吴婷和张正堂，2017），因此，在高平均水平的 LMX 关系质量的团队中，团队成员的主观幸福感更强。在高平均水平的 LMX 关系中，团队成员之间具有更高水平的相互理解与信任，此时，LMX 差异化所带来的团队成员之间的冲突也显著减少。

2. 团队任务互依性

任务互依性是指个体工作任务的完成依赖于他人贡献的程度（Morgeson & Humphrey, 2006；Pearce & Gregersen, 1991）。大量研究表明，任务互依性越高，感情一致（感知涌现）和行动上的统一（群体化进程）对实现团队目标越重要（Leventhal, 1976；Rutte & Messick, 1995）。任务互依性促进团队成员的互动与协调要求，而随着团队成员之间的频繁互动，LMX 关系差异化的影响也更显著（Duchon et al., 1986；Tse et al., 2013）。

Miller 和 Hamblin（1963）认为，在任务互依性程度高的情境下，对团队成员实行差异化的奖励会损害成员的积极性，进而影响团队绩效。Rosenbaum 等（1980）指出，在任务互依程度高的团队中实行平等的奖励可以加强合作行为，而基于公平原则的奖励则会破坏合作行为。Meindl（1989）表明，高度的任务互依性会促使成员倾向于采取平等原则的分配政策，而不管最终目标是提升团队合作还是促进绩效的提高。Barber 和 Simmering（2002）指出，随着任务互依性程度的增加，基于公平原则分配资源变得越来越困难，只有当资源通过平等原则进行分配时，成员才能最大限度地发挥其效力。

与此相反，随着任务互依性的降低，成员不再依赖他人来完成各自的任务，团队中每个人的贡献都会得到更好的体现（Sniezek & May, 1990）。公平原则就成为实现绩效最大化的主要分配原则（Deutsch, 1975；Kabanoff, 1991）。在以往对资源分配研究的基础上，Yu、Matta 和 Cornfield（2018）提出，任务互依性在 LMX 差异化与团队绩效的正向关系中起负向的调节作用，即任务互依性越低，LMX 差异化与团队绩效的正向关系越显著。事实上，已有研究证实，在任务互依性较低的情况下，成员更偏好基于公平原则的分配政策（Dornstein, 1991；Greenberg & Cohen, 1982）。因此，由于差异化与坚持公平原则保持一致，而公平原则是促进绩效和生产力的基本原则，因此，当任务互依性程度较低时，LMX 差异化更有可能促进团队绩效。

综上所述，团队任务互依性会对 LMX 关系差异化和团队相关结果变量之间的关系产生调节影响。一般而言，在高团队任务互依性条件下，LMX 关系差异化的负面影响效应可能更为突出；而在低团队任务互依性条件下，LMX 关系差异化的负面影响效应相对较低。基于此，一方面，要团队正视 LMX 关系差异化可能带来的不良影响;另一方面,更需要重视在高团队任务互依性条件下,LMX关系差异化引发资源分配差异性的负面结果。

3. 集体主义文化

除任务互依性之外,部分研究还强调了"集体主义文化"(Collectivism)价值观对LMX差异化影响的调节作用。集体主义文化强调集体成就是个人身份定义的基础(Hofstede,2001;Triandis,2004),对个体的资源分配态度和行为有重要的影响作用(Shao,Rupp,Skarlicki & Jones,2013)。具体来说,在集体主义较高的文化中,团队会特别重视保持和谐与团结的团队氛围(Triandis,1989)。集体主义文化将互惠置于个人成功之上,因此成员在感情或行动上表现出更高水平的团结或一致(Erdogan & Liden,2006;Shao et al.,2013)。

先前关于不同文化背景下平等和公平偏好的研究表明,美国和欧洲的员工(个人主义文化背景)对公平有更大的偏好,而东亚的员工(集体主义文化背景)则倾向于平等的分配原则(Kim,Park & Suzuki,1990;Leung & Bond,1982,1984;Leung & Iwawaki,1988)。基于分配偏好理论,集体主义文化被认为是调节LMX差异化与团队绩效之间关系的重要因素(Yu,Matta & Cornfield,2018)。Singelis等(1995)指出,在集体主义文化的团队中,平等的分配原则更受欢迎,因此,LMX差异化对平等的破坏所产生的负面影响更严重。与此相反,在个人主义盛行的团队中,成员可能更关注自身的努力和对团队的贡献(Shao et al.,2013),更多的是强调个人的绩效和生产率,而非团队的和谐与团结。因此,在个人主义文化盛行而集体主义文化程度较低的团队中,公平原则更有可能被接受(Deutsch,1975;Kabanoff,1991),LMX差异化更可能产生正面影响。

Rockstuhl等(2012)的研究证实,与集体主义文化的团队氛围相比,高质量的LMX关系对个体的好处在个人主义文化中更为明显,对生产力和绩效的提升作用更显著。这表明,当个人的贡献在团队中能够被充分识别和区分时,基于公平原则的资源分配更有效,差异化的LMX关系更有优势。总的来说,对资源分配的研究表明,集体主义文化在LMX差异化与团队绩效之间的关系中起重要的调节作用。具体而言,集体主义文化在LMX差异化与感知涌现和群体过程的负向关系中起正向的调节作用,即在集体主义文化越高的团队中,LMX差异化与感知涌现和群体化过程的负向关系越显著。另外,集体主义文化在LMX差异化与团队绩效的正向关系中起负向的调节作用,即在集体主义文化越低的团队中,LMX差异化与团队绩效的正向关系越显著。

第五节 LMX差异化及其影响研究的管理启迪

LMX作为一个个体/对偶层次的概念，难以考察其对团队的影响。为适应团队LMX关系研究的发展，学者提出了LMX关系差异化的概念（Liden et al.，2006），并将其应用到团队研究中。文献研究发现，对LMX关系差异化的研究也多从团队层面开展或进行跨层次分析。LMX差异化作为一个团队的概念，研究者可以对其与团队过程和产出的关系进行考察，从而拓展了LMX理论的解释范围。鉴于LMX及其差异化对于团队的重要影响作用，团队管理者需要高度重视LMX及其差异化并予以有针对性的管理。基于已有相关文献的梳理，本书提出了如图3-1所示的LMX关系差异化综合管理模型，期望对团队的LMX关系管理实践有所借鉴。

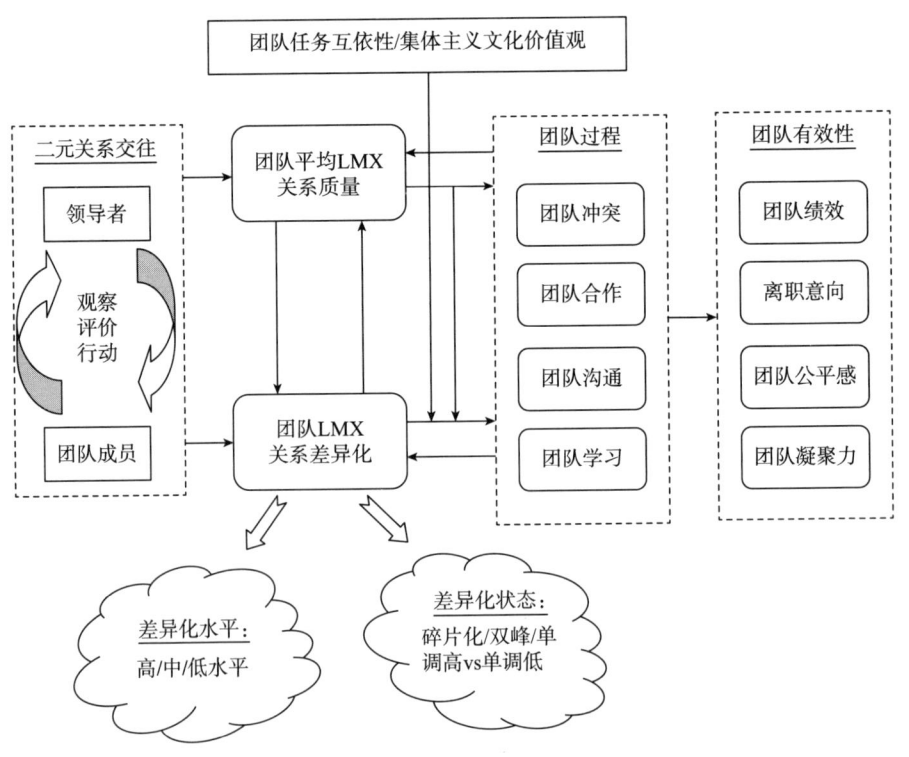

图3-1 LMX关系差异化综合管理模型

首先，Seo、Nahrgang、Carter 和 Hom（2018）的研究表明，LMX 关系差异化普遍存在于组织实践中，领导者确实需要区分他们与成员之间的关系类型。LMX 差异化具有不同的表现形式，当领导者与大多数成员拥有高质量 LMX 关系（单调低 LMX 状态）或与所有成员建立独特关系（碎片化状态），而不是只与少数成员建立高质量 LMX 关系（单调高 LMX 状态）或者将成员划分"圈内"或"圈外"（双峰状态）成员时，LMX 差异化有助于促进组织承诺和团队凝聚力的发展。因此，尽管时间和资源有限，领导者仍应专注于与成员发展高质量的 LMX 关系，为大多数成员施展技能和能力提供必要的机会，以提高成员对组织的忠诚、支持和承诺。

其次，分配偏好理论表明，在不同的分配政策下，LMX 差异化产生的影响不同。Yu、Matta 和 Cornfield（2018）的研究表明，基于公平原则在分配 LMX 相关的资源时，LMX 差异化将有利于集体绩效的提升。而基于平等原则分配 LMX 相关资源，LMX 差异化则会产生负面影响。鉴于此，领导者在以提高团队绩效为首要目标时，可以在一定程度上扩大 LMX 关系的差异化程度。而在需要维持群体的和谐与团结时应采取基于平等原则的资源配置，尽量减小与成员之间 LMX 关系质量的差异。在基于平等原则分配 LMX 相关资源的情境下，LMX 差异化与团队的感知涌现和群体化进程呈负相关。鉴于此，领导者为维持群体的和谐与团结应采取基于平等原则的资源配置，尽量减小与群体成员之间 LMX 质量的差异。

再次，团队 LMX 关系差异化对于团队有效性的影响可能通过团队过程产生。具体来说，当团队 LMX 关系差异化水平较高时，如在双峰状态下，团队可能形成不同的阵营，而不同阵营之间的对立可能导致团队冲突的增加，进而降低团队的有效性。已有研究表明，团队过程变量是团队有效性更为直接的影响因素，为此团队过程的研究日益开始受到重视。而本书提出的团队 LMX 关系差异化以及团队平均 LMX 关系质量对于团队过程的重要影响提示了团队管理者可以通过对团队关系的把握与调控促进良性团队互动过程，进而提高团队有效性。

又次，团队二元关系交往是团队总体 LMX 关系结构与分布状态的基础。而团队二元关系交往过程中双方的观察、评价以及行动选择将决定每一对领导者—成员 LMX 关系质量。为此，团队总体 LMX 关系结构与分布结果的管理需要从关注每一对领导者—成员 LMX 关系开始。由于组织团队背景中权力差异是一个比较突出的客观现实，而权力和地位差异决定了领导者—成员交往过程中优势地位方往往更能发挥关系互动的主动性和高影响力。鉴于此，团队领导者应该采取主动措施引导 LMX 关系朝着自己预期的方向发展，为良性团队互动以及高效团队奠定良好的关系基础。

最后，关于 LMX 差异化边界影响效应的研究表明，任务互依性程度不同，LMX 差异化对团队绩效的影响不同，任务互依性程度越高，LMX 差异化产生的消极影响作用越显著。因此，当组织中出现互依性较高的任务时，领导者应尽量减小 LMX 差异化的显著程度。另外，在不同的文化背景下，LMX 差异化产生的影响截然相反。领导者在处理 LMX 关系时应充分考虑文化背景因素，如在集体主义文化背景下，应减小与不同成员之间 LMX 关系的差异，而在个人主义文化背景下可适当扩大 LMX 关系的差异。

第六节　结论及未来研究展望

一、结论

早期对 LMX 关系的研究主要聚焦在个体和对偶层次上的 LMX 关系质量对成员的影响。基于社会认知和社会比较理论，学者开始在个体和对偶层次之外开展了对 LMX 理论的考察，并相继提出了相对 LMX 关系（Relative Leader – Member Exchange，RLMX）和社会比较 LMX 关系（Leader – Member Exchange Social Comparison，LMXSC）等团队层次的概念（Vidyarthi et al.，2010）。另外。领导研究领域多层次视角的兴起也推动了关系差异化研究的出现。在整个 LMX 理论体系中，关系差异化作为高层构念连接着其他层次的构念，并对其他层次构念与个体和团队产出的关系产生影响（王震和仲理峰，2011）。

目前，已有学者基于不同的理论视角探讨了 LMX 差异化的影响，如角色理论（Role Theory）（Liden et al.，2006）、社会交换理论（Social Exchange Theory）（Liao，Liu & Loi，2010）、社会比较理论（Social Comparison Theory）（Henderson，Wayne，Shore，Bommer & Tetrick，2008）和相对剥夺理论（Relative Deprivation Theory）（Anand et al.，2015；Erdogan & Bauer，2010）。但遗憾的是，这些研究视角仍然不能对 LMX 差异化研究中出现的矛盾结论进行解释。首先，在综合考虑已有的理论方法时，一部分研究对 LMX 差异化普遍采取了积极的理论视角（如角色理论和社会交换理论），而另一部分研究则对 LMX 差异化持消极理论视角（如社会比较理论和相对剥夺理论）。但是，Anand 等（2015）认为，不能把 LMX 差异化的影响断言为非好即坏；相反，必须同时权衡 LMX 差异化潜在的利与弊，对 LMX 差异化的影响效应进行整合研究。这为 LMX 差异化研究提供了新思路。其次，现存大多数的理论研究都没有在团队层面上对 LMX 差异化进行探讨，仍然聚焦于个体对差异化的感知和反应，并主观地认为在团队层面上会有相同的效果。然而这是存在争议的,因为将个体层面的理论直接应用于团队层面可能会产生"水土不服"(Chan,1998;House,Rousseau & Thomas - Hunt,1995;Klein & Kozlowski,2000)。如 Li 和 Liao(2014)在其最近的研究中就证实,差异化会影响团队协调,进而对团队绩效产生负面影响。Li 和 Liao(2014)的研究推动了 LMX 差异化在团队层面研究的关键性的一步,在此基础上,Yu、Matta 和 Cornfield(2018)通过考虑团队绩效和其他团队关系(如团队协调)揭示了 LMX 差异化产生的积极和消极的影响。通过构建用于阐明 LMX 差异化在团队层面产生的利与弊的团队层面的理论,能够推进对 LMX 差异化的研究。

概括而言,在现有的研究中,大多数 LMX 关系的研究者都聚焦于 LMX 差异化导致的"圈内"和"圈外"领导—成员交换关系的形成,而忽略了 LMX 差异化其他潜在的表现形式(Seo et al.,2018)。实际上,研究表明,LMX 差异化所导致的"圈内"和"圈外"表现形式仅是 LMX 差异化多种状态中的一种,除此之外还存在碎片化状态和单调高 LMX 关系状态以及单调低 LMX 关系状态。LMX 关系差异化会以不同的状态呈现,并且不同的状态对有的员工的行为和态度的影响不同。可以说,对 LMX 关系差异化不同状态的探讨是对 LMX 差异化研究的拓展和深化,同时也有助于全面认识 LMX 关系差异化的影响和价值。

二、未来研究展望

(1)LMX 差异化驱动因素研究。目前,对 LMX 差异化影响因素的探讨并不多,还存在大量的空白之处。一个可能的原因是以往学者们将 LMX 关系质量的影响因素直接作为 LMX 差异化的影响因素。但 LMX 关系质量和 LMX 差异化是考察 LMX 的不同视角,它们的驱动因素并不完全一致。如王震和仲理峰(2011)指出,LMX 关系质量主要受到领导者和个体因素的影响,而 LMX 差异化则更多地受到领导者、团队成员和组织特征等因素的影响作用。未来的研究可对 LMX 差异化驱动因素进行探索,这既是一个有趣的研究方向,同时也有助于全面、系统地了解 LMX 关系差异化的产生机制。

如不同类型团队的 LMX 状态涌现与发展研究。团队中可能会因不同的工作类型而产生不同的 LMX 关系状态。Seo、Nahrgang、Carter 和 Hom(2018)的研究证实,内务管理工作更有可能产生碎片化的 LMX 状态,而非其他状态。今后的研究可以进一步探讨团队工作类型如何影响不同 LMX 状态的出现以及可能出现的动态发展趋势差异。另外,Hebderson(2009)提出,虽然团队领导者的领导风格及其所掌握的资源、团队规模、文化导向和任务互依性均会对 LMX 关系差异化产生影响,但这些因素对 LMX 差异化而言产生的是直接影响还是间接影响尚未厘清,并且研究仍停留在理论层面,尚未进行实证检验。

Schyns 和 Day (2010) 在研究中也表明,领导风格、成员需求、团队氛围和价值导向对 LMX 差异化程度也会产生显著的影响作用。但遗憾的是,目前对 LMX 差异化影响因素的实证研究仍然较少。近年来,Ma 和 Qu (2010) 证实,领导者的价值观对 LMX 差异化程度有显著的影响作用。具体而言,领导者的普遍主义价值观(Universalism Value)对 LMX 差异化起负向的影响作用,领导者的普遍主义价值观越明显,LMX 差异化程度越小。持有普遍主义价值观的领导者认为,对待团队成员应该一视同仁,而不是厚此薄彼,从而以营造和谐融洽的团队氛围,促进团队团结。因此,领导者会致力于缩小 LMX 差异化程度,与成员发展平衡的 LMX 关系。不过,总的来说,迄今为止学界对 LMX 差异化驱动因素的研究相对较少,难以系统地回答哪些因素直接或间接地对 LMX 差异化产生了积极或消极的影响。

(2) LMX 差异化与团队结果变量关系的边界条件研究。LMX 差异化与团队结果变量之间的关系研究发现存在不一致的现象,为此,有必要进一步探讨 LMX 差异化与结果变量之间关系可能存在的边界条件,以调和已有两者关系不一致结果的研究发现。

除现有研究提出的任务互依性、集体主义文化对 LMX 差异化的影响效应产生调节作用之外,还有研究发现了 LMX 差异化影响效应的其他边界条件。如 Hooper 和 Martin (2008) 以及 Scandura (1999) 提出,在 LMX 差异化的作用机制下,公平感起了重要的调节作用,是理解 LMX 差异化影响的重要变量。当成员感知到不公平时,LMX 差异化才会产生负面影响。Schyns (2006) 发现,共享价值观对 LMX 差异化与团队绩效的关系起调节作用。Erdogan 和 Bauer (2010) 证实,组织中公平氛围越高,高水平的差异化与工作态度和反生产行为的相关性就越弱;而当组织公平氛围较低时,高水平的差异化与工作态度呈显著负相关。未来的研究还可以进一步探讨团队层面其他变量(如团队效能和凝聚力)对 LMX 差异化影响的调节作用以及 LMX 差异化在团队层面的影响效应,从而厘清 LMX 差异化和 LMX 的不同状态影响效应的边界机制。

(3) LMX 差异化的调节效应研究。已有文献研究发现,研究者在探讨 LMX 差异化主效应影响的同时,LMX 差异化的调节作用机制也引起了关注,并且逐渐成为 LMX 关系研究的焦点。LMX 差异化的调节效应是将 LMX 差异化作为调节变量的考察,现有文献对其的研究主要在两个层次(个体和团队)上开展。如在团队层次上,Nishii 等 (2009) 探讨了 LMX 差异化在团队异质性和团队离职率两者关系中的调节作用。而在个体层次上,Henderson 等 (2008) 和 Liao 等 (2010) 以及王震和孙健敏 (2013) 检验了 LMX 差异化在 LMX 关系质量与员工态度和行为关系中的调节作用。

从现有研究来看，目前对 LMX 差异化调节效应的研究多从个体层面开展，考察团队层面的 LMX 差异化作为情境因素，对员工行为和态度的调节作用。然而对 LMX 差异化在团队层面的调节作用关注较少。未来研究可作进一步的深入挖掘，以拓展 LMX 差异化研究的宽度并丰富和深化人们对 LMX 关系理论的理解和认识。

第四章 组织中积极的上下级关系及其管理研究

第一节 引 言

组织中的人际关系可以分为两种,一种是纵向的上下级关系,而另一种是横向的同事关系(于桂兰和付博,2015)。有学者指出,在组织中,纵向的上下级关系相较于横向的同事关系要更为重要(蔡松纯,2009)。王忠军、龙立荣和刘丽丹(2011)也持相似的观点,认为在组织的各种关系中,上下级关系是最为重要的。彭雷清和黄嘉欣(2015)将良好的上下级关系比喻成一种"师徒关系",上司能让员工更好地认识到自己在工作中所存在的不足,为其提供指导并帮助其提升工作能力,同时也会提高上司自身的工作效率,而下属则认为上司会为下属自身的长远利益考虑,而选择信任上司。刘慧和王晓庄(2016)把上下级关系看成是中国的传统文化"五伦"中的君臣关系,认为现代企业中的上下级关系与古代的君臣关系具有一定的相似之处。

组织中的上下级关系是恒久长远存在的人际关系,一直以来都受到人们的广泛重视。随着社会经济的高速发展、企业转型,组织中的上下级关系更是成为学者们研究的主要问题。这些年来,已有的研究成果证明了上下级关系会对下属的工作绩效、工作满意度、角色外行为、离职倾向以及职业晋升和机遇有着直接的影响(Graen & Uhl-Bien, 1995; Farh et al., 1998; 任孝鹏和王辉, 2005; 郭晓薇, 2011; 于桂兰和付博, 2015)。积极的上下级关系对于组织来说是无价的,其对员工态度、组织公民行为、任务绩效都能产生积极作用,并且使组织更加有效。积极的上下级关系能够促使上级和下属之间产生相互义务感、互惠感和情感依恋的感觉(Dulebohn, Bommer, Liden, Brouer & Ferris, 2012)。当下属和上级之间存在积极的关系时,下属更加可能会有意识地创造、介绍和应用新的想法,使组织受益(Agarwal et al., 2012; West & Farr, 1989)。积极的上下级关系能够为员工带来更高的收益(王忠军等, 2011; 刘军等, 2008; Law et al., 2000;

Chen & Tjosvold,2007),而且与上级交换关系质量较高的下属的离职倾向更低并且对工作组织的满意度更高(Graen,Liden & Hoel,1982)。可见,上下级关系在组织人际关系中占据着重要的地位。

鉴于组织中积极的上下级关系对个人和组织的重要性,学者对理解上下级关系的前因后果非常重视(Dulebohn et al.,2012)。多年以来,学者和实践者致力于寻找培养积极上下级关系的方式(Graen & UhlBien,1995;Sparrowe & Liden,2005;Dutton & Ragins,2007;Fletcher,2007),目的是建立积极的上下级关系并使其能够为组织和个人创造良好的效益。根据目前国内外研究所取得的成果来看,一方面,学者关于上下级关系的前因的讨论基本上根据三个角度展开:上级、下属、上级和下属协同,分别探讨了他们对上下级关系的建立和发展所造成的影响;另一方面,关于影响效应方面所取得的成果较多,多数研究都是围绕着上下级关系对下属所造成的影响而进行探讨,对上级所造成的影响研究得较少。由于不同的学者进行研究的视角和深度不同,所以目前关于上下级关系的研究仍然不够全面,并且还尚未能够形成统一的观点和见解,还存在许多问题亟待解决。因此,本书围绕组织中积极的上下级关系的相关文献进行梳理,主要是通过对积极的上下级关系进行内涵的丰富和界定,以及对目前关于积极上下级关系的前因后效进行归类和梳理,为积极上下级关系的管理提供理论框架并给予一定的管理建议和意见。旨在为后续的组织中上下级关系的深入研究提供方向,并能够对组织上下级关系管理实践具有一定的启发。

第二节 组织中积极的上下级关系的内涵

近年来,关于上下级关系的研究日渐增多,但是对于上下级关系的定义和内涵,学者还并未形成一致的观点。而之所以导致学者对于上下级关系所形成的构念存在很大的不同,在很大程度上是因为"关系"构念本身就存在很大的差异(郭晓薇和李成彦,2015)。不过,虽然关于上下级关系的定义还尚未形成完全一致的看法,但是目前关于上下级关系的研究基本以两种理论为基础进行:第一种是西方主导的领导—成员交换关系理论(Leader - Member Exchange,LMX);第二种是基于中国本土研究发展起来的 SSG(Supervisory - Subordinate Guanxi)理论。

一、基于领导—成员交换关系理论视角下的组织上下级关系

关于上下级关系内涵的理解主要是以西方的领导—成员交换关系理论为主要

导向。领导—成员交换关系理论认为,上下级关系是以公平原则建立起来的一种互惠关系(Farh et al.,2007)。由于上级的时间和精力有限,所以上级对待不同的下属会有所区别。具体表现在上级对于下属的"圈内人"和"圈外人"的性质划分明显。在领导与不同下属发展交换关系的过程中,上级及其下属之间会形成一个以上级为圆心的同心圆,根据与上级关系的亲密程度可将下属划入不同的同心圆内,进入上级"领导圈"内的则被视为"圈内人",而其余的则为"圈外人"。究竟领导划分"圈内"和"圈外"的标准是什么,可能存在一定的文化差异。如郑伯埙(1995)曾指出,"忠、亲、才"是决定下属能否进入"领导圈"的关键性因素,而对于西方的上下级关系来说,"才"是下属进入上级"领导圈",与上级建立积极关系的决定性因素。Chen等(2009)也曾指出,西方在上下级关系中决定下属能否进入"领导圈"的条件是下属的能力和贡献。

基于领导—成员交换关系理论,领导与归属于不同"圈"的下属会发展起不同质量的领导—成员交换关系。归属于"圈内人"的交换关系质量较高,而归属于"圈外人"的交换关系质量则较低。组织中积极的上下级关系形成的原因在很大程度上是取决于下属是否进入了上级的"领导圈",当下属进入上级的"领导圈"后,成为"圈内人"则才能为积极的上下级关系形成基础。

领导—成员交换关系理论中所描绘的积极上下级关系是建立在上级和下属以平等互惠为原则而进行交易性交换的基础上,并且在积极的领导—成员交换关系的形成过程中,下属必须要向上级充分展示自己的才能,获取上级的信任,从而才能获得更多的资源和授权(Bauer & Green,1996)。相对于"圈外人"而言,上级会将更多的时间和精力放在"圈内人"的身上,给予"圈内人"更多的支持、指导和帮助等。

概括而言,组织中领导会划分领导圈内与领导圈外而相应发展起不同质量的领导—成员交换关系。郭晓薇(2011)就对西方的领导—成员交换关系理论进行了进一步的总结,低质量的领导—成员交换关系意味着经济性交换,而高质量的、积极的领导—成员交换关系意味着社会性交换。因此,在领导—成员交换关系理论下,积极的上下级关系应该是指下属向上级充分展现自身的才能,获得上级的信任,进入上级"领导圈"内,与其进行着公平互惠交换。不过,西方的领导—成员交换关系理论所描述的组织内上下级关系往往限于正式工作中的关系。这也是西方领导—成员交换关系与中国本土化发展起来的 SSG 理论视角下的组织上下级关系不同之处。

二、基于 SSG 理论视角下的组织上下级关系

华人社会具有明显的关系导向和权威导向(Farh et al.,1998;杨国枢,

2004；宝贡敏、徐碧祥，2006），这一特点使华人社会有其显著不同于西方社会之处。基于此，学者就认为无论是成因、本质还是形成过程，在华人社会中的上下级关系都与西方主导的领导—成员交换关系理论中所描述的上下级关系有一定的差异（郑伯埙，1995；Hui et al.，1997；Law et al.，2000；Farh et al.，2007）。Hui 等（1997）指出，西方的领导—成员交换关系所描述的上下级关系与中国的上下级关系具有本质上的差别。在中国的上下级关系形成过程中，西方的上下级关系建立是遵循着以"上级和下属的地位公平"为基础，再到建立"双方的权利与义务的工作关系"。而华人社会的上下级关系建立则是以"明确的上下级关系意识"为基础建立起来的，这在很大程度上是受到中国家庭中权威家长和成员互动关系的影响（郑伯埙，1995）。Zhang 等（2014）从社会交换理论的角度出发，对中西方上下级关系的形成过程进行分析也得出了相应的结论。因此，学者们一致认为，发展中国本土的上下级关系构念是十分重要的。

在西方领导—成员交换关系理论的基础上，中国本土的 SSG 理论得到了发展，对上下级关系进行了新的定义。SSG 最早是由 Farh 等（1998）提出的。他们在 Jacobs（1979）对"关系"一词的基础上对上下级关系进行了进一步的界定，认为上下级关系（SSG）是存在于上下级之间基于某种共同经历或共同属性的特殊连带。Law 等（2000）认为，上下级关系是双方为实现个人目标而建立的以工具目的为导向的人际关系。Chen 等（2009）指出，上下级关系是员工和上级在工作场所之外建立的，以互惠原则和相互信任为基础，并对工作产生一定影响的人际关系。Cheung 等（2009）则认为，上下级关系是指上级和下属之间的私人关系，包含了除正式工作之外的私人交往、情感互动等，主要通过非正式工作的社会互动，如私人聚会、吃饭、送礼等，建立和发展起来的。

可以说，华人社会背景下的 SSG 理论得到了诸多学者的关注。近十几年来，虽然 SSG 理论多见于英文文献中，但是学者对其定义和内涵仍进行着丰富的探讨，尚未形成一致的结论。如有学者指出，上述 SSG 构念都只描绘了上下级关系的某一方面，并不能形成完整体现上下级关系的丰富内涵（郭晓薇，2011）。实际上，对于上下级关系是否应该仅限于在正式工作环境下和正式工作时间中的人际交往或者是仅限于工作环境之外、非正式工作时间中的私人交往，仍然需要再思考。在近几年的研究中，学者认为，上下级关系应该包括上级和下属双方在正式工作中和非正式工作中的人际交往，且给予了新的上下级关系定义。中国的上下级关系是在工作及非工作时间，通过长时间社会交往和互惠交换建立的一种人际关系，是除正式工作系统之外保证工作顺利进行的有效替代，能够有效促进下属与上级之间的交换（Chen & Tjosvold，2006；刘慧和王晓庄，2016）。上下级关系中包含着工具性和情感性的成分。工具性是指以获取资源为目的所建立的关系，例如，下属为了晋升、奖励等与上级建立的关系则是具有工具性的；情感性是指由情感互动、私下交往所建立起的关系，上级与下属之间具有深厚的情感（郭晓薇，2011）。朱苏丽、龙立荣和贺伟等（2015）的观点与郭晓薇（2011）的观点相似，他们指出上下级关系不仅包含像 LMX 理论中所描述的工具性联系，还存在情感性联系。由此可见，SSG 理论中所描述的上下级关系要比 LMX 理论中的更为丰富，强调了上级和下属在正式工作之外所建立的联系。

概括而言，在华人社会中所发展起来的 SSG 理论与 LMX 理论中所描述的"领导圈"具有相似之处，因为在华人社会中本身存在明显的差序格局（郑伯埙，1995）。这种差序格局使得与上级关系更为亲密、互动沟通更为频繁的下属则能与上级建立积极的上下级关系。在平时的工作中，上级会给予下属更多的信息、资源甚至是职业晋升机会等（郑伯埙，1995；Law et al.，2000；李云、李锡元，2015），同时下属也会有更多获得其他资源的机会（Pfeffer，1981）。不过，在华人社会本土所发展起来的 SSG 理论与 LMX 理论有所不同。在 SSG 理论中积极的上下级关系更多依赖于感性因素，而不是理性因素。杨国枢（2008）在研究中指出，情感性、工具性和角色义务性能够充分体现出华人社会关系的内涵。其中，情感性和角色义务性在高质量的上下级关系中占据了主导地位，在情感和义务的激励下，上下级之间会体现出工作之外的行为（李锐、凌文辁和柳士顺，2012）。例如，上级和下属之间本身是熟人或者本身具有类似于同学、亲戚等亲近关系，则双方的情感基础较深厚，基于此发展起的高质量 SSG 将会促使双方的行为选择不会受对等义务的限制。因为在积极上下级关系，特别是包含高质量私人关系内涵的 SSG 中，人际互动更多遵循的是人情法则。

第三节　组织中积极的上下级关系的影响效应

组织中的上下级关系对组织和个人均会产生一定的影响。目前，许多的研究表明，积极的上下级关系将会对员工产生积极影响，如有利于提高员工绩效、对工作的满意度，降低员工的离职倾向等，包含了对下属行为、态度和情绪等多方面的影响。Wei 等（2010）表明，对于员工而言，上下级关系是员工组织人际关系中非常重要的一部分。上下级关系是员工最为仰仗的稀缺资源（王永跃和段锦云，2015）。可以看出，上下级关系对于下属来说是十分重要的，主要体现在上下级关系会对下属产生多方面的影响。学者的研究曾发现，上下级关系会影响员工的行为、态度和心理（郑晓涛、俞明传、孙锐，2017）。同时，上下级关系是上级—下属互动的共同结果。近年来的许多研究也开始关注到积极的上下级关系对上级所产生的影响效应，上下级关系可能通过影响上级进而进一步影响下属。本书接下来将结合如图4-1所示的组织中积极上下级关系影响效应模型对下属的影响效应进行讨论。

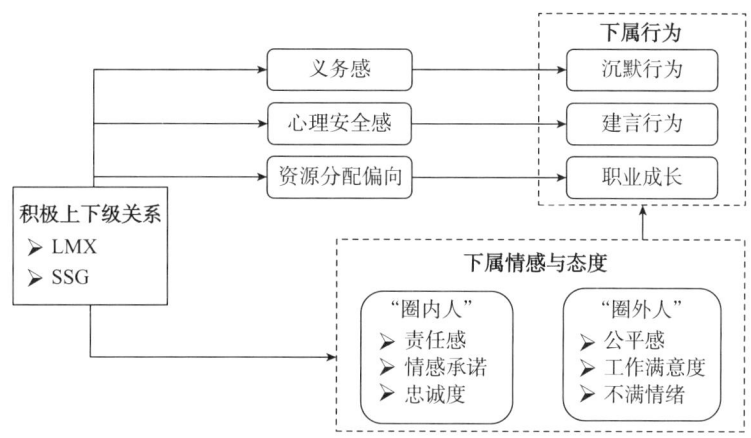

图4-1 组织中积极上下级关系影响效应模型

一、组织中积极上下级关系对下属行为的影响

郑伯埙（2005）指出在中国的社会背景下，组织上下级关系中上级的角色对下属各方面行为都具有重要的影响作用，从而促使下属表现出不同的行为。近年来，上下级关系对下属行为的影响效应研究主要集中在对下属沉默行为、建言行为和职业成长等方面的影响作用上。

1. 组织中积极上下级关系对下属沉默行为的影响

员工沉默主要是指当员工有能力改进组织的状况时，却保留自己真正想表达的行为、认知和内心感受（Pinder & Harlos，2001）。例如，当员工发现组织中存在一定的问题时，而选择规避、不予指出。虽然不同的学者对于沉默行为的定义不尽相同，但是"保留"是沉默行为的突出特点（Morrison & Milliken，2000；Pinder & Harlos，2001；何铨等，2006）。员工沉默行为会给组织带来负面影响，还可能给组织造成重大损失，同时也会对员工本身造成一定的负面结果。具体来说，主要包括降低组织决策质量和创新绩效（Morrison & Milliken，2000），以及会对员工造成心理紧张感和工作倦怠等（Elliot & Devine，1994）。

由于员工沉默行为可能带来的负面效应，如何尽力减少员工沉默行为开始受到学者和管理实践者的高度重视。基于此，近年来，员工沉默行为的产生机理也逐渐成为学者研究的热点。其中，学者认为，员工沉默的产生机制必须放在组织的关系情境下进行理解（何友辉、彭泗清和赵志裕，2007），明确员工沉默的对象（郑晓涛、俞明传和孙锐，2017），而上下级关系是重要的组织关系情境之一，上下级关系的质量会在很大程度上影响到员工的沉默行为。郑晓涛、俞明传和孙锐（2017）的研究中明确指出，在中国的组织情境下，上下级关系会对员工的沉默行为产生显著影响。李锐、凌文辁和柳士顺（2012）的研究也曾指出上下级关系与员工沉默行为显著相关，上下级关系对沉默行为具有负向预测效应，并且领导信任在其两者的关系中发挥着完全中介作用。

组织中的上下级关系质量反映了上级和下属之间的互惠性和义务感，这种互惠性和义务感影响着下属是否会采取沉默行为（李锐、凌文辁和柳士顺，2012）。高质量的、积极的组织上下级关系往往具有更高的互惠性和义务感，导致员工更倾向于将领导所负责的工作当成自己的义务，并同时基于互惠回报的考虑，将发现的问题及时告知领导以避免对组织和领导可能带来的负面后果，即沉默行为发生的可能性会有所下降。在中国社会中，员工的沉默行为表现得十分明显。在很大程度上是受到中国的传统文化价值观的影响，员工更倾向于在工作中安分守己、做好自身的本职工作，当观察或者意识到组织中存在不合理的现象时，员工宁愿选择沉默，即所谓的"沉默是金"。但是，学者的研究发现了上下级关系与员工沉默行为有着负向关系，证明了上下级关系水平的高低还是会对员工的沉默行为产生一定影响的。鉴于沉默行为对组织可能产生的不良影响，可以通过改善上下级关系，借由积极的上下级交换关系来提升员工的主动意识，对发现的组织或者工作相关的问题能够主动提出，而不是避免可能的主管误解或者对自己可能的不满而保持沉默。

2. 组织中积极上下级关系对下属建言行为的影响

员工的建言行为与沉默行为并不是两个完全相反的概念。建言行为是指员工出于为组织的建设性管理的目的而积极表达自己意见的一种行为表现（Van Dyne & LePine，1998）。建言行为对于组织和员工自身来说，都具有一定的益处。在员工为组织发展提出建议或者意见时，其主要面对的对象则是上级，所以与上级关系的好坏将在很大程度上影响下属的建言行为，决定着下属能否主动为企业的发展建言献策并做出贡献。

汪林等（2010）以家族企业经理人为主要研究对象，发现上下级关系与家族企业经理人的建言行为呈现显著的正相关关系。对于家族企业经理人而言，同样与上级进行交流和接触，与上级关系质量高低将会对其自身的建言行为产生很大的影响。而这种对下属建言行为的影响，主要是通过影响下属的心理安全感和风险感知来实现的。当上下级关系水平较高时，员工的心理安全感较高，也不用担心建言不当可能给自己带来的风险,从而更愿意也敢于建言。王永跃和段锦云(2015)的研究曾指出,上下级关系会影响下属的建言效能感,良好的上下级关系可以增强员工的自信心和心理安全感,则员工的建言效能感会更高,有利于组织中建言行为的产生。从上级的角度来说,当下属的意见或者建议并没有达到上级的预期时,上级对待与其关系亲密的下属往往会采取宽容的态度,会给予下属充分的谅解或理解(汪林等,2010);而对待与其关系疏远的下属,上级可能会因此对下属产生负面印象,难以理解其行为(李锐、凌文辁和柳士顺,2012)。而从下属的角度来看,与上级关系质量高的员工,有机会获得更多的内部信息并且与上级的沟通也更为顺畅和便利,在此情况下,员工更容易参与到决策过程中,也更愿意发表自己的观点,并且不用担心表现不当留下不好的印象(张桂平和廖建桥,2009)。相反,如果员工与上级的关系质量不好,则员工所提出的建议或意见很难获得上级的支持,具有一定的风险,可能不但没有获得上级的积极评价反而留下不好的印象,所以员工通常会出于保守起见而选择保留自己观点(王忠军、龙立荣和刘丽丹,2011)。由此可见,上下级关系的质量将会对下属的建言行为产生一定的影响,呈现正相关关系。与上级的亲疏关系,将会影响下属在产生建言行为时的心理安全感和风险感知的高低。具有积极上下级关系的下属在建言时,会具有较高的心理安全感并且所感知到的风险程度较低,因此,更容易激发下属的建言行为。

3. 组织中积极上下级关系对下属职业成长的影响

众多学者的研究结果显示,在工作中,人际关系的维持对员工的个人价值实现和职业生涯都具有一定的影响作用(刘军、吴隆增和林雨,2009;陈启山和温忠麟,2010)。在组织中,员工最主要的人际关系就是和上级的关系以及和同事的关系。其中,下属与上级的关系又是最关键而敏感的关系。对于下属而言,上级往往掌控着更多下属的宝贵资源,拥有着更大的权利。因此,上级是下属职业发展道路上一个不可小觑的角色,与上级关系质量的高低将会对下属的职业发展产生直接关联的影响。

在李云和李锡元(2015)的研究中曾明确指出,上下级关系是影响员工职业成长的重要因素之一。这主要是因为上下级关系影响着个体职业成长机会的获取、职业能力的培养、职业晋升甚至是职业目标实现。从社会资本理论的视角来看待上下级关系对下属职业成长的影响问题可见,之所以与上级的良好关系会影响下属的职业发展是因为良好的上下级关系可以为下属提供更多的信息、资源等,这些信息和资源来自下属与上级建立的社会关系网络,这无异于会对下属的职业成长产生有利的帮助。Farh等(1998)曾指出,高质量的上下级关系能为下属提供更多的晋升和培训的机会,而徐伟玲等(2002)进一步对这种关系进行了深化，认为上级是在为下属提供更多的职业成长机会，因此，有利于下属的职业发展与成长。

不过，李云和李锡元（2015）虽然证实了上下级关系对于下属职业成长的正向预测作用，但其认为这种关系更加偏向于上级和下属之间的私下交往所构成的私人关系。但实际上，上级会愿意提供机会给那些在工作上能力、技能各方面表现良好的下属。正如 LMX 理论中所认为的，下属的能力和绩效贡献对于上级来说十分重要（Chen et al.，2009）。LMX 作为一种领导与下属的社会交换关系，其发展可能会依据下属的能力与绩效表现，即下属因为不同的能力水平与绩效表现而发展起与领导的不同水平 LMX 关系。高水平的能力与绩效表现可能促进 LMX 关系水平更高，而更高水平的 LMX 关系会促使领导者在关键资源分配过程中倾向于将更多的资源分配给这些高水平交换关系的下属。具体来说，当下属的能力和绩效能够为组织创造出效益的话，上级应该会更愿意把职业培训、晋升的机会留给这些下属。因为只有这样才能使优秀的员工得到应有的重视和培养，也避免了其他员工产生心理的不公平感。

二、组织中积极上下级关系对下属态度和情感的影响

积极的上下级关系既会对下属的行为产生影响，同时也会对下属的态度具有一定的影响效应（Chen，Chen & Huang，2013）。王忠军、龙立荣和刘丽丹（2011）曾指出，上下级关系既包含了工具性交换，也包含了情感性交换。这意味着上级不仅会给予与其关系良好的下属物质性的利益，还会对下属表现出接纳、信任、鼓励和关怀等情感交换。Zhou 和 Martocchio（2001）的研究中发现，与上级关系质量水平高的下属会得到来自上级的非货币性报酬。Chen 等（2011）也指出，积极的上下级关系能为下属带来更多的关系性报酬。然而，以往的上下级研究通常只注重工具性交换和义务性的情感，而对个体真实流露的情感性交换关注较少（周丽芳，2002）。实际上，高质量的上下级关系会对下属的态度和情感产生重要影响。

1. 组织中积极上下级关系对"圈内人"下属态度与情感的影响

王永跃、张玲和张书元（2018）指出，拥有高质量的上下级关系的员工会对组织表现出更高的责任感，员工会愿意付出更多的努力帮助组织成长和进步。Wong、Tinsley、Law 和 Mobley（2003）指出，良好的上下级关系可以提高下属对于上级的满意度和对组织的情感承诺。

高生龙（2018）曾指出，上下级关系对员工忠诚度会有所影响。他还进一步完善了上下级关系对员工忠诚度的影响机制研究，其认为工作不安全感在两者的关系中发挥着中介变量的角色。根据 Tsui、Farh 和 Xin（2000）所提出的在华人

组织关系与效能概念模型中,忠诚是人际关系所带来的最直接的效果。研究中认为,上下级关系会对员工的忠诚度发挥积极的影响作用,并运用社会交换理论和组织支持理论对上下级关系和员工忠诚度之间的关系进行解释。在社会交换理论的基础上,上级与下属之间感受到彼此的付出,则会给予对方一定的回报来为维持当前的良好关系,而忠诚度就是员工对上级的回报之一;在组织支持理论的基础上,当上下级关系不好时,员工无法感知到上级对自身的支持,久而久之对上级的忠诚度自然也会降低。

Chirumbolo 和 Hellgren(2015)对上下级关系和员工工作不安全感之间的关系进行过研究,发现上下级关系确实会对工作不安全感产生影响,并且呈现出一个曲线模型的样式,还会受到来自离职倾向等多种变量的调节作用。王永跃(2015)发现,上下级关系对员工的心理安全感提升扮演着十分重要的角色,主要包括三个方面的原因:一是根据 Maslow 的需求层次理论,员工会为了安全而加入某些团体,在上下级关系中员工的心理安全感因此得到提升;二是因为良好的上下级关系能够为员工提供更多的资源和支持,进而促进了员工的心理安全感的增加;三是与上级关系良好的下属通常能够获得更好的发展机会,因此,获得了安全感。这很好地体现了上下级关系不仅能满足上下级之间的工具性需要,同时还满足了上下级之间情感性需求(王忠军等,2011)。

2. 组织中积极上下级关系对"圈外人"下属态度与情感的影响

与此同时,上下级关系不仅会对"圈内人"下属的态度产生影响,同时还会影响"圈外人"。于桂兰和付博(2016)从"圈外人"的角度,即与上级关系普通或疏远、上下级关系质量不高的员工的角度,对上下级关系给下属造成的影响进行分析,指出高质量的上下级关系会给"圈外人"下属造成不良的影响,滋生了组织中员工的不满情绪和消极态度。这种消极的情绪和态度主要包含了员工的期望和积极性降低(Chen et al.,2011)、对工作产生不满意感和负面情绪(于桂兰和付博,2016;Chou,Han & Zhang,2014)、员工之间会产生心理障碍而不愿意努力工作(Liang - Chieh,2014)等。

Liang - Chieh(2014)就曾指出,当管理者依据上下级关系来进行奖励分配时,会引起下属的消极情绪。Chen 等(2011)认为,与上级关系普通或者疏远的员工对组织程序公平的感知较弱。上下级关系会弱化"圈外人"员工的组织公平感,使大部分员工产生不公平的感觉(Bozionelos & Wang,2006)。于桂兰和付博(2016)以 12 家企业的 48 个部门员工为研究对象进行了实证研究发现,上下级关系实践与工作满意度呈现负相关关系,并且工作满意度会在上下级关系实践和角色内绩效、组织公民行为的关系中发挥中介作用。上下级关系对下属造成的负面影响主要是在"圈外人"下属身上。一方面,下属在与上级的交往中得不到应有的资源、支持和奖励,会引发下属产生消极态度;另一方面,"圈内人"下属得到了更加优越的对待和支持,会促使"圈外人"下属产生对上级甚至组织的不满情绪。其实,上下级关系对"圈内人"下属也会产生一定的负面影响(于桂兰和付博,2016)。因为上下级关系处于一个动态发展水平上,与上级关系普通的员工可能会努力成为"圈内人",而与上级关系质量高的下属也有可能会变成"圈外人",基于这种不确定性,"圈内人"下属很有可能会对上下级关系丧失信心,进而产生消极的情绪和态度。

由此可见,积极的上下级关系会给下属的情绪和态度造成一定的影响,这种影响既包含了积极影响,也包含了消极影响。积极影响效应主要产生在与上级关系水平高的下属身上,会促进下属的责任感、工作满意度和对企业的忠诚度等;而消极影响效应则发生在与上级关系质量较低的下属身上,常常会促使下属产生不良情绪和消极态度。因此,在管理中要注重上下级关系给下属带来的正面效应,也要防止负面效果的产生。

第四节 积极的上下级关系发展的驱动机制

一、上级对积极上下级关系发展的影响

许多研究表明,积极的上下级关系中的上级会为其下属提供额外的支持、帮助等资源(刘军等,2008;Zhang, Wang & Shi, 2012;Zhou, Wang, Chen & Shi, 2012)。尹奎和刘永仁(2013)从社会交换理论的角度来对上下级关系进行解释就是:下级为了获得上级所给予的资源回报而与上级建立并维持关系。可以看出,上级在双方的关系中占据一定的优势和主导地位,对资源有一定的领导和掌控权利。基于 Emerson(1962)的权力依赖理论,LMX 关系理论研究认为,上级在资源交换过程和决定领导—成员交换质量时发挥重要作用,因为上级的地位和权力使他们能够合法获取与工作相关的资源(Dulebohn et al., 2012),并且控制着下属认为宝贵并且从别处难以轻易获得的资源(Farmer & Aguinis, 2005)。具体来说,上级是组织中地位较高的组织成员,根据其对下属能力的评估(Graen & Scandura, 1987)和对下属成功的预期(Dulebohn et al., 2012),控制着组织中的资源流,并向下属提供资源。因此,在 LMX 理论中,常常认为下属在资源交换过程中发挥着顺从和支持上级的作用,而上级是构建积极关系的主导人物。基于这一视角,上级对积极上下级关系发展具有重要的影响。

1. 上级动机的影响

通过从上级的角度出发,探讨上级对于构成积极上下级关系作用的研究发

现，上级的动机会对建立积极上下级的关系产生一定的影响。这些动机主要包括上级的自我导向动机、印象管理动机以及对组织整体关注的动机。

首先，上级的自我导向动机。自我导向动机主要包括上级对于工作问题和个人利益的关注。具体来说，对于工作问题和上级个人利益的关注是指上级渴望获得下属在工作中的支持和帮助，并且与此同时，上级经常将帮助下属把工作做好当成自己的责任，故而建立积极的上下级关系可以帮助上级实现这些目标，所以上级会更加主动与下属建立积极工作关系。从自我导向动机来看，上级之所以愿意投入积极上下级关系的发展之中，主要是出于希望下级能够积极回报自己的关系投入和付出，通过积极的工作任务绩效和角色外绩效表现，促进所在群体或者组织的绩效目标实现。

其次，上级的印象管理动机。印象管理动机是指为了给他人留下良好的印象而进行自我管理活动的动机。印象管理已经逐渐成为企业中改善上下级关系、获取良好人缘的有效途径（吴启涛和李辉，2015）。因此，上级通常会出于印象管理的目的而主动与下属发展高质量的上下级关系，在此过程中给下属留下友好、平易近人的形象，有助于日后工作的开展。

最后，上级对组织整体关注的动机。进一步地，上级作为下属的领导，同时也扮演着组织和团队中的核心角色，因此，上级必须时刻关注组织的稳定和发展，这是上级的责任。正因如此，上级将会出于"大局观"而与下属之间形成良好的上下级关系，为下属及组织创造一个和谐的工作氛围（Zhang et al., 2013），有利于下属在快乐的氛围中工作，这对组织绩效和效能的提高具有正向价值。

2. 上级沟通行为的影响

就沟通问题而言，从社会交换理论的角度来看，上下级关系是以一定的社会交换为基础而建立的关系，社会交换是上下级关系建立的重要影响因素。Roloff（1987）指出，沟通在交换关系中具有重要的作用，沟通会促使交换实现平衡，使交换关系得以维持下去。因为若当个体的收获大于付出时，个体反而会选择停止这种交换关系，而沟通会促使个体双方实现资源互换，既能有所收获又能使付出达到最小化。因此可以看出，沟通是积极上下级关系建立的良好渠道。上级渴望通过与下属之间的良好沟通更多地了解彼此、向下属传达组织目标和策略以及获得有价值的下属反馈等（Zhang et al., 2013）。Kay 等（1995）指出，当下属感知到上级具有较高水平的沟通开放性时，对上下级关系的培养具有积极的影响。同样，刘彧彧等（2011）指出，领导—成员交换是一种社会性交换，上下级之间的沟通行为会影响双方的交换质量，从而会形成不同的上下级工作交换关系。可见，上级的沟通行为较开放则更与下属发展高质量的交换关系。为此，组织领导者可以通过加强自身与下属的沟通促进积极上下级关系的发展。

3. 上级领导风格的影响

学者的研究发现，领导风格会对积极上下级关系的构建发挥一定的作用，尤其是那些正面的、积极的领导风格与领导形象。王永跃、葛菁青和柴斌锋（2017）的研究中发现，伦理型领导风格对高质量上下级关系的构建发挥着正向作用。伦理型领导通常会对下属表现出自己慷慨、无私和公平公正的一面，在下属面前展示出自己良好的品质，为下属树立榜样，会获得更多员工的信任和尊重，因此，更容易与下属建立高质量的上下级关系。王永跃、张玲和张书元（2018）进一步指出，德行领导（表现出较高的个人操守和道德修养，为下属树立榜样，对下属一视同仁、关心下属的领导）对高质量上下级关系的建立有着正向的影响作用。德行领导会帮助上级和下属建立工作范畴之外的亲密私人关系，并为亲密下属提供更多的工具性和情感性资源（Zhang et al.，2016）。

不过，权力距离是一个十分重要的文化情境变量，尤其是在中国社会的背景下（陈璐等，2013），王永跃、张玲和张书元（2018）将权力距离这一变量引入德行领导与上下级关系的研究中，通过实证研究发现了权力距离会负向调节德行领导对上下级关系的积极影响，即高权力距离会弱化德行领导对高质量上下级关系建立的作用。主要的原因在于，高权力距离的员工对上级领导的行为并不敏感，在上级表现出良好的品行时，也不会促进上下级之间的互动和交流；而低权力距离的员工则会更加容易感受到德行领导所传递的关怀、良好品行等，从而选择相信领导，并与领导建立良好的上下级关系。总而言之，积极、正面的领导形象会促使上级与下属更好地联系在一起，更容易建立和培养上下级之间的高质量关系。值得一提的是，下属对权力距离的感知会在领导风格和积极上下级关系建立的关系中发挥一定的作用。由此可见，积极的领导风格往往有助于积极上下级关系的发展，只是需要特别强调的是，在这一关系中间下属的特征可能作为边界条件发挥一定的影响作用。

二、下属对积极上下级关系发展的影响

当人们在对积极上下级关系的形成进行探讨时，十分容易忽略下属所发挥的作用，习惯性地认为下属在上下级关系中处于弱势地位。在上下级关系相关的理论中，最为有代表性的 LMX 理论中就认为：上级控制着上下级关系中资源的流动（Graen & Schiemann，1978；Liden & Graen，1980；Sparrowe & Liden，1997）。Sparrow 和 Liden（1997）的解释是：上级享受着拥有分配下属中有意义的资源和关键机遇的权力。通过控制资源的流动，上级在很大程度上决定着领导—成员交换关系的质量（Dulebohn et al.，2012），然而，其他的一些学者却认为下属也会

影响关系的质量，因为领导—成员交换同样依赖于下属成就和可靠性等因素（Dulebohn et al.，2012），同时下属在影响工作资源分配方面也发挥重要作用（Hobfoll，2001）。可以说，后面一些学者的观点补充了主导的LMX理论在资源方面对上级动机和行为的强调，增加了对于下属的关注。实际上，下属的动机和行为都会对上下级关系的质量产生影响。

1. 下属动机的影响

目前，关于上下级关系的研究多聚焦于关系行为本身和其所带来的结果，而忽略了对上下级关系前导因素的探究（张龙和季文，2013）。近年来，学者发现下属动机成为解释下属主动与上级构建高质量关系的原因之一。由于动机对于行为具有良好的预测能力（Graham & Weiner，2012），对理解积极上下级关系建立行为的产生具有良好的作用。Fehr和Fischbacher（2003）认为，下属对建立积极上下级关系的影响作用可以从成就动机理论中寻找答案。从成就动机理论出发来看，个人的成就动机可以划分为个人取向层面和社会取向层面，这两种成就动机均可能影响上下级关系的发展。首先，个人取向层面的成就动机影响。出于个人取向目的的员工会为了自身的利益而主动与上级建立良好的上下级关系。其次，社会取向层面的成就动机的影响。出于社会取向目的的员工，则会为了构建工作组织内的和谐气氛、与同事和谐相处而选择与上级建立良好的关系（Fehr & Fischbacher，2003）。国内学者张龙和季文（2013）将下属动机更加细致地分成了三个维度，通过对60名员工进行访谈，总结出了涉及下属自身、上级以及组织三个维度的共五种动机，包含了做好工作和获取回报动机（涉及自身）、促进沟通和印象管理动机（涉及上级）以及关心组织动机（涉及组织）。凸显出了下属动机对于积极上下级关系的培养具有一定的影响，下属的动机决定了其是否选择与上级建立良好关系这一行为。

2. 下属行为的影响

关于下属行为对积极上下级关系构建的影响的研究，主要集中在国外学者的一些研究。Wei等（2010）以中国企业中的员工及其直接上级、同事为研究对象，指出下属会运用政治技巧来影响他们与上级的关系，从而促进自身的职业发展。上下级关系在下属政治技能与职业发展的关系上起着中介作用。此外，学者们普遍认为，下属的逢迎行为会对上下级关系的质量产生影响。逢迎行为是个人做出的尝试着去吸引别人眼光的行为，是一种具有社会影响意义的行为（Liden & Mitchell，1988）。Jones和Pittman（1982）认为，逢迎行为应该表现为包括顺从、阿谀奉承、帮助他人等。下属的逢迎行为可以增加上级对其的喜爱程度，促使下属能从上级处获得更多的正面评价（Ferris et al.，1994；Wayne & Liden，1995）。Deluga（1994）发现，下属的行为会对上级产生影响，进而影响上下级

工作关系的效应机制及其管理研究

关系的质量,这些行为主要包括:与上级结盟、相互交换、逢迎上级等。但是也有学者曾指出,下属的逢迎行为也有可能会造成负面影响,会影响高质量上下级关系的构建(Johnson et al.,2002;Treadway et al.,2007)。

三、基于身份管理视角的上下级的协同作用

积极上下级关系的培养不应该只涉及上级或者下属中的某一方,这样对于研究积极上下级关系的驱动机制显然视角较为狭隘。现存的关系理论已经表明上级和下属的行为都将影响着上下级的关系质量(Dulebohn et al.,2012;Dutton & Ragins,2007;Miller & Stiver,1997)。近年来,LMX 和领导研究的学者开始将上级和下属的身份作为上下级关系中的关键变量来研究(Chang & Johnson,2010;Jackson & Johnson,2012;Leroy et al.,2015),以上下级关系质量作为主要结果进行研究(Kreiner,Hollensbe & Sheep,2006;Ramarajan & Reid,2013)。Creary 等(2015)就明确提出,上下级关系质量在很大程度上是基于上级和下属对于管理下属多重身份的战略选择偏好而决定的。上级和下级共同协同对于下属多重身份的管理将在很大程度上影响上下级关系的质量(Kreiner,Hollensbe & Sheep,2006;Ramarajan & Reid,2013)。

1. 下属多重身份的认识是正确发挥上下级协同管理身份的基础

多重身份即个体将发挥多重社会群体成员(社会身份)(Ramarajan,2014;Tajfel & Turner,1979;Turner,1982)和角色(角色身份)(Ashforth,2001;Stets & Burke,2000;Stryker & Burke,2000)的作用。下属多重身份即意味着下属可能承担着多种社会角色和身份。根据对组织多样性和身份的研究,下属的多重身份可以为下属提供在工作任务和活动中可用的宝贵资源,包括社会资本和知识(Ely & Thomas,2001;Hoff,1999;Roberts,Wooten & Davidson,2015)。因为个人的多重身份可以使其拥有不同的社会网络,他们能够利用多重身份的社会资源,在面临工作挑战时寻求社会支持(Caza & Wilson,2009)。有价值的资源与下属的多重身份有关,这些资源均可以在上下级关系中使用(Creary et al.,2015)。资源保存理论(Conservation of Resource Theory,COR)中曾讨论:身份如何成为一种资源,即个人如何在工作中获得的额外资源。许多关于组织研究的文献也表明基于个人身份的知识和社会资本可以在工作中获得或产生更多的其他资源。由此可见,下属多重身份可能为下属获取重要资源,并发挥着重要的影响作用。

2. 上级和下属共同承担下属多重身份的管理职责

对于下属多重身份的管理,上级和下属均需要采取一定的行动,包括可采用包容性战略或排除性战略。第一,包容性战略。包容性战略包括使用"身份扩

展"策略（Roberts & Creary, 2011）来明确表达一个人既属于 A 也属于 B，或者使用更多的间接信号策略（Cialdini, 1989; Roberts & Roberts, 2007）来传达一个人属于多个群体并且拥有多个重要且相互关联的角色。第二，排除性战略。排除性战略通过将多重身份归纳到一个新的组别（Pratt, Fiol, O'Connor & Panico, 2012）——上一级身份（Pratt, Fiol, O'Connor & Panico, 2012）或公共身份（Chatman, Polzer, Barsade & Neale, 1998; Gaertner & Dovidio, 2000），使多重身份不那么突出，以减少多重身份可能产生的彼此冲突。

3. 上下级采取的下属多重身份管理战略将对上下级关系产生重要影响

当上级和下属采取相同或者不同的多重身份管理战略时，工作中的资源利用将会受到来自上级和下属行为的影响，故而资源的利用将会对上下级关系质量进一步造成影响。LMX 理论作为管理上下级关系的主导理论，为上下级关系中资源交换的本质提供了相对狭隘的概念。现有的 LMX 理论研究通常考虑到上级和下属之间的交易性资源的交换。Creary 等（2015）构建了四种不同形式的资源利用理论：资源抑制、资源剥削、资源交换和资源生成。在管理下属多重身份的过程中，上下级采取不一致的战略则会引起资源抑制、资源剥削，将会造成低质量的上下级关系；而采取一致性战略则会引起资源交换和资源生成，有利于构成积极的上下级关系。

（1）战略不一致下的低质量上下级关系。在战略不一致情况下，意味着上级采取包容性战略，而下属采用排斥性战略；或者是上级采取排斥性战略，而下属采取包容性战略。这将会造成战略的错位，上下级之间的资源利用将会受到抑制或剥削。

在 LMX 理论中，上级是地位更高的一方，在上下级关系中拥有对资源交换的主要控制权（Farmer & Aguinis, 2005; Graen & Uhl-Bien, 1995）。下属对上级权力的感知对资源交换的形成中起着重要作用，尤其是当上级没有确定下属的多重身份时（Farmer & Aguinis, 2005）。因此，上级在制定和执行身份设定的指导方针时发挥着关键的作用，他们会根据员工多重身份绩效以确定员工是否适合公司、是否被认可和接受公司的愿景、政策和实践（Roberts & Robert, 2007）。对身份表现的研究表明，当不符合企业文化的成员身份、信仰和偏好的公开展示等威胁到组织方相关的身份设定时，身份设定会受到限制（Carbado & Gulati, 1999; Creed & Scully, 2000; Roberts & Roberts, 2000）。因此，上级会采取排斥性战略强烈地阻止下属在工作中制定有价值的工作或非工作的身份。但下属采取包容性战略，是因为其认为身份的多样性可能会给自身带来利益和好处。由于上级在资源的交换中占据着绝对地位，所以将会出现上级和下属之间的不平衡交换，LMX 将这种情况视为"消极互惠"，其中，上级的偏好胜过了下级的欲望

工作关系的效应机制及其管理研究

(Sparrowe & Liden, 1997)。

当上级相信与工作相关的某些下属身份可能有助于实现管理和实现组织目标时,他可能会使用包容性策略。但是,下属可能会认为这些身份的表现会妨碍工作中另外的身份表现时,其可能会避免在工作中制定某些身份(Clair, Beatty & Maclean, 2005; Kreiner et al., 2006; Ladge et al., 2012),因而对自身的身份管理采取排斥性战略。尽管下属拥有自己的偏好,但是仍然可能被迫在工作中制定多个身份。如战略在不一致情况下产生的资源抑制所述,上级和下属之间的权力动态可能颠覆下属管理多个身份的策略。因为上级拥有一定的权利可以强迫下属实施多个身份所具有的能力,特别是那些被认为对工作任务和过程有价值的身份,尽管下属拥有其自身的战略偏好。当上级说服下属制定一个下属不愿意与工作相关的任务和活动的角色时,资源剥削便会可能发生(Bryant, 2003; March 1991; Vermeulen & Barkema, 2001)。资源剥削意味着下属将被强迫或者说不情愿地去奉献其自身并不想奉献的与多重身份相关的资源。而资源剥削也是 LMX 研究中强调的"消极互惠"的情形之一,其中,上级对包容的偏好胜过下属的排斥欲望(Sparrowe & Liden, 1997)。

由上可见,在上级与下级对于下级多重身份管理采取的战略不一致的情况下,由于上级地位优势而可能会压抑下属的管理偏向,但其代价是导致资源抑制或者资源剥削,影响上下级之间的交换,最终导致的是较低质量的上下级关系。

(2)战略一致下的积极上下级关系。在战略一致情况下,意味着上级和下属将同时采用包容性战略或者排斥性战略。这种下属多重身份管理战略的一致性,将会导致上下级之间的资源利用呈现良好资源交换和资源生产的情形,从而有利于上下级关系的发展。

当上级和下属都认为基于工作任务和活动设定的某些身份可能会产生不良后果时,两者都会选择采用排除性战略。例如,对待下属的少数民族身份,上级和下属可能更倾向于排除性战略,而避免在组织内产生"下属因其少数民族身份而被给予优待"的观点(Ely & Thomas, 2001; Gallagher, 2003),上级想以此来减轻团队内的冲突(Harrison et al., 1998),而下属可能想以此来减轻团队中其他成员对其的不良观点(Ragins et al., 2007)或避免遭受歧视性待遇(Ellison et al., 2003)。这种一致的排除性战略使上级和下属都能维持基于关系和现状的权力平衡的角色身份(Farmer & Aguinis, 2005)。Creary 等(2015)认为,对于管理下属多重身份具有相似观点的上级和下属,可能会对彼此更有好感,并基于平等互惠而进行资源交换(Sparrowe & Liden, 1997)。当上级和下属都使用排除性战略时,并一直采用这样的策略,就意味着来自上级的额外社会情绪资源将被交换。这与 LMX 理论所描述的对资源交换的观点是一致的。上级可以与下属进行超越契约的经济性交换,并选择与符合其期望的下属交换额外的社会情感性资源,如信任(Dulebohn et al.,2012;Sparrowe & Liden,2005);相反地,下属将以高水平的贡献来回报上级,这可以提高上级的工作效率(Sparrowe & Liden,2005)。排除性战略来维持平衡的资源交换动态是上下级关系的典型特征(Dulebohn et al.,2012;Henderson et al.,2009;Tsui,Pearce,Porter & Tripoli,1997)。

当上级和下属都采用包容性战略来对下属多重身份进行管理时,资源生产将会发生。资源生产的特点是上级和下属相互的资源投资,包括以前未使用或未充分利用的资源,以产生新的资源。以往的研究表明,资源生产是由资源交换产生的,有效地配置现有资源可以产生稀缺和有价值的新资源(Fredrickson,2003;Rousseau & Ling,2007)。资源产生的过程可以通过一个相互关联的三阶段过程来实现资源的生产(Weick & Roberts,1993):第一,交换现有资;第二,将上级和下属的资源结合;第三,产生新资源。在资源交换条件下,上级对下属表现出信任(向下属提供社会情感资源),以支持组织的增长和创新目标(上级目标)的方式来设定下属的多重身份。反过来,下属可能会用高水平的努力来回报,这可以提高组织的有效性(Sparrowe & Liden,2005)。在此情形下,采用包容性战略对下属的多重身份进行管理,使下属与工作相关资源和社会资本的身份作用得到有效发挥,有利于新资源的产生。与此同时,与资源交换条件一样,使用相似的战略来管理下属的多重身份,在某种程度上会建立和加强下属和他的上级之间的相似性,这可能有利于促进他们之间对彼此的好感(Pielclis & Bedian,1994)。这种好感将促使资源交换的持续进行,从而促使新资源的产生。资源生产其实是一种广义的互惠,比资源交换体现的互惠交换所涵盖的意义要更深刻,在这种互惠中,源于社区或网络中的资源可以得到组合和重组(Baker & Dutton,2007),从而产生新的资源。

由上可见,对于下属的多重身份管理,如果上级和下级均采取的是一致的身份管理战略,如都采用排除性战略或者均采取包容性战略,则上级和下级之间会发展起良性的资源交换或者资源生产,积极上下级关系也将由此发展。

第五节 积极上下级关系管理的综合模型构建及其管理启示

积极的上下级关系的内涵、概念十分丰富,可从 LMX 理论和 SSG 理论两个角度分别进行理解,既包括上下级之间的工作关系,也包含了私人关系。正因如此,积极的上下级关系给组织和组织中的个人带来的影响层次丰富、影响范围广泛，从内心的情绪、态度到外在的行为表现，从上级到个人，乃至上升到组织。鉴于积极的上下级关系所带来的具有正面价值的影响效果，培养高水平的上下级关系对于组织来说是非常重要的。由模型可以看出，上级和下属分别对上下级关系的培养都会做出相应的贡献。与此同时，上下级的协同作用对上下级关系的培养也成为关注的焦点。这不仅仅是上级和下属之间的合作，同时也是一种博弈，而最终的上下级关系质量则是合作和博弈结果的最好体现。本书通过文献研究，梳理和归纳了近年来上下级关系研究的文献，包括了对上下级关系内涵的界定和扩展，对积极上下级关系影响效应和积极上下级关系驱动机制的讨论和总结，提出了以下的综合模型（如图 4-2 所示）：

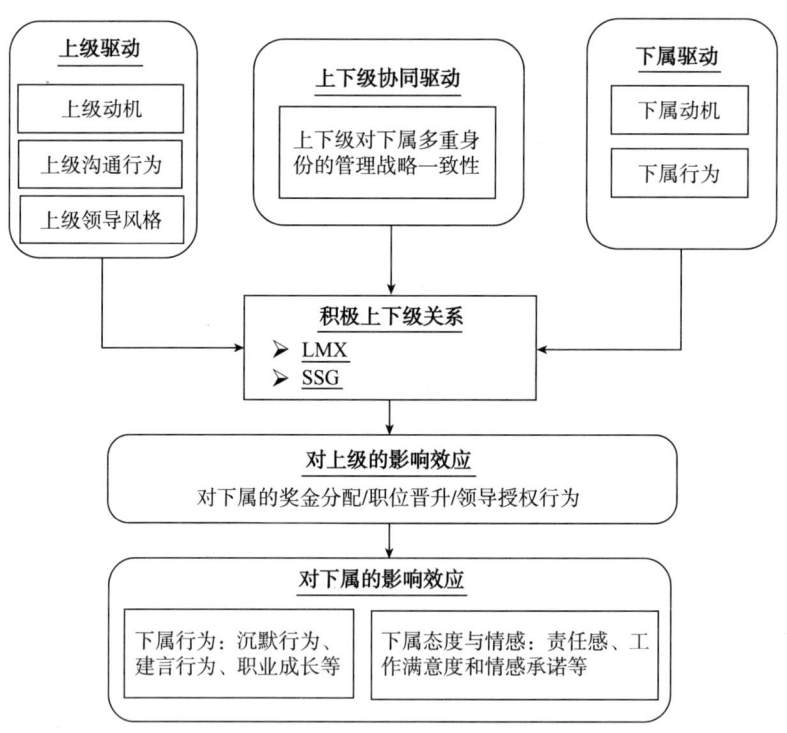

图 4-2　积极上下级关系管理综合模型

首先，上下级关系不仅意味着上级和下属或员工在正式工作环境中的关系，还包含了上级和下属在工作之外所建立起来的私人亲密关系。西方的 LMX 理论在对上下级关系进行讨论时，重点在于工作场合中上下级正式工作关系的讨论，要求组织注重上下级工作关系的培养。但是对于以"人情导向"和"关系导向"为主的华人社会（黄光国和胡先缙，2004；宝贡敏和徐碧祥，2006），上级和下属之间的私下交往值得关注,因为这些友好的私人交往关系会渗透到正式的工作关系中,并对上级、下属甚至组织都能产生一定的效应(Law et al.,2000)。故而,在华人社会的企业管理中,不仅需要注重正式工作场合中的上下级关系,还要建立起良好的上下级私人关系。

其次,高质量的上下级关系会给组织和个人带来许多积极的作用,既包含了对个人的行为、态度和情绪产生的正面影响,也对组织效能提升具有一定的价值。因此,企业和组织应该有效地利用上下级关系,使之鼓励、激励和帮助组织成员,进一步为组织作出贡献。同时,积极的上下级关系的负面影响也应该受到重视,例如,亲密的上下级关系可能会给组织中其他成员造成不公平感、使员工对组织丧失信心等(Bozionelos & Wang,2006;Chen et al.,2011)。尽管积极的上下级关系会给少部分与上级关系亲密的下属带来好处和效益,但是剩余的大部分组织员工的情绪和反应也需要关注。

最后,积极的上下级关系所带来的好处是不可忽视的,寻找正确的、有效的积极上下级关系培养方式是非常重要的。上下级关系的建立是上级和下属共同的互动所造成的结果,因此,上级和下属都会对上下级关系产生影响。文献研究表明,上级和下属的动机、行为和个人所体现出来的人格均会对积极上下级关系的构建产生影响。鉴于此,组织应该注重对上下级双方良好交往动机的培养,营造和谐、开放的组织氛围鼓励上级和下属的友好互动和交往,促使高水平的上下级关系得以建立。

第六节 结论及未来研究展望

一、结论

上下级关系是组织成员人际关系中十分重要的一种关系,积极的上下级关系对组织和个人来说都十分宝贵。通过对文献的梳理和归纳发现,上下级关系所包含的内容、影响范围和影响效果及其构建和培养并不像想象中的那么简单。故而,企业需要对组织中上下级关系的管理引起相应的重视

上下级关系是组织中十分重要的情景因素之一(刘军,2008),其能够对上级和下属的心理、态度以及行为产生一定的影响作用(Cheung,2009),进而影响着组织绩效、组织公平等各个方面(马力和曲庆,2007)。所以,目前,许多关于组织内部的人际关系的讨论多是围绕着上下级关系进行。在以往的上下级关系研究中,大多数研究都是以西方的领导—交换理论作为主要的理论基础,所以

对于积极的上下级关系定义的视角较为狭窄。近十几年来，在华人社会上发展起来的 SSG 理论，进一步丰富了积极的上下级关系的内涵，并且为后续积极的上下级关系建立的驱动机制和影响效应研究提供了新的研究视角、拓展了研究思路。在此基础之上，学者对上下级关系的影响效应进行了探索。许多的实证和案例研究都表明，积极的上下级关系所带来的好处是不可小觑的，尤其是对下属、员工有着深远意义的影响，促使其进一步为企业和组织创造效益。由于高水平的上下级关系会给组织和个人带来一系列的积极影响，所以对积极的上下级关系建立的驱动机制也逐渐得到学者的关注。先前研究的重点主要从上级的角度出发，学者普遍认为上级对于积极上下级关系的建立和培养发挥着至关重要的作用，而同时却也忽视了下属也是构成积极的上下级关系中重要的一方。之后的研究逐渐发现，上级和下属对于积极的上下级关系的培养具有紧密的关联，探索上下级关系建立的边界条件从简单的上级或者下属单方面转向了上下级协同方面。这有利于帮助企业或者组织对积极上下级关系的建立和培养，使之为企业和组织作出贡献。

概括而言，上下级关系的亲疏程度在上级对下属的管理决策方面发挥重要的作用，主要集中体现在上级对员工的奖励、给予员工晋升机会和对员工的绩效评价等方面。但实质上，上下级关系对上级所造成的影响还是会间接对下属产生影响效应，因为上级管理决策的最终实施对象还是下级。总的来说，目前大多数关于上下级关系后续研究都是针对下属产生的效应进行，而探讨上下级关系对上级产生的直接影响的研究不多。

二、未来研究展望

本书梳理了积极的上下级关系的内涵和定义，并且归纳总结了积极上下级关系的前因后果，为未来上下级关系的研究奠定了一定的基础。虽然说目前关于上下级关系的研究很多，也取得了一定的研究成果，但是在某些方面仍然还存在空白或者是空缺，未来的相关研究可以从以下五个方面对上下级关系继续进行探索：

第一，关于上下级关系的内涵和定义还有待进一步丰富和理清。归根结底，目前关于上下级关系内涵的研究呈现出跨文化研究的趋势。尽管西方兴起的 LMX 理论曾是研究上下级关系的主流理论，但是由于文化差异，该理论是否具有一定的文化通用性和适用性仍需要进一步进行讨论。不少学者已经根据本土文化建立了具有中国文化特色的 SSG 理论，并对上下级关系进行了新一轮的定义。但是，郭晓薇（2011）对上下级关系构念进行梳理和整理发现，不同的学者对上下级关系含义所侧重的角度不同，因此还尚未形成完整有效的上下级关系构念。

这一问题将影响到上下级关系的相关研究，需要获得一定的重视。如采用一种积极的组织研究视角（Positive Organizational Scholarship；POS）来看待组织中积极的人际关系，在该视角下，学者将积极的工作关系定义为"一种强化的资源交换形式"，通过更有效的时间安排和针对资源伙伴交换的目标有效地部署可用资源，这些资源通过相互作用产生一种特别稀缺和有价值的新资源（Rousseau & Ling, 2007）。

第二，关于积极的上下级关系建立的驱动机制研究。从传统的研究视角来看，上级在积极的上下级关系建立中占据主导地位，而下属对积极的上下级关系建立只发挥着顺从和附和的作用。故而，目前大多数关于积极上下级关系建立驱动机制的研究都是从上级的角度出发，研究上级对积极上下级关系建立所发挥的作用，而从下属角度出发的研究较少。但是，就目前的组织发展形势来看，上下级关系并不像原来一样，下属毫无优势可言。下属和上级是同时推动高质量的上下级关系建立这一观点逐渐获得重视，学者针对上级和下属共同建立积极上下级关系边界条件的研究才刚刚起步，关于这一块的研究还有待进一步加强。

第三，积极上下级关系的影响效应研究。目前关于积极上下级关系的影响效应研究主要集中在对下属层面影响的研究，包括员工绩效、职业成长、离职行为等。关于积极的上下级关系对上级的影响效应的研究较少，上下级关系对上级的影响集中体现在上级对有关下属的资源如何进行支配，例如，对下属的奖金分配、决定下属的职位晋升等。Law 等（2000）曾通过实证分析发现了上下级关系对下级的奖金分配和职位晋升具有正向作用，而这种影响往往是通过上下级关系中的私人关系而决定的。Chen 等（2007）发现上下级关系的质量与上级给予下属工作机会和职位晋升呈现正相关关系。Chen 等（2011）指出，与下属具有高质量关系的上级，会在双方的交换关系中给予下属更多的关系性报酬，例如，任务安排、晋升机会等。并且领导—成员交换对于主管对下属的绩效评价具有显著的正相关关系（Duchon et al., 1986；严文华，2001）。此外，邓玉林、洪阳训和孙孝亮（2016）就上下级关系中工作的正式关系和工作之外的私人关系对领导授权行为的影响机制的问题进行了探讨，研究发现无论是上级与下属的工作中的正式关系还是工作之余的私人关系都会对上级的授权行为产生一定的影响。采用社会交换理论对上级的授权行为进行解释：由于人都是理性动物，采用某种行为进行的交换活动是为了自身的利益，因此，上下级之间在私下所建立的良好关系是为了利益交换，当上级感受到下属的付出时，会给予相应的回报，例如，对下级进行授权。Huang 和 Kai-Ping（2013）直接指出，下属与上级建立工作外高质量的私人关系是为了从上级处获得目的性的回报，并且其认为关系行为的本质就是一种社会交换行为。这一观点可以采用中国文化中所描述的"礼尚往来"进行描述（王忠军、龙立荣和刘丽丹，2011）。童俊等（2018）也得出了上下级关系与领导授权行为正相关的结论，不过其认为上级对下属的授权行为是通过风险感知来决定的。当上级感知授权风险小时，更倾向于对下属产生授权行为（杨英、龙立荣，2009）。当上下级关系良好时，则上级感知到的风险越小，更容易产生领导授权行为。进一步地，邓玉林、洪阳训和孙孝亮（2016）还探讨了上下级关系对领导授权行为的调节机制，研究中发现组织的正式度会正向调节上下级正式工作关系与上级授权行为之间的关系，而对上下级私人关系与上级授权行为之间的关系不发挥作用。但是积极上下级关系对于上级的影响以及伴随的对下级的影响机制如何仍然是一个需要进一步挖掘的主题。除此之外，目前的研究仍然停留在个人层面，对组织层面产生影响的研究并不常见。所以，未来的研究可以更深一步地挖掘积极良好的上下级关系将会对上级本身产生怎样的直接影响，更加宏观层面的则是将会对组织整体产生什么样的影响。

第四，上下级关系的"双刃剑"机制还有待进一步挖掘。目前，学者所讨论上下级关系的影响效应更多地倾向于支持高水平的上下级关系会带来一系列积极效应的观点。同时，现下存在的许多也就都为这一观点提供了强有力的支持。但是，实际上高质量的上下级关系还有可能会给组织带来一些负面效应。Cheung（2009）就曾指出上下级关系是一把"双刃剑"，会对组织同时产生积极影响和消极影响。由此可见，对于上下级关系所带来的消极影响研究也具有一定的研究价值。

第五，上下级关系影响效应的边界条件研究。如上下级关系的质量是否会对员工沉默行为造成影响，曾有学者的研究提出过反面意见，通过实证研究检验发现上下级关系与员工沉默行为的关系并不显著（郑晓涛、郑兴山，2013）。由此可见，关于上下级关系是否影响员工沉默行为的观点并不一致。那么究竟导致这一不致的原因是什么？是否可能存在什么样的边界条件影响了上下级关系与员工沉默行为之间的关联机制，仍然还需要进一步研究检验。

第五章 主管—下属关系与员工情感承诺：积极情绪和趋近动机的影响

第一节 引 言

近年来，学术界和实务界都就组织运作达成了共识，即主管与下属在工作之外的互动而产生的私人关系质量是关键（Tjosvold，1985）。上下级关系研究作为组织动力学的核心课题，在中外都受到了热烈的关注。较西方国家而言，华人社会的特点是明显的关系取向和权威取向（杨国枢，2004），因而中国情境下的组织上下级关系对组织绩效及组织成员的行为的影响会更深刻、更全面、更持久和更具现实意义。东西方的上下级关系存在较大的差异，西方的上下级关系主要指的是以平等互惠为基础的领导—成员交换关系（LMX），这种契约关系明确规定了关系双方彼此的权利和义务。然而与 LMX 不同的是，中国文化背景下的上下级关系（主管—下属关系，SSG）不仅以社会交换为基础，更强调私人关系性质的情感联系。因此，长期在中国文化背景下浸染的组织成员更深谙关系之道，与领导、同事建立并维持良好的私人关系已成为大部分员工的普遍共识。不仅如此，管理者要是想更有效地管理下属，妥善处理和维护与下属的良好关系也不失为一个好方法（Law, Wong, Wang & Wang, 2000）。

目前，学者从不同的角度出发分别探讨了主管—下属关系的影响效果。以往研究表明，主管与下属的私人关系质量是影响主管作出管理决策的重要因素之一（Law et al.，2000），如下属的晋升、绩效评估、奖酬分配、工作安排等都受其私人关系质量的影响，上下级关系的质量还能够影响下属的职业发展（Wei et al.，2010），如工作绩效、角色外行为、工作满意度以及离职意向等（Graen & Uhl-Bien，1995；任孝鹏和王辉，2005）。组织效能受到三大背景性因素的影响，其中包括主管与下属的私人关系质量（梁建和王重鸣，2001）。然而，鲜有研究验证主管—下属关系与员工态度和行为（如组织承诺，离职意向）的关系（朱晓妹、丁通达，2014）。有研究者认为，下属的态度和行为（如组织承诺、离职意向）是与组织相关的，与个人相关的 SSG 可能对员工态度和行为没有直接影响（Cheung, Wu, Chan & Wong, 2009）。随后的研究发现，SSG 实际上也能对下属的工作态度和行为施加影响。例如，Parker、Bindl 和 Strauss（2010）研究发现主管—下属关系作为情境因素，其对员工行为的影响一般是间接的，要通过员工的心理认知状态才能对员工行为发挥作用。George 和 Zhou（2007）发现，员工与主管之间的情感联系越强越有助于形成员工的组织承诺，尤其是情感承诺。由此看出，主管与下属的私人关系在下属形成积极正面的工作态度的过程中，实则扮演着重要的角色，其影响作用是不可忽视的。但目前国内关于中国情境下的上下级关系对员工工作认知态度的影响研究还十分匮乏，尤其是反映员工对组织的认同、投入和情感依恋程度研究更是少之又少。情感承诺作为反映个体的工作态度的重要变量，是衡量员工与组织关系质量的重要指标之一（Judge & Kammeyer - Mueller, 2012），与员工的离职率、工作满意度、角色外行为和组织文化等息息相关。因此，员工情感承诺会对其行为和组织绩效产生深远的影响，需要得到足够的重视。

基于上述考虑，本书将探讨主管—下属关系对于员工情感承诺的影响机制，旨在丰富主管—下属关系的影响效应机理以及员工情感承诺的发生机制研究。与此同时，进一步探讨了员工的积极情绪和趋近动机在主管—下属关系与员工情感承诺之间的中介作用和调节作用，以期拓展主管—下属关系对员工情感承诺影响的作用内在机制理论研究，同时对员工情感承诺激发管理实践有所借鉴。

第二节　核心概念界定

一、领导—下属关系的概念界定

在以往研究中，不同的学者从不同的层次和视角出发，如二元关系、三方关系和关系网络，对组织内部不同类型的关系做分析研究。其中，组织中的二元关系研究主要聚焦于两大类：其一为垂直型二元关系，即上下级关系，如主管与下属、员工与领导等对偶关系；其二是水平型二元关系，即同级关系，如同事关系。关于二元关系的组织行为学研究更青睐于前者。西方社会中典型的上下级之间的关系类型为领导—成员交换关系（Leader - Member Exchange, LMX），该理论认为领导的时间和资源是有限的，注定无法平均分配所有资源给到每个下属，因而领导者需要在工作过程中对下属进行归类划分，并与不同类型的下属建立起不同类型的交换关系。具体而言，领导会与少部分被看作"圈内人"（In - group

Member)的下属建立起特殊的关系,并对他们给予更多关照、尊重和特权;而未能进入"圈子"的其他下属只能被主管视为"圈外人"(Out - Group Member),这部分员工往往无法获得领导的关注和照顾。实际上,平等交换的互惠原则是领导与员工建立起LMX的基础和依据,即LMX是通过平等交换建立起来的互惠性工作关系。相似地,中国情境下的领导与下属也会以社会交换为基础来区分不同关系。中国组织中的上下级关系与西方既有共同点又存在差异性,相同的是员工都很关注与领导及同事的工作关系,不同的是中国员工还普遍重视与领导及同事建立并维持良好的私人关系。因而,中国文化下的"关系"原则远比强调平等交换的互惠原则的LMX更为复杂(任真、杨安博和王登峰,2010),很难用LMX的构念及理论完满地解释中国本土文化下的上下级关系的主要特征和效应(郭晓薇,2011)。鉴于此,有学者认为应该提出一个区别于领导—成员交换关系的上下级关系概念,来更完整、贴切地描述中国情境下的上下级关系特性,于是采用主管—下属关系(Supervisor - Subordinate Guanxi, SSG)这一概念来解释中国文化情境下既关注工作关系更在乎私人关系的特殊的上下级关系内涵。

早期研究试图根据主管与下属之间的关系基础来描述他们的关系质量,即用既定特殊关系来定义主管—下属关系(SSG)。例如,Farh等(1998)基于主管与下属之间是否存在由某种共同经历或属性而形成的"特殊连带"来界定主管—下属关系。Chen和Chen(2004)强调主管—下属关系根植于儒家文化之上,是两个个体之间非正式的或者特殊的连带,以及与之相关的资源和情感的交换。这些构念都强调了上下级之间先前就存在了既定关系基础,即认为这种关系的建立往往要基于一定的关系基础。随着研究的深入,对SSG构念的探讨逐渐转向以上下级之间的互动来定义双方的关系。例如,Law等(2000)认为,主管—下属关系是指主管与下属通过工作之余的互动而建立的私人关系。相似地,Cheung等(2009)认为,SSG是主管与下属在工作时间以外通过家访或其他社会活动而建立的私人关系质量。朱晓妹和丁通达(2014)将SSG定义为"主管和下属基于共同利益和福利,在工作以外的时间,通过与工作无关的社会交往活动建立起来的一种私人关系"。这类构念认为SSG是一种基于共同利益和福利的社会联系(Wong, Tinsley, Law & Mobley, 2003),并且是一种权利不对等的关系(Chen, Friedman & Yu, 2009)。随后,有学者发现SSG中不仅存在利益联系,还具有情感和身份义务的联结。Chen等(2009)以归纳法研究发现,可以从上下级之间的感情深厚性、私人生活卷入度、下属对上司的服从性等方面对其SSG水平进行评价,上下级关系与家人关系的相似程度可以标志着双方的关系状态。郭晓薇(2015)整合了Farh等(1998)、Law等(2000)和Chen等(2009)对SSG的界定,将中国文化中的主管—下属关系(SSG)概括地理解为:

基于利益、情感和身份义务而在主管与下属之间形成的,可影响关系双方下一次交往时的行为预期和心理动因的联结。本书将采用郭晓薇(2015)这一定义界定主管—下属关系。随着研究的不断深入我们可以了解到,尽管 SSG 的建立不一定需要关系基础,但是关系的维持和发展则离不开工作之外的互动,如拜访、礼物交换、用餐等。虽然主管—下属关系的建立、维持和发展主要依赖工作之外的活动,但是已经建立的具有强烈"私人情感"色彩的非工作关系却会深刻渗透到正常工作中,并在组织制度内发挥作用(刘军、宋继文和吴隆增,2008;王忠军、龙立荣和刘丽丹,2011)。而且 SSG 水平不同的关系双方在互动过程中具有不同的义务或责任,即不同水平的关系质量暗含了不同的交往准则(Chen & Chen, 2004; Law et al., 2000; Mao, Peng & Wong, 2012; 郭晓薇, 2011)。

通过以往文献回顾,本书将主管—下属关系(SSG)的四个主要特征总结如下:其一,SSG 属于非工作关系(朱晓妹和丁通达,2014)。其二,SSG 本质上仍是一种社会交换关系(王忠军、龙立荣和刘丽丹,2011)。员工与主管建立 SSG 的目的是实现利益互换,借由关系可以从主管那里获得工作资源,并且关系质量越高,越能获得更多的资源。其三,SSG 还包含情感成分(Chen, Friedman & Yu, 2009; Chen & Chen, 2004),如接纳、鼓励、认可、支持和宽容(王忠军、龙立荣和刘丽丹,2011),SSG 还能加强上下级的信任(Wong, Wong & Wong, 2010)。其四,SSG 是双向行为。不同于员工进行"单边投入"的主管承诺,主管与下属要形成良好的私人关系取决于关系双方共同进行"双边投入"。

二、积极情绪的概念界定

情绪作为一个短暂的、有事件指向的变量,其稳定性较差。然而,并非所有人的情绪都是不稳定的。研究发现,情绪稳定性和人格高度相关(Becker, 2003)。也就是说,个体的情绪表达可能是人格或者认知方式的反映,使其通过一贯的情绪反应来对待工作中发生的事件。以往关于情绪的研究主要将其分为消极情绪和积极情绪两类。以往研究发现,愤怒情绪衍生攻击趋势,恐惧情绪伴随逃避趋势。也就是说,消极情绪常常伴随着特定的行动趋势。然而,高兴和愉快等情绪似乎无法产生特定的行动趋势,但它们确实激活了人们的行动。换句话说,积极情绪只可产生一般性的、无目的性的行动激活,而无法驱使人们从事特定的行动。虽然国内外学者对积极情绪的界定还未能达成共识,但其定义的侧重点都在于一种主观愉悦的感受。例如,孟昭兰(1989)认为,积极情绪是一种愉悦的主观体验,它常与需要满足相联系,并能够激发个体的积极性和行动力;Lazarus(1991)根据情绪认知理论,将积极情绪界定为个体在目标实现过程中伴随积极成果或积极评价而产生的感受;Fredrickson(2001)将积极情绪界定为个体对有意义的事情做出的一种独特的、即时的愉悦反应。

积极情绪扩展和建设理论（The Broaden-and-Build Theory of Positive Emotions）认为，诸如快乐、满意和愉悦等积极情绪具有拓展个体的瞬间思维的作用，对个体建立各种重要的资源具有促进作用。此外，该理论认为积极情绪和消极情绪在认知和心理活动中起着截然相反的作用，即消极情绪通常窄化个体的知行能力以应对当前的危险，如害怕使人逃跑，愤怒使人攻击。与消极情绪相反，积极情绪能够拓展个体的注意力、认知与行为范围，帮助个体更有效地获取和分析信息、做出更恰当的行动选择并采取创造性行动，增强人们的心理适应性（崔丽霞、殷乐和雷雳，2012）。然而，生活中仍存在一些与该理论相悖的现象无法得到合理的解释（Dreisbach & Goschke，2004）。

为了更好地解释情绪对认知的影响机制，Gable 和 Harmon-Jones（2010）在积极情绪的拓展—建构理论的基础上引入了动机方向（趋近和回避动机），提出了动机维度模型（Motivational Dimensional Model），认为与特定的情绪状态相联系的行为倾向受个体的动机方向的影响。具体而言，积极情绪对认知加工的影响受其趋近动机强度的调节，受不同水平的趋近动机所驱动的积极情绪对认知加工的影响不同（Gable & Harmon-Jones，2010a；Harmon-Jones & Gable，2008；邹吉林等，2011）。虽然积极情绪不会激发个体从事特定的、具体的行动，但其激活倾向仍能够促进个体持续不断地进行无目的性活动。例如，处于积极情绪状态下的个体更乐于探索新事物、主动保持与环境的联结（郭小艳和王振宏，2007）。基于此，本书采用 Fredrickson（2001）以及 Gable 和 Harmon-Jones（2010）对积极情绪的综合定义进行研究，即认为积极情绪是一个涵盖个体的主观愉悦体验、认知评价和行为趋势等方面的有意识的、较复杂的心理活动过程。

三、情感承诺的概念界定

承诺的概念是美国学者 Becker（1960）基于单边投入理论而提出的，此概念一经提出便收获了广泛的关注，由于组织承诺能够很好地预测员工的离职行为，因而组织行为领域对承诺的研究可谓热火朝天（Solinger, Olffen & Roe, 2008）。简单来说，组织成员根据工作过程中的主观体验，而对组织形成的承诺就是组织承诺（Organizational Commitment）。目前的研究主要从两个视角解读对于组织承诺的认识：行为说和态度说。"行为说"主要关心的是哪些情景性的因素使个体认同某种难以改变的特定行为的，且又是怎样影响个体形成与行为一致的态度的。早前的研究大多认为，组织承诺是基于平等互惠的社会交换原则而形成的。具体而言，员工在享受组织为其提供的理想的工作环境时，会不自觉地对组织产生感恩心理和承诺心态。难道组织承诺就是简单地与理想的工作环境呈正相关，与不理想的工作环境呈负相关?然而,实际情况并非如此简单,组织承诺如工作满意感和组织气氛等相似,有一个自然发展的过程(Meyer,1997)。

随着研究的不断深入,有学者发现组织承诺的形成不仅基于单边投入的经济交换关系,更基于对组织依附的情感依赖(Porter et al.,1974)。由此形成了与"行为说"相互对立的"态度说"。"态度说"更关注个体是否高度认同组织,即可否对组织价值观培养出坚定的信念、为组织的利益而努力的动机以及忠诚于组织的意愿。目前,大部分研究是基于态度说进行探讨的。例如,有学者认为,个体对组织产生的一种主观上认同和肯定的态度或内心倾向即为组织承诺(Mowday,1979),它可反映个体依附、参与和投入某一特定组织的相对程度。O'Reilly和Chatman(1986)回顾前人研究成果,提出组织承诺的三维度模型:服从、认同和内部化。这也标志着对组织承诺的结构认识开始由单一维度发展到多维度。

往后的研究更多地认为组织承诺是一个多维构念,并陆续从不同视角提出组织承诺的结构模型,其中最具代表性的还属Allen和Meyer(1990)提出的三维度组织承诺模型:感情承诺、规范承诺以及持续承诺。其中,感情承诺(Affective Commitment)指个体卷入、参与和感情依附组织的程度(樊耘、阎亮和张克勤,2012)。持续承诺(Continuance Commitment)是员工出于保持自己在组织中长期努力而获得的地位和待遇才愿意继续待在原组织的一种承诺,实际上反映了个体对离开组织而造成的损失认知。规范承诺(Normative Commitment)指组织成员被鼓励遵守安定、责任和忠诚等主流社会文化而愿意继续留在原组织的承诺,即员工认为自己有义务继续留在原组织而获得社会大众对自己的认同。该分类方法明晰了产生组织承诺的基础,随后的大部分研究基本上是在该承诺框架上的发展(Cohen,2007;Somers,2009)。在组织承诺的三维框架中,学者对情感承诺关注是最多的。实际上,个体的情感承诺的产生常伴随规范承诺,但研究表明与更多的结果变量直接相关的是个体的情感承诺(Meyer et al.,2002)。Ng和Feldman(2010)也认为,情感承诺可以作为对员工最直接的产出,且情感承诺还是员工—组织关系的重要预测指标。基于上述原因,本书将选取员工对组织的情感承诺作为研究重点。

四、趋近动机的概念界定

长期以来,趋利避害是动物和人类都共同默许并遵守的行为倾向,但没有人能解释其中隐藏内在动力机制(张晓雯、禤宇明和傅小兰,2012)。心理学家认为,个体的趋避行为反应实则受动机系统影响和驱动,并根据与动机系统紧密相关的趋避行为,将动机系统分为与趋近行为相对应的趋近动机系统,以及与回避行为相对应的回避动机系统（Cacioppo, Gardner & Berntson, 1997; Lang, Bradley & Cuthbert, 1990; Neumann & Strack, 2000）。根据趋近—回避动机理论，人们的行为遵循趋利避害的享乐主义原则（Freud, 1950）——个体的行为由趋近动机和回避动机系统驱动。具体而言，当个体想要追求积极结果的目标时就会激发趋近动机，当个体的行为出于回避消极结果的目标时则更多地呈现为回避动机（Elliot & Church, 1997）。由趋近动机驱动的个体主要受积极的、期望的外部事件所影响；而处于回避动机状态下的个体，其行为趋势更多的是对消极的、想要逃避的外部事件做出的反应（Elliot, 1999）。此外，趋近动机和回避动机还可以组织个体从事某种行为。具体而言，趋近系统倾向于为了接近和获得积极的、期待的外部刺激而调度自身能量，而回避系统调集能量的原因与回避和阻碍消极的、不被期待的外部刺激相关（刘惠军和高磊，2012）。也就是说，趋近动机是一种朝向目标的驱动力或行为倾向，而回避动机是一种回避动机的行为倾向（Gable & Harmon - Jones, 2008）。

第三节 理论模型构建与假设提出

一、主管—下属关系与情感承诺

中国情境下的主管—下属关系（SSG）是指领导和下属在某一时刻具备的利益、情感和身份义务的联结，且关系双方在往后的交往过程中的行为预期和心理动因都受该联结的影响（郭晓薇，2015）。虽然主管—下属关系的建立、维持和发展主要依赖工作之外的活动，但是已经建立的具有强烈"私人情感"色彩的非工作关系却会深刻渗透到正常工作中，并在组织制度内发挥作用（刘军、宋继文和吴隆增，2008；王忠军、龙立荣和刘丽丹，2011）。因此，主管—下属关系已成为影响员工的工作态度和工作行为的重要情境因素。

情感承诺是组织对员工最直接的成果产出（Ng & Feldman, 2010）。情感承诺是指个体认同和卷入一个特定组织的相对强度（樊耘、阎亮和张克勤，2012），即员工对组织的感情依赖、认同和投入程度。与规范承诺和持续承诺相比，它更好地反映态度的组织承诺的本质特性（Judge & Kammeyer - Mueller, 2012），因而受到了研究者的更多关注（Riketta, 2002）。社会认同理论认为，个体对组织具有认同感和投入感有助于促使其更努力地工作，为组织绩效的提升贡献更大的推进力。这也是组织在激发员工情感承诺方面总是乐此不疲的主要原因（吴继红、吴敏和陈维政，2012）。

以往研究表明，主管与下属的私人关系质量是影响主管作出管理决策的重要因素之一（Law et al.，2000），同时，主管与下属的私人关系质量还能预测和反映下属的工作态度，尤其是主管满意度和情感承诺（Wong，Tinsley，Law & Mobley，2003），此外，与主管建立良好的私人关系还能帮助下属从主管处获得更多的关系性报酬，提升下属知觉的程序公平感（Chen，Friedman，Yu & Sun，2008）。刘小平（1999）的研究发现，个体特征、工作特征、领导与成员关系、角色特征和组织结构特征五类因素会对员工的情感承诺造成影响，其中，工作特征以及领导与成员关系与组织承诺的相关性最强。主管—下属关系是一种根植于中国文化下特殊的上下级关系，是主管与下属在工作之外的私人关系。因而，主管—下属关系很有可能会影响员工的组织承诺，尤其是情感承诺。研究发现，主管对员工的信任能提高员工的工作绩效、组织公民行为（OCB）、工作满意度、组织承诺，并降低员工的离职意向（Dirks & Ferrin，2002；Rousseau et al.，1998）。而Han、Peng和Zhu（2011）发现高水平的SSG能够帮助员工建立起对领导的信任。也就是说，当主管与下属之间拥有高质量SSG时，下属对主管对的信任程度会更高，而更高水平的信任能够提升员工的组织承诺。此外，下属利用非工作时间的非工作互动来投入与主管的私人关系建设，能较一般员工获得来自领导的更多资源回报，如工具性资源回报和情感性资源回报（王忠军、龙立荣和刘丽丹，2011），而George和Zhou（2007）的研究则发现，下属与主管的情感联系强度与其形成的组织承诺尤其是情感承诺高度相关。具体而言，高水平的SSG能够给予员工更多的情感性资源回报，从而产生更深厚的情感联系，进而形成更高水平的情感承诺。因此，本书提出以下假设：

H1：主管—下属关系与员工的情感承诺正相关，即主管—下属关系质量越高越能促使员工形成高水平的情感承诺。

二、积极情绪在主管—下属关系与情感承诺间的中介作用

积极情绪是一个涵盖个体的主观愉悦体验、认知评价和行为趋势等方面的有意识的、较复杂的心理活动过程（Fredrickson，2001；Gable & Harmon - Jones，2010）。与消极情绪相反，积极情绪能够拓展个体的注意力、认知与行为范围，帮助个体更有效地获取和分析信息、作出更恰当的行动选择并采取创造性行动，增强人们的心理适应性（崔丽霞、殷乐和雷雳，2012）。因此，积极情绪在个体认知研究中具有重要作用。

积极情绪扩展和建设理论（The Broaden - and - Build Theory of Positive Emotions）认为，诸如快乐、满意和愉悦等积极情绪具有拓展个体的瞬间思维的作用，对个体建立各种重要的资源具有促进作用。为了完善积极情绪扩展和建设理

论无法解释的现象，Gable 和 Harmon-Jones（2010）提出动机维度模型（Motivational Dimensional Model），认为个体的动机方向会影响与特定的情绪状态相联系的行为倾向。

研究表明，下属与主管的私人关系质量越高，下属就更容易从主管处获得更多工具性资源和情感性资源（王忠军、龙立荣和刘丽丹，2011）。研究还发现，在人际关系中收获资源能够使个体引发积极情绪（Ragins & Dutton, 2007; Stephens et al., 2012）。这说明高水平的 SSG 能够为下属带来更多的资源，而这些资源又会使员工产生积极情绪。同时，除由人际关系所带来的资源之外，人际关系本身也能够引发个体的积极情绪。例如，Coleret、Bond 和 Purvanova（2016）发现，能够满足个体情感需求的工作关系，能让个体在工作中产生积极的情绪。虽然主管—下属关系在本质上是一种社会交换关系（王忠军、龙立荣和刘丽丹，2011），但 SSG 还包含情感成分（Chen、Friedman & Yu, 2009; Chen & Chen, 2004），例如，接纳、鼓励、认可、支持和宽容。SSG 具有的情感成分本来就能满足个体多元化的情感需求，如被关怀、关注、支持和包容等需求，因而高质量的 SSG 更能促使个体在工作中产生积极情绪。

组织承诺的三因素模型认为，情感承诺是员工对组织的感情依赖、认同和投入程度，带有明显的情感成分（Allen & Meyer, 1990）。积极情绪作为一种正面的情感性认知体验，更能提升员工的情感承诺。鉴于情感承诺实质上指的是个体对组织的情感依恋反应和程度，因而有理由相信员工在工作中体验到的情感反应可能会影响其情感承诺（Thoresen、Kaplan & Barsky, 2003）。个体如果能在组织工作中获得愉悦的情感体验，即产生积极情绪，很有可能会影响到其对组织的情感反应和依恋程度。换句话说，个体在组织中体验到的积极情绪能够影响其对组织的情感承诺。

情感注入模型认为，个体看待事件的想法和态度不可避免地注入情绪的影响，即情绪会影响到个体用于解读事件的信息质量与效价性质。具体而言，积极情绪个体倾向于提取正面信息来解释事件，而消极情绪个体则更多地使用负面信息来对事件进行解释。这种基于情绪的事件解读方式，会使个体对事物的认知带有"情感"色彩，进而带有情绪色彩的工作认知可能影响工作态度（Forgas & George, 2001）。相似地，积极情绪个体在组织工作中也会倾向于使用正面信息，如组织给予我机会、组织帮助我成长等，去形成自己对组织的认知，然而当这种认知被蒙上一层"积极情感"色彩时，个体便更倾向于产生对组织的积极认知，进而影响反映个体对组织的正面认知态度和情感依恋程度——情感承诺。此外，以往研究也已指出，积极情绪能够直接地影响员工的工作满意度和组织承诺（情感承诺）。例如，Allen 和 Meyer（1991）指出，愉悦的工作体验以及对工作形成控制力和胜任力能够增强员工的情感承诺。刘小平（1999）研究发现，如果员工在组织中感受到积极情绪，就更容易促使员工对组织具有情感依附，从而增强员工对组织的情感承诺。Thoresen 等（2003）研究表明，个体的情绪与情感承诺密切相关，积极情绪有助于个体形成情感承诺，而消极情绪会对情感承诺产生负面影响。黄勇和彭纪生（2016）依据情感事件理论，发现员工在组织中体验到的积极情绪能够提升其对组织的情感承诺。根据以上推论，本书提出以下假设：

H2：主管—下属关系与积极情绪正相关。

H3：积极情绪正向影响员工的情感承诺。

H4：积极情绪在主管—下属关系对员工的情感承诺的影响过程中起中介作用。

三、趋近动机在积极情绪与情感承诺关系中的调节作用

趋近—回避动机理论认为，人们的行为遵循趋利避害的享乐主义原则（Freud，1950）。个体试图追求积极结果的目标会激发其趋近动机，而表现出回避消极结果的行为则会引导个体启用回避动机（Elliot & Church，1997）。由趋近动机驱动的个体主要受积极的、期望的外部事件所影响；而处于回避动机状态下的个体，其行为趋势更多的是对消极的、想要逃避的外部事件做出的反应（Elliot，1999）。此外，趋近和回避动机还可以组织个体从事某种行为（刘惠军和高磊，2012）。

积极情绪扩展—建设理论（The Broaden – and – Build Theory of Positive Emotions）认为，诸如快乐、满意和愉悦等积极情绪具有拓展个体的瞬间思维的作用（Fredrickson，2001）。也就是说，个体的积极情绪很可能能够拓展个体对组织的认知深度和广度，促使他们将认知、知觉、思维和活动的关注点从工作本身拓宽至组织上面。此外，积极情绪还对个体建立各种重要的资源（身体资源、智力资源、人际资源和心理资源）具有促进作用（Fredrickson，2001；Fredrickson & Branigan，2001；Fredrickson & Branigan，2005）。员工对组织形成情感依恋和全情投入的状态，实际上是员工将组织建设为自身心理资源的过程，在他们的眼里，组织是值得信赖、依恋和投入的实体，他们愿意将自身的资源投入组织来换取更多的心理资源。

另外，情绪动机维度模型（The Motivational Dimensional Model of Affect）认为，动机是不同于效价和唤醒度的另一重要的情绪维度，情绪对认知加工而形成影响的过程会受其动机强度的调节（Gable & Harmon – Jones，2010）。具体而言，消极情绪对认知加工的影响会受其回避动机强度的调节，而积极情绪对认知加工的影响自然也会受其趋近动机强度的调节（Harmon – Jones & Gable，2008；邹吉

林等，2011）。由于本书聚焦于个体的积极情绪，故主要关注与之相匹配的趋近动机的作用。从趋近动机强度的角度来分析积极情绪的话，可以将积极情绪分为低趋近动机积极情绪（如宁静、搞笑）和高趋近动机积极情绪（如渴望、热情）(Gable & Harmon – Jones，2010；邹吉林等，2011）。Gable 和 Harmon – Jones (2010) 认为，在低趋近动机积极情绪状态下的个体，往往倾向于认为周围的环境是稳定舒适的，对目标的注意水平会因分散到周围环境中而相对较低，即低趋近动机积极情绪状态下的个体具有扩展认知加工范围的能力。相反，高趋近动机积极情绪状态下个体倾向于将自己大多数的注意力完全聚焦于目标上，反而会窄化认知加工范围。也就是说，处于低趋近动机积极情绪状态下的员工更容易从自身的目标中跳脱，将注意力拓展到周围稳定且舒适的组织环境中，进而对组织产生感恩之情，从而形成对组织的正面认知反应和情感态度。而处于高趋近动机积极情绪状态下的员工则主要聚焦于自身目标，不关心周围的环境，更不会有闲暇去形成对组织的认知。换句话说，低趋近动机积极情绪状态下的员工更容易形成对组织的情感承诺，而处于高趋近动机积极情绪状态下的员工不易引发情感承诺。因此，本书提出以下假设：

H5：趋近动机在员工的积极情绪与员工的情感承诺的关系中起着调节作用，即具有低趋近动机积极情绪的员工更容易对组织形成情感承诺；而具有高趋近动机积极情绪的员工更不容易对组织形成情感承诺。

综上所述，本书的理论模型框架如图 5 – 1 所示。

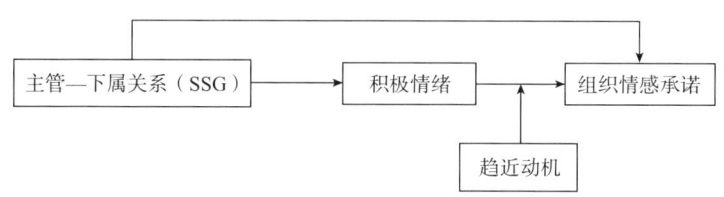

图 5 – 1　主管—下属关系对员工情感承诺影响机制的理论模型

第四节　讨论与分析

以往关于主管—下属关系的研究主要聚焦于其形成机制。早期研究更多的是关系双方的既定关系基础和特殊联结。具体而言，学者更关注主管与下属之间的既定关系连带对其关系质量的影响，以及这种关系质量对下属的绩效评估的影响

(Farh, Tsui, Xin & Cheng, 1998; Tsui & Farh, 1997; Xin, Farh, Cheng & Tsui, 1998)。随着研究的深入,学者逐渐将注意力转向主管与下属的私人关系质量及其对双方的积极影响上。相对于主管—下属关系的机制研究,其影响效应研究得到的关注还较少。虽然已有研究表明,主管与下属的私人关系质量能影响主管的管理决策 (Law et al., 2000)、下属的职业发展 (Wei et al., 2010)、下属从主管处获得的关系性报酬的数量、下属知觉到的程序公平感 (Chen, Friedman, Yu & Sun, 2008)。然而,鲜有研究验证主管—下属关系与员工的工作态度和工作行为(如组织承诺、离职意向)的关系。例如,Wong、Tinsley、Law 和 Mobley (2003) 预测了对于下属对主管的满意度以及对组织的情感承诺的影响。虽然该研究已经有意识地关注到主管—下属关系对员工的工作态度的影响,但该研究仍然停留在推论阶段,并未通过实证研究得到更可靠的结论。出于上述原因,本书聚焦于主管—下属关系对员工的工作态度的影响。

一、理论意义

本研究将目光聚焦于这一被忽视但同样重要的问题上,构建了主管—下属关系对员工情感承诺影响的理论模型(如图 5-1 所示),探讨了主管—下属关系对员工情感承诺的直接效应影响,以及主管—下属关系通过积极情绪对员工情感承诺产生的间接效应影响,并探讨了趋近动机在积极情绪与员工情感承诺关系中的调节作用。鉴于此,本书的理论意义主要体现在以下三个方面:

第一,本书从主管—下属互动的角度出发,探讨了主管—下属关系对员工情感承诺影响的研究。以往研究分别从个体特征、工作特征、领导与成员关系、角色特征和组织结构特征等角度探讨了对员工组织承诺的影响。有学者发现工作特征、领导与成员关系、角色特征、组织结构特征和个体特征五类因素与组织承诺的相关性程度依次降低(刘小平,1999)。然而,以往研究主要从西方的上下级关系(领导—成员交换关系)的角度去探究这一主题,少有研究以中国文化背景下衍生的独特的上下级关系(主管—下属关系)为研究对象去探讨其与组织承诺的关系。作为组织承诺中最为关键的维度——情感承诺,与主管—下属关系的机制研究更值得关注。本书点明了主管—下属关系的质量高低会对员工工作态度(情感承诺)产生一定的影响。这一研究结论丰富主管—下属关系的影响效应研究以及员工情感承诺的影响因素研究。

第二,以往研究主要基于情感—认知—行为视角,常将情感承诺这一认知变量作为影响员工工作行为的中介变量(朱瑜和谢斌斌,2018;范雪灵、王琦琦和刘军,2018;李宪印、杨博旭、姜丽萍、左文超和张宝芳,2018;周浩、龙立荣和王宇清,2016),少有研究探讨了自变量与情感承诺之间的内在形成机制,且主要从认知（蒋丽芹、胥永倩和张迪，2018；王凯、韩翼和余涵烟，2018；辛迅和余璇，2018；赵慧娟和龙立荣，2016）、工作态度（孙宁和孔海燕，2016）、领导类型（朱其权、龙立荣、孙海法和罗攀峰，2017）、领导成员关系（尹奎、刘永仁和宋璐璐，2016）等视角讨论员工情感承诺的形成机理，对情绪视角中介变量的探讨研究寥寥无几。本书尝试着引入积极情绪作为主管—下属关系与员工情感承诺之间的中介变量，从与以往不同的角度解释主管—下属关系与员工情感承诺间的关系。研究发现，高质量的主管—下属关系能促使员工产生积极情绪，而高水平的积极情绪又进一步激发员工情感承诺。这一研究结论有助于理解主管—下属关系对员工情感承诺的作用机制，并且丰富了相关中介变量的研究。

第三，根据情绪动机维度模型，动机是不同于效价和唤醒度的另一重要的情绪维度，情绪对认知加工而形成影响的过程会受其动机强度的调节（Gable & Harmon-Jones，2010）。本书基于情绪动机维度模型，选取与积极情绪相对应的趋近动机作为调节变量，探讨不同趋近动机水平的积极情绪对员工情感承诺的影响。研究发现，低趋近动机积极情绪能够扩展员工的认知注意范围，有助于将员工的认知范围从个人目标扩展至组织层面，从而形成对组织的积极情感认知——情感承诺；相反，高趋近动机积极情绪会窄化员工的认知范围，促使他们将注意力聚焦于个人目标而无暇关注周围的环境，因而不容易形成对组织的情感承诺。这一研究结论弥补了以往关于主管—下属关系对员工情感承诺的影响研究中，对调节机制的研究不足问题，加深了人们对于主管—下属关系作用于员工情感承诺过程的理解。

二、管理意义

本书探讨了主管—下属关系对于员工情感承诺的影响机制，包括积极情绪的中介作用以及趋近动机的调节作用。本书的相关结论对于组织和管理者日后的管理具有一定的实践意义，主要体现为以下几点：

第一，主管与下属都要有意识地建立和培养良好的主管—下属关系。虽然主管—下属关系从本质上是属于一种非工作关系，但是它已经深刻地渗入组织工作中，并对员工和组织都产生了巨大的影响。于员工而言，与主管建立良好的私人关系更能够促进自身的资源获取和职业发展；于主管而言，与下属建立良好的私人关系能够获得下属的认同和跟随，提升团队绩效；于组织而言，鼓励员工与主管建立良好的私人关系能提升员工的情感承诺、工作满意度，降低员工的离职率。因此，建立和培养良好的主管—下属关系是实现多赢的有效方式。

第二，在工作中激发员工的积极情绪。积极情绪的中介效应启发我们可以通过提升积极情绪来激发员工对组织形成依恋感，从而提升员工对组织的忠诚度，降低员工的离职率水平。研究表明,个体从事休闲活动能够激发其产生积极情绪(孙惠君,2008)。此外,经常做有氧运动也能够帮助个体提升积极情绪水平(曹京华、俞洁敏和朱寒笑,2002)。因此,组织可以通过鼓励员工在工作之余多做一些休闲活动或有氧运动以促进积极情绪的产生,还可以通过组织户外的集体团建活动来激发员工产生积极情绪。

第三,培养人文情怀的企业文化,引导员工远离极端功利思想。员工注重个人目标本应得到认同和赞扬,但本书的研究结论却可能颠覆这一传统认知。过度关注个人目标而对组织给予自己的机会和帮助避而不见的话,可能会导致员工的情感承诺水平降低。这样的员工可能无法真心地效忠任何一个组织,因为他们的动机完全是从个人角度出发,当另一个组织能够帮助他离个人目标更近一步时,他们会毫不犹豫地选择离开原来的组织。因此,组织要注重培养感恩、关怀和归属等企业文化,将员工塑造为一个个有血有肉、有真情实感的组织一分子。

三、未来研究展望

虽然本书得出以上理论研究发现以及一些具有现实意义的管理启示,但实际上本书仍旧存在不足和局限,主要表现为以下几点:

第一,目前,学界关于主管—下属关系对于员工情感承诺的影响研究仍处于起步阶段,对此两者关系中的边界条件的研究还十分匮乏。未来可在大规模样本数据的基础上,对上述的结论进行进一步的实证分析,以获取数据的支持。同时还可以进一步探究这一关系中可能存在的边界条件,如可以从组织层面的视角切入,探讨组织文化、组织氛围等因素可能产生的调节影响作用。

第二,未来研究可从其他理论视角和研究层面对主管—下属关系与员工情感承诺的关系中的中介变量进行深度挖掘,以进一步完善主管—下属关系对员工情感承诺的中介影响机制研究。例如,未来可以采用实证研究方法尝试拓展本书关注的情绪视角(积极情绪)之外的可能中介传递机制,如主管—下属关系可能影响下属的认知,进而影响员工的情感承诺。

第六章 上下级关系对员工建言行为的影响：员工自我效能感的中介作用和组织建言氛围的调节作用

第一节 引 言

在现代化企业的管理中，单纯依靠管理者来对企业进行管理是远远不够的，鼓励员工参与企业管理，既能进一步发挥员工的智慧和才能为企业做出贡献，又能促使员工的自尊和组织地位得到满足和提高，员工建言行为则是鼓励员工参与管理的有效途径之一。近年来，员工建言行为引起了学者广泛的关注。员工建言行为，体现了员工对组织的责任感和高度信任，有助于组织绩效和效能的提升（Van Dyane，2003）。不过，尽管员工建言行为能够给组织和个人带来一系列的积极影响，但是建言行为对于员工个人来说具有一定的风险。如员工可能有时候会担心因为建言行为不当而给组织和领导留下不好的印象或者因此受到惩罚等，员工更倾向于选择沉默。实际上，在企业管理实践过程中管理者常常有意无意地对员工的建言行为表现出不恰当的反应，从而使员工不敢建言、不愿建言。究竟如何避免这一现象，如何鼓励员工更多地投入建言行为之中已经成为学者和管理实践者关注的焦点。

目前，学者从不同的角度出发分别探讨了其对员工建言行为产生的影响，包括个人、领导和组织的角度。其中，近年来，领导因素是学者研究的一个重点，并且侧重点特别放在了领导风格对员工建言行为的影响中。例如，家长型领导（段锦云，2012；Chan，2014；Zhang et al.，2015）、变革型领导（段锦云、肖君宜和夏晓彤，2017；Detert & Burris，2007；Wang et al.，2012；Liu et al.，2010）、道德型领导（Yang & Liu，2014；Wang et al.，2015）、真实型领导（Wong & Cummings，2009；Hsiung，2012）等都放在对员工建言行为的影响机制上。由此看出，上级在员工建言行为的产生过程中扮演着重要的角色。但实际上，员工建言行为的产生并不仅只是上级领导作用的结果，而可能是上级与员工之间的共同互动所产生的。基于这一视角，上级和员工之间的关系质量对员工的行为显得尤为重要，上下级关系对员工建言行为的影响作用不可忽视。

目前，关于上下级关系对员工建言行为的影响较少，并且主要集中在国外的研究，学者在西方主流的领导—成员交换（Leader - Member Exchange；LMX）理论的基础上发现了上级与员工在正式工作中的高质量交换关系与员工建言行为具有正向关系（Van Dyne et al., 2008；Botero & Van Dyne, 2009；Liu et al., 2013），但是国内关于中国情境下上下级关系对员工建言行为影响的研究还十分匮乏，对其作用机制的研究还比较单一且不够深入。回顾已有的研究可知，上下级关系对于员工建言行为的积极影响主要通过员工个人层面的因素而产生，集中表现在对员工的心理安全感和风险感知的中介作用研究上（樊耕、马贵梅和颜静，2014；周浩，2014；段锦云、张晨和田晓明，2016），而关于其他因素的研究和探讨明显不足。学者把员工自我效能感形容为一种"挑战—提升"的过程，即员工的自我效能感越高，则对自身的能力越有信心，会倾向于挑战困难的任务并从中获得提升。对于自我效能感高的员工，则更容易产生积极主动的行为，如选择建言。与此同时，高质量的上下级关系对员工的态度和情绪方面具有一定的影响作用（Chen, Chen & Huang, 2013）。与上级拥有高质量关系的下属能够得到上级更多的资源，既包含了工作上的支持：获得学习、培训机会、职业晋升等，也包括了工作之外的关心和帮助。这对提高员工的自我效能感具有十分重要的影响，而在工作中所建立起来的员工自我效能感能够帮助员工更满怀信心地面对工作中的困难和挑战，对组织和自己的工作具有更强烈的责任感，进而有助于促进员工建言行为的产生。据此，本书将员工自我效能感作为中介变量，以期能进一步解释上下级关系对员工建言行为产生影响的作用机制。

除此之外，员工所处的组织环境会对员工的行为产生深远的影响（方志斌，2015）。因此，组织情景是探讨员工行为发生机制中不得不考虑的因素。而对于建言行为这一特定行为而言，影响其发生的背景因素可能更需考虑针对性的组织中的建言氛围的影响。从现实情况来看，员工的建言行为的产生不单只是受到个人层面的影响，还包括了组织层面因素的影响。在很大程度上是因为存在这样的现象：多数企业为了避免员工分歧、害怕接收到负面反馈而故意选择在组织中营造沉默氛围（Tangirala & Ramanujam, 2008；Kish - Gephart et al., 2009），导致员工建言行为的减少。尽管员工自身对于企业所存在的问题或者企业的发展具有一定的想法和有效的建议，但在此种组织氛围的影响下，依旧会选择放弃建言。反之，员工可能因为组织中积极的建言氛围而积极主动地向上级或组织进行建言。故而，本书拟选择组织建言氛围这一情景因素作为调节变量，探究组织的建言氛围对员工的建言行为产生的边界影响。

第六章 上下级关系对员工建言行为的影响：员工自我效能感的中介作用和组织建言氛围的调节作用

基于上述考虑，本书将探讨上下级关系对于员工建言行为的影响，旨在丰富员工建言行为的发生机制研究。与此同时，进一步探讨了员工自我效能感、组织建言氛围对上下级关系与员工建言行为关系中的影响机制，以期拓展上下级关系对员工建言行为影响的内在机制理论研究。具体而言，本书的贡献主要在于：第一，进一步基于国内背景检验了上下级关系对员工建言行为影响作用。第二，本书丰富了有关上下级关系与员工建言行为的作用机制的探讨，引入了员工自我效能感作为中介变量，拓宽了研究视角。第三，针对目前关于上下级关系与建言行为的调节机制研究相对缺乏的现状，本书将组织建言氛围这一情景因素融入研究中进行讨论，可以更好地从组织层面因素上挖掘上下级关系对员工建言行为产生影响的边界条件。此外，本书对于上下级关系和员工建言行为之间关系机制的研究发现也将更好地促进管理者对于员工建言行为发生机制的认识，并从中了解驱动员工建言行为的可能方向，以更有针对性地指导员工建言行为管理。

第二节 上下级关系对员工建言行为的影响

上下级关系是指上级和下属基于某种共同经历和共同属性的特殊连带（Farh et al.，1998）。上下级关系是指在进行组织行为研究时，十分重要的情景因素之一。由于上下级关系的特殊性，上级在双方的关系中占据着较高的地位，所以上级的态度和行为会对下属或者员工的心理和行为发挥一定的榜样和影响作用（郑晓涛、俞明传和孙悦，2017）。因此，在多数情况下，下属的心理和行为离不开上下级关系的影响。已有的研究表明，上下级关系会对下属的工作绩效、工作满意度、离职倾向和角色外行为有着直接的影响（Graen & Uhl-Bien，1995；严文华，2001；任孝鹏和王辉，2005）。

员工建言行为是促进组织创新、提升组织绩效十分有效的途径之一。员工建言行为是指员工出于为组织的建设性管理目的而积极表达自己的意见。员工建言行为是一种重要的角色外行为（Van Dyane，2003）。学者进一步对员工的建言行为进行了维度的划分，最具代表性的是 Van Dyane（2003）将建言行为分为亲社会型建言、防御型建言和沉默型建言三个维度，Liang 等（2012）将建言行为划分为促进型建言和抑制型建言。目前的研究多采用 Liang 等（2012）的划分方式对建言行为进行分析。其中，促进型建言是指员工为了提升组织效能而向组织提出具有创新性的想法和建议，而抑制型建言刚好相反，是指员工针对组织中所存在的问题和不足而表达自己的看法。总的来说，员工向上级或组织建言是一种积极主动的有利行为。对于组织而言，传统的依靠管理层智慧来推动组织成长和创新已经远远不能满足现代化企业持续创新的需求（杜旌、穆慧娜和冉曼曼，2014），因此，为了调动员工积极性，鼓励员工主动向组织建言能够有效地增强组织创造性和持续性。对于员工个体而言，为组织提出建设性意见或者建议可以帮助自己获得上级和组织的赏识，能使自身的自尊心得到满足并且还有可能会因此获得更多的机会和机遇。

在上下级关系对员工建言行为的影响方面，高水平的上下级关系能对员工的角色外行为产生直接的影响（Cohen & Bailey, 1997），而建言行为本身就属于员工的一种角色外行为。上下级关系的水平高低或者上下级关系是否和谐决定着员工将在怎样的氛围下进行工作。高水平的上下级关系能为员工创造一种和谐的工作氛围，使员工与上级的沟通更为顺畅和便利，员工更愿意发表自己的观点（张桂平和廖建桥，2009），进而激发员工的建言行为，包括促进型建言和抑制型建言。在高质量的上下级关系中，无论员工是选择采取促进型建言还是抑制型建言，这些员工都相信上级会对自己表示充分的理解和支持，而上级也会对与自己关系亲密的下属持包容和鼓励的态度，从而使下级更敢于表达建议而不用担心领导的误解，也不需要担心由此可能会给自己带来不利的影响。但是，如果员工与上级的关系质量不好，员工所提出的意见和建议很难获得上级的支持，具有一定的风险性，所以在此情况下，员工通常会选择保留自己的观点（王忠军、龙立荣和刘丽丹，2011）。并且，低质量的上下级关系往往意味着较低水平的信任。而低水平的信任降低了个体愿意承担风险的意愿，建言行为正是因为其结果的不确定性而具有较高的风险。显然低质量上下级关系内隐的低信任导致下级不愿意承担建言行为可能给自己带来的风险，即倾向于"多一事不如少一事"。由此看来，上下级关系会对员工的建言行为产生一定的正向影响。具体表现为，高质量的上下级关系致使员工表现出更多的建言行为，包括促进型建言和抑制型建言；而低质量的上下级关系则让员工更少投入包括促进型建言和抑制型建言的行为之中。因此，本书提出以下假设：

H1a：上下级关系与员工促进型建言行为正相关，即上下级关系质量越高则越容易激发员工的促进型建言行为。

H1b：上下级关系与员工抑制型建言行为正相关，即上下级关系质量越高则越容易激发员工的抑制型建言行为。

第三节　员工自我效能感在上下级关系与员工建言行为间的中介作用

自我效能感是由 Bandura（1977）最早提出的，反映的是人们对于完成特定

第六章　上下级关系对员工建言行为的影响：员工自我效能感的中介作用和组织建言氛围的调节作用

的目标和任务时所表现出来的自信程度。Robert 和 Albert（1989）更为具体地指出，自我效能感还会表现出个体对于实现目标的努力和坚持，以及面对失败时恢复能力的信心。在个体行为的研究中，自我效能感成为一种不能忽视的因素，由于自我效能感在行为影响方面扮演着重要的角色（Bandura，1977），被视为行为理解最为贴近的因素。

不少员工在自我效能感的研究中指出，员工自我效能感的培养与上级息息相关（田在兰等，2014；陈洁和惠青山，2012；李文静和李兆旺，2017）。田在兰等（2014）的研究中认为，上级给予员工激励和帮助时，员工的自我效能感水平将会得到提升。但是，并非所有的员工都能得到来自上级的鼓励、帮助甚至关怀，上下级关系质量的高低在员工效能感的培养中占据着重要地位。陈洁和惠青山（2012）指出，员工与上级建立起高质量的上下级关系，员工的自我概念会得到强化。根据领导—成员交换理论来看，上级掌握着下属想得到的却在别处难以得到的稀缺资源（Farmer & Aguinis，2005）。对于下属的资源分配，领导占据了很大的主动性。另外，掌握更多资源对提高员工的自我效能感具有很大的帮助。因此，为了获得更多资源，员工与上级建立高质量的关系就显得尤为重要。与上级关系密切的下属或者员工，能在工作中得到上级更多的支持、帮助和鼓励等；还可以获得相比其他员工更多的资源或者机会，例如，学习机会、培训机会等。正是来自上级的这些帮助、指导和资源，使这些员工能够从多方面来提升自己的竞争力，从而进一步提升员工自我效能感。此外，对于员工自身来说，与上级友好相处会促使并帮助自身在工作中建立更多的信心，使员工相信上级会为其带来所需的资源、帮助和支持，这种支持性行为使员工的自我效能感得以提升（李文静和李兆旺，2017）。而与上级关系一般或者是疏远的员工，在工作中只能得到在正式的雇佣合同中所规定的资源交换，员工所获得的资源相较来说更少。由此看来，上下级关系水平的高低在很大程度上会影响员工自我效能感的培养。

同时，员工的自我效能感与员工的建言行为紧密相关，不少学者的研究已经证明员工自我效能感对建言行为具有积极的影响作用（周浩和龙立荣，2013；田在兰和黄培伦，2014；段锦云和魏秋江，2012）。在高水平的自我效能感影响之下，员工对自身完成工作任务、克服困境以及自身的能力具有较高的自信程度，因此，员工通常预期自己的建言行为会得到良好的反响和结果，也更有信心发现问题的最好解决办法。进一步来说，就算员工自身所提出的意见和建议不能得到很好的反馈和采纳，员工也不会因此而畏难或是放弃。反之，拥有低水平自我效能感的员工会因为害怕自己所提出的意见不被接纳或是会因自己的建言行为受到惩罚等原因而选择保留自己的观点，即他们会对自己缺乏信心。因此，上下级关系很有可能会通过正向影响员工的自我效能感进而激发员工建言行为的产生。根据以上推理，本书提出以下假设：

H2：上下级关系对员工自我效能感具有正向影响作用。

H3a：员工自我效能感对员工促进型建言行为具有正向影响作用。

H3b：员工自我效能感对员工抑制型建言行为具有正向影响作用。

H4a：员工自我效能感在上下级关系对员工促进型建言行为影响过程中起中介作用。

H4b：员工自我效能感在上下级关系对员工抑制型建言行为影响过程中起中介作用。

第四节 组织建言氛围在员工自我效能感与建言行为关系中的调节作用

组织氛围可以划分为一般组织氛围和特定组织氛围。一般组织氛围概念较为宽泛，并且测量方式多样、难以统一，并且其内涵也过于庞杂（Schneider，1975），故而学者提出了特定组织氛围的概念。组织建言氛围就是特定氛围的一种，是更为详细地描述组织中针对建言行为而形成的一种氛围。Morrison 等（2011）将组织建言氛围定义为：组织成员对于组织是否支持建言行为所产生的一种员工共享感知。组织建言氛围是一种重要的组织情景变量，代表着组织成员共同形成的价值观和文化，会对员工的态度和行为产生重要的影响。Sarros, Cooper 和 Santora（2008）发现，团队中的建言氛围能正向调节团队认同和团队成员建言行为间的关系。Morrison 等（2011）通过对印度化工企业进行的实证研究发现，建言氛围可以调节个体层面特征和建言行为之间的关系。

根据社会信息加工理论（Sanlancik & Pfeffer，1978），在员工产生建言行为之前，会先根据自己在外界环境中所收集到的信息和线索而进行综合的判断，判断自身所处的组织环境是否允许或鼓励建言，继而调整自己的行为。在良好的组织建言氛围下，员工在一个相对包容和宽松的组织环境之下工作，更容易激发员工的自我效能感，促使建言行为的产生。具体来说，员工的自我效能感体现在其对自身的能力拥有高度的自信，并且具有挑战艰难任务的决心和勇气，在鼓励建言的组织环境中，员工会更加愿意通过自己的能力和努力，为组织提出建设性意见，帮助组织绩效提升。一方面，员工若为组织提出了有利的建议，员工可能会因自身积极的表现和从建言行为中体现出来的能力和勇气而受到上级和组织的赏识（段锦云，2012），不仅对于组织有利，而且还可能会提升员工自身的组织地位。另一方面，若员工的意见和建议是错误的或者是并不被组织所采纳和接受，员工也不用担心自己的建言行为会对组织造成影响,也不会因此而受到惩罚,对自身造成不利的影响。

相反,若组织中并不鼓励员工的主动建言行为,尽管员工对自身的能力和其将要提出来的建议具有十足的信心,但是进行建言会存在一定的潜在风险(Liu, Zhu & Yang, 2010),这一行为在组织中是不受到鼓励的。因此,员工可能会为了不冒犯组织和上级的利益,抑或是进行建言行为并不能为自己带来好处而选择保留自己的观点,采取沉默行为。由此可见,在良好的组织建言氛围下,员工自我效能感会得到激发,因而进一步产生建言行为。根据以上推理,本书提出以下假设:

H5a:组织建言氛围在员工自我效能感与员工促进型建言行为的关系中起着调节作用,即组织建言氛围越高,员工自我效能感与员工促进型建言行为的正向关系越强。

H5b:组织建言氛围在员工自我效能感与员工抑制型建言行为的关系中起着调节作用,即组织建言氛围越高,员工自我效能感与员工抑制型建言行为的正向关系越强。

综上所述,本书的理论模型框架如图6-1所示。

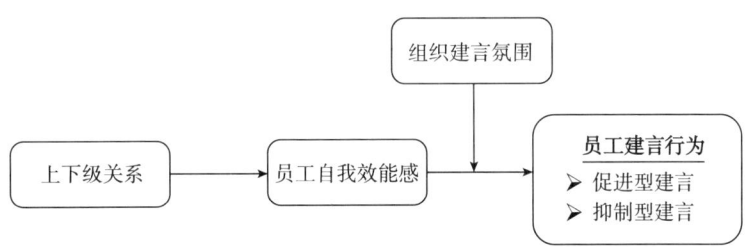

图6-1 上下级关系影响员工建言行为机制的理论模型

第五节 讨论与分析

虽然已有的研究从不同的角度分析了个人、领导和组织层面对于员工建言行为的影响作用及其作用机制,但是对上下级关系与员工建言行为之间关系的研究较少。本书针对这一现状,构建了上下级关系对员工建言行为影响的研究理论模型(如图6-1所示),探讨了上下级关系对员工自我效能感的影响,员工自我效能感在其两者关系中所发挥的中介作用,以及组织的建言氛围在员工自我效能感

工作关系的效应机制及其管理研究

与员工建言行为关系中的调节作用。具体来说,本书的研究结论包括:上下级关系对员工建言行为具有积极的影响;员工自我效能感在上下级关系和员工建言行为之间发挥着中介作用;组织的建言氛围会正向调节员工自我效能感对员工建言行为的正向影响作用,即组织中的建言氛围水平越高,则员工自我效能感对员工建言行为的正向影响作用越强。本书研究结论的理论意义在于:

首先,本书从上级—员工互动的角度出发,探讨了上下级关系对员工建言行为影响的研究。以往的研究分别以个人、领导和组织层面因素对员工建言行为的影响研究为主(于静静和赵曙明,2013),而上级—员工交互层面因素对员工建言行为影响的研究相对较少。本书中的研究指出了上下级关系作为上级—员工互动的结果,上下级关系的质量高低会对员工建言行为产生一定的影响。这一研究结论丰富了员工建言行为影响因素的研究,同时也拓宽了员工建言行为的研究视角。

其次,以往的研究对于上下级关系与员工建言行为关系的中介变量的讨论集中在员工心理安全感知、风险感知(樊耕、马贵梅和颜静,2014;周浩,2014;段锦云、张晨和田晓明,2016),而对于其他的中介变量的探讨少之又少。本书尝试着引入员工自我效能感作为上下级关系与员工建言行为两者之间的中介变量,从其他角度对上下级关系与员工建言行为之间的关系进行解释。研究发现,高质量的上下级关系有助于员工自我效能感的提升,并且通过员工自我效能感的提升进一步激发员工的建言行为。这一研究结论有助于理解上下级关系对员工建言行为的作用机制,并且丰富了相关中介变量的研究。

最后,本书从组织层面出发,探究了组织情景因素——组织建言氛围在员工自我效能感对员工建言行为影响过程中所发挥的调节作用。本研究发现,组织中的建言氛围会影响员工自我效能感对员工建言行为产生影响,进而发挥正向的调节作用。之前的研究很少对上下级关系与员工建言行为之间的调节机制进行讨论(于静静和赵曙明,2013),而对调节变量的探讨往往只重视个人层面因素,鲜少引入组织层面因素。本书弥补了以往关于上下级关系对员工建言行为产生影响的调节机制研究的不足,加深了对上下级关系作用于员工建言行为过程的理解。

另外,本书的研究结论对企业和组织的管理具有一定实践意义:

第一,要培养和建立积极的上下级关系。针对员工的建言行为,管理者首先要认识到良好的上下级关系对员工行为影响的重要性。无论是在正式工作中所建立的积极上下级关系,还是在上级和员工的私人生活中所建立的友好关系,都能为上级和员工之间建立良好的沟通、互动渠道。一方面,使员工能更好地向上级反映问题和提出建议;另一方面,上级可以从员工处获得更多真实、创新的想法。因此,培养和建立积极的上下级关系是一条鼓励员工建言的有效、可行的

第六章 上下级关系对员工建言行为的影响：员工自我效能感的中介作用和组织建言氛围的调节作用

途径。

第二，注重员工自我效能感的培养。员工自我效能感水平高对于组织来说是十分有利的，这证明了员工在工作中能够获得自我满足感和建立高度的自信心，在工作中能够更好地发挥员工的主观能动性。上级是帮助员工自我效能感提升的关键人物，需要注重组织中员工自我效能感的培养，可以通过给予员工学习、培训等机会，提高员工的竞争力，从而帮助其更好地提升自身的自我效能感，在工作中发挥其自身的才干。

第三，组织建言氛围的营造。组织氛围是影响员工行为和心理的重要情景因素，尽管个人层面的因素固然重要，但是组织氛围的影响作用不可小觑。在积极的组织建言氛围的影响下，员工会更加容易形成组织鼓励员工积极主动建言的感知，对自身的工作能力具有信心的员工会更加积极主动地向上级和组织建言。高水平的组织建言氛围可以增强员工自我效能感对员工建言行为的正向影响作用，在组织中营造良好的建言氛围不仅帮助组织进步，同时也能使员工获益。对于目前一直奉行"沉默是金"观念的中国传统组织来说，培养组织中积极的建言氛围是打破员工沉默、鼓励员工参与管理的有效方式。

上下级关系对于员工建言行为的影响研究还处在起步阶段，对其两者关系中的作用机制和边界条件的研究还十分匮乏。尽管本书具有以上的理论发现并且对企业和组织的管理实践有实际的启示，但依然存在一定的不足和局限。未来可在大规模样本数据的基础上，对上述的结论进行进一步的实证分析，以获取数据的支持。同时，将来的研究可进一步从多种角度和层面对研究变量（包括中介变量和调节变量）进行挖掘，完善上下级关系对员工建言行为的影响机制研究。如可以基于情感视角探讨情感承诺、积极情绪等的中作用，拓展本书关注的认知视角（自我效能感）之外的可能中介传递机制。还可以探讨组织层面的其他因素，如组织文化、组织信任氛围等的可能边界条件影响。

第七章 上下级关系对员工工作绩效的影响：信任的中介作用和尽责性的调节作用

第一节 引 言

中国社会是典型的人情世故的社会，也就是以关系为导向的社会（刘巨钦，2013）。与西方社会建立在"宗教""政治"等基础上所表现出来的成员界限分明的群体认同不同（费孝通，1948），中国的群体认同是基于人际关系的认同（罗家德，2013）。费孝通（1948）认为，"关系"是中国社会及社会各阶层的基本组织原则，它被认为是中国经济、商业和社会活动的命脉。Brunner（1989）认为，中国长期处在官僚影响之下，官僚主义会对社会生产生活产生巨大影响，也影响到稀缺资源的分配，为了获得资源，人们将"关系"视为仅次于知识和技术的一种社会资本。由此来看，"关系"在中国社会背景中一直占据着重要的地位。

而在现代职场环境中，"关系"也发挥着其不可忽视的重要影响。职场中的"关系"包括纵向关系（如上下级关系）和横向关系（如同事关系）。在所有的职场关系中，最重要的关系就是上下级之间的关系。上下级关系影响着众多的工作相关结果变量，包括对上级和下级均产生重要的影响。上下级关系会影响上级的资源分配。另外，大量学者发现，良好的上下级关系能给员工带来一系列影响。例如，罗胜强等（2009）发现，即便是在控制了下属绩效的情况下，上下级关系仍然显著影响晋升和奖金分配决策。王永跃（2015）研究发现，良好的上下级关系能够给员工带来更多的资源和信息，也会给员工带来更多的机会，提升了员工的心理安全感。同时，上下级关系质量还会影响到员工的组织承诺（刘慧，2016）。具体在对员工绩效的影响上，也有研究证明，上下级关系会积极影响下属对上级的忠诚，进而对下级挑战导向的组织公民行为（角色外行为）和附属导向的组织公民行为（角色内行为）产生不同影响，最终影响下级的工作绩效

(Chou，2014)。并且，作为社会交往形式之一，上下级关系会促使下级直接从上级那里寻求绩效反馈。如果上下级关系质量较高，下级更可能从上级口中得到明确的评价与建议，有针对性地进行改进，从而提高绩效（Xie，2014）。

事实上，在权力距离较高的中国文化背景下，上下级关系更是中国各类组织情境中最重要的一种职场关系（刘慧，2016；许友亮，2017）。上下级关系作为一种重要的组织内人际关系，是组织能否良好运营的关键，并被视为影响组织效能的重要因素之一（高生龙，2018）。目前对于上级与下级之间关系的研究，学者主要从两个视角进行探讨，即领导—成员交换关系（LMX）和上下级关系（SSG）。其中，LMX 更多学者将其限定在工作之中，而 SSG 则更多学者认为，其是一种私人关系。鉴于中国文化背景"关系"文化的突出性以及"差序格局"关系圈的划分传统，本书在此聚焦于 SSG 的探讨。有学者认为，根据社会交换理论，人类社会交换行为包括两种：工具性和情感性资源交换。在中国组织之中，除工作上的努力之外，还需要发展与上级的私人关系（王忠军等，2011），也就是本书接下来聚焦探讨的上下级关系（Supervisor–Subordinate Guanxi，SSG）。

SSG 对于员工的态度和行为均会产生显著的影响作用。研究表明，与上级一对一的私人关系能够提升员工的公平感知（Law，2000）。并且，较强的 SSG 将会促进员工的亲组织非伦理性行为（钟熙，2018）。研究发现，具有较强 SSG 的员工，因其从领导方获得了较多晋升、授权等方面的福利照顾，将会使该员工产生互惠义务感，最终员工将通过展现更多亲组织行为（如知识分享）来进行回报（李宗波等，2015）。通过文献梳理发现，目前已经有学者通过上下级关系对员工工作绩效之间的影响进行了研究，而也有研究表明，上下级关系对上下级之间的信任有着重要影响（Wong & Ngo，2003；周文霞等，2013）。但是，对于三者之间关系的研究较少，因此，本书尝试对在信任中介下的上下级关系对员工工作绩效的影响进行探讨，并同时纳入考虑了个体尽责性特征的调节影响。

第二节 上下级关系对员工工作绩效的影响

在对于组织内部上下级之间关系的研究中，主要有两大理论。一种是领导—成员交换理论（LMX 理论），另一种是针对在中国特殊环境下而产生的上下级关系的理论（Supervisor–Subordinate Guanxi，SSG）。LMX 是目前被西方世界广泛接受的理论，也较为成熟。LMX 将上下级交换关系严格限制在工作环境中，通常是基于努力与绩效的公平交换（刘慧等，2016）。然而，不少学者认为，由于中国社会环境的特殊性，中国的上下级之间的关系很多都来自非正式、非工作环境的场合，LMX理论可能很难确切解释在中国情境下员工的上下级关系（刘慧等，2016；郭晓薇，2011）。因此，从中国本土文化出发的上下级关系（SSG）逐渐得到了学者的广泛关注。

在SSG理论的研究之中，目前国内外学者对于上下级关系的概念尚未达成统一。Chen和Tjosvold（2006）将上下级关系定义为上级和下级在工作时间及非工作时间，主要通过非工作相关的人际交往而建立的一种人际关系，这一关系能够潜在地促进下属与其直接上级的交换。Cheung等（2009）认为，组织中的上下级关系是指领导与下属之间的私人关系，包含了工作之外的私人交往、情感互动与责任认知，此种关系主要通过与工作无关的社会互动（如吃饭、送礼、帮忙等）发展而来。郭晓薇和李成彦等（2015）提出，上下级关系是指在某一时刻存在于上下级之间的基于利益、情感和身份义务的联结，构成了上下级交往时的行为预期和心理动因。高生龙（2018）认为，上下级关系是在中国组织中颇具代表性的情境因素，是指上级与下属之间的一种带有情感的社会联结，这种社会联结是基于上级和下属之间的相互利益，并潜在地促进了关系双方的利益交换。虽然对于上下级关系的定义不完全相同，但大多数学者认为，上下级关系是管理者与其下属之间的一种互惠交换（Farch，1998）。

为了更深入地理解人际关系，学者将其进一步细化分类探讨。如杨中芳等（2000）将人际关系的成分分为三种："既有成分""工具成分"和"感情成分"。其中，"既有成分"是在一个时间节点之前由先前的社会既定联系所形成的交往基础；"工具成分"是在交往过程中工具交换的满意程度；"情感成分"是两人在交往进程中感情的亲密程度（高翔等，2015）。姜定宇（2005）认为，关系包括人际情感、利益关系和角色义务三个维度。基于一般人际关系的上述分类，有学者也相应地对上下级关系进行了分类。如郭晓薇等（2015）提出，SSG包括了情感、义务和工具三个成分。

就SSG的情感成分而言，黄光国（2004）将情感界定为满足温情、关爱、归属感和安全感等情感方面需要，情感型关系长久而稳定。中国是个泛家族社会，泛家族主义影响着组织管理的模式和组织成员之间的关系（杨国枢，2004）。情感型关系会带给关系中的组织成员正面的情绪。通常员工会将工作的企业看成是另外一个家，对工作中的上级会有感情并且也希望有感情上的回报。与此同时，情感型关系还反映出对同一组织身份的认同（李敏，2016）。中国情境下的关系建立在身份之上（刘乐，2018），对于同一组织身份的认同体现了组织忠诚。而在中国背景下，企业更强调忠诚。对于忠诚的员工，领导会给予其更多情感的关爱、利益的关照，并赋予其较大的工作职权。同时，下属也会表现出忠贞不贰、无私的奉献及更高绩效的行为（刘巨钦，2013）。

就SSG的义务成分而言，义务型关系是属于利他性的要求，这种利他性对于关系双方的行为都具有较强的约束性作用（李敏，2016）。沈毅（2003）指出，义务型关系的原型是一种几乎纯粹由伦理义务所规定的关系，个体在行为上重在依礼行事，履行角色所规定的义务。由于关系建立在对彼此身份的认同之上，同一组织内成员对于彼此身份的认同将促使他们为了群体的共同利益而努力（李敏，2016）。在义务性关系中，成员将付出看成是应尽的义务，通常不求回报，彼此之间互相帮助，共享知识（雷宏振，2013）。如果上下级之间存在的是义务性关系，那么上下级双方都将会更愿意付出。上级会愿意把自己的资源、信息都传达给下级，为下级提供工作上的便利，拥有义务性关系的下级员工在完成工作时，将会更轻松。并且处在义务性关系中的员工也会将组织任务看成是自己应尽的义务，会更加配合上级的指导工作，更愿意全身心投入工作，而不是仅仅计较眼前的蝇头小利，由此将提高员工自身的工作绩效。

就SSG的工具成分而言，工具型关系将关系看作获取利益的工具，以利益得失来计算互相之间的交往行为，强调资源交换的经济理性的评价，在交换过程中遵循个人利益最大化原则（姜定宇，2005）。工具性成分更多强调的是互惠或者等价交换，基于此，个体可能会为了获得领导更高水平的资源回报，会努力提高自己的工作绩效表现，从而促使领导对于自己更好的支持和更倾向性的资源提供。

概括而言，SSG反映了上级与下级之间的私人关系质量的高低，具体可以表现在情感性、义务性和工具性成分上。虽然三个成分的含义有区别并且反映在关系的深度上也有差别，但是就其对于员工工作绩效表现的影响而言，较高水平的情感性、义务性和工具性均会促进员工更多地投入工作绩效提升的努力之中，包括任务绩效和组织公民行为。如较高水平的情感性通过忠诚的回馈激发，较高水平的义务性通过责任感的回报激发，较高水平的工具性则通过等价交换的激发，均可能提高员工的工作绩效水平。基于此，本书提出如下假设：

H1：组织中的SSG对员工的工作绩效提升有显著正向影响。

H1a：组织中的SSG对员工的任务绩效提升有显著正向影响。

H1b：组织中的SSG对员工的组织公民行为提升有显著正向影响。

第三节 下属的领导信任在SSG与下属工作绩效间的中介作用

信任是一个复杂的社会心理现象（杨中芳等，1999）。Hosmer（1995）将信任定义为:"个体面临一个预期损失大于预期得益的不可预料的事件时,所做的一个非理性的选择行为。"杨中芳等(1999)指出,西方社会心理学者一般是从交往个体的角度来看待信任,大部分研究都将人际信任定义为人际交往中对于交往对象的一种积极预期及信念。这种预期和信念从信任者自身对他人的一般信任程度以及对被信任者的一些特性中的感知中产生。社会学领域的学者将人际信任视为社会结构和制度的产物。然而,在现实情况中,人际信任是从人际交往也就是人际关系中产生的(杨中芳等,1999),会受到组织特征、环境因素、个体特征和关系特质的影响(宝贡敏等,2006)。如 McAllister(1995)指出,个体间的交往的频率会对其信任产生正向影响。

在组织中,信任可以按照对象划分为:纵向信任(包括领导信任和下属信任)以及横向信任(同事信任)(姜海洋,2013)。其中,纵向信任中的下属信任是指领导对于下属的信任,是领导根据下属的个性特征和能力判断其是否可信;领导信任是下属对于领导的信任,强调领导表现出的可信行为和较高的可信度特征而激发的下属对于领导的信任水平(颜士梅,2017)。本书在此基于员工中心视角,探讨下属对于领导的信任(以下简称为领导信任)是如何受到 SSG 的影响,并且这一影响如何传递到对员工的工作绩效表现上。

有研究认为,关系对信任有着重要影响。例如,彭泗清(2003)指出,信任程度和人际关系的密度成正比。就上下级关系发展对信任的影响而言,Wong 和 Ngo(2003)研究发现,上下级关系对员工对主管的信任有显著影响($\beta = 0.27$,$p < 0.01$)。Chen 等(2004)发现,下属对上司的信任会受到上司关系行为的负面影响。可见,良好的关系会提高信任,不过如果被认为不好的关系行为运作则可能对信任产生负面作用。

众多研究发现,信任影响员工态度与行为。在关于信任的主流研究中,隐含着信任会带来一定的积极效应的假设(王红丽,2016)。儒家文化强调上下级间的角色关系与义务,上下级间权力的不对等性,促使上级肆意发挥其影响力,约束下级严格遵守下位者的角色规范,顺从、尊敬及信赖权威(郑伯埙,1995),下属在晋升、机会获得、薪水等多方面的利益都取决于上司。因此,能得到上级信任的员工,一方面,意味着在未来受上司眷顾的可能性增加,下属会非常重视来自上级的信任,并对回报上级信任有极高的接受度;另一方面,来自上级的信任不会停留在感觉层面,上级赋予下属信任会表现为更多的倚重和信息透露,这意味着更多的工作量和更高的忠诚要求。下属受此激发可能会更多地投入到工作之中,努力提高工作绩效表现。

此外,一般认为,领导与下属良好的关系互动过程可以增进双方的信任,带来一系列积极影响(周文霞等,2013)。如在上下级之间,情感型关系能够转变为彼此之间的信任,这种信任能够激励员工更愿意接受分配的任务也更能保证任务得以高质量完成(白云涛,2008;Tan,2000)。对于下属而言,由于领导的偏爱,员工可以在工作中获得更多的信任,从而得到更多的工作资源(周文霞等,2013),由此可以提升员工的工作绩效。并且儒家文化下的员工更强调人们之间长期关系的维持(Hofstede,1991),而互惠交换可以帮助上下级实现长期关系的维持。因此,员工对正式和非正式契约中社会交换的接受度非常高,对于上级之间表层和背后的关系都很看重。这种关系文化的存在,使员工感到有义务去完成表层关系和背后关系带来的角色任务(王红丽,2016)。可见,良好的 SSG 水平会提高下属对于领导的信任,进而激发员工更多地投入到工作相关表现之中,以回馈领导。基于此,本书提出如下假设:

H2:领导信任在 SSG 与员工工作绩效间发挥中介作用,即 SSG 有助于提高下属对领导的信任水平,进而间接影响员工的工作绩效。

H2a:领导信任在 SSG 与员工任务绩效间发挥中介作用,即 SSG 有助于提高下属对领导的信任水平,进而间接影响员工的任务绩效。

H2b:领导信任在 SSG 与员工组织公民行为间发挥中介作用,即 SSG 有助于提高下属对领导的信任水平,进而间接影响员工的组织公民行为。

第四节 尽责性在领导信任与员工工作绩效间的调节作用

尽责性是"大五人格"中的一个维度,反映了个体勤奋、谨慎、持之以恒、自律、有条不紊的程度(Costa,1992)。员工的尽责性越高,对自己的能力就越自信;进而越倾向于设定较高的目标,会以积极的方式应对工作中遇到的困难与挫折(Greenbaum,2012)。高尽责性的员工具有很强的工作动机,较高的自我效能感,较强的责任感,在面对工作中遇到的困难与挫折时有较多的坚持,毫不气馁(Costa,1992)。有研究发现,员工的尽责性会负向调节上司不当督导(Abusive Supervision)与员工的功能不良性抵抗(Dysfunctional Resistance)之间的关系。张军伟等(2016)发现,员工尽责性会调节领导宽恕对工作绩效的影响。由此可见,员工的尽责性会对领导行为与员工工作绩效之间的关系发挥重要的调节影响。

就下属对领导的信任而言,当信任程度较低时,对比低尽责性员工而言,高尽责性员工更加注重于自己在组织内的责任与义务,将更多的精力放在任务的完成和绩效的提升之上,即受到低信任的负面绩效影响相对较低。相比较而言,由于低尽责性员工的自律性较弱，缺乏责任意识（Steel，2007），较易受到较低信任程度的影响，低尽责性员工可能会更快放弃合作，更容易为任务的失败找到客观借口，降低自己的主动性和努力程度，最大化自己的效用。总之，与低尽责性员工不同，高尽责性员工将组织任务当成自己应尽的责任与义务，为了组织任务的顺利完成，高尽责性员工可能会付出更多的努力，也会更加主动地促进组织内部为了顺利完成任务所必要的合作。高尽责性意味着员工将高度对自身的任务负责，这种高度的责任心使员工处在高度信任环境之中时，也会专注于自己的任务，尽职尽责做好自己分内的事情，而不是去想其他的便捷渠道。具体来说，对于高尽责性的员工而言，信任—绩效间关系的紧密程度相对较低，而低尽责性员工的信任—绩效关系相对更强。为此，本书提出如下假设：

H3：员工的尽责性在领导信任与员工工作绩效关系间发挥着调节作用，低尽责性的员工相比高尽责性的员工而言，表现为领导更信任员工工作绩效关系的影响作用。

H3a：员工的尽责性在领导信任与员工任务绩效关系间发挥着调节作用，低尽责性的员工相比高尽责性的员工而言，表现为领导更信任员工任务绩效关系的影响作用。

H3b：员工的尽责性在领导信任与员工组织公民行为关系间发挥着调节作用，低尽责性的员工相比高尽责性的员工而言，表现为领导更信任员工组织公民行为关系的影响作用。

综上所述，本书提出如图7-1所示的理论模型。

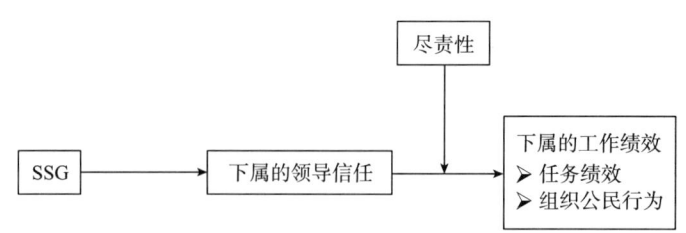

图7-1　SSG与下属的工作绩效关系机制模型

第五节　讨论与分析

中国组织情境下的上下级关系是在工作及非工作时间，通过长时间社会交往和互惠交换建立的一种人际关系，是除正式工作系统之外保证工作顺利进行的有效替代（刘慧，2016）。在现实条件下，员工和上司在正式工作时间和非正式工作时间都有可能建立关系。通过各种人际交往，下级会有大量机会与上级进行沟通，建立较强的联系。本书探讨了上下级关系（SSG）是如何影响上下级信任进而影响员工的工作绩效。基于下属中心视角，这种基于中国特定情境下所产生的上下级关系会对下级的领导信任产生影响，并进而影响到下属的工作绩效表现。总体而言，良好的上下级关系会促进下级对于领导的信任，进而间接影响员工的工作绩效，包括任务绩效和组织公民行为。

在组织中，领导是任务的安排者，员工是任务的执行者。良好的 SSG 有助于提高员工对于领导的信任。具体而言，SSG 中的情感型成分代表着情感的联系，是关系中的情感成分。情感关系能够带来领导信任。适度的领导信任能够激发下属的工作热情与激情，下级也会更加大胆尝试创新，更加灵活地处理问题，由此能够提升员工的工作绩效。SSG 工具性成分也有助于激发下属等价回报的理性考虑，从而期望提高自己的工作绩效表现换来更好的关系维持与领导资源提供。SSG 的义务性成分也有助于促进上下级之间的认同发展，将付出看成是自己的义务，互相之间的不断付出与交往也将促进信任的形成，有利于形成一种积极奉献的氛围，上级会更加愿意帮助下级，也会在更大程度上提供各种资源。同时，下级也会更愿意奉献，配合上级的指导工作，积极反馈，从而能够提升工作绩效。另外，员工对领导有高水平信任时，能够更加专注自身任务（Settoon & Mossholder，2002），进而对员工一系列工作态度、行为及绩效产生积极影响（Mayerr et al.，1995）。再者，员工的尽责性特征会调节领导信任与员工工作绩效之间的关系，对低尽责性的员工而言，表现为领导对员工工作绩效的影响作用程度更为显著。

不过，在此需要特别强调的是，信任表征下属与领导间的积极关系程度，但是关系与信任都存在一个度的问题，一旦过了这个"度"，关系和信任将会给组织绩效带来负面后果。一旦上下级信任超过了一定的程度，也会有损于员工的工作绩效。例如，上级过度信任也会给下级带来过重的责任与压力，下级不得不抽出更多的时间精力来应对，这种负担将会影响到员工的工作绩效。或者上级对下级过度信任过分纵容，可能导致下级的懒散懈怠，不思进取，也将会导致员工重心转移，更多注重于建立与上级的"私交"，而不是工作绩效。而"尽责性"可以对这一过程进行调节。员工的高尽责性使员工具有自律性、较强的责任感，专注于自己的任务目标，不易受环境的影响。高尽责性将使员工更专注于任务的达成，不易因为受到信任或者是信任别人而降低自己的努力程度，从而调节了由于过分信任所带来的不利后果。

基于关系在中国文化背景下的重要影响作用，长期以来，对于关系的发展及其影响效应都是组织管理学者的研究重点。SSG 是中国文化背景下特有的一种私人关系的反映。SSG 对于人情面子文化突出的中国组织而言可能有着其特殊的意义，更需要予以关注。未来研究可以对此进行更深入的探讨。

首先，SSG 可以分为不同的成分，未来可以深入检验不同维度 SSG 对于员工工作绩效的可能差异性影响。如对于上下级之间，上级可能因为与下级拥有很好的情感型关系而交代过多的与组织目标无关的私人任务，由此可能会占用下级的正常工作时间，同时，下级可能也会因为这种与上级建立的良好的情感型关系产生自满情绪，甚至于"有恃无恐"，进而放松对自己的要求，从而降低绩效。人们喜欢利用上下级关系来换取与个人利益相关的组织资源等有利条件，甚至利用这一关系来为所犯的错误开脱，而上级往往也认为这些错误可以被原谅，如此，将会使员工不思进取，不利于员工工作绩效的提升。又如利益关系与忠诚显著负相关（姜定宇，2005）。在深受尊崇"仁、义、礼、智、信"的儒家文化影响的中国社会，利是有点羞于启齿的，正如"见利忘义乃小人"，尤其是有"情"的情况下，关系双方很难开诚布公谈利益。同时也有学者认为，在中国社会的某种程度上情感和利益是互斥的（李敏，2016）。中国人以情义为先，一般对以利益为先的交往者会心存反感。由此，一旦知道对方是以获取利益为目的，焦点个体也将做出相应反应，以维护自身。并且以利益为先的工具型关系在中国环境下往往是难以长期维持，通常是短暂且不稳定的（黄光国，2004）。处在工具型关系中的双方往往会对对方缺少信任，而在上下级之间，如果存在的是工具型关系，上下级可能会缺乏沟通，对于下级而言，这可能导致其任务完成过程由于缺乏必要的信息或是对信息解读不到位走弯路。并且，由于缺少信任与沟通，上级的指导可能会有所偏差，这对于员工而言，将会造成巨大的负担。尽管员工可能意识到了上级指导的偏差，但是由于对于上级的不信任，将不会进行反馈，然而又碍于身份地位，一方面，可能会为了应付上级，花时间做表面工作，这将耽误到正式工作的完成，损害工作绩效；另一方面，更有甚者，可能会直接执行上级的错误命令，再推诿责任。因而，我们认为大量工具型关系的存在将影响到个人的工作绩效。当然，究竟 SSG 中的情感性、工具性与义务性维度会如何影响员工的工作绩效表现？对于任务绩效和组织公民行为的影响路径有何不同？不同维度的 SSG 对于工作绩效的影响可否存在一定的临界点，导致过犹不及的影响效应？如此等等问题，都还需要未来进一步探讨。

其次，领导信任对于员工工作绩效表现的可能是倒"U"形关系检验。虽然早前的研究认为，高水平的领导信任有助于提高员工的工作绩效水平，但是一些新近的研究却指出，上级对于下级的信任有可能是一把"双刃剑"，既让员工感觉骄傲，也同时会为员工带来工作压力（王红丽，2016）。Skinner等（2014）指出，信任就如免费礼物一样，人们欢迎免费礼物但没办法很轻松地接纳免费礼物。在非对等的权力关系中，下级处于弱势一方，下级（弱势一方）从上级（强势一方）那里获得免费礼物就蕴含了更多的不轻松。依此逻辑，下级对于上级的信任是否也存在一个"效应拐点"的问题，即下级对于上级的信任并非水平越高积极效应越强。有无可能下级对于上级的信任达到一个临界点之后，信任对员工工作态度和行为的积极影响会下降，即表现为过度信任的负面结果。对于这一问题可以在未来进行更深入的实证检验，以更明晰信任—绩效的内在关系机制。

最后，组织中的SSG发展机制研究。SSG对于中国组织情境下的上级和下级均可能产生重要的影响作用，为此可以通过培养和发展良好的SSG促进上下级的积极工作态度与行为。但是SSG的发展究竟受到哪些因素的影响？个体层面的因素和组织层面的影响各有哪些是SSG发展的关键驱动要素？不同层面的因素会如何联系共同影响SSG发展？如此等等问题的探讨将有助于更深入地理解组织中的SSG究竟如何发展而来。基于这些理解将可以更好地指导组织中SSG的良性发展。

第八章 师徒指导关系：内涵、影响效应与驱动机制

第一节 引 言

企业的成功，归根结底是人的成功。当今企业的竞争终究是人才的竞争，企业拥有的优秀人才越多，越能在激烈的竞争中立于不败之地。建立良好的师徒指导关系（Mentoring Relationships）是企业培养人才的重要途径，并且近年来师徒指导关系的影响效应也越来越受到研究者重视和关注。时至今日，师徒指导关系的建立不再限于"传道""授业""解惑"的作用，而是对组织、对导师本人以及徒弟的职业发展都产生了至关重要的影响（Block & Florczak, 2017）。国内外已经对师徒指导关系进行了大量的研究，包括对其内涵、驱动机制和影响效应机制的探索，也取得了较为丰富的研究成果。然而，国内对师徒指导关系的研究主要还是关注于组织指导关系的实践，对师徒指导关系的理论研究较少。而在国外的研究中，学者主要聚焦于师徒指导关系的特征、类型划分及其对导师、徒弟和组织的影响，而缺乏对师徒指导关系理论的系统整合。总体而言，国内外对师徒指导关系的探讨依然是比较零星的，迄今为止还未形成可用于师徒指导关系研究的理论体系和综合管理模型。此外，尽管师徒指导关系对组织和个人发展的重要性是不言而喻的，但指导关系并不总是有效的，而且质量也并非总是很高的（Chandler et al., 2011; Ragins, Cotton & Miller, 2000）。师徒指导关系效应和质量上的差异不仅发生在不同师徒之间的指导关系中，也可能在同一个指导关系中会有动态变化。

鉴于此，本书将聚焦于组织中师徒指导关系这一主题，首先，对师徒指导关系的内涵、分类以及指导关系的发展历程进行论述；其次，进一步深入剖析师徒指导关系的影响效应和驱动机制；最后，基于上述相关研究发现提出师徒指导关系的管理启示和未来的研究展望，期望借以对师徒指导关系理论研究有所启迪，同时对组织关系管理实践也能有所启示。

第二节 师徒指导关系的内涵、分类和发展

一、师徒指导关系的内涵

师徒指导关系是一种特定类型的工作关系。师徒指导关系是指经验丰富、知识渊博的个体（导师）和经验较少的个体（徒弟）之间的一种特定类型的人际交换关系（Haggard, Dougherty, Turban & Wilbanks, 2011; Kram, 1985; Ragins, 1989; Ragins, 2012）。其中，"导师"通常是比"徒弟"有着更高的工作职位且有一定影响力的人，他有着比徒弟更丰富的工作经验和知识，并用心支持徒弟的职业发展，为徒弟的职业发展提供辅导和建议。

Chandler 等（2011）认为，虽然工作场所存在大量的二元关系（如领导—成员交换关系、团队—成员交换关系），但师徒指导关系是独一无二的。首先，指导的主要目的之一是发展被指导者的职业生涯和职业技能。这种发展是通过导师提供的职业和心理支持来实现的，这与组织中其他类型的人际交换关系有着本质上的区别。其次，导师和徒弟并不总是在同一个"监督链"（Supervisory Chain）的一部分，师徒指导关系还会建立在不同的工作组当中（Godshalk & Sosik, 2007; Ragins, 2009, 2012; Ragins & Kram, 2007）。虽然主管和领导可以对初级员工进行指导（如指导工作任务的完成、提供具有挑战性的任务、发展友谊支持等），但 Fletcher 和 Ragins（2007）指出，这些指导事件本身并不构成一种指导关系。因此，师徒指导关系在组织中是在特定的时期发展的，是独一无二的（Kram, 1983; Ragins, 2009, 2012），并不能等同主管—监督关系或领导—成员交换关系（Godshalk & Sosik, 2007）。

Humberd 和 Rouse（2016）认为，师徒指导关系除具备必要的指导性之外，还必须兼备等级性，两者缺一不可。即指导关系是一种特定等级关系，是一位经验丰富的导师和一位缺乏经验的下属之间的二元关系。师徒指导关系有别于其他类型的指导关系，如同事与同事之间的指导就不属于师徒指导关系，因为这种指导不具备等级性。不过，在这其中还需要特别指出的是，这种等级性不等同于职位权力等级，还可以包括非权力等级，如由在职业能力与经验领域等级较高的同事承担导师职责。林佳暖（2005）基于中国传统文化的研究指出，师徒指导关系指的是导师将各种工作或人际技巧传授给徒弟，对徒弟进行职业规划与发展上的指导，并且给徒弟提供生活或心理上的支持，同时通过树立榜样以身作则来影响徒弟的行为。由此来看，指导内容范围在师徒指导关系中很广，不限于工作本

身，也不限于具体物化支持。当然，究竟导师会给徒弟提供哪些指导还可能受到师徒指导关系质量的影响，尤其是越隐性的指导越是如此，如生活指导和心理支持更需要高质量的师徒指导关系。

二、师徒指导关系的分类

1. 以关系质量为依据的师徒指导关系分类

师徒指导关系的质量代表了师徒双方在关系中主观情感体验的积极程度（Dutton & Heaphy, 2003; Stephens, Heaphy & Dutton, 2012）。指导关系理论认为，根据不同的质量水平，师徒指导关系可以分为三类：功能型指导关系、传统型指导关系和关系型指导关系（Ragins, 2012; Ragins & Verbos, 2007）。

（1）功能型师徒指导关系。低质量的师徒指导关系表现为功能型指导关系。功能型师徒指导关系是最基础的关系，一旦建立起指导关系，可能就是从明确的功能型指导关系发展起来的。不过，这种可能从外界强加的指导关系未必总能达到较好的指导效果。如有研究就发现，在这一类师徒指导关系中有时会发生欺凌或破坏行为（Eby & McManus, 2004; Eby, McManus, Simon & Russell, 2000; Scandura, 1998）。

（2）传统型师徒指导关系。中等质量水平的师徒指导关系则表现为传统型的指导关系，反映了徒弟从导师那里获得的心理和职业发展上的支持（Kram, 1985）。Kram（1983）提出，在中等质量水平的指导关系中，导师会为徒弟提供职业和心理社会上的指导。职业功能包括赞助、曝光和知名度、保护和提供具有挑战性的任务；而社会心理功能则包括角色塑造、接受和认可、咨询和友谊。因此，在传统的师徒指导关系观中，行为研究者强调的是导师提供的东西和徒弟接受的东西，这是以交换为基础的（Ragins & Verbos, 2007）。在现实的组织中，大多数师徒指导关系都是中等质量的传统型指导关系（Ragins et al., 2007）。

（3）关系型师徒指导关系。关系型师徒指导关系是高质量的，在这种关系中，除导师对徒弟的职业生涯和社会心理发展的支持之外，导师和徒弟还会有额外的收获，例如，相互成长、学习和职业发展（Ragins, 2012）。高质量的师徒指导关系是理想的指导关系类型，导师和徒弟都能从这类指导关系中获得积极好处（Ragins, 2012）。

已有研究证实，指导关系的质量既关系到双方的努力，也关系到师徒指导关系的可持续性（Allen, Eby & Lentz, 2006）。不过，师徒指导关系的质量是动态的，在关系发展过程中会受到各种因素的影响，因此，有学者认为，师徒指导关系是一种双管齐下的关系。例如，在个体层面上，Ragins（2012）指出，积极的指导关系认同、基于人际关系的指导模式、积极的自我愿景以及基于关系发展而来的技能都能促进更高质量的指导关系。在关系层面，指导模式的相似性、公共规范的相似性、人口特征的相似性和关系类型（正式的和非正式的）也会影响师徒指导关系质量（Ragins & Verbos，2007）。即在师徒指导关系的不同发展阶段，质量会随着时间的推移而变化（Ragins，2012）。

2. 以配对方式为依据的师徒指导关系分类

在组织中，师徒指导关系的形成方式并不全然相同。文献研究发现，师徒指导关系的配对方式有多种，主要包括组织安排的师徒指导关系、导师单向选择的师徒指导关系和双向选择的师徒指导关系。

（1）组织安排的师徒指导关系是指导师和徒弟的人选由组织正式指派配对，其指导关系是通过人力资源部门正式筹划，同时还会发布相关文件以书面的形式予以明确规定形成。在组织安排的师徒指导关系中，导师和徒弟通常没有自主选择权，甚至可能在配对之前，师徒之间素未谋面。组织安排的师徒指导关系主要是为了实现组织特定的目标或促进个体成为良好组织公民而进行的师徒配对（Ragins，Cotton & Miller，2004）。在这种师徒配对关系形成的初期，导师的尽责性和知识共享程度可能会偏低，徒弟对导师的认可度可能也较低。之后组织安排的师徒指导关系质量如何可能受到多种因素影响并且这种关系初期印象可能会对后期质量发展产生锚定影响。基于此，组织安排师徒指导关系时需要关注和引导双方的第一印象管理，同时发挥组织的良好定式影响作用，促进这种指导关系有一个良好的开头，实现良性发展。

（2）导师单向选择的师徒指导关系是指在师徒关系的配对中，导师有权选择心仪的徒弟，而徒弟则无权选择特定导师的配对方式。尤其是在重权力、讲威信的传统中国组织情境下，单向选择的师徒配对方式会给予导师更多的权力，树立导师权威的形象，确保其可以选择到符合标准的徒弟（蒋震艳、罗瑾琏和徐婧，2015）。Eby 和 Durley 等（2006）指出，单向选择的师徒配对方式是喜忧参半的一把"双刃剑"。因为就短期而言，导师自愿对弟子的辅导促进教学相长，进而有助于提高导师本人的业务水平。在长期中，徒弟的能力会得到提升，出色的弟子会成为导师在组织中得力的助手和支持者，进而提升导师在组织的威信和社会资本。但导师单向选择的师徒配对方式也可能带来一些问题。例如，在单向选择形成的师徒关系中，徒弟被动接受导师的管理方式和决策，尽管在导师尽责地进行工作经验、知识共享的传授过程中，徒弟的能力得到了提升，但在价值观和处事风格上不能与导师形成一致，这一差异在短期影响并不显著，但就长远而言，可能会影响导师和徒弟对职业规划、人生规划的认同，对双方的职业生涯发展产生深远的影响。因此，在采取单向的师徒配对方式时，应注意师徒双方价值观和职业规划、人生规划的契合程度，关注徒弟可能产生的抵触心理，使师徒指导关系向有益的方向发展。

（3）双向选择的师徒指导关系是指导师和徒弟都有表达偏好的权力，通常由徒弟率先选择导师，导师再从众多申请者中筛选，若配对成功，则建立师徒指导关系；如双向选择未能成功配对，则进行相应的调剂。研究表明，双向选择的师徒指导关系包括基于职业生涯功能的双向选择和基于价值观契合的双向选择（Nathaniel et al., 2014）。基于职业生涯功能的双向选择常常呈现出强强联合的配对组合。徒弟通常会以导师是否注重挖掘徒弟潜力、为其创造发展机会以及是否积极进取作为选择导师的依据。而导师则希望能选到发展潜力大、绩效突出和求职意向明确的徒弟，择优录取。基于价值观契合的双向选择是指组织让员工先自由表达自己所追求的人生目标和人生信念，然后导师从中挑选具有与自己契合或欣赏的品质的徒弟，最终形成的师徒指导关系。基于价值观契合的双向选择所形成的师徒指导关系有助于形成相互理解的高质量指导关系（蒋震艳等，2015），导师对徒弟的指导会突破常规的职业辅助和社会心理支持，而提升至更高层次的人生指引。可以说，双向选择的师徒指导关系一旦建立就会有比较高质量的关系起点，因为双方有着比较细致的选择过程。当然基于初期印象的选择也可能有错位，也许印象管理导致了对真实状况的掩饰。在这样的情况下，一旦双方进入到实质性互动，就可能会导致积极期望落空，进而可能对指导关系产生负面影响。

总的来说，不同的配对方式都有其一定的优势和可能存在的问题。对不同配对方式的师徒指导关系都可以通过针对性地引导和管理以提高指导关系的质量。另外，不同的配对方式对于师徒指导关系的质量以及关系的演进路径都会产生差异化的影响（Bozeman & Feeney, 2007）。

3. 以关系类型为依据的师徒指导关系分类

有学者认为，组织中的师徒指导关系还可划分为正式的师徒指导关系和非正式的师徒指导关系。非正式的师徒指导关系是在相互认同、感知能力、角色塑造和人际舒适的基础上自发地发展起来的，关系持续的时间较长；相反，在正式的师徒指导关系中，导师与徒弟的组成是由组织分配的，师徒只能被动接受。与非正式的师徒指导关系相比，正式的师徒指导关系的持续时间往往更短，而且通常是通过组织合同来构建的，这些合同规定了关系的形式和目标，合同终止也标志着指导关系的结束（Baugh & Fagenson - Eland, 2007）。

总的来说，依据不同的分类依据，学者们对师徒指导关系的成因和表现形式有不同的看法，具体如表 8-1 所示。其中，以关系质量的高低为分类依据对不同的指导关系进行区分已经得到了大多数学者的认可，但以关系类型为分类依据的探索还较少，这表明，师徒指导关系的质量可能比类型更重要、更受到学者的重视。这也从侧面表现出组织中的师徒指导关系是丰富多样的，进一步深入剖析其变化、发展进程以及影响效应具有重要的现实意义。

表8-1 师徒指导关系的分类

分类依据	分类	代表学者
关系质量	功能型指导关系、传统型指导关系、关系型指导关系	Ragins (2012); Ragins 和 Verbos (2007); Eby 和 McManus (2004); Eby 等 (2000); Scandura (1998)
配对方式	组织安排配对指导关系、导师单向选择指导关系、双向选择指导关系	蒋震艳等 (2015); Nathaniel 等 (2014); Bozeman 和 Feeney (2007); Ragins, Cotton 和 Miller (2004)
关系类型	非正式指导关系、正式指导关系	Baugh 和 Fagenson-Eland (2007)

三、师徒指导关系的发展

研究表明，师徒指导关系的发展会经历启动、培养、分离和再定义四个关键阶段（Kram，1983，1985）。在不同的发展阶段，师徒指导关系的发展动力、持续时间以及关系的质量都各不相同。基于对已有相关研究的梳理，本书发现师徒指导关系的整个发展历程如图8-1所示。

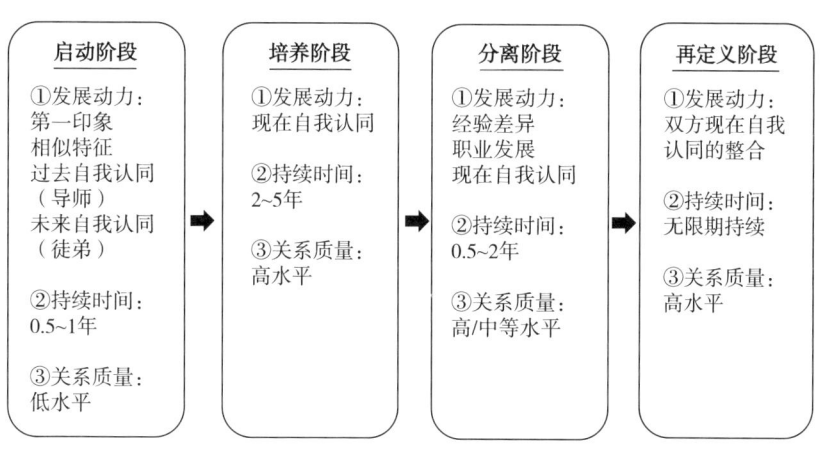

图8-1 师徒指导关系发展历程

1. 启动阶段

师徒指导的启动阶段持续的时长多为6个月到1年。启动阶段标志着指导关系的开始，在此期间导师和徒弟开始接触和互动。启动阶段的师徒关系定位可能会成为后期关系发展的一个定调，意味着良好的初期关系有助于后期关系的良性发展，而低质量的初期关系定位则难以在后期关系发展阶段有一个质的提升。基于此，师徒指导关系需要特别重视在启动阶段的良好关系定位。

在启动阶段，师徒指导关系的发展动力包括多个方面。了解师徒指导关系是如何启动的，对于了解这种关系如何随着时间的推移而发展至关重要（Chao, 1997; Higgins, Chandler & Kram, 2007）。Scandura 和 Williams（2001）认为，师徒之间的第一印象可能会推动双方最初互动的发生，而双方相互接近的特征很可能决定着这种师徒指导关系最终的演变。学者认为，在师徒指导关系启动期间，导师和徒弟彼此之间都会产生想象（Kram, 1983; Thomas, 1989）。但在关系建立初期，导师和徒弟可能还不太了解彼此，还没有认识到彼此的相似之处（承认）或将对方的品质融入自我（整合）。因此，在导师和徒弟最初的互动中，第一印象和现实之间是存在一定差距的。为了填补这一差距并进一步深入了解对方，在指导关系启动之后导师和徒弟会将自我的品质投射到对方身上，以便与对方产生认同。具体而言，考虑到师徒指导关系启动的目的（即徒弟的发展），徒弟会将导师作为标准和参照物来展望自己未来的发展成就和高度（未来的自我）。对徒弟而言，对未来自我的预期是推动师徒指导关系发展的原动力；而导师在与徒弟交往过程中会在其身上看到自己过去的影子（过去的自我），因此，对导师而言，对过去自我的认同推动了师徒指导关系的发展（Humberd & Rouse, 2016）。即徒弟可能会在导师身上看到自己的未来（未来的自我）。或者导师可能会将他对过去（过去的自我）的看法的一个版本投射到徒弟身上，从而在徒弟身上看到自己过去的形象，所谓"你中有我，我中有你"。

总的来说，在师徒指导关系的启动阶段，导师和徒弟之间的相互认同可以看作一种积极的力量，把导师和徒弟团结在一起。这种初期的关系认同会鼓励导师和徒弟进行更频繁的交往，并对师徒指导关系的潜力产生更高的期望，从而导致进一步推动关系向纵深发展，为师徒指导关系进入更高一个阶段奠定良好的基础。考虑到启动阶段师徒指导关系的动力基础，导师与徒弟可以从第一印象管理、未来自我规划、过去自我梳理着手，促进导师与徒弟之间深度的认同，以便在启动阶段就为良好的师徒指导关系奠定扎实的基础。

2. 培养阶段

在经历启动阶段之后，师徒指导关系会进入更深层次的培养阶段。培养阶段的师徒指导关系可持续 2~5 年。在培养阶段，师徒指导关系正处于鼎盛时期，经过在启动阶段现实的相处和了解，导师对徒弟在成长过程中产生的期望值也是在这一阶段产生的。

在培养过程中，人际交往更加频繁，师徒指导关系的传统职能和社会心理功能也随之显现出来（Kram, 1983）。随着导师和徒弟在培养阶段更频繁地交流和相互学习，在关系启动过程中产生的期望将根据此时的实际互动情况进行检验（Kram，1983）。在互动过程中，导师和徒弟会表现出真实的自我，这会促进双方亲密关系的进一步发展（Dutton, Roberts & Bednar, 2010; Ragins, 2008）。在培养阶段，当师徒之间更好地了解彼此时，徒弟和导师都可以通过对彼此相似之处的认同而将指导关系继续向前推进。通过信息披露和互动，徒弟能够注意到与导师的相似之处，而导师也能发现自己与徒弟的相似之处。互动为师徒提供了一个机会，使他们能够通过表面印象，更深入地了解对方。因此，在持续的互动交流过程中，最初没有相互认同的师徒之间会在培养阶段开始基于现实自我的相互认同，这一认同将成为此阶段师徒指导关系发展的主要动力。

Humberd 和 Rouse（2016）指出，为了使师徒指导关系质量超越平均水平的质量，这种向现在自我认同的转变是至关重要的。在平均水平质量的师徒指导关系中（启动阶段的师徒指导关系），导师根据对过去的自我的认同推动关系发展，而徒弟对导师的认同则是基于他们对未来自我的预期。然而，基于过去和未来的自我认同可能不足以促进建立高质量师徒指导关系所必需的相互性和互惠性。换言之，在培养阶段如果导师继续基于过去的自我来认同徒弟，而徒弟也只停留在导师身上看到了他的未来自我，那么相互成长和学习就会变得无效和更加困难。正如《师说》所云："古之学者必有师。师者，所以传道授业解惑也。圣人无常师，孔子曰：三人行，则必有我师。是故弟子不必不如师，师不必贤于弟子，闻道有先后，术业有专攻，如是而已"。可见，进入培养阶段的师徒指导关系为实现进一步发展，导师和徒弟都应突破对未来自我和过去自我的掣肘，将对双方的认同建立在现在自我的基础上，以推动指导关系更上一个高度。

总之，基于现在自我的认同使指导关系的目的得以扩展，为双方提供了共同学习和成长的空间，导师和徒弟在当下认识到彼此相似之处是实实在在的，而不再是憧憬或回忆（Humberd & Rouse，2016）。师徒指导关系的发展不再是仅仅关注导师丰富的经验和指导作用，即导师向徒弟提供建议和指导，而是在培养过程中相互信任、学习和成长，从而促进更高质量的师徒指导关系的发展（Fletcher & Ragins，2007）。当然，培养阶段的实质接触也可能使原有的期望落空而导致关系停滞甚至是产生违背感而导致关系下降。在这样的情况下，指导关系的发展就会面临一个极大的挑战，因为违背导致的关系下降往往是很难修复的，关系修复比关系建立要困难得多，需要多种策略的综合考虑。

3. 分离阶段

师徒指导关系的分离阶段可持续 6 个月至 2 年。在分离阶段一种或多种关系伙伴之间的结构或心理变化会促使师徒指导关系的转变。"天下无不散的筵席"，事实上，师徒指导关系往往需要改变形式，以适应结构或心理上的变化，而"混乱、焦虑和失落感"则是分离时期的特征（Kram，1985）。

经历了启动阶段与培养阶段，通过身份认同，徒弟和导师能够在对方身上看到自己并产生共情效应（Ragins，2012）。此外，在高质量师徒指导关系中建立的信任、灵敏和规范能在各种情况下发挥作用（Dutton & Heaphy，2003）。因此，导师和徒弟都能更好地预测和管理对方的期望和行为，以便在关系中实现必要的分离。Humberd 等（2016）表明，在师徒指导关系发展的培养阶段，基于现在自我的身份认同可以使关系的分离更加顺畅。可见，早前两个阶段的师徒指导关系，包括启动阶段与培养阶段，关系发展的水平与深度会影响到分离阶段的表现。前期良好的关系发展有利于分离阶段的顺利进行。

导师和徒弟在分离时的互动频率较低，因此，以职业发展和经验差异为中心促进指导关系发展的动力不再得到加强。在这种情况下，师徒指导关系将随着时间的推移而逐渐消失。正如 Kram（1985）所言，对即将分离的师徒来说，双方的关系变得更像同龄人的关系，过去的发展需求当前已经变得不再重要。当分离过程中发生结构和心理变化时，从徒弟身上捕捉到的过去的自我对导师来说不再重要，而在导师身上憧憬的未来自我对徒弟而言则也不再突出。导师可能会为"看到他帮助的员工得到晋升和提高而感到骄傲"，而徒弟也可能会利用导师的经验来建立自己的职业身份（Kram，1985）。这种满足感驱使导师和徒弟保持互动，并促使他们对指导关系重新定义，即由此将进入到下一个阶段的发展。

4. 再定义阶段

当启动、培养和分离阶段结束，师徒指导关系会进入再定义阶段。在重新定义中，这种指导关系会转变为一种无限期持续的同伴关系、工作中的"Partner"或友谊。通过再定义阶段，师徒指导关系从等级关系转变为基于对等的关系，或者结束关系。

从分离到再定义的过程中，师徒指导关系的发展动力主要来源于师徒对现在自我的认同。前导师需要通过他现在的自我来认同徒弟，而徒弟也需要通过他现在的自我来认同导师。双方都能认识到彼此之间的相似之处，并将对方目前的自我"整合"到自己的身上。Humberd 和 Rouse（2016）指出，在再定义阶段，对导师和徒弟而言指导关系发展的动力来源变得对称（都是基于双方现在的自我进行整合）。在此期间，与高质量的师徒指导关系相关的行为，如信息共享、职业战略制定、工作反馈和个人反馈、认可和情感支持等（Kram，1985）以及关系行为都会出现。在高质量的师徒指导关系中，鼓励理想的自我，再加上学习和成长，使徒弟得到更好的发展，甚至处于与导师同等的地位，并最终独立，这种对更平等的关系再定义的渴望是一种自然的进展（Ragins，2012；Ragins & Verbos，2007）。

第三节 师徒指导关系的影响效应机制

文献研究发现,师徒指导关系的影响效应主要体现在对徒弟、导师和组织的影响上。师徒指导关系对徒弟产生的影响主要包括降低离职倾向、提高工作满意度、提高组织承诺以及降低工作—家庭冲突等。师徒指导关系对导师的影响主要体现在提高工作满意度、提升工作绩效和构建社会资本等。而师徒指导关系对组织产生的影响效果主要有降低离职率、促进组织社会化等。具体如图8-2所示。可以说,组织中的师徒指导关系对徒弟、导师和组织而言都会受益匪浅。

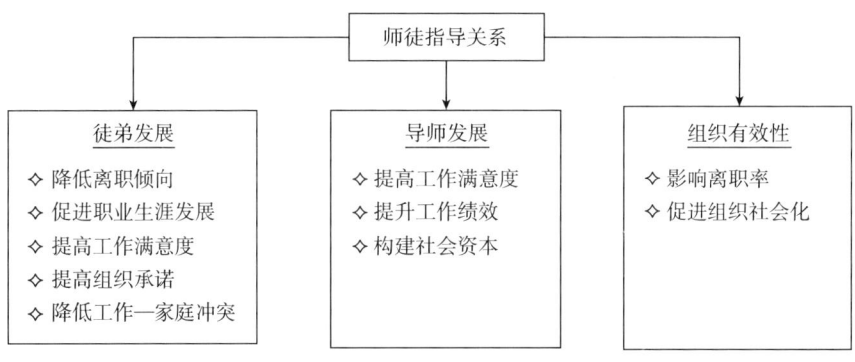

图8-2 师徒指导关系的影响效应机制

一、师徒指导关系对徒弟的影响效应

师徒指导关系作为企业网络关系的一种,会对员工(徒弟)的态度和行为产生深刻的影响。具体来说,良好的师徒指导关系有助于降低员工的离职倾向、促进职业生涯发展、提高工作满意度、提高组织承诺,以及降低工作—家庭冲突。

1. 良好的师徒关系有助于降低徒弟的离职倾向

从态度视角而言,师徒指导关系被证实与员工的离职倾向负相关。Allen等发现,师徒指导关系能有效提升员工的工作效率,并为员工提供更广阔的晋升渠道和薪酬上升空间,向员工展示了一个光明的发展前途,进而降低员工离开组织的意愿。宋培林和黄夏青(2008)的研究表明,师徒指导关系中的职业指导和心理辅导都有助于提高员工的工作满意度和组织承诺,并进一步降低员工的离职倾向。Saarnivaara 和 Sarja（2007）指出，师徒指导关系的建立有助于促进员工形成对组织的依恋，与组织建立"情感纽带"，降低员工离开组织的可能性。

2. 良好的师徒关系有助于促进徒弟的职业生涯发展

Russell 和 Adams（1997）认为，师徒指导关系对员工而言是非常有价值的，师徒指导关系是一种独特的工作关系，通过这种关系，徒弟可以从导师那里获得职业和社会心理支持，加快他们在特定工作、组织或职业道路上的进步和发展（Chandler，Kram & Yip，2011）。作为资深和拥有丰富经验的人，导师能够支持和促进徒弟发展自己的职业生涯（Kram，1985）。师徒指导关系能够帮助员工明确职业目标及职业定位，从而使员工投入更多工作热情，对其职业生涯的发展有积极的影响作用（Godshalk & Sosik，2001）。在师徒指导关系的框架下，员工对组织的承诺演变为徒弟对导师的依赖和感恩，或徒弟对导师价值观的弘扬和传承，进而愿意留在同一个团队或公司，或一直按照导师的指导精神做出职业规划（蒋震艳、罗瑾琏和徐婧，2015）。

3. 良好的师徒关系有助于提高徒弟的工作满意度

张莉和林与川等（2012）在研究师徒指导关系与员工工作满意度之间的联系时，将师徒指导关系划分为职业指导和心理指导两个维度进行探讨，研究结果表明，无论是职业指导和心理指导对员工的工作满意度都有显著的正向影响作用。即师徒指导关系与员工的工作满意度呈显著正相关。韩翼和杨百寅（2012）的实证研究证实，无论是在正式还是非正式的师徒指导关系中，师徒指导关系对徒弟的工作满意度都有显著的正向影响作用。Allen 等（2006）对师徒指导关系的二元分析表明，接受了指导者帮助的员工比没有指导者帮助的员工有着更高的工作满意度。因为组织中师徒指导关系的建立能让员工更快地融入组织，使员工感知自己被组织所接纳，促使员工更好地适应自己的工作与角色，对自己的未来发展充满希望，并因此对组织和工作都会有更高的认同感和满意度。

4. 良好的师徒指导关系有助于提高徒弟的组织承诺

基于指导关系理论，学者发现有效的师徒指导关系可以使员工免受歧视性工作场所的负面影响（Ragins，2002；Blake‐Beard et al.，2007）。对组织和员工而言，工作中的歧视仍然是一个悬而未决的问题（EEOC，2013）。事实上，员工不一定要直接成为歧视的目标，才会感受到其负面影响。组织中歧视行为的消极影响还可能会超出目标范围，影响到目睹或听到这种经历的第三方，这被称为环境歧视（Ambient Discrimination），即针对工作场所其他人受到的歧视的认知或意识，并对自身行为和态度产生的影响（Chrobot‐Mason，Ragins & Linnehan，2013；Glomb et al.，1997）。由于其潜在影响的广泛性和危害性，环境歧视被比作"二手烟"（Chrobot‐Mason et al.，2013）。文献研究发现，高质量的师徒指导关系可以减小组织歧视的负面影响，进而提高员工的整体组织承诺（Chrobot-Mason et al., 2013; Low, Radhakrishnan, Schneider & Rounds, 2007）。Kram（1985）认为，有导师的员工比没有导师的员工更能应对歧视性工作场所的挑战，员工的组织承诺也更高。高质量的师徒指导关系提供了一套特定的持之以恒的行为标准或功能，可以减轻员工在工作中产生的不良体验，并帮助他们在面对产生焦虑事件时保持他们对组织的承诺。杨英（2006）发现，师徒指导关系与员工的组织承诺正相关。与没有建立指导关系的员工相比，拥有指导关系的员工的组织承诺及工作绩效都会更高。Kahn（1998，2001）也表明，员工会因为师徒指导关系的存在而对自己的组织产生依附和强烈的情感依恋。因为高质量的师徒指导关系的存在本身就是一种情境暗示，它向员工表明了以师徒关系为中心的"安全港"的存在，这为组织对员工关怀和意义的表达创造提供了必要的情感空间，从而促进员工组织承诺的提升。

5. 良好的师徒指导关系有助于降低工作—家庭冲突

在对师徒指导关系和员工工作—家庭冲突的研究中，Nielson 和 Carlson（2001）发现，师徒指导关系能够减少徒弟的工作—家庭冲突。在高质量的师徒指导关系中，导师不仅给予徒弟职业发展上的辅导和建议，同时还有可能成为徒弟生活上的经验提供者。导师处理工作—家庭关系的方式可以为徒弟避免工作—家庭冲突提供经验借鉴，进而降低产生工作—家庭冲突的可能性。

二、师徒指导关系对导师的影响效应

组织中的师徒指导关系除对徒弟产生积极的影响之外，对导师而言也有一定的正面影响效应。Eby 和 Durley 等（2006）研究发现，导师在对员工辅导过程中可以促进教学相长，对提高导师本人的业务水平和绩效具有积极的影响作用。在对徒弟进行职业技能的指导过程中，可能会碰到新的基于以往经验无法解决的问题，这就需要导师和员工共同探索新的解决办法，更新和提高自身的专业技能，因此在此过程中导师的业务水平也得到提高。另外，从社会性的角度而言，师徒指导关系作为人际关系的一种，能够增加导师在组织中的社会资本，有助于导师在组织中构建权力基础和人际支持基础（Willbur，1987）。在长期的指导和学习中，徒弟的个人能力也会得到提升，出色的徒弟会成为导师在公司有力的支持和辅佐，提升了导师的威信和社会资本。童俊等（2017）也表明，在组织情境中，受到导师帮助的员工会更关心导师的利益，"士为知己者死"的信念会激励员工发愤图强，尽力做好本职工作，以达到为导师"挣面子"的目的。此时，员工会成为导师忠实的拥护者，导师在组织的人际支持基础得到进一步的夯实。再者，Block 和 Florczak（2017）认为，师徒指导关系是不断变化发展的，可以推动导师和徒弟的共同进步,是一个指导双方共同成长的过程。在这个过程中,导师为徒弟提供职业发展的建议和机会,开拓徒弟的视野;而导师在指导的过程中也能不断提高促进自身职业素养和工作满意度等,形成一个互惠互利的良性关系。

三、师徒指导关系对组织的影响效应

在现存的文献中,师徒指导关系对组织的影响效应研究还比较少。师徒指导关系对组织的影响主要集中在对离职率、组织社会化的影响上。Kram(1983)提出,师徒指导关系的发展具有阶段性,并且在指导关系向不同阶段递进的过程中,会促进组织社会化的进程。Chao(1997)通过对178位曾在组织中建立师徒指导关系的员工进行研究,支持了Kram(1983)师徒指导关系阶段性的观点,并给出了师徒指导关系在不同阶段对员工工作满意度、组织社会化和职业成果上的差异化影响。

在师徒指导关系对组织离职率的作用方面,Morris(1995)以指导关系为因变量构建了离职研究模型。结果表明,师徒不同功能(如社会化、指导、保护和角色榜样)能够在不同程度上降低员工离职行为,进而降低组织离职率。Stallworth(2003)对师徒指导关系和离职行为进行了研究,结果显示,师徒指导关系有助于提升员工的规范性承诺、持续性承诺和情感承诺,同时师徒指导关系还会通过提高情感承诺降低员工离职行为的产生,从而降低组织的离职率。Hall和Smith(2009)在对新进教师离职行为的影响因素进行研究时,发现科研领域里积极的指导关系,如资深的导师帮助其一起完成项目、与其他老师合作等,都会减少新入职教师转行和离职。Joiner等(2004)对会计行业的师徒指导关系和组织离职率的研究也表明,导师对员工业务上的建议和指导是降低的员工离职的有效方法。不过,与传统的指导关系和离职率研究的观点不同的是,他们发现不同的类型的指导对员工离职行为所起的影响作用不同,师徒指导关系中的社会心理指导有助于降低员工的离职,而职业发展指导则会增加员工的离职(Joiner, Garreffa & Bartram, 2004)。这可能是因为导师提供的社会心理指导有助于提升员工对组织的情感承诺,从而减少离职行为的发生;而经历职业发展指导后,随着员工能力的提高可能会寻找更高的就业平台,从而产生离职行为。可见,究竟师徒指导关系对于离职的影响作用是促进还是抑制仍不明确,其中可能存在的边界条件是什么值得进一步探讨。

第四节 师徒指导关系的驱动效应机制

职业发展及其轨迹是导师和徒弟之间关系的核心，而导师和徒弟之间的认同被认为师徒指导关系的决定性因素之一（Kram, 1985; Ragins, 1997; Ragins & Cotton, 1999; Thomas, 1989）。长期以来，学者一直认为，认同对于师徒指导关系的形成和维持至关重要（Kram, 1985; Ragins, 1997; Ragins & Kram, 2007）。通过观察和学习，徒弟会模拟他们的导师的行为和处事风格，并试图与他们保持一致，把导师视为他们未来想成为的榜样（Campbell, 2007; Gibson, 2004）。有学者指出，导师会认同他们的徒弟，把徒弟看作是自己的年轻版本，即导师在徒弟身上能看到他们年轻时候的样子（Erikson, 1950; Kram, 1985; Ragins, 1997; Ragins & Cotton, 1999）。通过徒弟对导师未来自我的认同和导师对徒弟过去自我的认同，师徒双方会致力于促进师徒指导关系的发展。

实际上，身份认同是师徒指导关系不可或缺的一部分，然而，我们对指导者和被指导者之间相互认同的过程了解相对较少，这种相互认同是如何在师徒指导关系的各个阶段发生变化的，以及身份认同随着时间的推移是如何影响师徒指导关系质量尚不清晰。近年来，学者开始认识到在组织研究中，认同是一种"根结构"，为了有效地发挥关系的作用，个体都会在他人身上寻找相似之处，形成相互认同，以促进关系的发展（Ashforth, Harrison & Corley, 2008; Albert, Ashforth & Dutton, 2000; Ashforth et al., 2008; Pratt, 1998）。

在师徒指导关系中，相互认同将导师和徒弟聚集在一起，并让他们的指导关系随着时间的推移有效地发挥作用。不过，在师徒指导关系的不同发展阶段，促进指导关系发展变化的因素是不同的。具体而言，在指导关系的启动阶段，徒弟对导师身上未来自我的认同、导师对在徒弟身上找寻到的对过去自我的认同、师徒双方的第一印象以及个性特征的相似性是推动师徒指导关系发展的动力（Humberd & Rouse, 2016）。在培养阶段，师徒双方对现在自我的认同推动师徒指导关系的进一步向分离阶段发展（Dutton, Roberts & Bednar, 2010; Ragins, 2008）。当师徒指导关系进入分离阶段后，经验差异、职业发展以及对现在自我的认同成为影响指导关系发展的主要原因。而在最后的再定义阶段，师徒双方基于现在自我认同的整合成为师徒指导关系的主要影响因素（Humberd et al., 2016）。

此外，徐洁和梁建（2015）在对师徒指导关系影响因素的研究发现，员工的主动性个性特征对非正式师徒指导关系有显著的正向影响作用。员工在与导师的交往中主动性越高,越有助于促进师徒之间的沟通和互动,师徒指导关系的质量就越高。Hunt 和 Michael(1983)在师徒指导关系影响因素的研究框架中提出,环境因素、师傅特征、徒弟特征是师徒指导关系形成、发展及其功能结果的影响前因。蒋震艳等(2015)对影响师徒指导关系的因素进行了总结,最后发现包括性别、年龄、学历、师徒双方的价值观、人格特征、组织支持等都会影响师徒指导关系的质量和发展。

由上可见,导师和徒弟的个人特征以及环境因素都可能成为组织中师徒指导关系发展的重要影响因素。并且在师徒指导关系发展的不同阶段,促进关系发展的关键要素也会有所不同。不过,不管哪种因素,实际上真正促进师徒指导关系发展的过程机制就是导师与徒弟的相互认同。这种认同或者具体说是身份认同关系得以实质性发展的关键内在机制。组织环境因素或者导师及徒弟个人因素主要是通过影响相互的认同,进而对师徒指导关系发展发挥作用。

第五节 师徒指导关系研究的管理启示

师徒指导关系对导师、员工和组织的良性影响已被大量研究证实。经过40多年的研究和发展,师徒指导关系在组织人力资源的管理实践中具有重要作用,不仅能够提升徒弟的职业发展,同时对导师和组织也有积极的影响效应。关于组织中师徒指导关系的研究对于组织师徒指导关系管理实践也具有重要的意义:

第一,组织中师徒指导关系的建立会对徒弟和导师的行为和结果以及整个组织产生影响。高质量的师徒指导关系能显著提高徒弟和导师的工作满意度,并降低组织的离职率。因此,组织应真正重视师徒指导关系,将师徒指导关系作为人才开发机制的核心纳入组织人力资源管理体系当中,让新员工进入组织后得到导师的指导,帮助其尽快融入组织、做好职业生涯规划和制定职业目标,进而获得职业技能的提高。同时,通过人力资源管理的各项规划采取灵活的师徒配对方式(如双向选择的师徒配对),保证指导关系的顺利实施。另外,组织还可以通过对师徒指导关系的实施进行反馈,以不断改进和提高师徒指导关系的质量和实施效果。

第二,研究表明,在师徒指导关系的整个发展历程中,导师对徒弟的个人认同起到了重要的影响作用。如在师徒指导关系的启动阶段,员工对未来自我的认同和导师对过去自我的认同是影响师徒指导关系的主要原因。因此,为促进良性师徒指导关系的建立,员工应培养良好的个性品质和工作能力,促进导师对过去自我认同的提高;而导师也应适当表现出较高的成就动机、管理职务,创造榜样的力量（李霞和龙立荣，2017），促进员工对未来自我的认同，从而建立高质量的师徒指导关系。同时，分离阶段的现在自我认同对师徒指导关系的影响表明，随着师徒指导关系的发展，仅停留在对未来自我的认同和对过去自我的认同不足以促进高质量师徒指导关系的形成，还必须推动对未来自我的认同和对过去自我的认同向现在自我认同的转变。因此，在师徒指导关系建立并取得初步发展之后，导师和员工都应该突破表面印象，更深入地了解和理解对方，以推动指导关系向更高层次的发展。

第三，良好师徒指导关系的建立需要时间的沉淀，尤其是对组织配对或导师单向选择配对形成的缺乏事前了解和情感基础的师徒指导关系而言更是如此。但"日久见人心"式的关系发展状态显然是低效的，也无法满足当今企业人才培养的需要。因此，师徒之间不应只是被动地等待关系的发展，还应该"主动出击"，以促进高质量师徒指导关系的形成。对接受指导的员工而言，在关系建立之初可以将自己的想法与导师沟通，表达自己的职业生涯规划，提高对师徒指导关系的主动参与程度。员工主动寻找导师的频率高了，导师自然会给予更多的职业生涯指导和心理支持（童俊、王凯和韩翼，2018）。事实上，在师徒指导关系中，徒弟成就的大小在很大程度上取决于徒弟的主动性特质，积极主动的徒弟会更频繁地寻找导师，积极承担任务与责任，进而促进师徒指导关系的良性发展，这样更有利于徒弟走向成功（Aryee, Wyatt & Stone, 1996）。导师也应以身作则，积极地培养徒弟，及时给予徒弟工作和生活上的指导。提高师徒双方主动参与师徒指导关系的程度，既有利于形成高质量的师徒指导关系，同时也会使师徒双方有更高的工作满意度和组织承诺。

第六节 结论及未来研究展望

一、研究结论

本书系统地探讨了师徒指导关系的内涵、影响效应和驱动机制等，并在研究发现的基础上提出了研究的管理启示。总体而言，虽然不同学者对师徒指导关系内涵的诠释有所出入，但无论站在西方还是中国传统文化的角度，对师徒指导关系的诠释都达成了共识：①指导关系中的导师是地位较高者，经验丰富且具一定的权威或声望；②徒弟往往是初学者或者入门者，经验不足，是师徒指导关系中的地位较低者；③导师通过指导关系为徒弟的职业发展提供指导和社会心理支持、制定目标和计划等，徒弟在导师的教导和给予的工作挑战中不断磨砺自己，从而提升职业能力,获得职业的成功。

依据不同分类依据师徒指导关系可分为不同的类型,在以质量的高低为划分依据时,师徒指导关系可分为功能型指导关系、传统型指导关系、关系型指导关系;在以配对方式为分类依据时,师徒指导关系包括三类:组织安排的师徒指导关系、导师单向选择的师徒指导关系和双向选择的师徒指导关系;此外,按关系类型划分,师徒指导关系还可分为正式的指导关系和非正式的指导关系。对师徒指导关系的细分,有助于更好地了解其影响效应和驱动机制。从已有的研究来看,师徒指导关系的影响效应主要包括对员工、导师和组织三个方面的影响。对员工的影响主要体现在离职倾向和组织承诺以及公共满意度上;对导师而言则主要集中在工作绩效、工作满意度和社会资本积累的影响上;对组织的影响主要是离职率和组织社会化的影响。师徒指导关系的驱动因素主要包括个体认同、经验差异、职业发展和第一印象等方面。总的来说,师徒指导关系的影响因素包括环境因素、导师和徒弟个人因素,不过这些因素主要是通过激发导师与徒弟之间的相互认同进而得以促进师徒指导关系的发展。

二、研究展望

目前虽然师徒指导关系的相关研究已取得了一定的成果,但是仍然存在可以进一步完善的空间。具体而言,未来可以就以下几个方面继续对师徒指导关系及其影响进行探究:

第一,师徒指导关系的结构与测量研究。迄今为止,虽然 Kram(1983)提出的师徒指导关系两维度模型(职业指导维度和心理指导维度)已经得到了学术界的认可,但总的来说,师徒指导关系的维度划分和测量工具还是比较单一的。随着时间的推移,当今的师徒指导关系也必然呈现出了一些新的特点,如杨英(2006)在中国知识型员工的师徒指导关系对员工工作绩效、组织承诺相关研究中就发现,在中国社会背景下,职业指导并没有"维护"这一表现形式,这与 Kram(1983)所提出的两维度模型是有所出入的。一方面,这表明师徒指导关系的结构与测量迫切需要更新,对师徒指导关系结构的深入研究与测量工具的发展既可以为后续的实证研究打下基础,同时也具有重要的现实意义。另一方面,中外对师徒指导关系研究结果的差异暗示师徒指导关系可能受到诸如文化背景等情境因素的影响,因此,对师徒指导关系的结构与测量研究更需要进行本土化的探讨,以提高师徒指导关系测量工具的文化适应性。

第二,基于动态视角的师徒指导关系质量发展及其影响因素研究。有证据表明,指导关系的质量可能比类型更重要。例如,在对正式和非正式指导关系的比较中,Ragins、Cotton 和 Miller(2000)发现,尽管在正式的指导关系中,员工对导师的满意度较低，但他们的组织承诺更多地受到他们对关系的满意程度的影响，而不是他们的导师是正式的还是非正式的影响。此外，与导师相关的积极态度只有在这种关系令人满意时才会发生，这对于那些在正式和非正式的指导关系中的人来说都是如此。因此，指导关系对组织的影响被认为更多的是受到对关系满意度（师徒指导关系的质量）的影响，而非指导关系类型的影响。关系质量的重要性也在其他关系研究（Carmeli, Brueller & Dutton, 2009; Stephens, Heaphy, Carmeli, Spreitzer & Dutton, 2013）和新出现的关于指导关系和积极关系的理论观点中得到了重申（Dutton & Ragins, 2007; Ragins, 2012）。指导关系理论认为，关系的质量会在关系发展的过程中发生变化。然而，大多数现有的理论侧重于不同的指导关系在质量上是如何变化的，而很少考虑质量在单一的指导关系中是如何随着时间的推移而变化。了解关系中的质量变化对理解关系至关重要。正如 Allen 等（2006）所言，质量是评价关系成功与否的一个重要标准，因为它与关系的建立和关系的可持续性密切相关。学者认为，拥有积极的自我愿景，即导师和徒弟在指导关系中对自己的未来持有积极的观点，有助于发展高质量的人际关系，因为对未来有积极预期的个体更有动力参与到师徒指导关系中来（Ragin, 2009）。此外，拥有高质量的指导关系可以带来对双方身份的认同，如模范、榜样或真实的自我都有可能促进师徒指导关系质量的提高（Ragin, 2012）。高质量师徒指导关系的积极影响效应已经得到多数学者的证实，因此，基于动态视角探讨不同阶段的指导关系质量的变化及其影响因素对促进指导关系的发展与关系维护具有重要意义，未来的研究可作进一步深入的挖掘。

第三，不同类型师徒指导关系启动因素的研究。有关师徒指导关系的研究发现，在正式和非正式的指导关系中，师徒指导关系的结构和启动因素是不同的（Ragins & Cotton, 1999; Ragins et al., 2000; Underhill, 2006）。正式的师徒指导关系是短期的，由第三方指定，而非正式的指导关系在双方之间自然发展而来的。因此，正式的师徒指导关系的启动因素可能大部分来源于组织目标或组织规范（Underhill, 2006）。Kram（1983）在非正式指导关系背景下进行了关系启动阶段的初步研究。结果发现身份认同在非正式指导关系中比在正式指导关系中扮演着更重要的角色。因为相互喜欢、认同和吸引是建立关系的催化剂（Allen et al., 2006）。因此，在非正式的指导关系中，身份认同很可能是关系发展的关键驱动因素。然而，也有学者认为，身份认同可能不是所有非正式指导关系的主要驱动因素，非正式关系还可以由其他驱动因素发起和推动，例如，对能力的认可、潜在的工作利益或仅仅是导师希望帮助一名员工（Allen, Poteet & Burroughs, 1997; Ragins, 2009）。对师徒指导关系启动因素的了解有助于为指导关系的发展创设一个良好的开端。因此，对不同类型师徒指导关系启动因素的探索也是未来的一个重要研究方向。

第四，正式和非正式师徒指导关系的影响效应机制的对比研究。师徒指导关系可以被看作一种锚定关系（Anchoring Relationships），对指导关系理论的应用可以得出这样的预测：高质量指导关系的存在负向调节环境歧视对组织承诺的负面影响（Ragins et al., 2017）。锚定关系的一个关键特征是帮助员工处理产生焦虑的组织经历。导师的存在可以缓冲其他类型的工作压力源对员工的消极影响，例如，角色冲突（Van Emmerik, 2004）、心理契约破坏（Zagenczyk, Gibney, Kiewitz & Restubog, 2009）以及工作—家庭冲突（Nielson, Carlson & Lankau, 2001）产生的负面影响。然而，这些研究很少考虑到这种关系的质量，也没有考虑到这种关系是非正式指导关系，还是正式的指导关系中的一部分。虽然正式的师徒指导关系和非正式的师徒指导关系都是锚定关系，但在结构、持续时间和目标上有所不同（Ragins & Cotton, 1999）。尽管存在这些差异，但学者仍注意到，虽然徒弟可能对正式导师的满意度通常较低（Eby et al., 2013），但正式的指导可以表明组织对员工的承诺，这可能会培养他们的忠诚度和责任感（Wanberg, Welsh & Hezlett, 2003）。根据这一观点，一些研究表明，虽然在正式和非正式关系中员工的组织承诺没有不同，但那些有导师（正式的指导关系或非正式的指导关系）的员工比那些没有导师的员工更忠诚于他们的组织（Egan & Song, 2008; Payne & Huffman, 2005; Sosik, Lee & Bouquillon, 2005）。因此，未来的研究可以加强对组织中正式指导关系和非正式指导关系影响效应的对比探讨。

第五，导师网络（Mentor Network）对领导效能的影响效应研究。在大多数时候，师徒指导关系并不是一对一的，还可能是一对多（如单个员工在不同的发展阶段有不同的导师）的关系，因此会形成个人的导师网络。导师网络的质量和密度不仅对新进员工的职业生涯发展有重要影响，对组织基层或中层领导者能力的发展和后续的晋升也有重要的影响作用（Seibert et al., 2017）。研究表明，领导能力的发展不仅需要获得个人技能，还需要获得社会资源，因为这两者都是在社会环境下行动的有效性所必需的（Avolio, 2007; Day, 2012; Mumford et al., 2007）。社会资本理论表明，个体的社会关系网络提供了能为其及时获取信息、资源和支持的途径（Burt, 1992; Seibert, Kraimer & Liden, 2001）。因此，个体的社会关系网络决定了其获得社会资源的质量和宽度（Burt, 1992; Coleman, 1990; Lin et al., 1981）。已有大量研究证实，社会关系网络能有效促进领导的有效性（Balkundi, Kilduff & Harrison, 2011; Mehra, Dixon, Brass & Robertson, 2006）。因为社会关系网络与个人魅力、声誉、权力地位和影响力（Brass & Burkhardt, 1992, 1993）以及领导团队的绩效有关（Balkundi et al., 2011）。导师网络的规模和质量代表了个体从导师的发展经验中获得的社会能力在多大程度上转化为组织内的社会关系网络,从而与领导效能密切相关(Seibert et al.,2017)。基于社会资源理论,Seibert 和 Kiazad 等(2017)表明,导师网络与领导有效性及其后续的晋升积极相关。一个高质量导师的关系网络为基层领导者提供了更高水平的工具性和心理社会支持。换言之,基层领导者可以从高质量的导师网络中获取更多的信息、职业建议、物质支持、接触组织高层的机会、保护和其他类型的社会资源,从而帮助基层领导者更有效地发挥领导作用(Bartol & Zhang,2007; Higgins & Kram,2001; Seibert et al.,2001)。Seibert 等(2001)指出,首先,个体在组织中的导师网络规模越大,质量越高,其领导有效性越高,在未来越有可能得到晋升,走向级别更高的职位。因为拥有规模较大、质量较高的导师网络的个体具有优越的人脉优势,更有可能接触到高级别的管理人员,从而得到更多高级同事的支持(Bartol & Zhang,2007)。其次,导师网络规模较大的个体更可能从高级管理人员那里得到更高水平的指导支持,因为在导师的帮助下他们更有可能被视为有能力和值得信赖的员工(De Janasz & Sullivan,2004; Wang,Tomlinson & Noe,2010; Singh et al.,2009)。未来可将师徒指导关系的研究范畴扩展至对导师网络影响效应的研究,同时研究对象也可从导师与新员工转移为导师网络与基层领导者,由点及面,这也有助于扩展指导理论的解释范围。

第九章　师徒指导关系、隐性知识共享与徒弟创新绩效的关系研究

第一节　引　言

传统意义上的师生关系多存在于学校里，老师在学术和人生规划方面向学生传道、授业、解惑，帮助学生掌握学习和生活中的知识技能。而在企业中，为了使新员工能够尽快适应企业工作，避免由于无法有效适应从学校向企业或者不同企业间的角色转换而产生的负面情绪，降低工作热情，师徒指导关系在企业中也应运而生。Beth（2016）认为，在企业众多二元关系中，师徒指导关系是独一无二的。因为企业的环境决定了员工会为自身价值和前途考虑，在一般的二元关系的互帮互助的过程中很可能会有所保留。而一旦师徒指导关系得以确定，师傅会出于责任感等原因为徒弟提供职业和心理层面的帮助（Chandler et al.，2011）。并且这种帮助可能会贯穿师徒关系的起始、培养、分离和重新确定四个动态发展阶段（Kram，1983；Ragins，2009，2012；Beth，2016），时间可以达到数十年以上。这在企业的其他二元关系中并不多见。目前，西方国家企业师徒制或者导师制较为完善，也有很多学者对师徒关系或者指导关系进行了较为深入的研究。而我国学者在这一领域的理论研究还相对较少。国情的不同和文化的差异可能会导致师徒指导关系的内涵、发展及影响效应在中国情境下得出不同于西方的研究结论，因此，有必要针对我国情况进行本土化研究。

在知识经济时代下，知识成为企业发展最重要的生产要素（Morten et al.，1999；Thomas，2005）。企业的成长离不开员工之间知识的转移和共享，而师徒指导关系作为最有效率的企业内学习模式，集合了面对面交流、模仿、节省人力资源等诸多优点（孙玺等，2013）。社会学习理论（Social Learning Theory）认为，徒弟可以通过观察和模仿师傅，学习职业发展所需要的知识，并形成属于自己的行为方式，其中主要是对隐性知识的学习（曾颢和赵曙明，2017）。师傅会将自己拥有的隐性知识示范给徒弟，徒弟在沟通、学习中掌握，表现出知识的增

加和心智的成熟（李南和王晓蓉，2013）。国内已有学者对师徒指导关系下的隐性知识共享行为进行探讨，如吕妍和梁樑（2008）通过构建 OADI - SMM 循环模型（师徒制技能提升模型），讨论了企业师徒指导关系下隐性知识传递的可行路径。赵雪松等（2006）从激励约束的角度分析了如何扩大师徒之间隐性知识共享"量"的问题。郑健壮等（2016）以兰溪纺织业内师徒为研究对象，发现信任程度与隐性知识共享呈正相关。尽管这些研究都关注到了师徒关系下隐性知识共享的传递问题，但没有进一步拓展知识共享传递之后的影响。

学者通常认为，企业内员工互相学习、知识共享的行为可以促进绩效的提高，包括创新绩效、运营绩效、财务绩效等（王智宁等，2014；王仙雅等，2014）。李永娟等（2016）通过对 11 家企业的 184 名员工问卷调查发现，隐性知识共享行为对员工创新行为有显著影响。但这些研究只是将员工关系一般化，没有区分特定的二元或多元员工关系。而在师徒制的背景下，Underhlil（2006）认为，师徒关系对徒弟的工作绩效提升有显著影响。董慧杰（2010）对苏州十多家企业问卷调查发现，师徒指导关系是通过情感承诺对员工的工作绩效产生影响。韩翼和杨百寅（2012）认为，师傅和徒弟之间可以构筑良好的人际关系，师傅为徒弟提供人脉支持，有利于徒弟创新绩效的提高。Bozionelos（2016）对 207 家欧洲中小企业进行研究发现，师傅的指导可以促进徒弟创新绩效的提高。王凯和韩翼（2018）以徒弟工作活力为中介变量进行研究发现，师徒关系与徒弟创新绩效显著正相关，并以徒弟工作活力间接传递机制。从相关研究文献梳理可以发现，以往研究有从隐性知识共享的角度说明其对员工创新绩效的影响，有探究师徒指导关系对隐性知识共享行为的影响，而鲜见学者在研究师徒指导关系是否会对徒弟创新绩效产生影响时，引入隐性知识共享变量。基于此，本书将综合探讨师徒指导关系是如何对隐性知识共享行为产生影响，以及这一影响对徒弟的创新绩效又会产生什么样的影响，具体来说，本书将以隐性知识共享行为为中介变量，探讨师徒指导关系是否会通过隐性知识共享行为对徒弟的创新绩效产生影响。

第二节 师徒指导关系与徒弟创新绩效

Hunt 和 Michael（1983）很早便区分了师傅、支持者、指导者和同辈帮扶者几个类似的概念，并认为在企业组织里，师傅对徒弟提供的帮助作用是最大的。Kram（1985）认为，企业师徒关系是企业中资历较深者向资历较浅者提供职业发展和社会心理支持的一种指导关系。Chao 等（1992）认为，师徒关系是组织内富有经验并掌握一定权力的成员,为徒弟提供指导、人脉、建议,帮助徒弟职业生涯更顺利的工作关系。Ragins 和 Scandura(1999)认为,师徒关系是一种使双方互惠互利的互动交换过程,它与徒弟的工作意愿、晋升机会和工作满意度紧密相关。Ensher 等(2001)注意到了传统师傅定义下的局限,认为师傅不仅包括纵向高级别者对低级别者的指导,还应该考虑横向同级别者间的指导。也有学者认为,师徒关系是一个互相认同的过程,师傅将徒弟看作过去的自己,徒弟将师傅认作未来的自己,因此师傅会认为与徒弟之间有一种牵绊,促使他在徒弟的职业发展中提供尽可能多的帮助(Gibson,2004;Campbell,2007;Chandler et al.,2011)。根据上述定义,师徒关系应该是一种企业内资历较深者(师傅或者指导者)和资历较浅者(徒弟或者被指导者)之间的认同关系,借助这种关系徒弟可以得到师傅的职业指导和心理社会指导,以获得更好的职业前景。由此可见,师徒关系作为一种指导关系,指导者的范围有所拓展,即从纵向关系拓展到了包括横向关系在内,如有经验的同事也可以成为新入职者的指导者。另外,从早前的师徒关系强调外部资源和帮助的提供过程转向了对于关系内在的关注,如强调师徒关系包括了彼此之间的一种内在认同。这一概念的拓展有助于更深入和全面地理解师徒关系。本书在此统一将这一概念称为师徒指导关系,是包括纵向高级别者或者横向资历较深者向被指导者提供职业发展相关帮助,同时双方间发展起一定水平认同的一种特定类型工作关系。

角色认同理论(Role Identity Theory)认为,个体会通过自身所处的职位或者角色形成角色认同,并根据这种角色的概念和预期表现出相应的行为。学者们普遍认为师徒角色的识别与认同对良好师徒指导关系的形成和维持十分重要(Kram,1985;Ragins,1997;Ragins & Kram,2007),而且这种角色识别与认同越早在徒弟的职业发展的时期形成,对徒弟的帮助就越大。因为师傅会发挥角色模范作用,不仅可以帮助徒弟适应企业环境和自身角色的转变,尽快形成自我认同,而且可以使徒弟得到师傅更多的职业帮助和心理指导,加快工作发展进程,完善职业前景规划,提高工作绩效(Underhlil,2006;Chandler et al.,2011)。王凯和韩翼(2018)认为,师徒关系对徒弟职业发展的促进作用,是通过提高创新绩效实现的。师傅会在帮助徒弟的过程中扮演良师、益友甚至是父母长辈的角色,从生活中的各方面考虑徒弟(韩翼等,2013;韩翼和杨百寅,2012)。这种关心会给徒弟身心带来愉悦,徒弟会表现出更强烈的工作动力,在工作中也会更积极自信,高效地完成任务,并有时间和精力提高创新绩效。以往研究也证实,关系强度越高,越有利于思维碰撞和相互启发。员工之间的积极合作、良好人际关系、彼此的情感信任都可以产生高水平的创造力,影响创新绩效(Zhou,2003;王仙雅等,2014)。师徒关系作为企业中独一无二的双元关系,会使师徒二人有更长时间相处,培养私人感情,加强彼此联系,使徒弟更有机会产生新颖的想法,提高创新绩效。基于以上分析,本书提出如下假设:

H1:师徒指导关系与徒弟创新绩效显著正相关。

第三节 师徒指导关系与隐性知识共享

在知识经济时代下,知识型员工作为创新、承载以及传播主体,可以充分发挥自身的优势,提高企业的绩效。企业中,知识可以分为显性知识和隐性知识(Polanyi,1958;Nonaka,1994)。显性知识(Explicit Knowledge)是指通过正式、系统性地记录、编码保存下来的知识。隐性知识(Tacit Knowledge)是指难以用文字记录和描述的知识。蔡泽寰(2004)认为,隐性知识是个体价值观、信仰、技术、能力等个人特性影响的集合,是一个人长期学习和积累的结果。隐性知识相比显性知识更难以储存和传播。

在师徒指导关系背景下,赵雪松等(2006)认为,隐性知识包括师傅的工作经历、人生经验、个人观点、行为方式等难以用数字和文字准确表达的那部分知识。在企业中,师傅往往是隐性知识的分享者,通过言传身教,传递隐性知识,为徒弟的职业规划和企业发展提供更具体有效的支持。师徒间隐性知识差距主要从两方面产生,一方面,由于师徒之间在生活环境、智力水平、兴趣爱好等方面存在天然差距,会导致师徒间认知和学习能力存在差异;另一方面,由于师傅比徒弟先从事某一工作,通过日积月累导致在这一工作上积累了大量隐性知识。虽然隐性知识不易编码,但包含资深员工多年的经验总结,无论对企业还是员工来说,都是一笔宝贵的财富,因此,隐性知识的传播尤为重要。顾勤(2008)认为,在师徒关系下,徒弟真正急需学习的并非是文字记录下来的那部分知识,而是师傅多年积累的隐性知识包括师傅的经验积累、观点、行为方式以及其他难以用语言文字来表达的知识。吕妍和梁樑(2008)将知识比作海面上的冰山,其中,显性知识是冰山露出海面上可见的那部分,而隐性知识则是隐藏于海面下的主体部分。从中可以看出,隐性知识的分享是企业里资深者和资浅者知识传承的关键内容,不仅可以培养徒弟专业技能,也会对徒弟的价值观念产生影响。

出于对隐性知识重要性的认知,国内外学者对隐性知识共享行为进行了大量研究。Denrell 和 Arvidsson(2004)通过社会化、外在化、综合化和内部化四种知识转化理论(SECI)分析指出隐性知识分享是一种"干中学""学中干"的行为模式。Nonaka(1998)发现,虽然很多企业会在管理显性知识和数据上花费大量精力,但对隐性知识的重视却远远不够。对于员工个人来说,知识、经验和技能在某种程度上代表了一个资深员工的价值，是员工晋升、加薪的主要判断依据。不过，资深者将隐性知识分享给资浅者时，会面临自身工作价值降低的风险，即"为他人作嫁衣"。由此可见，隐性知识共享行为可能面临着较高的风险，从而可能降低共享意愿。基于此，如果同事之间的不熟悉、冷漠等关系状态可能会影响隐性知识共享。为了提高企业中隐性知识共享行为，需要努力降低共享者的风险知觉，而关系状态显然是影响这一风险知觉的一个重要因素。

良好的师徒指导关系可以有效降低隐性知识共享的风险知觉。一方面，师徒指导关系的确立意味着双方指导和知识分享的责任和权力，同时徒弟基于隐性知识分享基础上的能力提升往往也会反映师傅的贡献；另一方面，关系水平较深也促进主动分享的意愿，甚至可以不计回报地贡献。具体来说，社会交换理论（Social Exchange Theory）证实，师傅可以通过知识、情感、技能、人脉等资源的分享，使自身和徒弟都获得职业上和心理上的满足感（Ragins，1999）。对于师傅来说，在确立指导关系的情况下，师傅会担负着传授技能和心理辅导的责任，这种责任感会促使师傅将自身职业生涯中积累的隐性知识传递给徒弟，并督促徒弟吸收和利用（王晓蓉，2012）。对于徒弟来说，接受隐性知识不仅可以了解公司文化，锻炼思维模式，提高自身的技能，有助于职业发展，还可以在指导关系中培养与师傅的个人感情，因此，徒弟在确立师徒指导关系之后也愿意接受隐性知识共享。Ensher 等（2001）认为，师傅对徒弟的交换分享内容不仅包括物质上的，也包括心理上的，涵盖了隐性知识在内的各种工作与非工作内容。通过隐性知识分享，徒弟可以得到师傅的技能传承，改善思维和心智，提高素质和能力。赵雪松（2006）从效用水平的角度分析，认为合理规定师徒关系下的奖惩机制，会进一步有效扩大隐性知识共享。李南和王晓蓉（2013）通过对四个科技型企业发放调查问卷发现，随着师徒关系的加深，师傅会减少猜疑的情绪，并更愿意共享隐性知识。基于以上研究，可以提出以下假设：

H2：师徒指导关系与隐性知识共享行为显著正相关。

第四节 隐性知识共享与徒弟创新绩效

企业的创新能力不仅关乎自身的发展，也关乎相关行业甚至是国家创新驱动发展战略的实施，企业员工的创新思维和行为决定了企业的创新能力。Coombs（1996）在对大型企业研发战略研究后发现，创新绩效的引入可以直观衡量企业的研发投入，也是企业员工创新活动和学习过程的效果表现。Mumford（2000）进一步指出，创新绩效是研发人员在实现创新目标过程中知识获取、研发过程和环境氛围等多种因素的共同体现。高建等（2004）认为，创新绩效的衡量指标覆盖了员工工作的多个阶段，既包括新产品的设计和成果，也包括生产执行的全过程。Amo和Kolvereid（2005）认为，员工的创新思维包括对产品的新构想、流程的新思路和市场的新反思，并将这些想法理论落实在企业实际生产中。陈劲（2013）认为，创新绩效包括对创新行为的投入、组织文化的管理、知识获取和商业化等方面。沈克正（2017）通过梳理现有文献，将创新绩效分为12个指标，包括创新投入、创新成果、创新行为、创新成长、创新素质、创新意识、研发与市场互动、知识转移、知识溢出、创新氛围、技术学习、综合评价等。综合来看，目前对个体创新绩效的普遍看法是，包括了创新活动的投入和产出、目标设定和实现过程、资源利用等多方面，通过集合作用推动企业的创新活力。通常而言，创新性思维是借助知识的分享和碰撞产生的，虽然这些知识可能找不到对应的文字记录，但却是经验丰富的员工自身积累的成果体现，即隐性知识的体现。

目前，隐性知识可以影响员工的创新绩效已经成为学术界的共识。Sher（2004）研究发现，隐性知识共享会降低组织交易成本，提高员工学习能力和各项绩效水平。张军和许庆瑞（2015）认为，隐性知识可以改善员工关系，提高工作积极性和创新能力，进而促进创新绩效的提升。Husted等（2012）认为，隐性知识共享提高创新能力的原因在于整合了零散的知识技能，使知识探索能力得到了提升。Mirian等（2015）认为，创新思维是知识交流碰撞的结果，组织内成员之间的知识分享可以使彼此都掌握需要的知识和技能。创新思维通过积累和应用产生了创新行为，可以提高创新绩效。路琳（2009）基于个体层面研究也发现，积极将自身隐性知识分享的员工会在创新绩效上有更突出的表现。一方面，知识分享者会在分享过程中得到组织和其他员工的尊敬，提升个人声望，使自身产生更强烈的工作热情和新技能、新知识的产生动力；另一方面，组织和其他员工有时也会给予知识分享者一定的报酬，这也会促进知识分享者的创新和绩效提升（王仙雅等，2014）。总之，虽然学者对隐性知识影响员工创新绩效的原因没有达成共识，但隐性知识对员工创新绩效会产生积极影响这一结论已经得到肯定。基于以上研究，可以提出以下假设：

H3：隐性知识共享与徒弟创新绩效显著正相关。

第五节 隐性知识共享的中介作用

综上所述，企业师徒指导关系影响隐性知识共享行为和徒弟创新绩效，而隐性知识共享行为也与徒弟创新绩效相联系。一方面，企业员工通过隐性知识的互相分享，可以取长补短，获取创新所需要的信息，培养创新能力，提高创新绩效（Taegoo & Gyehee，2013）；另一方面，由于隐性知识本身难以编码的特点，如果想要传递隐性知识或将隐性知识显性化，通常需要依靠员工之间的多次交流，建立强关系（Elfring & Hulsink，2003）。相互信任程度越高，关系越亲密，越有利于隐性知识的共享。从这方面而言，师徒指导关系相较于企业中的其他员工关系，有天然的优势。良好的师徒指导关系，意味着师徒间较强的信任，更愿意承担双方互动中的可能风险，为此会有较高的隐性知识共享行为。根据 Baron 和 Kenny（1986）对中介变量的解释，中介变量必须满足与自变量显著相关、与因变量显著相关，同时满足自变量和因变量之间显著相关的条件。在上述分析中，隐性知识共享受到师徒指导关系的影响，同时对徒弟的创新绩效提升产生影响，此外师徒关系对徒弟的创新绩效也有正向影响。因此提出以下假设：

H4：隐性知识共享在师徒指导关系与创新绩效的关系间起中介作用。

根据以上研究假设，构建如图 9-1 所示的师徒指导关系、隐性知识共享和创新绩效的关系模型：

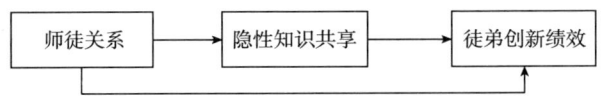

图 9-1　师徒指导关系、隐性知识共享与徒弟创新绩效

第六节　讨论、管理启示与未来研究展望

一、讨论

企业师徒指导关系是一种特定类型的工作关系，包含纵向或者横向的指导者对被指导者提供职业发展相关帮助与心理支持。本书在梳理现有文献后，提出师徒指导关系对徒弟创新绩效具有显著的正向影响，并且以隐性知识共享为中介变量。师徒指导关系作为一种特殊的工作关系，会带给师徒双方天然的亲近感。与其他工作关系不同的是，这种亲近感会使师傅愿意冒着降低自身价值的风险传授徒弟隐性知识，徒弟也会因为私人关系的亲近愿意听从师傅的教导。徒弟可以借助师傅多年的经验积累和技能储备，同时糅合自身的知识，迸发出更多的创新想法，进而提高创新绩效。这与 Underhlil（2006）、王凯和韩翼（2018）等国内外

学者的研究结论一致。

综上所述，本书的研究是对已有文献的补充和扩展。从研究思路上来说，本书拓展了师徒指导关系对隐性知识共享行为产生影响之后的连锁反应，即对徒弟创新绩效的影响，弥补了国内对师徒指导关系和隐性知识共享研究的相对不足。同时，在研究隐性知识共享对创新绩效时，没有局限于企业员工这个最宽泛的概念，而是将目标锁定在师徒指导关系这个企业独特的二元具体工作关系中。虽然已有研究讨论了会影响师徒隐性知识共享行为的原因，但没有探讨由此可能带来的影响效应。从个人角度探究隐性知识共享对创新绩效的影响也均是以企业员工（王仙雅等，2014；李永娟，徐媛媛和袁潇，2016；李烨和涂跃俊，2018）或高管（束义明，2016）等为背景展开，而忽视了企业中常见且独特的师徒关系。本书以师徒指导关系为切入点，从隐性知识共享的角度研究师徒指导关系对徒弟创新绩效的影响，是对于这一关系效应机制理论的进一步丰富。

二、管理启示

第一，师徒指导关系可以提高徒弟创新绩效。为了提高企业的创新能力，企业应提高对员工师徒指导关系的关注。企业师徒关系可以划分为正式师徒关系和非正式师徒关系、直属师徒关系和非直属师徒关系、职业发展指导师徒关系和社会心理指导师徒关系（Kram，1985；Ragins & McFarlin，1990；Russel & Adams，1997；Hegstad & Wentling，2005；Dougerty et al.，2007），其中，正式师徒关系和非正式师徒关系应用最广。由于非正式师徒关系是师徒通过自己对彼此的了解建立起来的，因此，默契度可能会更高，沟通交流更顺畅。企业除安排正式师徒关系之外，也可以对非正式师徒关系有所倾斜，对自愿结成师徒关系的现象予以鼓励，当徒弟创新绩效提高时，可以给予师傅一定的物质奖励。同时，由于正式师徒关系具有权威性，徒弟可能会更重视这种组织安排。因此，企业应把握这种人力资源活动，尽可能充分了解师徒特点，合理安排师徒关系，借以促进员工创新绩效的发展，进而提升整个企业的创新水平。

第二，隐性知识可以提高徒弟创新绩效。企业的发展离不开资深员工与资浅员工的知识传承。新员工初入企业，对工作和企业发展了解不足，很难有所创新。而老员工多年积累的工作经验可以帮助新员工快速适应企业并弥补欠缺技能，为培养创新能力奠定基础。尽管有些企业更多关注的是显性知识的分享，例如，建立阅览室，规定新员工阅读指定书目。但越来越多的大型企业开始关注隐性知识的传承，通过建立企业内部的大学，为各个岗位的新员工安排资深员工集体授课，传授经验。同时，很多企业开始建立自己的企业文化，形成企业价值观，引导员工积极看待工作生活中的问题，潜移默化影响员工创新能力。

第三，企业师徒关系可以促进隐性知识的共享。虽然有些企业开办了企业内部的大学，安排老员工或外聘讲师授课，但与学校师生关系不同的是，企业员工间的传授知识的行为存在新员工顶替老员工的风险。因此，即便给予授课者一定的物质激励，也无法保证授课者能够将自身经验、技能尽心传授。但师徒指导关系是一种独特的二元工作关系。首先，在这一二元关系下，师傅有更多的时间精力关注徒弟的职业和心理状况，相对更准确地提出建议，分享经验，为徒弟设立职业发展阶段目标。其次，由于师徒关系的建立涉及私人感情的培养，相较于给几十个陌生的员工授课来说，师傅会更积极传授自身积累的隐性知识。最后，徒弟对知识的掌握程度不仅关乎自身的发展，也会影响他人和组织对师傅的评价，师傅也会由此相对更用心。

综上所述，本书提出的师徒指导关系、隐性知识共享与徒弟创新绩效之间的关系模型对企业提高师徒关系的关注度，以及隐性知识的传递具有重要意义，有助于企业员工提高创新绩效。基于此，企业管理者可以通过良好师徒指导关系的培养，促进宝贵的隐性知识共享行为，进而提高企业员工的创新绩效水平。

三、未来研究展望

首先，虽然本书以隐性知识共享为中间变量，研究了师徒关系对徒弟创新绩效的影响，认为师徒关系对徒弟创新绩效具有正向作用，具有一定新意。但对师徒关系的分析仅限于基本限定，并没有区分不同类型师徒关系会对徒弟创新绩效可能产生的差异性影响。实际上，师徒指导关系有不同的类型，如可分为正式师徒关系和非正式师徒关系、直属师徒关系和非直属师徒关系、职业发展指导师徒关系和社会心理指导师徒关系。不同类型的师徒指导关系发展的基础不同，可能影响其关系性质或者关系深度，而这又可能使其影响徒弟创新绩效的方向或效应大小会有所不同。未来研究可以据此进一步细分不同类型师徒指导关系进行对比研究，探讨不同类型师徒指导关系对隐性知识共享行为以及徒弟创新绩效的影响效应与作用机制。

其次，由于相关研究在国外开展得较早，因此，国内学者在做类似研究时采用的大都是国外学者制作的量表。如多位国内学者在对师徒关系研究时采用的是Scandura 和 Ragins（1993）的量表。但文化差异和经济环境的不同可能会使量表的适用性有待考虑，单纯使用国外学者的研究量表很难得出令国内学者信服的结论。因此，在未来的研究中，学者可以考虑到国内企业独有的特征，在量表中添加更符合我国国情的题项。同时细化变量分类，例如，对创新绩效的调查可以从多个维度设计问题，尽可能全面评价创新绩效变量的有效性。基于此，开展相关实证研究时所用的量表还需要首先进行本土化检验，以提高实证研究结论的可信度。

最后，企业师徒指导关系发展的影响要素及其作用机制研究。企业师徒关系是一种特殊而重要的工作关系。研究表明，虽然良好的师徒关系对于师傅和徒弟均有着重要的意义，但是良好的师徒关系发展究竟受到哪些因素的影响，个体层面、双向互动层面以及组织层面的因素又会如何协同影响师生关系发展，这些问题都还需要未来进一步地深入研究。相信对这些问题的探讨有助于促进对良好师徒关系如何发展的理论认识，同时也能够更有效地指导师徒关系发展实践。

第十章 工作场所中同事关系的研究进展及其管理启迪

第一节 引 言

一方面,在社会分工与合作不断加深的现代社会,没有血缘和亲缘关系的独立平等个体,由于完成同一工作目标而形成了互相合作的同事关系。同事关系很有可能具有广泛且长远的作用。李志刚等(2015)在针对企业裂变式创业的研究中将同事关系网络放在了很重要的位置,并认为在未来关于企业裂变式创业的研究中应该多关注同事关系和同事网络带来的资源共享和信息共享。即使是在学术界,高校教师的同事人际关系也可能会影响到教师晋升。李函颖(2018)对佐治亚大学教师的研究中发现同事人际关系在个人晋升中起到了不可忽视的作用。梁馨月等(2015)发现,同事关系在情绪智力和工作绩效关系中发挥了中介作用,情绪智力通过同事关系这一桥梁对工作绩效有显著的正向作用,这意味着是同事关系直接影响了工作绩效,而情绪智力的高低影响的是同事关系。

另一方面,一旦同事关系走向负面,其影响也是极为严重的。员工离职是对企业人力资源的重大损失,而实证研究表明员工在职场中和同事关系的恶化是导致员工离职的重要原因之一(王振源、孙珊珊、戴瑞林,2014)。中国组织内部的职场关系对于个体的心理健康和行为有重要影响,负面的同事关系将引发负面心理和行为(倪昌红、叶仁荪、黄顺春,2013)。由上可见,同事关系对于组织中个人的态度和行为以及组织都可能产生重要的影响作用。良好的同事关系发挥积极的影响价值,而负面的同事关系则可能产生严重的破坏作用。鉴于此,组织情境下的同事关系具有深入研究的意义。不过,尽管关系(Guanxi)作为研究中国人心理和行为的重要研究方向,但在管理学研究领域内,同事之间的关系受到的研究关注较少。国内外的一些学者虽然也揭示了同事关系的一些重要性,但还缺少更深层次的探讨。本书就从国内外学者的最新相关研究中,对工作场所中的同事关系进行系统深入的挖掘和阐释,首先,介绍了工作场所中同事关系的内涵与特征；其次，分析影响同事关系的主要因素；再次，讨论同事关系的影响效应机制；最后，探讨工作场所中同事关系研究的一些管理启示和未来研究展望，期望能够借以促进工作场所中同事关系的理论研究，同时对同事关系的管理实践提供一些有意义的指导和借鉴。

第二节 工作场所中同事关系的内涵与特征

一、工作场所中同事关系的内涵

陈午晴（1997）认为，关系既有应然层面的伦理关系，也有实然层面中包含利益关系、权力关系和情感关系的综合体状态。为此，他给出的关于人与人之间关系的定义是：个体或若干个体或群体之间由于某种性质所构成的，或者由于相互作用，相互影响所形成的状态，既是表象层面的静态关系，又是内在层面的动态关系。基于此，同事关系就是这样一种在互相作用和互相影响中形成的静态与动态相结合的复杂关系。

Kram 和 Isabella（1985）首次对工作场所中同事之间的关系进行了分级处理。他们将同事关系分成了三个层级：信息同事层级、社团同事层级和特殊同事层级。第一层级是信息同事关系，其特点是互相之间的低信任和低自我暴露。在这类关系中同事之间只有工作关系而缺少人际关系，或者说仅有的人际关系也只是为了开展工作的"必需品"，双方处于一种冷漠的状态。第二层级是社团同事关系，和一般朋友相对应，在这种关系下的同事之间互动会更多涉及非工作相关的话题，其人际关系也不只是依附于工作关系存在。第三层级是特殊同事关系，表现为双方之间较高水平的信任，互动的内容也相当随意和广泛，人际关系上升到了超越工作关系的程度。Kram 等提出的上述具有层级递进的同事关系也隐含了同事之间的关系其实可以分为两个部分：较为正式的工作关系与非正式的私人关系。脱离了工作关系谈私人关系则会使私人关系显得如无本之木、无源之水，因为同事之间的私人关系必然是先来源于工作关系；脱离私人关系谈工作关系则会显得死板，因为仅仅靠正式的工作关系也很难建立持续稳定的同事关系。

因为对同事关系的研究还属于起步阶段，学界对同事关系的定义还没有形成共识。参考对照景丽珍等（2013）对高校教师同事关系研究中总结的同事关系的内涵，同事关系一般涉及两个维度：工作领域关系和私人领域关系，而这两者处于互相联系的状态，大多数情况下在工作领域关系中都会掺杂着私人领域关系，而私人领域关系的形成和演变也难以跳出工作领域关系之外。原欣伟、伊景冰和武蒙（2014）认为，在前人对员工之间关系的研究中，没有正确地将偏正式的工作关系和非正式的私人关系做出区分，而工作关系和私人关系极有可能在员工间信息共享和知识共享起到截然不同的作用机制和作用路径。这为我们以后的研究提出了方向指导，即同事关系的度量可以从正式的角度和非正式的角度进行，在每个角度中还应该包含不同层次的概念。

二、工作场所中同事关系的特征

Lee等（2005）曾指出，关系可以分为家庭关系、熟人关系以及陌生人关系。而熟人关系是一种介于家庭关系和陌生人关系之间的复合状态，在熟人关系中既包含情感关系又包含利害关系。刘嘉庆等（2005）认为，在关系构成的研究领域中"情感性""工具性""义务性"是受到广泛认可的。Chen等（2008）在此基础上进一步证明了同事关系主要是一种混合型的熟人关系，既包含一定的情感，也包含相当的利害关系。这也正说明了在评价同事关系时更应该做出区分处理，全面考虑同事关系中可能包含的不同成分。李敏（2016）在之前学者指出的关系的"情感性""工具性"和"义务性"的基础上，进一步提出了加入富有中国特色的"面子"这一概念，以更好地体现中国背景下的熟人关系的特征。相应地，同事关系在此也可以从上述三个关系基本构成结构以及一个中国特色熟人关系特征展开来具体探讨其特征表现。

1. 情感性

情感性关系是人的天然需求。黄光国（2004）认为，情感性关系是长久而稳定的，每个人都希望能在组织中获得情感的支持。人情是我国传统社会及文化下约定的一套人与人之间交往的准则，我们都会将其称为人之常情，在很多情境下的情感交流既是人情的约定，也是情感的自然流露。同事之间的互相庆祝生日，参加婚礼等脱离于工作之外的情感行为即是情感关系的具体体现。情感性关系可以定义为：人与人之间因为兴趣、价值观所引发的发自内心的关爱、关心和关切，满足双方对情感的需求。

2. 工具性

工具性关系涉及利益交换，强调的是公平交换和短期完成。当关系具有重要的手段性和目的性（Tsang，1998）时，就可称其为工具性关系。黄光国（2004）将其界定为短期及易变的，彼此之间的交换一定是即时完成，双方都没有长期交换的期望。但工作中的工具性关系又是完成任务的保障（Chen，2008）。工具性关系的背后一定是计算得失，强调资源交换的理性关系。基于此，工具性关系往往可持续性较短，很容易受到外界因素的破坏。

3. 义务性

义务性关系以社会伦理为交往准则，例如，方便女性员工提前下班去接孩子、在同事请假时主动承担他的工作，以及老员工指导新员工本职工作以外的经验等，是一种组织公民行为的表达，具有长期导向性的作用，是中国人所追求的长期及稳定关系的核心价值所在（沈毅和黄光国，2006）。义务性关系反映的是我国长期以来伦理义务所规定的角色责任，个体按照社会角色的不同承担着不同的义务，在某种程度上受到角色身份的抑制。

4. 面子

根据 HO（1976）对面子这一概念的定义，个体根据其在社会网络中的地位和合适的表现而要求别人对其的尊重和顺从，其应该成为关系研究结构中的一部分。杨宜音（1999）认为，面子在熟人关系中更重要，而在陌生人之间则不重要。费正清（1999）认为，面子属于社会性问题，不仅存在于中国文化背景下，个人的尊严还来自行为端正和操守得当，进而获得他人的认可，对面子的攻击是一种侵略性行为（Tung & Yeung，1996）。显然，在同事关系这种熟人关系中，面子应当占有重要的一部分。

概括而言，正是由于工作场所中同事关系的混合属性，其兼具情感属性和利益交换的属性，同时这两种属性还可以向各自对立的方向发展。在传统的中国式管理中，尽管中国管理者希望给员工营造一种"企业是家"的感觉，希望将员工之间处于中间状态的熟人关系拉向更靠近于家人关系的"准家人"状态，但不能忽视员工加入到组织中也有其一系列经济目的、社会需求以及追求自我价值实现的要求，以及员工可能在工作中产生的异化现象。

第三节 工作场所中影响同事关系的因素

在日常的工作过程中，各方面因素都会影响到同事关系的维持和发展。影响同事关系建立的前因变量很多，从目前学者的研究成果来看，主要集中于个体层面特征对良好同事关系构建影响机制的研究。

一、个体情绪智力的影响

员工的情绪智力对同事关系的作用受到了普遍的关注。个体情绪智力是学者从个体层面出发做出的研究。情绪智力是指个体驾驭自己和他人情感，并区分它们之间的差异，能够进一步利用这些情绪信息指导自己思考和行动的能力（Salovey & Mayer，1990；Mayer，Roberts & Barsade，2008）。情绪智力代表了个体理解和控制自身及他人情绪的能力，包含自我情绪评价、他人情绪评价、情绪控制和情绪利用四个维度。

高情绪智力的员工具有把控和管理自身情绪的良好能力，在组织的人际交往中能够更好地感知上级和同事的情绪，同时也更容易受到他人对自身的认可和赞许（Sánchez‐Álvarez, Extremera & Fernández‐Berrocal, 2016），在交往过程中也会对他人的这些行为做出积极的人际回应（Richards & Hackett, 2012）。丁越兰和王莉（2012）认为，情绪智力较高的个体在实际工作中可以较好地控制和管理自己的情绪，能够帮助个体在组织中进行更有效的交流，从而有助于良好同事关系的培养。另外，陈星汶、李立群和于桂兰（2013）在对高校教师情绪智力的研究中发现，高情绪智力的教师不仅能够把控好自己的情绪，也能更好地感知周围其他教师的情绪，进而能够细腻地掌握与人相处的分寸和准则，与同事之间能够和谐相处，相互分享知识和交流工作经验的意愿会更加强烈。Miners（2008）指出，高情绪智力的个体会与周围的人建立积极的人际网络资本。

梁馨月等（2015）通过实证检验了员工的情绪智力对同事关系有显著正向作用。低情绪智力的新员工在工作和生活中保持着独来独往的状态，不善与人交流和互动，尽管在遇到困难和挑战时，会利用冲突认知来解决问题（Schlaerth, Ensari & Christian, 2013），但不利于人际关系的构建。员工的情绪智力可以直接影响员工对待组织中其他员工的态度和行为，进而帮助员工在组织中构建积极的人际关系。近日有学者的研究指出，领导的情绪智力同样会对组织内员工同事关系的构建产生影响。刘小禹（2013）的研究发现一个团队的领导者如果具有较高的情绪智力，则对于团队内成员形成良好的同事关系和情绪氛围有积极作用。领导的情绪智力水平较高可以体现在察觉下属的情绪状态上、根据场合调整积极情绪和消极情绪。

综上所述，情绪智力水平是影响团队中同事关系的重要因素之一。一方面，员工的高情绪智力水平既可以帮助员工更好地管理和控制自己的情绪，也能更加敏感地感知到组织周围其他人的情绪。这样一来，员工在与同事的互动交往中可以更加游刃有余地把握交往分寸，进而促进和谐的同事关系培养。另一方面，领导者拥有高水平的情绪智力既促使了团队中良好的人际氛围形成，也能帮助调节组织员工的积极或负面情绪，从而进一步影响组织中积极同事关系的构建。

二、个体正念的影响

有学者认为，员工正念（Mindfulness）也是改善组织内同事关系的重要因素之一（Brown & Ryan, 2007）。员工正念是指员工有意识地将注意力集中于当前存在的组织内体验的一种自我调节方式，具有开放、接受和非判断性的特点。正念的好处在于它使个体对于工作有更高水平的洞察，进而使其对工作有更清晰的认识，这种认识在一定程度上会使个体调解自身的行为以适应工作，从而获得更好的职场人际关系。正念切实提升了个体的身体健康程度和心理健康水平，从而达到行为调节的目的。

赵延昇等（2016）研究认为，员工正念通过改变同事间的信任水平，进而使员工在组织中更愿意做出有利于其他同事的人际公民行为，从而使组织内协作的整体效率提升。人际公民行为（Interpersonal Citizenship Behavior，ICB）是衡量同事关系的重要指标，其作为组织公民行为的一个维度，反映的是组织内员工为同事在非工作领域的帮助，对于创造和谐的工作氛围（Podsakoff et al., 2000）和降低员工离职倾向（Aryee，2001）具有积极影响。其实证结果表明员工正念不仅直接作用于人际公民行为，还能通过信任感的形成作用于人际公民行为。由于人际公民行为是衡量员工之间关系的重要维度之一，因此，员工正念的存在对于同事关系也具有正向作用。

三、个体自我疏离感的影响

在负向影响因素方面，自我疏离感的产生是破坏同事关系的一个重要原因。自我疏离（Self-Estrangement）现象在工作场所中普遍存在（Bacharach, Bamberger & Sonnenstuhl, 2002; Pech & Slade, 2006）。事实上，一项盖洛普民意调查（Gallup Poll）显示，52%的受访者表示曾经在工作场所中出现过某种程度上的情感失联（Emotionally Disconnected）（Gallup，2013）。作为一种理论构念，自我疏离被描述为一种分离状态（Schacht，1970），因为他是一种与自我的心理分离感（Kanungo，1979）。这种心理分离感出现在工作场合的个体自我形象和个体的理想形象之间的分离（Seeman，1959）。此外，由于"工作作为一个人自我形象的重要组成部分"（Lodahl & Kejner，1965），以及工作环境对自我形象的影响（Kanungo，1979；Overend，1975），自我疏离者经历了对工作及其环境的不愉快、痛苦的感受（Nair & Vohra，2012；Reevy, Ozer & Ito, 2010）。总而言之，自我疏离是一种分离状态，涉及一个人在工作中的自我形象与一个人的理想自我之间的分离的认知感，这种感觉经历了对一个人的工作及其环境的不愉快，痛苦的感受，这类员工越来越冷漠，接受被动的角色设定（Kahn，1990），甚至增加对工作或工作场所的愤怒（Pech & Slade, 2006）。Kahn（1992）就指出，产生自我疏离感的员工会越来越产生认知分离感（Cognitive Separation），变得更加被动和消极，对其他同事漠不关心。因此，他们倾向于投入更少的时间和精力来维持与同事的交换关系。

Timothy 和 John（2015）的研究探讨了自我疏离型员工的行为如何破坏他们与同事的社会交换关系。结果表明，个体的自我疏离感通过降低该员工的可信度，可达性和人际公民行为水平，损害与同事之间的关系。当员工作为个体并不认同组织和自己的工作时，自我疏离感就会产生，因而对工作也产生疏离感。这种状态下的自我疏离个体和其他同事的关系会更靠近于陌生人关系。自我疏离个体会减少和其他同事的情感交换，在工具性交换中显得更加功利短视和不可靠近，更不用谈及其组织公民行为的主动表现。而工作场所中同事可能需要经常忍受和自我疏离型员工互动的冲击。在合作过程中信息的交流和经验的共享是十分必要的，在一开始，虽然正常员工会抱着互相共享经验和信息的初衷和自我疏离型员工展开互动，但逐渐地发现自己互动的对象似乎并不愿意和自己进行信息的交换，他们会在时间上拖延，或者在空间上躲避，在一次次的碰壁之后，正常员工对于自我疏离员工的期望不断降低，最终造成自我疏离员工与正常的普遍员工之间的关系可能会向负面发展。

四、同事之间的社会交换关系的影响

尽管现有的社会交换理论一般不关注同事之间的互惠交换（Flynn，2003），但仍旧可以参考萨林斯（1972）的基础框架来扩展该理论。虽然这个框架适用于交换关系中的任何两个实体，但迄今为止它主要应用于垂直对象之间的关系，例如，上级和下级之间或组织和员工之间的交换（Sparrowe & Liden，1997；Uhl – Bien & Maslyn，2003；Wu et al.，2006）。对于处于中等亲密环境中的同事关系，该框架确定了两种类型的互惠交换原则，即平衡性互惠原则和广义性互惠原则。

同事之间的平衡性互惠原则是指双方在交换中必须保证在有限的较短期间内进行规定价值的交换（Sahlins，1972），而广义性互惠是指交换被推定为无私的，双方不需要保证自己对于别人的帮助必须给予及时且等价的回馈，广义性互惠将社会交换拉长了更长久的时间层面。平衡性互惠和广义性互惠捕捉了与关系质量相关的社会交换交易的性质（Cropanzano & Mitchell，2005；Uhl – Bien & Maslyn，2003）。在持续且健康的同事社会交换关系中，平衡性互惠带来的信任感和可达性，以及广义性互惠带来的人际公民行为都会进一步促进同事关系的和谐。下文重点对平衡性互惠和广义性互惠所带来的不同结果进行阐述。

1. 平衡性互惠带来的结果

平衡性互惠需要两个维度，即回报的等价性和回报的即时性（Sahlins，1972）。回报的等价性是基于一个人会得到和他付出同样价值的回报期望。然而，由于对给予和回报的估值等价性通常是主观的和不精确的（Blau，1964），对他人的回报无法做到完全对等，只能是"大致相当于自己从别人处获得的"（Uhl – Bien & Maslyn，2003）并且从长远来考虑给予和回报的平衡。

（1）回报的等价性。随着时间的推移同事之间的给予和回报的交换逐渐稳定，隐含的"公平行为标准"（Sahlins，1972）就会逐渐地固定，这带来了一套

以信任规定参与者去偿还别人的行为准则。具体而言，等值回报的内在风险（例如，我的投资是否会被偿还）是信任的必要条件，因为"对信任的需要只会出现在存在风险的情况下"（Mayer，Davis & Schoorman，1995）。因此，随着等价回报的履行，情感联系或基于情感的信任在同事之间发展（McAllister，1995），这降低了同事是否会完全回报的不确定性（Mayer et al.，1995；Molm，Takahashi & Peterson，2000；Uhl-Bien & Maslyn，2003）。也就是说，同事之间持续且较高质量的互相交换会形成一种基于情感的信任，这种信任感可以保证同事之间的交换在风险下仍可正常运行。Rousseau（1998）对信任的定义是：信任是一种心理状态，建立在双方行为积极预期的基础上，信任者愿意接受一定程度风险下的持续关系。Kramer（1999）指出，信任可解决组织内耗的问题，对组织的正常运作起到润滑剂的作用。回报等价性促进信任的发展，有利于同事之间关系更深入的发展，甚至达到较深的友谊水平。

（2）回报的即时性。捕捉了"允许回报的时间"（Sahlins，1972）和对及时回报的期望（Sparrowe & Liden，1997；Uhl-Bien & Maslyn，2003）。回报的即时性要求"毫不拖延"（Sahlins，1972）。因为在当今快节奏的组织中，通常工作需要及时进行信息交换或工作协调（Golden & Raghuram，2010），同事回报的可达性（Accessibility）非常重要。实际上，由于工作场所中可用的通信技术不断增强，对信息可达性的期望呈指数级增长（Golden & Raghuram，2010），通过电子邮件、语音邮件或短信几乎可以实现实时地响应。此外，当面对面地解决复杂、细致入微的工作问题时，可达性对于寻求及时解决问题的同事来说也是至关重要的。很多时候，尽管同事做出了正面且有效的回应，但由于时间上的错配也会导致效果的大打折扣。同事回报的可达性，或者说同事的有效反馈，对于个体有重要作用。即时的回报或者反馈可以促进信息更快的交流和行为的调整，从而有利于同事关系的良性发展。

2. 广义性互惠带来的结果

广义性互惠采取"无偿援助"的形式（Sahlins，1972），与平衡性互惠有预期回报不同，广义性互惠没有明确的反向回报义务。但是，如果被给予者有可能或给予者有需要的话，广义性互惠还是有隐含回报义务的（Sahlins，1972）。作为利他主义的特征，广义互惠是一种维持日常友谊和睦邻关系的"货币"（Sahlins，1972）的帮助形式，可以增强相互之间的关系。在同事之间，广义性互惠采取的是超出了正式定义的工作范围的自由式帮助，在总体上促进了交换关系的质量（Organ，1988）。与此相一致，Smith 等提出了一种独特的"直接针对特定人群的帮助行为"（1983），并将其归类为利他主义。不过，使用"利他主义"一词被认为过于局限，因为利他主义仅仅假设了一种动机（Organ，1997），并没有捕捉到被其他人所证明的行为。随后，跟随着 Williams 和 Anderson（1991）的研究，Organ（1997）从针对某个组织的行为（McNeely & Meglino，1994）中区分出了针对特定个体的公民身份行为，即人际公民行为。人际公民行为和组织公民行为最大的区别在于人际公民行为的直接受体是组织内的个人。总而言之，人际公民行为（Peer Citizenship Behavior）是同事之间持续的、高质量的交换关系的深层次体现。

五、领导—部署交换关系质量差异化的影响

郎艺和王辉（2017）以同事视角探究了领导—部署交换关系质量差异化对同事关系所产生的影响，领导根据不同的标准划分与部署之间的交换关系，将会导致员工之间对待彼此的态度有所差异。这种对交换关系的差异感会影响员工对其同事的态度和评价（Maslyn & Uhl–Bien，2005），继而对同事之间的良好关系构建产生影响。Tse 等（2013）的研究就曾发现，由于领导—部署交换关系的差异，会导致员工之间产生敌对情绪、持负面态度并保持着低质量关系。但在 Tse 等（2013）的研究中，未对员工之间对待同事彼此的态度进行详细的划分，因此，对于同事之间低质量关系产生的缘由分析并未足够明晰。

郎艺和王辉（2017）认为，员工对待同事的态度可以分为外显态度和内隐态度，不同的态度对同事关系的质量差异造成了影响，而这种态度差异性与领导—部署交换关系质量高低密切相关。领导—部署交换关系的差异是由领导对部署划分标准的不同所造成的，其认为领导会根据员工胜任力、自身与员工的相似性和与员工之间的私人关系来划分圈外人和圈内人。郎艺和王辉（2017）的研究结果表明，在外显态度方面，由于员工胜任力而造成的领导—部署交换关系差异，员工之间仍然会对彼此持积极态度，由于相似性和私人关系所导致的领导—部署交换关系差异，则会使员工之间持中立态度；在内隐态度方面，无论领导是根据员工的胜任力、相似性还是私人关系来进行圈内圈外的划分，都将会导致员工之间的消极态度产生。当员工以积极的态度对待彼此的人际交往过程时，友好的关系更加容易培养起来；当持中立态度对待同事时，可能只与其他员工建立其普通的、仅限于工作场合中的关系；若员工以消极态度对待周围的同事时，其总是怀揣着不信任、恶意的眼光看待同事，因此，难以与同事建立积极的同事关系。总体看来，领导—部署交换关系的差异总会导致圈内员工与圈外员工之间的消极相处态度的产生，并且消极情绪的影响要远大于积极情绪的影响，因此，将进一步影响员工之间友好同事关系的建立。

有学者进一步指出，个体在组织中并不是完全独立存在的，个体与同事之间的互动会受到团队文化、规范的影响，郎艺和王辉（2017）在研究中指出，团队

凝聚力可能在领导—部署交换关系差异和员工对待同事态度的关系中发挥着调节作用，并以实证研究证实了这一猜想。其很大的原因在于，在高凝聚力的团队之中，团队的沟通水平、互帮互助精神都尤为突出，成员之间会相互扶持、合作，共同完成组织目标（Kidwell，1997），在此过程中领导—部署交换关系差异给成员之间带来的负面影响会被削弱。

第四节 工作场所中同事关系的影响效应机制

一、对工作绩效的影响效应机制

在同事关系嵌入工作中，并对个体工作绩效产生影响（李敏，2016）。大多数学者的研究结果表明，积极的同事关系对员工的工作绩效具有积极的影响作用。例如，梁馨月、许为宾和秦勇（2015）实证检验了同事关系对工作绩效有正向作用。张燕红等（2018）发现，新进入组织的员工与同事之间构建良好的关系会最终对新员工的任务绩效形成帮助。Bauwens 和 Hourcade（1997）认为，在教师行业中，教师之间良好的学术关系会帮助教师在学术上获得更多的知识和帮助，在面对科研难题时能够提高创造力和满意度，最终实现绩效工作绩效提升。Jarzabkowski（2001）和 Silverman（2004）的研究得到一致的结论，他们认为和谐的人际关系有利于教师的心理健康，和谐愉快的工作氛围会激发教师对工作更加投入，最后表现为工作绩效的提高。

一方面，有学者认为，良好的人际关系并不一定能够为工作绩效的提升提供有利的帮助（Silverman，2004）。就教师行业来说，教师良好的人际关系可能被视为"盲目认同""屈服权威"，所以可能会对教师工作绩效产生负面影响（Timperley & Robinson，1997）。景丽珍和杨贞兰（2013）同样以高校教师为研究对象，探讨了同事关系对教师工作绩效的影响，其将教师的同事关系划分为学术关系和人际关系两个方面，并认为学术关系包含三个因子：学术合作对象、学术合作内容和学术合作能力；人际关系也包含三个因子：人际交往对象、人际交往内容和人际交往能力。最终的研究结果显示，学术合作对象、学术合作内容和人际交往能力对高校教师的工作绩效具有积极影响，而学术合作能力、人际交往对象和人际交往内容对工作绩效产生消极影响。这证明同事关系的不同维度可能对工作绩效的影响作用有所差别。在以往的研究中，学者普遍认为同事关系包含了情感性、工具性和义务性三个维度（杨国枢，1993；姜定宇，2005；史江涛，2007）。李敏（2016）在前人研究的基础上，将"面子"也纳入了同事关系的维度之中,并就同事关系不同维度对工作绩效的影响进行了实证研究。研究发现,在同事关系中的义务性和情感性维度对个人任务绩效具有积极的影响作用。这与Kipnis（1997）的研究结论相符,不同的是李敏（2016）认为,义务性关系这一维度对工作绩效的影响效应要强于情感性关系,Kipnis（1997）则认为,情感性关系占据主导地位。而工具性关系维度和"面子"对个人任务绩效的影响表现出一定的差异,工具性关系对个人工作绩效具有消极的影响作用,"面子"与个人任务绩效有一定的关联,表现出正相关关系。这是因为在中国文化背景下,品德等感性因素始终位于经济利益等理性因素之前。姜定宇（2005）在其研究中表明,中国人的人际情感和利益关系是相互排斥的。基于功利和利益的工具性关系会影响员工之间的合作,进而对员工绩效产生负面影响。而"面子"体现出他人对自身的认可和支持,为了维护、提升自己的形象,员工自身会更加努力工作而出色完成工作绩效。然而,现有的研究通常只关注了同事关系不同维度对工作绩效的影响作用,但却未能对工作绩效进行详细的划分。周剑波和应志方（2015）发现,虽然同事关系与员工工作绩效呈现显著正相关关系,但是同事关系只对工作绩效中的关系绩效具有显著的正向影响效应,而与任务绩效的关系并不明显。这体现了积极的同事关系对工作绩效的影响机制是相当复杂的,目前学者们还尚未能形成一致的结论。

另一方面,当员工在组织中的同事关系质量差时,会对员工的工作绩效产生负面影响。于海琴等（2016）的实证研究发现,同事关系是对工作疏离感的最直接预测源,而这种工作疏离感又会导致工作绩效的降低。工作疏离感作为一种跨文化的社会现象和心理现象（Toch,1974；Kanungo,1982；Srinivas,1990）,其普遍存在于不同文化不同国家不同企业中的员工。Kanungo（1990）认为,工作疏离感是因为员工认为这份工作无法满足自己的需求和期望,从而产生的受困于工作的感觉。Banai（2004）认为,工作疏离感是客观现实和主观意愿在员工认识中的矛盾冲突的体现,冲突积累到一定程度时则会出现自身和工作分离的状态。长期而言,这种工作疏离感状态对于员工的工作绩效将产生严重的负面影响。

二、对员工离职倾向的影响效应机制

杨东进和冯超阳（2016）在针对"80后"员工的激励因素研究中,通过探索性因子和验证性因子分析,提取了具有组织激励作用的五个因子,其中包括了同事关系。根据赫兹伯格的双因素理论进一步对同事关系进行归类发现,同事关系是组织中重要的保健因素（冯伯麟,1996）。当保健因素得不到满足时,员工会对组织和工作产生不满,可能会产生离职的意愿而选择离开组织。尤其对于现代企业来说，年轻血液的注入不仅为企业带来了活力和能量，也使组织不得不考虑高离职率所带来的风险。其中，同事关系是造成员工离职重要的原因。

王振源、孙珊珊和戴瑞林（2014）通过实证研究检验表明，员工的职场关系（包括上下级关系、同事关系）会对员工离职产生直接的影响。Renn、Allen和Huning（2013）也曾发现，员工的社会认同和职场关系相互影响和强化，这种交互作用可能影响着员工的离职行为。Kammeyer - Muelle等（2013）指出，员工的组织社会化过程与同事、上级支持作用紧密相关，并最终会对员工离职行为造成影响。张勉、张德（2003）针对IT行业进行研究，研究结果显示，个体间的关系强弱会通过员工对组织承诺进而影响员工离职倾向。员工在企业中的人际关系不良，会降低员工对组织的承诺感，从而导致员工离职现象的产生。

当组织中某位员工离职后，往往容易引发连续离职的现象。所以，留任员工与离职员工间的同事关系是否会激发留任员工的离职倾向引起了学者的关注。学者指出，员工离职具有一定的传染性，员工的离职行为会影响留任员工的离职行为（Felps et al.，2009）。当留任员工与离职员工的关系良好时，同事的离职会促使留任员工也萌发离职的念头，离职意识变强（Brockner & Kim，1993）。但是这一观点在王振源、段永嘉等（2015）的研究中并没有得到证实，其研究结果发现，留任员工和离职员工之间的关系强度与留任员工的离职倾向的关系不显著。这是因为离职员工离开组织后，员工对于组织的满意度会显著增高。这一猜想也得到了Krackhart和Porter（1985）研究结果的支持。通常情况下，在组织中员工离职时，同事关系越强，留任员工则会认为离职员工所提供的消息更加可信（Salancik & Pfeffer，1978；Blau & Katerberg，1982）。许多离职员工都会对组织心存许多负面评价和想法，同时与离职员工关系越是亲密的员工越容易受到其负面情绪的影响且影响更大（Krackhart & Porter，1985），这样一来，与其关系水平高的留任员工很容易会受到影响，进而产生消极的心态和想法。但是当同事离职后，组织和上级转而给留职员工不断传递正面、积极的思想和信息，使员工远离了负面信息源，同时也变得更容易接受正面信息的传递，对组织和工作的满意度进一步提升（Krackhart & Porter，1985），最终会弱化离职员工给留任员工带来的不利影响。王振源、孙珊珊和戴瑞林（2014）以归因理论中Weiner（1986）的认知—情绪模型对组织中的集体离职/连续离职现象进行了研究和分析，研究结果发现员工之间的同事关系强度越强，留任员工对离职员工的离职的外部归因及留任员工离职倾向的影响越弱。外部归因主要是指留任员工将同时离职的原因归属于公司，认为是公司方面的原因导致了员工的离职（Ortony，Clore & Collins，1988）。也就是说，员工离职的外部归因对员工的离职意图具有正向的影响作用，同事关系越强，则离职员工离开企业后传递给留任员工的负面影响越弱，公司的正面形象重新得以树立，则外部归因对员工离职倾向的正向影响作用就会减弱。

三、对员工创新行为的影响效应机制

社会网络为网络中成员提供了交流和互动的平台，促进了网络成员的学习交流，深化了创新人力和智力资本的累积，为创新提供了基础（Lucas & Robert，1988；赵延东和肖为群，2009）。同事关系则是员工社会网络重要的组成部分。与同事之间的经常性联系和交往不仅培养了员工之间的良好同事关系，同时这种良好的同事关系也无形之中变成了员工的社会网络中的一环，必要时可以为员工提供更多的关键性资源（Sorenson，2003）。

员工从产生创新想法开始到将想法付诸实际行动的全程，都离不开同事关系给员工带来的如：同事支持、帮助和知识的分享等。田立法（2015）认为，员工都是具有自我保护本性的个体。创新行为对于员工来说具有一定的风险性，一方面是需要与他人分享自己创新性知识和想法所带来的风险，另一方面是自己的想法不被组织和他人采纳的风险。这样一来，员工创新行为的激励就具有一定的难度。然而，学者普遍认为，同事关系对员工创新行为具有一定的积极影响作用。在支持性同事关系氛围下，团队成员更加倾向于采取合作行为，能够激发成员之间相互讨论工作任务、交换工作想法的激情和意愿（Jehn & Shah，1997）。支持性同事关系是指同事间相互支持和扶持、亲密的人际关系（Bacharach et al.，2005）。这可以被理解为一种高质量的同事关系。赵书松（2013）进一步指出，在员工组织关系中的情感性成分比工具性成分对员工知识分享行为的影响更为重要。其在研究中发现，当员工进行知识共享时并没有包含奖金、晋升机会等利益性动机，而情感成分对促进知识共享的影响作用更明显。Holstehe 和 Fields（2010）认为，人际关系之中的情感成分会促使隐性知识和稀缺性资源的共享。由此可以推断出，同事关系中的情感性成分相比于工具性成分对员工创新性行为的影响效应更明显。

杨英和李伟（2013）在研究中发现，同事支持感会正向调节心理授权对个体创新行为的积极影响。Zhou 和 George（2001）指出，当员工对工作感到不满意时，同事间的支持和帮助会促使他们发挥自己的创新性。这体现出同事关系的重要性，高质量的同事关系不仅能够直接有效地促进员工创新行为的产生，还可以通过减弱工作给员工带来的消极情绪，增强组织对员工行为、态度的积极影响，以此促进员工创新行为的产生。杨英和李伟（2013）也呼吁企业应该重视组织中和谐的同事关系氛围的营造。和谐的同事关系使员工心情舒畅，能够与同事合作，一起共同克服工作中遇到的困难（周剑波、应志方，2015）。只有当员工之间具有高水平的同事关系时,同事之间才会愿意为彼此提供支持和帮助。员工可以从关系亲密的同事处得到更多知识和技能的分享,也能够与其共同探讨新问题和新想法,从而产生解决问题的新方法(鞠芳辉、谢子远和季晓芬,2008)。

那么,低质量的同事关系是否会对员工创新行为造成负面影响,这一猜想也得到学者的证实。高英(2016)从相反的角度出发对知识型员工的创新绩效进行研究,其发现当同事关系不和谐时,与同事的低质量关系会对知识型员工的创新绩效具有负向的影响力,并且这种影响效应通过员工建言的完全中介作用得以实现,而自我隐藏感和同事关系交互影响员工的建言水平,进而对员工创新绩效产生影响。

四、对员工工作满意感的影响效应机制

同事关系会对员工的态度产生影响。近年来,学者关于同事关系对员工态度的影响主要集中在工作满意度的研究中。员工工作满意度与同事关系紧密相关,不少关于员工工作满意度的研究中都会提到同事关系。张勉、张德(2003)对工作满意度的定义中显示,工作满意度包括了个人对工作环境、职责内容和同事关系等与工作相关的积极态度的心理反应。周剑波和应志方(2015)指出,同事关系是员工满意度的四个维度之一。

关系强度对工作满意度具有直接的影响效应(Krackhart & Porter, 1985)。Luthans(2009)在研究中指出,薪酬、晋升、上级管理、工作自身和同事关系是对工作满意度影响最重大的五个因素,而Colquitt(2009)则对这五个因素与工作满意度之间的相关程度进行了实证,发现同事关系与工作满意度之间的关联相对于其他因素要更为密切。由此可见,同事关系对员工的工作满意度感知具有一定的影响作用。

一方面,当员工具有高质量的同事关系时,员工得以在和谐友爱的同事关系氛围下工作,员工的工作满意度将会得到提升(Conna,2014)。Liden、Wayne和Sparrowe(2000)认为,高质量的团队—成员交换关系会对员工工作满意度具有正向影响作用。在离职员工与留任员工同事关系的研究中,王振源等(2015)发现,离职员工和留任员工的关系强度越强,则留任员工的满意度越高,在离职率高的高科技企业中,留任员工与离职员工之间的同事关系与员工工作满意度呈现正相关关系。Krackhardt和Porter(1985)的研究也得到了相似的结果。不仅如此,同事关系强度水平的高低还会调节员工离职给留职员工带来的负面影响。例如,王振源、孙珊珊和戴瑞林(2014)的研究结果发现,员工之间的同事关系强度越强,则留任员工对离职员工的离职的外部归因对留任员工工作态度(包括工作满意度、组织承诺)的影响越弱,同事关系在员工离职外部归因和留任员工

工作态度之间发挥负向的调节作用。

另一方面，员工在组织中的人际关系是组织保健因素的重要组成部分（冯伯麟，1996），同时也是员工满意度重要的组成成分，其中的人际关系尤其是指同事关系。当员工保健因素不足或者水平不高时，容易使员工对工作产生不满意感（黄英忠、余德成，1993）。也就是说，当组织中员工的同事关系状况不佳时，容易导致员工对工作满意感降低。

第五节　工作场所中同事关系研究的管理启迪

费孝通（1998）提出中国人的社会交往中存在"差序格局"的理论，即个体会按照人际格局的远近来划分交往的亲疏，再根据不同的亲疏来判断选择不同的交往法则。杨国枢（2004）依照交往者之间的关系基础不同，将关系划分为：家人、熟人和陌生人三类，个体对待三类人采用完全不同的行为方式，即对待家人的原则是责任和情感，对待陌生人是讲利害的工具性关系，而对于熟人则是讲人情的混合关系。Lee 等（2005）认为，这套理论存在连续的分布，即家人和陌生人分别处于关系的两端，而熟人根据交情的深浅分布在中间位置。同事关系正是既包含着情感的长期交换，又涉及功利的短期交换的一种熟人关系，其作用机制复杂，并且对组织和个人影响深远。基于此，工作场所中的同事关系需要得到管理者及员工的高度重视。

1. 以动态视角管理同事关系

在正常的同事关系下，同事之间通过一次次的短期等价交换形成了信任感，互相之间都认为对方是值得信赖的功利性交换对象，也都愿意交流经验和信息。尤其是在同事之间可以无障碍地进行信息沟通交流时，认为同事之间不仅在交流的质量，而且在交流的成本（时间、空间）上也没有阻碍，组织内部达到了信息交流的高效。随着时间的推移，同事关系中最终会演化出人际公民关系（组织公民关系的一种），同事之间会出现非功利性的利他行为，这意味着同事关系作为一种非血缘性的熟人关系已经发展出了以责任和情感为准则的类似于家人的关系。

然而很多情况下同事关系并不能顺利发展至这种程度，除去某些特殊个体的人格障碍特征，自我疏离感是一种可能出现于普通人身上的心理状态。研究表明，产生自我疏离感的员工可能产生破坏性的后果，可能会严重损害同事关系。随着自我疏离程度的加剧，这类员工逐渐不再将自己视为工作社会结构中不可缺少的一部分，他们更可能存在于工作场合的边缘地带（Kahn，1992）。在这种边缘地带，他们在关系中投入更少的时间和精力，这意味着他们也将较少地回应同事的请求（Schacht，1970）。例如，他们可能通过不接电话、对电子邮件或短信的延迟回复等形式来延迟回应同事的请求。或者他们可能通过发出微妙的、非语言形式的暗示来表达他们不太愿意接受工作上的接触或情感上的接触（Brown，1996；Nair & Vohra，2012；Schacht，1970）。这些细微的线索可能包括避免和同事的目光接触，关闭办公室门拒绝他人来访，或在同事周围表现出距离感。因此，随着他们的自我疏离程度的增加，异化的员工往往更难以与同事进行互惠交换。

2. 恰当利用同事关系促进工作绩效提升

Timothy 和 John（2015）研究发现，同事之间的社会交换质量应该被视为多维度的。他们通过进一步的实证研究发现，自我疏离通过与同事的互惠交换中可信度水平的负面影响间接地影响了工作绩效。换句话说，随着员工自我隔阂的增加，他们在与同事的互惠交流中变得越来越不值得信任，结果是他们的工作表现受到了损害。他们还发现，自我疏离通过对疏离员工与同事进行互惠交流的可达性的负面影响，间接地影响了他们的工作绩效。从本质上来讲，因为他们和同事的接触程度较低，他们在工作绩效方面付出了代价。此外，他们发现自我疏离通过其对疏离员工的人际公民行为水平的负面影响间接影响了工作绩效。简言之，因为他们与同事的公民行为较少，自我疏离型员工的工作表现会受到不利影响。同事关系也可能影响员工自我疏离感的产生，并进而负面影响工作绩效。可见，组织及成员需要关注个体行为表现，引导良好的同事关系发展，从而提升员工工作绩效表现。

不过，对于管理者而言，需要高度重视可能影响同事关系发展的个体特征因素。如产生自我疏离感的员工可能具有隐藏性，因为自我疏离感并不会使员工立刻做出辞职或消极怠工的表现，问题员工可能具有和正常员工差不多的工作效率。自我疏离更多是一种长期而消极的情绪，慢慢地破坏和腐蚀问题员工和正常员工之间的同事关系，因此，问题员工工作绩效的下降也具有发展的过程。作为员工的一线管理者，不仅应该从每个员工的工作结果出发判断他们的状态，也应该从和每一个员工的深入谈话中发现他们自身的问题和反馈的关于同事的问题，这样才可以在员工自我疏离感产生的早期就将这种负面的心理状态排解掉，避免给组织的运作造成更长久的损失。

3. 在组织中营造和谐的人际氛围

高水平的同事关系会对员工行为和态度发挥正向的影响作用，从而可以进一步帮助组织进步。尽管在学者的研究中认为，个体层面的特征对于同事关系具有直接的影响，组织层面对同事关系构建的影响作用研究还较为少见。但是组织氛围对于个体具有影响作用是被大家所公认的。组织传递给员工的价值观、组织文化等会间接影响员工的态度、行为。因此,组织应该承担起为员工积极构建同事关系的责任,为员工营造和谐的人际氛围。一方面,在正式工作中,组织可以考虑对采取团队、小组等形式分派工作任务,这可以增加同事之间交流和互动的机会,为良好同事关系的建立打下基础。另一方面,企业可以通过组织员工聚会、开展户外素质拓展等活动增加员工之间私下交流的机会,培养员工之间的友谊。在目前员工流动性水平高的情况下,不断有新员工进入组织中,这样一来,不仅能够帮助员工之间建立良好的同事关系,还能促进新员工更快融入组织中,与老员工迅速建立良好关系,共同为组织的发展贡献力量。

第六节 结论及未来研究展望

一、结论

同事关系作为组织内部的一种重要关系,值得学界更多地关注和研究。本书回顾了国内外文献,从同事关系的内涵与特征、同事关系的影响因素以及同事关系的影响机制三个方面进行了梳理。同事关系不同于普遍意义上的人际关系和职场关系,有其独特的内涵和特点,因此,对于同事关系的研究也开始逐渐成为学者们的关注焦点。近年来,关于同事关系前因后效的探究也越来越多,从理论角度方面丰富了同事关系的研究。高质量的同事关系对员工具有积极的意义,不仅有利于员工的身心健康,还对员工的积极主动行为产生正向影响,既能帮助员工出色完成工作任务、提高员工工作绩效,还能促进组织绩效和效能的提高。鉴于同事关系给组织带来的深远影响,这引起了企业对良好员工关系培养与和谐组织氛围的营造的重视。对现实企业的管理实践具有一定启发作用。本书基于前述文献的基础之上,构建了如图 10-1 所示的同事关系发展与影响综合模型。

首先,同事关系包括正式的工作方面的关系以及非正式的私人关系。两个方面的关系有着密切的联系。一方面,同事关系强调的是组织内因共事或者共同工作而发展起的一种特定关系,即同事关系是基于工作联系发展起的关系;另一方面,同事关系如果仅限于工作方面的交流,则关系质量会非常有限。良好的同事关系还需要通过一定的非正式私人联络得以加深。另外,同事关系均体现出情感性、工具性、义务感和面子。不论是工作方面还是私人方面均可能包括上述特征,而其中特别值得强调的就是中国文化背景下的面子所反映的关系的特殊内涵。

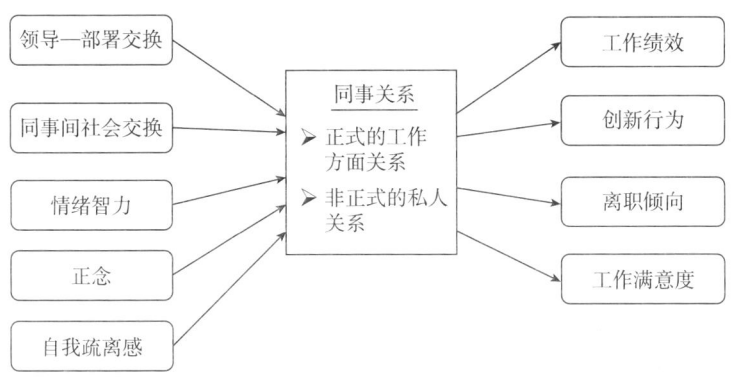

图 10-1 同事关系发展与影响综合模型

其次,同事关系的发展受到多种因素的影响,包括个体层面、互动层面以及情境层面。个体层面因素,如个体的情绪智力、正念、自我疏离感,对于同事关系的发展可能有着直接的影响作用。互动层面,如在二元互动中的同事间社会交换以及群体背景下的领导—部署交换差异化,也可能通过引发个体的比较以及伴随的进一步互动,从而影响同事关系的发展。此外,较少受到研究的组织情境因素,如团队氛围、组织氛围等,也均可能通过影响个体的体验与感受从而影响到同事关系的发展方向与发展趋势。可以说,同事关系的发展是个体层面、互动层面以及情境层面多种因素共同作用的结果,这也是导致不同的个体可能发展起不同的同事关系,而同一个体是在不同情境下可能发展起不同的同事关系的重要原因。

最后,同事关系对于个体的态度和行为均具有重要的影响。具体来说,同事关系可能影响个体的工作绩效和创新行为等行为层面变量,还可能影响个体的离职倾向与工作满意度等态度层面变量。当然同事关系也可能借由对个体态度的影响从而进一步影响到个体的行为表现。在此特别值得强调的是,虽然同事关系有助于个体良好工作态度的形成以及良好的工作行为表现。但是并非同事关系越好相关的态度与行为结果越好。有研究表明,同事关系对于工作绩效的影响可能呈现倒"U"形,即同事关系有助于工作绩效的提升,但是到了一个临界点之后,同事关系再继续发展就可能不仅不利于工作绩效的发展反而可能对工作绩效带来负面影响。鉴于此,一方面,需要发展良好的同事关系以利于形成良好的个体工作态度和行为;另一方面,凡事亦有度,过于突出关系的重要性反而可能产生关系的"黑暗面"效应。

二、未来研究展望

第一,同事关系的相关研究应该引起重视。学者普遍认为,虽然上下级关系对于员工来说,比同事关系更加重要(蔡松纯,2009;王忠军、龙立荣和刘丽丹,2011)。但是,同事关系是员工在组织中重要的人际关系(冯伯麟,1996),其所带来的影响和作用同样重要。如若员工处理不好组织中的同事关系,不仅会给员工自己带来烦恼和困扰,进而影响员工的工作和生活,同时也会给组织带来一系列负面影响和损失。然而,目前学者们多专注于对广泛组织人际关系或是上下级关系的研究,忽视了同事关系研究的重要性。因此,对同事关系的研究还有待一步完善。

第二,同事关系影响因素研究。目前关于同事关系的影响因素研究都集中于个体特征层面,从组织层面的影响研究也不足。实际上,组织因素对于同事关系的发展有着重要的影响。例如,赵红丹(2014)研究发现,企业如果强制员工做符合组织公民行为的事情反而会影响到员工之间的关系。刘小禹(2013)曾提及组织情绪氛围对同事关系的作用。未来的研究重点可能在组织层面对员工之间同事关系的影响上以及组织层面因素与个体层面因素可能产生的协同影响作用。

第三,同事关系影响机制研究。同事关系是员工在组织中的重要人际关系,影响着员工的态度和行为。主要的研究成果集中在同事关系对员工行为的影响方面,并对其作用机制进行了详尽的分析和探讨,但是对于员工态度方面的研究相对来说较少,在同事关系的研究中往往把员工态度等因素当成中介变量或是调节变量进行研究,缺乏对同事关系及员工态度的作用机制的探讨。另外,有学者曾经指出,员工之间同事关系的好坏不仅会影响关系双方对彼此的评价和看法,也会影响上级对员工的看法(郎艺和王辉,2017)。由此可见,同事关系不仅会对关系双方员工产生水平的影响,同时有可能会对上级以及组织产生跨层次的影响,但是目前关于同事关系对更高层面因素,如上级、团队和组织等方面的影响较为少见。今后的研究可以进一步从同事关系对领导、组织因素的影响进行探讨。

第十一章 员工的自我疏离感与离职倾向：同事关系以及组织支持感的影响

第一节 引 言

自我疏离感是个体的一种心理分离感（Fromm，1955；Horowitz，1966；Kanungo，1979），反映了当事人对于工作场合中的自我形象和个体的理想形象之间的分离所导致的痛苦和矛盾（Seeman，1959）。自我疏离感（Self-Estrangement）作为一种具有破坏性的职场心理，正在成为学者们关于职场关系研究的前沿问题。对于员工自我疏离感这一现象的研究主要涉及该状态的发展机制、动态特征（如这种状态可以持续多久，是一种过渡状态还是一种持续状态）以及相应的影响结果。其中，员工自我疏离感的影响效应机制是一个重要的关注重点。

自我疏离感对于一个员工而言具有全方面的影响。具有较高水平自我疏离感的员工，更倾向于认为自己作为组织内的一员是非常渺小和举足轻重的，因而也更容易产生对工作和工作场所逃离的冲动。Timothy 和 John（2015）通过实证研究检验了员工自我疏离感对于同事关系及其工作绩效的影响机制，证明了自我疏离感会对员工的人际关系和工作结果变量均产生重要的影响作用。除直接影响当下工作的状态和结果之外，在自我疏离状态下的员工是否会产生主动离职的倾向，这一疑问是在将来的研究中需要涉及的。同时，离职率也是企业的管理者需要控制的一个重要问题。正如 Bushey 和 Glynn（2012）明确指出，高离职率带来的重复人才搜索和培训成本会大大增加企业的管理成本。结合上述背景，探讨员工自我疏离感对其离职倾向的影响效应具有一定的理论与实践意义。

另外，同事关系在职场中具有重要的意义，积极的同事关系可以促进组织内部的知识和经验分享（Tsang，1998）；形成的良好同事网络关系在企业裂变式创业中发挥重要影响作用（李志刚，2015）；而消极并恶化的同事关系会导致员工个体的心理健康和行为发生重大变化，进而引发负面心理和行为反应

（倪昌红、叶仁荪和黄顺春，2013），在更严重的情况下将使员工无法继续在组织内工作而离职（王振源、孙珊珊和戴瑞林，2014）。可见，同事关系可能会产生重要影响，不仅限于工作态度和绩效结果，也可能导致离职倾向的发生。基于此，本书将同事关系纳入考虑范畴，探讨员工的自我疏离感对同事关系的影响，以及随之可能引发的离职倾向，即同事关系在员工自我疏离感和离职倾向间的中介作用。此外，有研究表明，组织背景因素对于员工的态度、心理以及行为均可能产生重要的影响。作为一种负面的心理分离状态，员工的自我疏离感又可能负面影响同事关系，并进一步导致对继续留在所在组织的意愿降低，但是，如果组织的支持强度在比较大的情况下，个体可能会缓解离开的意愿。正是出于这一考虑，本书将进一步检验组织支持感在同事关系与员工离职倾向间的调节作用。

综上所述，从现有的关于同事关系研究的文献出发，我们发现在自我疏离感和员工主动离职之间缺少研究覆盖，而同事关系很有可能在其中发挥中介作用，因此，提出了员工自我疏离感对其离职倾向的影响机制模型，包括同事关系的中介作用以及组织支持感的调节作用。本书基于当前组织行为研究的一个热点问题——员工自我疏离感，作为一个研究切入点，探讨其对组织关注的员工离职倾向的影响机制，是对离职倾向理论研究的一个新拓展，扩展了离职倾向影响因素研究的范围，并且基于关系观视角，探讨关系因素对于员工负面心理与负面行为结果的可能传递影响机制，有助于丰富员工自我疏离感心理的影响效应机制认识，同时对于员工自我疏离感和离职倾向管理实践也会有所启发。

第二节 自我疏离感与员工离职倾向的关系

雇员的离职可以分为被动离职和主动离职两类，划分标准是自身的心理意愿。被动离职往往是因为员工在工作过程中表现出极大的不满和过失，其工作绩效明显落后使企业不得不将其清除出组织，以避免更大的损失。被动离职是由企业控制的，对企业的影响较小，甚至可以说利大于弊。员工的主动离职在很大程度上由员工主动做出决定，企业无法进行预测和控制，这种离职常常会给企业带来一定的负面影响。如按照 Tsang（1998）的理论，组织内的知识以个体的形式存在于每个员工及其所包含的关系中，员工离职后如果其拥有的知识和技能无法在企业内备份，带给企业的就是该知识的永久损失。另外，企业无法控制员工主动离职还会增加企业的进人时间成本和经济成本。基于此，本书关注的离职倾向（Turnover Intention）反映的是这种企业可能需要加以控制的主动离职倾向，对这

第十一章 员工的自我疏离感与离职倾向：同事关系以及组织支持感的影响

一类离职倾向的探讨有助于指导企业的员工留人管理实践。

对于离职倾向的定义，Mobley（1978）认为，离职倾向是员工对工作的不满意、离职念头、寻找其他工作倾向和找到其他工作的可能性的综合体现。Willeans（1986）认为，离职倾向是员工离开他所在岗位的倾向、意愿和计划。黄培伦和田在兰（2006）认为，离职倾向代表了个体对离职的认知和态度，这种认知与态度的进一步发展就是离职的实现。由此来看，离职倾向是个体出现对现有组织不满意或者有更好的外部机会诱惑而打算主动离开所在组织的一种意愿倾向。

现有关于离职倾向的影响因素研究从组织层面、工作特征层面和个体特征层面展开。就组织层面而言，谭小宏等（2007）认为，组织支持感会使员工感受到组织对自己的关心和重视，从而愿意为报答组织而做出贡献，这将大幅度降低员工的主动离职倾向。李绪红和徐文（2009）发现，组织的社会化策略对于新入职员工的离职倾向具有显著的负面影响作用，即较好的组织社会化策略将有利于降低新入职员工的离职倾向。张军成和凌文辁（2013）认为，组织政治知觉会增加员工的主动离职倾向。就工作特征层面而言，白光林等（2011）研究发现，组织承诺和工作满意度是离职倾向的决定性因素。孙配贞等（2012）发现，组织内的研究型员工感受到的知觉压力（紧张、压抑和失控感）对于预测其离职有很好的正向预测作用。张升飞（2012）发现，当实际工作时间和期望值产生明显差距时（实际工作时间明显大于自身期望），同样会产生主动离职倾向。就员工的个体特征层面。人口学变量和员工的心理特征变量以及性格特征变量是这类研究的集中点。Marsh（1977）发现，在日本电子企业中年龄和离职呈相反关系。黄攸立和周琴（2010）以知识型员工为样本发现，内外控人格特质对预测离职倾向具有显著作用。陈维政等（2012）发现员工的心理资本（自我效能感、乐观、坚韧）对于离职倾向具有显著的抑制作用。

综合前人关于离职倾向影响因素的研究，我们发现，还未有人将自我疏离感引入到离职倾向的研究当中。事实上自我疏离感和主动离职倾向之间应当有十分紧密的联系。首先，员工产生自我疏离感的原因即来自组织或者工作带给员工的现实和员工的期望不相一致所造成的隔离，此类员工一般会逐渐产生对工作及组织的厌恶情绪，想要远离工作和工作场合。这一反应可能会增加个体离开当前组织的想法，即离职倾向会增强。其次，自我疏离感作为一种内隐的心理活动，其一般不具有强烈外显性，以至于该员工的直接领导者可能都无法觉察到他的变化和反常。根据往常经验，尽管这类员工可能还能完成上级交代的任务和对上司的负责，和其他正常员工无异，但是这种表象的正常化掩饰的员工矛盾的分离心理可能会加剧恶化，一旦暴露出来，就可能是离职倾向已经很强烈了。

概括而言，自我疏离感的产生来自该类型员工在日常工作中对于理想的工作状态和现实的工作状态下的内心冲突和矛盾，当事人处于一种分离状态（Schacht，1970），是一种与自我的心理分离感（Fromm，1955；Horowitz，1966；Kanungo，1979）。这种心理分离感出现在工作场合的个体自我形象和个体的理想形象之间的分离（Seeman，1959）。自我疏离型员工在工作中是痛苦的、不愉快的（Nair & Vohra，2012；Reevy，Ozer & Ito，2010），甚至于产生对工作环境的愤怒（Pech & Slade，2006）。学界关于自我疏离感的测量量表主要有两套：Lodahl 和 Kejner（1965）以及 Bacharach 等（2002）。Bacharach 等（2002）对员工自我疏离感的测度量表中的关键问题就是："我常常想远离工作场所。"和"当我在工作时，时间对我来说真的过得很慢。"这充分说明了产生自我疏离感的员工对工作的逃离冲动，因此，本书在此假设员工的自我疏离感对于其离职倾向有显著的正向影响作用。

H1：员工的自我疏离感与离职倾向显著正相关。

第三节 同事关系在自我疏离感和离职倾向之间的中介作用

同事关系作为个体在职场中众多关系中的一部分，可能在员工的离职决策中起到一定程度的作用（Mitchell & Campion，2001；Maetrz et al.，2004；Liu et al.，2012）。尽管自我疏离感作为一种负面情绪具有隐藏性，但总会表现出一些端倪，同事可能是先于领导觉察到异样的人，自我疏离感多多少少会通过日常的表现破坏与同事之间的关系，因此，同事关系可能比领导的觉察更能预测一个人的主动离职倾向。

自我疏离感破坏了员工与同事之间的社会交换关系。自我疏离感员工在表现上具有内隐性，即自我疏离作为一种心理活动并不会外显到容易被人察觉，尤其是该员工的直接领导。因为员工可能鉴于对领导的地位优势考虑，担心领导会看到自己不良表现而降低绩效评价或者资源分配机会，所以会尽力掩饰，做好印象管理。该员工可能按照正常员工的状态参与到工作中，保质保量地完成直接领导安排的任务，以至于对于直接领导而言具有迷惑性，低估其主动离职倾向，认为该员工处于正常心理状态。但自我疏离感确实在破坏着组织内部的人际关系。由于自我疏离感较高员工倾向于对周围人和事产生消极的情绪和认知，而横向同事关系使其掩饰的意愿会显著降低，导致自我疏离感可能更显著地面向影响员工的同事关系。基于此，本书认为自我疏离感首先破坏的是该员工和周围同事之间的关系。为此，本书提出如下假设：

H2：自我疏离感与同事关系显著负相关。

Timothy 和 John（2015）研究曾指出，同事关系可以操作化为三个维度，即同事间的信任感、信息反馈以及人际公民关系。本书在此基于这一同事关系的维度划分，探讨同事间信任感、信息反馈以及人际公民关系对于员工自我疏离感和员工离职倾向关系间的中介影响作用。

一、同事间信任感的中介影响作用

自我疏离感的产生使员工显得更加冷漠，他们倾向于投入更少的时间和精力来维持与同事的交换关系（Kahn, 1992）。一旦这类员工开始隐瞒情感和认知，其他同事就可能会开始质疑他们提供的回报等价性（Greenberg & Grunberg, 1995），最终会对持续进行的同事交换关系造成不平衡。随着这种不平衡的增加和同事被不平等回报现象所激发后的更加警觉和敏感（Uhl-Bien & Maslyn, 2003），他们更有可能失去对自我疏离员工给出合理回报上的信任。随着信任感的下降，他们从同事那里获得信息的质量和数量都会下降，特别是当同事们按照更新后的信任程度重新调整自己对自我疏离员工提供的帮助时（Sahlins, 1972; Uhl-Bien & Maslyn, 2003）。问题员工和正常员工之间的信任感下降，对于正常员工而言，只是缺少了来自问题员工的信息，而问题员工则是缺失了和几乎所有其他同事的信息沟通和正常交流，这将对问题员工的自我疏离感造成更大的深化。

另外，倪渊和林健（2013）针对知识型团队的研究发现，团队成员间的信任程度作为一种关键变量起到抑制离职率的作用。张广琦、陈忠卫和李宏贵（2016）关于创业团队的离职研究中发现，人际信任水平的提升对于降低创业团队成员离职率有显著正向作用。王洋洋、张晓慧和韩樱（2017）也同样表明了信任感在员工离职倾向中的重要作用。因此本书提出如下假设：

H3a：同事信任感在自我疏离感与离职倾向的正向作用中起中介作用。

二、信息反馈的中介影响作用

鉴于"在拜访时不受到约束和隔离"对同事的重要性以及从这些信息交换中获得的专业知识，信息反馈还应提供关键的"转移隐性知识的机会"（Koskinen, Pihlanto & Vanharanta, 2003; Balkundi & Harrison, 2006）。因此，即使自我疏离型员工可以被同事完全信任，他们越来越难以接近并逐渐减少了信息交换的反馈及时性（O'Reilly, 1982），特别是当同事被迫追问他们或等待很长时间来获取他们所需信息时。因此，同事可能会开始怀疑自我疏离员工是不是难以接近的（Pinto, Pinto & Prescott, 1993）。因此，由于自我疏离的员工变得不那么容易接触，同事要么对他们不抱有回报的希望，要么也向他们提供不及时的帮助（Cropanzano & Mitchell, 2005），以此来重新平衡互换关系中的成本收益比（Grant & Ashford, 2008）。

而工作中信息网络的上述这些隔离会导致自我疏离员工在完成工作过程中面临巨大挑战，该员工很可能面临组织内部的信息不畅和信息隔离，加深了工作开展的难度，这也将提升其对工作的厌恶和离职倾向。就这一点而言，自我疏离感较高的员工引发的信息反馈的降低，可能客观上影响了其工作的顺利程度。再加上自我疏离引发的心理上对工作和环境的负面情绪，可能会显著增加该员工的离职倾向。因此本书提出如下假设：

H3b：信息反馈在自我疏离感与离职倾向的正向作用中起中介作用。

三、人际公民关系的中介影响作用

柳士顺和凌文辁（2012）研究发现，群体中的组织公民行为对于员工的离职意愿有显著的抑制作用。袁斯经和朱爱琴（2013）也同样证明了组织公民行为和员工离职呈显著负相关。不过当组织公民行为是被迫做出时，也可能对离职倾向产生促进作用，聂文（2016）关于新生代员工的研究中发现，当新生代员工在组织内被逼迫做出强制性组织公民行为时，强制性的组织公民行为反而会对离职倾向产生正向作用。人际公民关系作为组织公民关系中的一个维度，虽然相关文献叙述较少，但可以将人际公民行为看作组织公民行为在同事层面的表达。自我疏离使该类员工越来越不情愿做出自发性努力（Kahn, 1990; Seeman, 1959），因此，他们较少自发地做出有利于同事的行为。同时此类员工将更少的认知和情感资源用于他们的工作（Kahn, 1990），他们不太愿意在完成工作任务之外额外花费时间和精力参加这种公民行为（Borman & Motowidlo, 1993, 1997）。此外，随着自我疏离程度的加深，他们不太容易表现出对同事福祉的关注（Bolino & Turnley, 2005; Moon, Kamdar, Mayer & Takeuchi, 2008），也不太可能参与人际公民行为。可见，随着员工自我疏离感的增加，该类员工参与人际公民行为的程度可能会显著下降（Chiaburu et al., 2014）。

此外，当自我疏离员工较少参与人际公民行为时，并且其累积的对其他员工的反向义务变得回报无期时，同事更有可能注意到不平衡（Flynn, 2003）。随着这种不平衡的增加，同事更倾向于将更少的时间或精力投入到针对此类员工的人际公民行为中（Balkundi & Harrison, 2006; Koskinen 等, 2003）。长期的不平等交换也将导致自我疏离员工和同事之间的人际公民行为关系崩塌。最终，正如

Flynn（2003）所发现的那样，在不获得任何好处的情况下不断提供帮助，导致同事"产生怨恨情绪"，这不仅阻碍了合作，也阻碍了自我疏离员工的生产力。此外，由于此类员工未能参与到组织内部成员间的人际公民行为，构成了对默认气氛的破坏，他们也可能遭受到在组织内的声誉影响（Flynn，2003），并影响到直接领导开始对他们产生负面印象和评估（Podsakoff, MacKenzie, Paine & Bachrach，2000）。同事对其的孤立和来自领导评价的下降，都可能导致问题员工的离职倾向增加。因此本书提出如下假设：

H3c：人际公民行为关系在自我疏离感与离职倾向的正向作用中起中介作用。

四、组织支持感的调节作用

组织气氛是指在组织环境中相对持久的特性，良好的组织气氛能促使员工有更高的工作满意度和生产率，同时降低员工离职的可能性（Tagiuri & Litwin，1968）。组织支持感作为组织气氛中的一种，反映的是组织内部的整体信任和支持水平（Stringer，2002），是一个团队或者组织维持和获得成功所需要的。

王琪（2018）指出，个人所感受到的组织支持将对其职业的适应起到积极作用，组织支持感通过强化员工对于"只要努力工作就会有回报"的信念，提升其组织绩效和组织承诺，降低其离职意向。张军成和凌文辁（2013）认为，在研究组织政治知觉对员工离职倾向中将组织支持感作为调节变量，组织支持感属于工作资源，而组织政治知觉属于工作要求，可以合理地预期组织支持感对于缓解组织政治知觉对员工所造成的负面影响具有作用。同样地，在本书构建的框架中，同事之间的社会交换关系中，除人际公民行为维度之外，信任维度和信息反馈维度都是建立在工作资源的交换基础上，组织支持感作为一种超越同事关系的组织特性，可以合理地预期组织支持感将对缓解同事交换关系的恶化对离职倾向的负面影响具有作用。因此本书提出如下假设：

H4：组织支持感在同事关系与离职倾向的关系中起调节作用（如图11-1所示）。

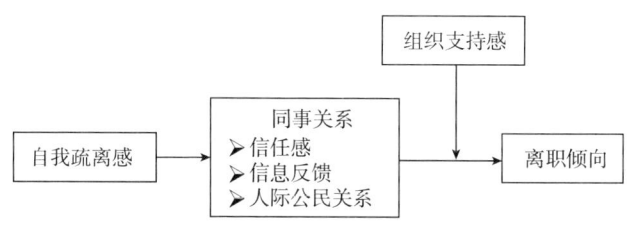

图11-1 自我疏离感与离职倾向的关系机制模型

第四节 讨论与分析

本书探讨了员工自我疏离感对于其离职倾向的影响作用。本书提出员工的自我疏离感与离职倾向显著正相关,当员工产生了自我疏离感时,随着自我疏离程度的加深将更有可能做出离职的决定。另外,本书指出自我疏离感可能会导致同事关系的负面发展,而同事关系的恶化导致了之后的一系列连锁反应,使问题员工产生离职倾向甚至离职决定。

在现有文献中缺乏对于自我疏离感和离职倾向之间的作用机制的探讨和研究。本书从同事社会交换关系的视角出发做初步论证。自我疏离感是一种具有隐蔽性的心理状态,在前人文献中提及这种心理状态对于工作绩效的影响同样是隐蔽、间接的(Timothy & John,2015),因此,自我疏离感除直接作用于离职倾向之外,一定还有对工作环境中其他变量的改变或者说破坏,进而加深了自我疏离员工的离职倾向。领导—员工关系应该不是主要变量的改变,因为自我疏离感的隐藏性决定了领导很难从该类型员工的工作表现中觉察到变化,而同事往往是最先发现该类型员工发生变化的一群人,因此,本书提出,同事关系应该为自我疏离感破坏的重要工作环境变量,从而进一步推进了该类型员工做出离职决定。

同事关系的分类从信任感、信息反馈和人际公民行为三个方面出发。在信任感方面,自我疏离员工因为首先做出了和同事间交换不对等的举动,同事逐渐开始怀疑自己的付出是否能换回该员工等价的回报,由此削弱了同事对其的信任感,问题员工往往无法看见自己的付出减少,而感知到同事对自己的信任感下降,由此加剧离职倾向。在信息反馈方面,自我疏离员工更倾向于将自己封闭而显得难以接近,同事们或多或少地感知到其难以接近的程度而决定减少和他的信息交互,当自我疏离员工处于和同事信息交互屏蔽的状态时,很可能因为对于工作中重要信息的遗漏而无法完成既定的工作任务,因此,信息反馈的滞后和缺失也将导致离职倾向的加深。在人际公民行为方面,自我疏离员工当然会减少人际公民行为这种具有利他属性的付出,不愿意在长期的关系中做出付出,使其和同事的长期关系崩塌,同事们对其产生负面评价和孤立,导致其不得不主动离职。综合以上的同事关系的三个维度,本书认为同事关系在自我疏离感和离职倾向中起到中介作用,具体表现为:自我疏离感降低员工的信任感、信息反馈以及人际公民关系,进而提高其离职倾向。

本书聚焦个体常被忽视但又普遍存在的一种异化心理状态——自我疏离感,剖析了这一矛盾的分离状态对于员工离职倾向的影响机制,包括同事关系的中介

第十一章 员工的自我疏离感与离职倾向：同事关系以及组织支持感的影响

作用以及组织支持感的调节影响。该研究对于管理有着较为直接的现实指导意义。文献表明，尽管员工的自我疏离感会显著地降低其工作绩效，但这种负面作用并不是立刻显现的。自我疏离感作为一种负面的职场心理状态，应该被管理者充分重视。领导者应该从多角度观察员工的工作状态，一方面是其工作表现，另一方面是同事的交流和评价，及时地发现同事评价中的异常以便尽早地发现员工出现的心理问题并予以及时干预。

首先，信任感是从情感角度出发的同事关系维度。组织成员间信任感的建立对于工作的开展和关系的维持都具有重要的意义。考虑到同事间信任感的破坏将会导致工作无法开展及员工出现离职情况，领导者应该为组织内成员的相互信任创造条件。本书发现，员工的心理状态是一个重要的影响因素。具体来说，员工的自我疏离感这一异化心理状态不仅负面影响员工本人的心理健康水平，同时也会外化影响同事信任关系的发展，进而对工作相关结果变量产生影响。

其次，信息反馈是从工具性角度出发的同事关系维度。信息的传递和反馈是完成任务必不可少的环节。当组织或者组织内的个人处于信息获取不畅的状态时，整体的工作效率都会下降，从而有可能进一步影响其态度和行为选择。管理者应该为组织成员营造出顺畅沟通的工作条件，不能让同事间有形的墙和无形的隔阂阻碍信息沟通与反馈。但除管理者自身的管理之外，鉴于员工个体的自我疏离感的影响作用，管理者还需注意观察和引导具有自我疏离倾向的员工的心理和行为表现，以帮助其改善不良信息反馈可能导致的进一步问题。

最后，人际公民行为是从义务性角度出发的同事关系维度。组织内成员间出于义务和自发地互相做出人际公民行为，是一种更高等级和更长期的交换。当组织公民行为在组织内部形成氛围时，组织才能更有"家"的感觉。当然前提是所有的组织公民行为都是自愿发生的，如果领导者强行规定员工做出义务性的组织公民行为，很有可能起到相反的作用。人际公民行为将有利于员工形成良好的口碑和评价，加深其对组织的归属感。考虑到自我疏离感会负面影响其人际公民行为，管理者需要从员工心理状态出发，引导自我疏离水平较高的员工通过恰当的自我心态认知与消极情绪管理，达到降低自我疏离水平，同时提升人际公民行为的意愿，进而改善自我疏离员工的工作表现和整体同事关系水平。

第十二章 团队—成员交换关系：内涵、影响效应与驱动机制

第一节 引　言

经济的发展对信息化、网络化和知识化有了更高的要求，而在繁杂多变的内外现代组织环境面前，传统的组织结构模式已经很难满足当下的时代需求，灵活化与扁平化逐渐成为组织结构模式变革的一个发展趋势（杨芳，2016）。正是在这样的背景之下，团队模式逐渐成为应对激烈市场竞争和不确定环境的一种普遍而有效的组织形式。团队模式强调成员对于团队共同目标的认同、理解以及在实现这一目标过程中的密切协作和沟通，借此可以极大地提高团队工作的效率以及对环境不确定性的快速反应能力。由此可见，团队高效能发挥的关键前提条件之一就是团队成员彼此间的协作与认同。而达到成员间这一和谐状态的基础就是团队内的关系。基于此，团队内的关系问题得到了越来越多的重视。

个体在团队中工作或多或少会与其他团队成员以及整个团队产生交换关系。这种关系不仅包括团队中的纵向关系，即团队领导者和下属之间的关系，还包括团队中的横向关系，即团队成员之间的关系。其中，团队—成员交换关系（Team Member Exchange，TMX），即基于互惠理论和社会交换理论视角下个体与其他团队成员建立的社交交流关系（Seers et al.，1995），正成为团队关系研究的一个重要主题，得到越来越多学者的关注。随着组织越来越多以团队为基础开展工作，团队—成员交换关系已经成为组织和团队工作完成效能的关键影响要素。根据 Seers（1995）的定义，团队—成员交换关系主要包括获得与贡献两方面。较强的团队—成员交换关系与基于社会交换理论（Blau，1964）的有利结果有紧密联系。相关学者基于社会交换理论提出，团队成员更愿意从积极的工作态度、更高的团队成员认同和创造力及有利于集体的公民行为中获得回报（Kamdar & Van Dyne，2007；Seers，Petty & Cashman，1995）。不过，Farh 等（2017）认为，团队—成员交换关系对工作绩效的影响较为复杂，团队成员仅仅是建立起良

好的团队—成员交换关系，也可能并没有带来个人绩效和团队绩效的提升。因为团队—成员交换关系与绩效间的联系还可能受到团队成员间的互动质量、工作价值的相似性和公平感知等的影响。

概括而言，自 Seers（1995）提出团队—成员交换关系概念 20 多年以来，团队—成员交换关系逐渐成为组织管理学领域的一个研究热点。虽然许多学者对这一主题的研究取得了较为丰富的成果，但是团队—成员交换关系的研究还存在许多不一致的研究发现或者不明确的地方，如团队—成员交换关系的发展机制、绩效效应的中介传递机制以及其中可能存在的边界条件等。基于此，本书将聚焦于团队—成员交换关系这一主题，首先，对团队—成员交换关系的内涵、结构维度进行阐释；其次，进一步深入剖析团队—成员交换关系的影响效应和驱动机制；最后，基于上述相关研究发现提出团队—成员交换关系的综合管理模型，期望借以对团队—成员交换关系理论研究有所启迪，同时对团队关系管理实践也能提供一定的借鉴。

第二节　团队—成员交换关系的内涵、维度及测量

一、团队—成员交换关系的内涵

通过在团队层次上扩展领导—成员交换（Leader Member Exchange，LMX）关系，Seers 等（1989）首次提出了团队—成员交换的概念。他们指出，在相互依存的团队环境中，个体必须与其他团队成员建立社交交流关系，这种关系就称为团队—成员交换关系。随后，基于互惠理论和社会交换理论，Seers 等（1995）进一步将团队—成员交换关系定义成团队成员与团队其他成员之间的互利互惠关系，具体表现为协助他人与接受他人的帮助，传达观点与接受观点等方面。Murphy 等（2003）认为，团队—成员交换关系也能作为衡量某成员与其他团队成员之间的互惠程度（reciprocity）的重要指标。Shore 等（2006）认为，团队—成员交换关系是个体通过感知自身与其他团队成员之间而形成的一种交换关系，具有内涵深刻性、外延广阔性、交换复杂性和关系维系全面性的特征。

孙悦等（2009）将团队—成员交换关系定义成某个团队成员在相关工作任务中和其他团队成员之间建立起的交互关系。邹文篪和刘佳（2011）首创性地运用社会认同理论来解释团队—成员交换关系。他们认为，社会认同理论强调"我"到"我们"自我概念的转变，同时也伴随着个体对利益的关注由"个人利益"转变为"团队利益"，此时的团队成员之间便形成了广泛的交换形式，这也是团

队—成员交换关系的重要特点之一。于妍等（2015）认为，团队—成员交换关系是一种成员会增强互动、共享信息和相互回报和认可的团队氛围。

总的来说，虽然不同学者因采用理论基础的差异对团队—成员交换关系的定义有所不同，但主流学者在定义团队—成员交换关系时多以互惠理论和社会交换理论为基础。团队—成员交换关系是个体对团队成员与自身关系水平的感知，包括维系团队成员关系的诸多方面，具有广泛的外延性和深刻的复杂性（Shore, Tetrick & Barksdale, 2006）。团队—成员交换关系体现出团队成员之间的广泛社会交换，而这种交换遵循着普遍性互惠（Generalized Reciprocity）的原则，其特点在于团队成员间在彼此交换回报的时限和回报等价性上没有做过多的严格要求，并且强调对他人利益的关注多于对自身利益回报的关注（Keup, Bruning & Seers, 2004）。团队—成员交换关系具有广泛性特点，这种广泛交换在参与方上要求三人以上，在交换过程中的回报多以第三方间接获得，并且交换方在给予其他团队成员帮助时不会过多讨论回报价值和内容。这种关系体现出团队成员之间互帮互助的精神（Molm, Collett & Schaefer, 2007；Molm, 2010）。具体而言，团队—成员交换关系体现出团队中某位成员帮助其他团队成员的意愿强度，团队成员对彼此团队成员角色、能力的认可程度，团队成员对彼此相互分享信息、互相帮助和绩效反馈的程度（Koopman, Lanaj & Scott, 2016）。可以说，团队成员之间的分享、认可和绩效反馈等的程度反映了团队—成员交换关系质量的高低。低质量的团队—成员交换关系只是出于完成任务的需要，而高质量的团队—成员交换关系还会出于更强的相互承诺、义务和信任感，增进相互尊重等社交情感的交流（李山根，2011；Farh et al., 2017）。

二、团队—成员交换关系维度划分与测量方法

Seers（1989）率先研究并提出了团队—成员交换关系的结构维度，并开发出了团队—成员交换关系测量问卷。他提出团队—成员交换关系共分成三类。第一，交换。涉及团队与成员的关系，主要包括成就交换与信息交换。第二，会议过程。团队在以实现某一目标或完成任务为导向而举办会议的效率。第三，凝聚力。主要体现在团队成员之间的信任程度和团队精神。在测量问卷中有10个测项是用来测量交换，4个项目测量会议过程，4个项目测量团队凝聚力，共计18个测项。

之后，Seers 等（1995）基于 Seers（1989）开发的18个测项问卷进行了简化，并剔除了"会议过程"和"团队凝聚力"而只保留"交换"维度，利用10个测项的问卷来测量团队—成员交换关系的质量，并区分为两个维度，即团队成员对团队的贡献和团队成员从团队中获得的支持（如表12-1所示）。其中5个

测项用来考察团队成员对团队的贡献（1~5），另5个测项用来考察团队成员从团队中获得的支持（6~10）。研究结果显示，该测量问卷具有较好的信度和效度。因此，该精简版的问卷被往后的团队—成员交换关系学者所普遍采用（Farmer, van Dyne & Kamdar, 2015）。

表12-1 团队—成员交换关系两维度问卷

维度	序号	测项
成员对团队的贡献	1	我经常就工作方法优化问题向其他团队成员提供建议
	2	为了使其他团队成员的工作更容易，我可以灵活调整我的工作职责
	3	我愿意帮助其他团队成员完成分配给他们的工作
	4	当我的工作使其他团队成员的工作变得更容易（或更困难）时，他们总会让我知道
	5	当其他团队成员忙碌时，我经常自愿帮助他们
成员从团队中获得的支持	6	其他团队成员了解我的问题和需要
	7	其他团队成员愿意帮助我完成分配给我的工作
	8	其他团队成员了解我的潜力
	9	当其他团队成员的工作使我的工作变得更容易（或更困难）时，我总会让他们知道
	10	其他团队成员在忙碌时经常请我帮助他们

在具体团队—成员交换关系问卷的使用中，往后有关团队—成员交换关系研究中的测量要么直接运用 Seers 等（1995）的10个测项问卷，要么据此做出小幅度修改。Witt 等（1999）在研究中也发现，从"交换"维度上测量团队—成员交换关系质量最为可靠，同时该测量可有力解释个体对团队绩效和感知的影响。Agrifoglio 等（2010）采用 Seers（1995）的10项测项问卷研究了团队—成员交换在团队成员地理分散性、满意度和组织承诺等变量间的中介作用。只是 Liden 等（2000）认为，由于资源的不对称，在团队—成员交换关系中团队成员的获得往往会大于贡献，因此，在量表测量中侧重"成员从团队中获得的支持"，将 Seers 等（1995）问卷改为7项。Lam（2003）采用改编的 Seers 等（1995）问卷检验了激励水平在团队—成员交换与团队成员绩效关系间的中介效应。结果发现，较高水平的团队—成员交换会提高团队内部的激励水平进而调动团队成员工作积极性。在该研究中，结果报告该测量问卷的 Cronbach's α 系数为 0.81，即信度较好。

随着研究的进一步发展，Seers 等（2001）对调查对象的"成员对团队的贡献"与"成员从团队中获得的支持"进行对称性测量，例如，获得项的条目是："本部门的同事经常鼓励我、帮助我"。贡献项条目如："我会经常鼓励和帮助本部门的同事"。还有最后一条非导向性条目（我与团队成员间互相帮助的程度有多大）进行总体概括以衡量团队—成员交换。这种方法与其他学者通过下属和领导两个交换方测量领导—成员交换方法极其相似（Scandura，1999）。考虑到团队—成员交换以成员与其他团队成员的关系质量为基础，因此，基于广泛社会交换从每个团队成员的付出与获得进行测量具有其合理性。

陈兴淋和徐铮（2013）也提出，交换关系必然涉及付出与获得两个方面，团队—成员交换也同样如此。社会交换的基础在于彼此之间的信任和自身内在责任感。交换的一方为另一方提供服务，虽然提供服务的行为可能得不到即时的回报，但接受该服务的一方会感知到这种潜在的责任和义务并在未来的活动中积极主动承担这种责任或者履行相应的义务。团队—成员交换可划分为团队—成员交换获得与团队—成员交换奉献两个互相对应的方面。团队—成员交换获得主要包括忙碌时获得其他团队成员的帮助、与其他团队成员能坦诚沟通、观点得到其他团队成员的认同。团队—成员交换奉献与团队—成员交换获得相对应，团队—成员交换奉献主要包括当其他团队成员忙碌时其能够支持其他团队成员的观点，并与其他团队成员开展坦诚交流等。

综合来看，虽然有学者在团队—成员交换关系测量上侧重于团队成员在团队成员交换中的获得大于贡献的测量（Liden et al.，2000），但该问卷是基于Seers等（1995）问卷改编，同时在被主流学者沿用的情况下，Seers等（2001）进一步强调在交换中团队成员获得与贡献的对称性测量。因此，在研究团队—成员交换关系问卷测量上主要以Seers（1995）中的10个测项问卷为蓝本，可以直接使用或根据具体使用的团队情境差异进行小幅度修订。

第三节 团队—成员交换关系的影响效应机制

对于团队—成员交换关系影响效应的探讨往往进行在团队层面和个体层面。据此从团队—成员交换关系的影响效应来看，团队层面的影响主要体现在团队承诺和团队绩效上；在个体层面上主要集中在工作绩效、工作满意度、离职倾向、自我效能感上。可以说，团队—成员交换关系作为团队成员和团队之间互惠关系的体现，其质量的高低会对团队成员及整个团队都可能产生影响。

一、团队—成员交换关系的团队层面影响效应机制

在团队层面上，Major等（1995）发现，团队—成员交换关系不仅与基本的团队动力相关，还与团队承诺之间呈现正相关关系。较强的团队—成员交换关

系，作为一种社会交换关系，能增强个人的义务感，进而增强对于团队关系的承诺。随后相关学者考虑到团队承诺的维度差异，将团队—成员交换关系对团队承诺的影响进行差异性比较分析，将之划分为对情感承诺维度、规范承诺维度和持续承诺维度的影响。结果表明，团队—成员交换关系与情感承诺维度呈正相关，与规范承诺维度和持续承诺维度不相关，即团队—成员交换关系主要体现在社会情感交换方面（Witt et al., 1999）。

就绩效的影响而言，Seers（1989）采用量表调查的方法对团队—成员交换关系质量与团队绩效之间的影响展开了研究。结果表明，虽然高质量的团队—成员交换关系与较高的绩效评价相关，但成员激励在这中间起调节作用，即高水平激励会对低质量团队—成员交换关系起到补偿作用，当激励水平较高时团队—成员交换关系对团队绩效的影响作用较弱。之后学者进一步研究指出，团队—成员交换关系与团队绩效之间的关系存在其他的边界条件。Alge等（2003）通过对200名大学生进行试验研究表明，团队—成员交换关系与团队绩效之间的关系受到任务依赖性的影响，其中，团队—成员交换关系在任务相互依赖较高的状态下对团队绩效的影响更为显著。Banks等（2014）从社会交换角度来研究，强调团队成员的资源作为团队—成员交换关系增强绩效的关键边界条件，当团队成员能够提供较高质量的资源时，团队绩效则从团队—成员交换关系中获得的资源得到提升。

在研究团队—成员交换关系的影响效应中，有部分学者考虑到团队—成员交换关系质量存在差异从而提出了团队—成员交换关系差异化的概念。这些学者认为，基于团队层面视角探讨团队—成员交换关系对团队的影响时不仅要考虑绝对的团队—成员质量水平，还需要考虑团队—成员交换关系质量的分布状态，即相对关系水平，具体可以反映为团队—成员交换关系差异化。Liao等（2006）将团队—成员交换关系差异化定义为团队成员与其他成员在交换关系程度上的差异。例如，在同一个团队中，一部分团队成员的团队—成员交换关系质量较低，另一部分则较高。这种参差不齐的现象便对团队—成员交换关系差异化，质量差异越大则团队—成员交换关系差异化程度越高；相反则团队—成员交换关系差异化程度较低。就团队层次而言，根据社会比较理论（Festinger, 1954），较高程度的团队—成员交换关系差异化将会诱使团队成员间的比较，而这种现象往往带来不利的后果，最直接的便是降低团队成员的凝聚力。由于在这样的背景之下团队成员更多的是把团队当成一个攀比环境而不是一个互相团结进步的群体，这便会减少成员间的交流造成知识、经验和技能的封闭，而团队成员也会质疑通过团队合作完成团队任务的真实可靠性，从而可能负面影响团队绩效（Liao et al., 2010; Kirkman & Rosen, 1997）。

一般而言，团队—成员交换关系差异化往往对团队层面而言的整体绩效发挥着消极的影响作用。Liu 等（2011）通过对一个研发团队进行研究，考察团队—成员交换关系差异化对团队绩效的影响，结果发现，团队—成员交换关系差异化程度较提高了团队绩效。较低程度的团队—成员交换关系差异化有利于团队成员间的内部知识分享，尤其是整体处在较高团队—成员交换关系的团队中，这种较为通畅的内部分享有利于提高整个团队的绩效（Dierdorff & Ellington，2012；Liu et al.，2011）。但是，较高水平的团队—成员交换关系差异化可能带来的是成员间的关系对立以及处于较低团队—成员交换关系水平个体的不公平感，从而影响成员的绩效表现，最终对团队有效性带来较大的负面影响。

二、团队—成员交换关系的个体层面影响效应机制

Pollack（2009）在研究团队中的社会关系与团队—成员交换关系对个体工作绩效产生的影响中发现，个体的社会关系越多、团队—成员交换关系质量越高时，他将更有可能产生更高的工作绩效。因为相较于社会关系较少、团队—成员交换关系质量较低的成员，他们拥有更多与团队内外人员交流意见、交换资源的机会进而更可能提高工作绩效表现。

孙锐和王乃静（2009）以科技企业研发员工为样本研究团队—成员交换关系和员工创新的关系，结果表明，团队—成员交换关系对员工的创新行为有正向的影响作用。Liao 等（2010）以技术工人为研究样本，研究了团队—成员交换关系对自我效能感的直接影响以及团队—成员交换关系经由自我效能感对创造力的可能间接影响。结果表明，团队—成员交换关系对个体的创造力和自我效能感均有着显著的正向影响，高质量的团队—成员交换关系能够提高团队成员的自我效能感，进而提高个体的创造力。相反，如果团队—成员交换关系质量较低，则可能通过降低成员的自我效能感，进一步降低成员的创造力。

Major 等（1995）指出，团队—成员交换关系与离职倾向呈负相关关系，高质量的团队—成员交换关系有利于降低员工离职倾向，而低质量的团队—成员单交换关系则可能员工离职倾向相对较高。不过，研究也显示，对于新入职的员工来说团队—成员交换关系和离职倾向之间的关系还受到角色期望的满足程度影响。具体来说，当新员工在工作中未能满足团队成员角色期望时，低水平的团队—成员交换关系会导致高离职倾向；如果团队成员角色期望得到满足且超过一定的限度，高团队—成员交换也能导致高离职倾向。不过，Neff（2008）得出与之不同的结论，他发现团队—成员交换关系和离职倾向之间的相关性并没有达到统计学上的显著，其原因可能在于样本选自大型商品流通企业，而这种企业的团队成员之间的联系较少。为此，是否对于不同的研究对象而言，团队—成员交换

关系对离职倾向的影响作用可能存在差异，未来可以进一步进行研究检验。

团队—成员交换关系还会影响个体的态度。Seers（1989）在研究中发现，团队—成员交换关系能预测团队成员个体水平的工作满意度，个体成员的工作满意度会随着团队—成员交换关系的变化发生改变。根据社会交换理论，当个体希望得到某种社会奖励，他便会主动接近目标并在得到满足后产生更多的积极情绪。因此，个体在与他人互动中收益越大，其满意度便会越高。高水平的团队—成员交换关系会使个体感觉到在与团队的互动过程中会有所收获，至少是情感上的收获，从而有助于工作满意度的提升。不过，有学者发现，团队—成员交换关系对工作满意度的影响存在一定的边界条件。Major 等（1995）在对 250 名新入职的员工进行研究发现，刚入职员工与入职四周后的员工在团队成员交换与工作满意度关系方面存在较为明显的差异。具体来说，刚入职的员工团队—成员交换与工作满意度呈正向影响，而入职四周后的员工的团队—成员交换关系对于工作满意度的影响则不显著。Golden（2006）以远程办公员工为研究对象的一项研究表明，团队—成员交换关系对工作满意度的影响关系函数为一条倒"U"形曲线，起初工作满意度随着团队—成员交换关系水平的提高而增加，到达一定的临界点反而随着团队—成员交换关系水平的提高而下降。其原因在于社会情感交换感知受远程办公环境的影响日趋降低，进而降低工作满意度。

除团队—成员交换关系高低的绝对水平影响个体层面的结果之外，团队—成员交换关系差异化也会产生一定的影响。Liden 等（2006）对团队—成员交换关系与个体成员绩效的影响关系进行了更为深入的挖掘，结果发现，当团队—成员交换关系不考虑其团队内部交换关系的差异化时，团队—成员交换关系与个体成员绩效没有显著的影响关系；而当考虑团队—成员交换关系差异化且程度较低时，由于团队成员不会认为自己的团队—成员交换关系是独特的、独一无二的，他们之间不会进行过多的对比，反而会产生相互同化现象。可以说，团队—成员交换关系差异化对于绩效的影响更明显。在此基础上，Liao 等（2010）又进一步对团队—成员交换关系差异化进行了个体层次的实证研究。结果发现，在较低的团队—成员交换关系差异化下，团队—成员交换关系对自我效能感的影响较弱；而在较高的团队—成员交换关系差异化时，团队—成员交换关系对自我效能感有更强的正向积极影响。

第四节　团队—成员交换关系的驱动机制

团队—成员交换关系对团队成员以及整个团队可能产生影响，尤其是其存在积极影响方面,因此,为更好地发挥团队—成员交换关系对成员和团队的积极价值,学者们开始向前溯源,关注团队—成员交换关系的影响前因,探讨其驱动机制。团队—成员交换关系始于团队成员之间的互动,会受到多种因素的影响。从现有的研究成果来看,团队—成员交换关系的驱动因素主要包括个体层面和团队情境因素两个方面。

一、团队—成员交换关系的个体层面驱动机制

1. 组织公平感的影响

组织公平感是指个体对组织内是否公平的一种认知、感受和判断,以及对这种认知做出的行为反应(Colquitt et al.,2002)。组织公平感可细分为分配公平、程序公平和互动公平三个维度(Tyler & Bloder,2000)。成员总是希望能得到组织的公平和一致对待,以减少在团队交往过程中产生的不公平感(Van Breukelen et al.,2000)。组织公平感可能对团队—成员交换关系产生重要影响。具体来说,较高的组织公平感有助于减少团队成员之间的比较问题,促进成员之间的沟通交流和相互帮助的意愿,进而促进团队—成员交换关系发展。

Hubbell 和 Assad(2005)的研究表明,团队成员的组织公平感与团队—成员交换关系质量呈正相关关系。较高的组织公平感有助于提升团队成员与同事之间的关系质量,进而促进成员以互惠的方式维护现有的交换关系。Guh 和 Lin 等(2013)指出,团队成员感知到的包括互动公平感在内的组织公平感对团队—成员交换关系有积极的影响作用。团队成员的互动公平感涉及他人对自己尊重程度的感知,较高的互动公平感有利于营造一种团队成员相互尊重的团队氛围,进而提升团队—成员交换关系质量。Murphy 等(2003)研究了社会懈怠、互动公平和团队—成员交换关系之间的关系,研究结果表明,成员之间的互动公平感知对团队—成员交换关系有积极的正向影响作用。互动公平指团队成员对团队中的成员沟通、相互对待方面公平程度的感知。根据公平原则,当团队成员感知到彼此之间的公平待遇便会消除对立,促进彼此之间的交换。

2. 情绪智力的影响

情绪智力代表了个体感知、理解和控制情绪的能力(Palmeret et al.,2005)。Mayer 和 Caruso(2012)认为,具有高情绪智力的个体对他人的情感具有较强的感知和判断能力,可以针对他人情感的变化和需求做出恰当的反应,同时能够较好地控制自我的情感。因此,高情绪智力的个体往往具有较高的社交技能和人际关系管理能力。这对于需要高度合作的团队情境而言,有着重要意义。因为团队成员之间的交流和互动可能更频繁。基于此,高情绪智力个体更有可能发展起高质量的团队—成员交换关系。

高情绪智力表现为具有高的"情商"。在某种程度上来说,情商与关系有着紧密关系。对于团队成员而言,高水平的"情商"与团队—成员交换关系显著正相关。Schmidt(2006)就以企业员工为对象,从员工对情商的自我报告中研究其对团队—成员交换关系产生的影响,结果表明,员工的情商与团队—成员交换质量呈正相关关系,具体表现为团队成员的情商越高,其所发展起的团队—成员交换关系质量也就越高。

3. 团队成员相似性影响

基于动态平衡理论,Sherony 和 Green(2002)指出,不同个体之间的相似程度越大,则双方(或多方)的交往与互动就越频繁、越顺畅,相似的个体更有可能发展出亲密的关系。Dose(1999)认为,团队成员的个体相似性会对团队—成员交换关系产生重要影响。

实际上,团队—成员交换不仅包括工作信息的交换,还包括人际关系方面的交换。其中,人际关系方面的交换与友谊的形成较为相似。人总是倾向于跟自己相似程度较高的人相处交友,即所谓的"相似吸引"。当个体在工作中与其他成员发展出超越正式的职场同事关系的友谊时,团队成员之间会倾向于相互帮助、鼓励、信任和支持,为彼此排忧解难,从而促进了高质量的团队—成员交换关系的形成(Sias et al., 2012)。

具体来说,团队成员之间的共同或者相似的价值观、宗教信仰、教育背景、性格特征和社会地位等都对团队—成员交换关系的发展有所帮助。Liao(2013)在研究中表明,团队成员之间相似的性格特征有助于促进彼此之间的团队—成员交换关系。如两个同样外向的团队成员之间往往带来更高质量的团队—成员交换关系。Murillo(2003)在研究中还验证了团队成员之间爱好的相似性对团队—成员交换关系的影响,最后发现,具有相似兴趣爱好的成员之间的团队—成员交换关系质量往往更高。

此外,在工作情境下,工作价值相似性特别受到关注。按形式的不同,工作价值相似性可以划分为实际工作价值相似性和感知工作价值相似性。迄今为止,工作价值相似性对团队—成员交换关系的影响尚未形成统一的结论。Dose(1999)探讨了团队—成员交换关系与工作价值相似性之间的关系。研究结果证实,实际工作价值相似性对团队—成员交换关系有正向的影响作用,而感知工作价值相似性对团队—成员交换关系的影响并不显著。研究结论的不一致可能是受到了团队成员共事时间的影响,共事时间长的成员之间有足够的时间来发现实际工作价值相似性,而共事时间短的成员之间则只能感知工作价值相似性。另外,Baugh(1997)通过小样本研究也发现,虽然工作价值相似性会对团队—成员交换关系产生影响,但其影响效应并不十分显著。可见,关于团队成员的工作价值相似性的影响作用仍然并不明确，还需要更深入地检验。

4. 二元视角下的领导—成员交换关系的影响

团队成员的领导—成员交换关系（Leader - Member Exchange，LMX）的相似性也被认为与团队—成员交换关系的发展密切相关。在团队中除横向的交换关系（如团队—成员交换关系）之外，还存在着另一种相当重要的纵向交换关系，即领导—成员交换关系。研究表明，领导者与成员的交换关系会奠定整个工作团队的互动基调（Herdman，Yang & Arthur，2014）。成员与领导者的交换关系质量会对其与其他团队成员的互动方式产生直接的影响（Taggara & Ellisb，2007）。

与领导者交换关系质量相似的团队成员之间更有可能发展成高质量的团队—成员交换关系。例如，当领导者与成员 A 和成员 B 同时发展高质量或低质量的 LMX 关系时，成员 A 与成员 B 也会发展出高质量的团队—成员交换关系。因为与领导关系相似的成员之间会相互吸引，促进了以 LMX 质量为划分依据的社交圈子的形成，处于同一个社交圈子中的成员会有更多互动和情感上的交流，有助于发展成高质量的团队—成员交换关系。当领导者与成员 A 和成员 B 的其中一方发展高质量的 LMX 关系，而与另一方发展低质量的 LMX 关系时，成员 A 与成员 B 之间会自发形成不同的社交圈子，不同圈子的成员之间缺乏交流和互动的基础往往导致低质量的团队—成员交换关系。

二、团队—成员交换关系的团队情境层面驱动机制

1. 团队类型的影响

Alge（2003）认为，按团队成立时间和持续时间可以将团队分为未来团队、过去团队、长期团队和临时团队四种团队类型。在长期团队中，团队成员之间有着共事的经历和互动基础，成员之间愿意在人际关系的维护和发展上投入更多的精力和个人资源，更可能与其他团队成员分享信息、相互帮助和支持，因而在长期团队中更有可能发展高质量的团队—成员交换关系。Liden 等（2010）在研究中也发现，以往有共事经历的团队比以往没有共事经历团队的团队—成员交换关系质量更高。同时团队成员之间的互动与团队—成员交换关系呈正相关关系，这说明成员间良好的互动关系有利于形成高质量的团队—成员交换关系。另外，未来团队是指尽管过去没有合作经验，但在未来可能会长期合作的团队。在未来团队中，基于对未来合作的积极期望，会提升团队成员现阶段的团队—成员交换关系的质量。Murillo（2006）对团队—成员交换关系的纵向研究就表明，团队期望对团队—成员交换关系有着正向的影响，团队期望较高的成员可以从团队中获得更多的情感支撑，并更加努力。与此同时，团队成员也会为其他成员提供协助和支持，从而提升团队—成员交换关系质量。

2. 团队规模的影响

团队规模对团队—成员交换关系的影响作用也得到了研究的证实。在规模较大的团队中,囿于地理的分散性以及时间和精力的有限性,团队成员可能只能和特定的几个成员发展高质量的团队—成员交换关系,而与其他成员保持低质量的团队—成员交换关系(Gajendran & Joshi, 2012)。而在规模较小的团队中,由于完成团队任务和目标的需要,对团队成员之间相互协作的要求往往更高,成员之间产生的互动和交流更为频繁,因此,更有可能产生高质量的团队—成员交换关系(Ismail et al., 2012)。不过,团队规模的大小是否与团队—成员交换关系之间呈现线性关系还是需要进一步检验的。如可以检验什么样规模的团队可以达到较好的协同互动实现高绩效团队之目的而又不会产生负面关系结果,或者说团队规模达到什么数值时会成为一个拐点,导致团队更容易发展起小圈子,从而影响团队—成员交换关系的良性发展。

3. 团队凝聚力的影响

团队凝聚力指的是团队成员之间关系的亲密程度以及对成为团队一份子的渴望(Lawler, Thye & Yoon, 2000)。Wang 和 Ying 等(2006)指出,团队成员的社会化发生在团队凝聚力较高的团队中,即在具有较高凝聚力的团队中,团队成员更有可能产生高质量的社会交换,形成高质量的团队—成员交换关系。已有研究表明,团队凝聚力与团队成员之间的信息和资源共享程度正相关,对成员的角色外行为(如助人行为等)有积极的影响作用,从而有助于提高成员的团队—成员交换关系质量(Marziali & Munroe, 1997)。

4. 团队领导风格的影响

已有研究表明,团队领导者的领导风格对团队—成员交换关系有显著的影响作用。Zou 等(2015)表明,服务型领导不仅对领导—成员交换关系有积极的影响作用,而且还会通过情感过程对团队—成员交换关系产生影响。服务型领导通过向团队成员描绘美好的愿景、对团队成员提供个性化关怀以及进行团队建设,为团队成员营造一种互助、团结的团队氛围。在这一过程中,团队成员的自我概念完成从个人主义向集体主义的转变,促进团队成员产生为实现团队集体利益而为其他成员提供帮助和支持的责任感,从而促使在团队中形成高质量的团队—成员交换关系。Walumbwa 等(2010)也指出,服务型领导与成员建立公平公正的互动氛围,有利于在团队中创造真诚的沟通环境,促进团队成员之间互信、互助和互爱的团队—成员交换关系的形成。

5. 团队虚拟化程度的影响

随着移动互联网技术的发展,人们的工作方式突破了时间和空间的限制,出现了如远程办公、异地办公等灵活多样的办公形式。当今的工作团队已不再限于传统的"面对面"团队，而是开始向机动灵活的虚拟团队（Virtual Team）转变。Golden（2006）研究了虚拟工作环境下远程办公对团队—成员交换关系的影响，结果表明，两者之间呈现负相关关系。换言之，团队虚拟程度越低，团队—成员交换关系越高；而团队虚拟程度越高，有可能团队—成员之间的有限交流互动而导致较低水平的团队—成员交换关系。

团队虚拟化增加了团队成员对其他同事工作状态的不确定性（Muethel et al.，2012），容易造成沟通延迟以及团队成员之间的误解和冲突，导致成员之间较低的人际信任，从而降低团队—成员交换关系质量。而在低虚拟化的环境下，团队成员之间能够进行面对面的交流和互动，可以提高监控和验证信息的能力，并提高信息使用的透明度。Alge 等（2003）以 200 名大学生为样本，探讨了时间因素、沟通方式对团队—成员交换关系的影响。最后证实，与虚拟远程的沟通方式相比，面对面的直接沟通方式对团队—成员交换关系的正向影响更为显著。这也从侧面验证了团队虚拟程度与团队—成员交换关系的负相关关系。

6. 团队任务特征的影响

Chae 等（2015）指出，高复杂性和创新性的任务需要团队成员之间密切的沟通和互助来完成，这必然需要高质量的团队—成员交换关系的支撑。高复杂性和高度创新的任务往往意味着不确定性和较大的执行难度，为完成任务，需要团队成员之间进行必要的沟通以及信息、资源的交换，并辅以大量的合作、相互帮助和协调（George & Chattopadhyay，2016）。这也意味着，任务复杂性和创新性程度越高，对团队成员之间相互协作和互动的要求越高，团队—成员交换关系的质量也可能越高。

第五节 团队—成员交换关系的综合管理模型及其启示

组织中的团队形式普遍存在。虽然组建团队完成工作任务的目的是更好地发挥"1+1>2"协同效应，但是不可否认的是团队组建不是目的，而是一个形式，如何更好地发挥团队能量，才是团队管理的重点。基于关系观视角，团队—成员交换关系对于团队有效性提高具有重要影响。本书在相关文献梳理基础之上，提出了如图 12-1 所示的团队—成员交换关系综合管理模型。

第一，团队—成员交换关系质量的高低会对团队成员和整个团队的态度、行为和结果产生影响，包括团队层面的团队承诺与团队绩效等和个体层面的个体工作绩效、创造力与离职倾向。高质量的团队—成员交换关系具有普遍的积极影响效应，管理者应对高质量团队—成员交换关系的培养给予高度重视，理解和恰当地利用团队成员—交换关系的驱动因素的研究结论，促进良好团队—成员交换关系的形成和发展。如就团队—成员交换关系的个体层面驱动机制而言，研究证实，组织公平感与团队—成员交换关系呈正相关，因此，管理者应公平一致地对待团队成员，提升成员的组织公平感，以促进高质量团队—成员交换关系的形成。抑或管理者应培养积极、高效的领导风格，如服务型领导和变革型领导风格等，关心成员的生活和工作需要，培养成员的团队责任感，进而提升团队—成员交换关系的质量。

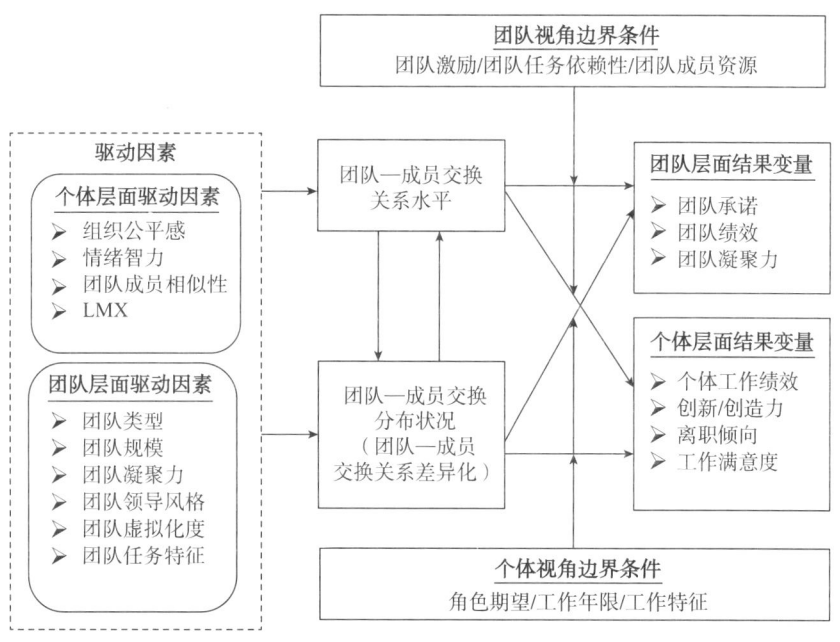

图 12-1 团队—成员交换关系综合管理模型

第二，区分和恰当利用团队—成员交换关系的绝对质量水平与分布状况。在现实工作团队中，不仅存在绝对的反映团队平均关系水平的团队—成员交换关系质量，还存在团队—成员交换关系的离散水平，即团队—成员交换关系差异化。即并非所有团队成员之间的关系都是相同的；相反，不同的团队成员之间可能会发展出参差不齐的团队—成员交换关系。因此，管理者应区分绝对视角的团队—成员交换关系质量与相对视角的团队—成员交换关系差异化，正视团队—成员交换关系差异化的存在，并利用其产生的积极影响，规避其可能对个体和团队产生的危害。高质量的团队—成员交换关系有利于个体和团队绩效的提高（Alge，

2003；Banks et al.，2014），但高程度的团队—成员交换关系差异化则会损害团队的有效性、降低团队成员的凝聚力，最终对团队绩效产生负面影响（Liao et al.，2010；Kirkman & Rosen，1997）。一般而言，团队—成员交换关系差异化容易导致成员之间的攀比问题，而成员之间的攀比正是造成团队离职和团队冲突的关键原因之一（Felps et al.，2009）。因此，团队管理者应全面把握团队—成员交换关系质量水平与分布状况的差异化特征对于团队层面和个体层面的差异性影响效应，从而更好地发挥团队—成员交换关系的积极影响效应。即管理者在提高团队整体的团队—成员交换关系水平时，还应关注团队—成员交换关系差异化的问题，致力于缩小成员之间交换关系的差异性，以减小团队—成员交换关系差异化带来的消极影响。如帮助团队成员重新评估对彼此关系的看法，提高成员的角色期望。如果关系差异化是由成员之间的任务互依性不对称引起的，则团队管理者可以采用依赖性更强的工作结构，在团队成员之间营造"命运共同体"的感知，以促进团队成员的互动和交流，降低团队—成员交换关系差异化的显著程度。

第三，正确认识和利用团队—成员交换关系对结果变量影响效应的边界条件。如关注团队成员资源质量可能产生的调节作用。团队—成员交换与团队绩效的关系受到团队成员提供的资源质量影响。团队成员在他们提供的资源质量上会有所不同。虽然团队—成员交换关系产生了团队成员的义务感以及回报意愿，但是这只有在团队成员能够提供较高质量资源的情况下才能够更有效地促进团队绩效的提升。因此，管理者应尽量为团队成员提供高质量的资源，提高团队内部资源的共享程度。同时，还应注意协调不同成员之间资源交换质量的对称性，以防止因交换的资源在质量上不对称降低成员后续的资源交换的意愿，最终对团队—成员交换关系对于相关结果变量的积极影响效应产生不利影响。

第六节 结语及未来研究展望

一、结语

本书系统地探讨了团队—成员交换关系的内涵、影响效应和驱动机制，并提出了一个团队—成员交换关系的综合管理模型及其管理启示。综合而言，虽然不同学者对团队—成员交换关系内涵的诠释有所出入，但在一些关键之处也达成了普遍的共识。团队—成员交换关系反映了个体对团队成员与自身关系水平的感知，是一个描绘成员与团队之间互惠关系的构念。在 Seers（1989）率先提出团队—成员交换关系的结构维度与测量问卷后,对团队—成员交换关系的维度划分与测量上,国内外产生了丰富的研究成果,出现了如团队—成员交换关系10条目问卷(Seers et al.,1995)以及经过小幅度修订的其7条目问卷(Liden et al.,2000)等测量工具,为后续的团队—成员交换关系影响效应机制和驱动机制的实证研究奠定了良好的基础。

团队—成员交换关系的影响效应主要包括对个体和团队两个方面的影响。团队层面的影响主要体现在团队承诺和团队绩效以及团队凝聚力上;在个体层面则主要集中在对个体的工作绩效、工作满意度等的影响上。团队—成员交换关系的驱动因素主要包括个体层面的组织公平感、情绪智力等,团队层面的团队特征、团队凝聚力和工作价值相似性,以及情境因素的领导风格等方面。有趣的是,研究发现某些团队层面的因素(如团队凝聚力)与团队—成员交换关系的因果方向并不明确,既是团队—成员交换关系的驱动因素,也是团队—成员交换关系影响的结果。这可能是受到了潜在边界条件的影响,同时也表明团队—成员交换关系的驱动和影响研究远比想象的要复杂。从现有的研究来看,团队—成员交换关系影响效应的团队视角边界条件主要包括团队激励和团队任务依赖性等,个体视角的边界条件主要包括团队成员的角色期望、工作年限以及工作特征。

总之,对于团队—成员交换关系内涵、驱动因素和影响效应的研究有助于我们进一步理解工作场合社会交换关系的本质,促进工作团队更好地运作。同时,通过对现有文献的探讨也发现了现有研究存在的不足之处,值得在未来研究中进行更进一步的深入探索。

二、未来研究展望

第一,团队—成员交换关系对团队成员绩效的影响机制研究。正如一些学者所观察到的,团队—成员交换关系与团队成员绩效之间的关系仍存在歧义(Band et al.,2014)。Seers(1989)在之前的研究中建立了两者之间的积极联系,但其他学者未能得出相同的结果(Kamdar & Van Dyne,2007)。以上矛盾结果表明,未来还需要进一步深入研究以厘清团队—成员交换关系与成员绩效之间的关系,如可以进一步探讨两者间可能存在的边界条件。

第二,团队—成员交换关系的驱动机制研究。迄今为止,对团队—成员交换关系影响因素的研究还是比较少的,而且研究都比较零散,没有形成完整的体系。团队—成员交换关系的产生机制和影响因素是复杂多样的。在未来的研究中,团队—成员交换关系驱动机制的理论模型可以更加完整与细化,进一步探讨其他潜在的影响因素,如团队成员对团队冲突的态度。陈晓敏和于妍等(2015)在研究中就曾提到,成员的冲突管理倾向与团队—成员交换存在显著的相关关系。其中，竞争性冲突管理倾向容易造成成员之间的摩擦和攻击，甚至激化冲突，成员会认为他们的目标是相互排斥的，为此会拒绝交流、减少互动，对团队—成员交换关系造成负面影响。而合作性冲突管理倾向使成员以积极的态度面对冲突，促进成员之间的交流和分享，因此，对团队—成员交换关系有正向作用。此外，团队成员的其他工作态度，如组织认同和工作满意度等是否也是团队—成员交换关系的前因变量也值得进一步深入探讨。另外，现有的相关研究所探讨的影响因素主要集中在团队和个体两个层面，对有关情境影响因素的研究比较薄弱，未来的研究也可以进一步探讨情境因素对团队—成员交换关系的影响作用。

第三，团队—成员交换关系对团队成员绩效的影响机制的边界条件研究。现有研究对团队—成员交换关系与团队成员绩效之间的关系并未形成统一结论。研究结论的不一致可能是忽视了两者关系的边界条件。现存的少量研究已经探讨了诸如团队层面的团队激励和个体层面的角色期望等对团队—成员交换关系与成员绩效关系的调节作用，但却忽视了团队—成员交换关系本身的重要构成和特征，即团队—成员交换关系差异化对团队—成员交换关系作用机制的影响。未来的研究可以探讨团队—成员交换关系差异化等其他潜在的边界条件对团队—成员交换关系影响效应的调节作用，这对于进一步厘清团队—成员交换关系对团队成员绩效的作用机制和边界条件具有重要意义。

第四，不同文化背景下团队—成员交换关系的内涵、影响效应以及影响因素的对比研究。人际交往与互动会不可避免地受到社会文化的影响，而东西方文化差异较大，尤其是在中国的文化背景下，"圈子"文化氛围更加突出，"官场圈""职场圈""朋友圈"等圈子现象对组织和团队结果变量的影响也日益受到组织管理者和研究者的重视。中国文化背景下团队—成员交换关系带来的"关系圈"的内涵、影响效应和影响因素是否与西方文化背景中的相同有待进一步探讨。西方文化背景下发展而来的团队—成员交换关系的维度划分、测量量表等是否直接适用于中国工作团队的研究也有待进一步检验。

第十三章 移动网络技术使用与员工组织内二元工作关系发展机制研究

第一节 引 言

随着组织壮大以及利用团队合作完成任务的增多，工作变得越来越互相依赖，关系也就成为工作背景中很重要的一部分（Chiaburu & Harrison，2008；Grant & Parker，2009）。工作关系可能是人们最重要的关系之一。越来越多的研究强调积极的人际关系在工作中的重要性（Dutton & Heaphy，2003；Ragins & Dutton，2007），并认为工作关系是帮助个体成长的一种有意义的能量来源（Ragins & Dutton，2007）。当今的工作关系不仅能为员工提供更多工具性的好处，如任务协助、情感支持和职业晋升；同时还可支持个人成长并促进个人最终的蓬勃发展（包括有意义的工作、积极的情绪以及幸福的生活）（Coleret et al.，2016）。社会支持理论为积极的工作关系提供了开创点，强调人们应当通过人际关系从任务、情感支持和职业发展中获得收益（Kram，1985；Stroebe & Stroebe，1996）。随着理论的发展和工作性质的不断变化，工作关系的影响范围变得更广泛。如Coleret、Bond和Purvanova（2016）收集关键事件并进行归纳，发现积极的工作关系可产生比以往更广泛的影响效应，甚至超越工作领域，延伸到了员工的非工作领域之中。

虽然工作关系与非工作关系有许多共同的特质，但是组织背景使工作关系研究具有其独特性（Ferris，Liden，Munyon，Summers，Basik & Buckley，2009）。尽管许多研究都调查了形成工作意义概念的要素，但对基于人际视角的二元工作关系的作用及其发展知之甚少（Rosso et al.，2010）。相关的研究二元工作关系的范围是有限的（Ragins & Dutton，2007），并没有阐明组织中的行为和结果的多重的、综合的、潜在的效应。典型的二元交换关系有以下三种：领导—成员交换（LMX）、师徒关系和社交网络关系。本书聚焦于员工的组织内二元工作关系，主要包括同事关系和上下级关系。

当前移动网络技术的普遍使用,包括智能手机、平板电脑以及手提电脑等,从根本上改变了员工的工作与生活方式(Boswell et al.,2007)。借助于移动网络技术的QQ、微信等沟通方式极大地拓展了员工的工作关系联系,可以超越时间与空间的限制。但这种不受限制的联系可能是一把"双刃剑",既可能成为关系的"助推器",也可能成为关系的"破坏者"。如,移动网络技术使用的频率、时间段、内容蕴含的情感基调等对于互动方关系的发展都可能产生不同方向的影响效应。有鉴于此,探讨移动网络技术广泛使用背景下的员工组织内二元工作关系发展的内在机制,将对于员工的组织内工作关系发展有着极强的理论与现实意义。

第二节 工作关系的内涵与维度

一、工作关系的内涵

Ragins和Dutton(2007)将工作关系(Work Relationship)定义为,在工作背景下两个人之间产生的被认为是可以互利共赢的新增联系。与关系理论一致,关系研究学者将工作关系看作是"一种能够帮助个人、团队和组织成长、兴盛和蓬勃发展的充实、活力及学习之源",并且认为工作关系还能提供"令人振奋的精神支持和物质供应"(Rousseau & Ling,2007)。

二、工作关系的维度

"关系"本是一个普通词语,泛指人与人、人与物、人与事、人与团体组织等之间的联系。工作关系则具体界定为工作背景下的一种特定关系。由于工作关系对于个人和组织的重要意义,工作关系这一主题得到了越来越多学者的关注。为了更深入地理解工作关系,学者们往往将工作关系进一步细化探究,提出了各自对于工作关系结构或者维度的理解。本书具体概括如表13-1所示。

表13-1 工作关系的维度划分

维度划分	聚焦视角	代表性学者	主要观点
人情面子模型	同事关系	黄光国(1988)	同情关系包括工具性以及情感性成分
强度、亲密度、质量	不同背景下关系对比	Bove和Johnson(2001)	强度关注关系重要性;亲密度适于私人背景;质量适于企业经营环境中

续表

维度划分	聚焦视角	代表性学者	主要观点
同事关系的三维度观	同事关系	Settoon 和 Mossholder（2002）	同事关系可以分为三个维度，即支持、信任和观点采纳
高质量联系四维度	高质量关系	Roberts（2007）	四个维度即相互受益、相互影响、相互期待、相互理解
同事关系亲密度	同事关系	Chen（2008）	同事关系亲密度即同事间信任和感情亲疏程度

资料来源：根据相关文献梳理。

黄光国（1988）提出"人情面子模型"，认为同事关系属于混合性关系，即同事关系既有工具性成分——相互配合以完成工作任务，又有情感性成分——产生于工作中和工作外的互动。

Bove 和 Johnson（2001）认为，在描述不同背景下的关系时，应用术语"强度"来描述两个人之间关系的重要性程度；术语"亲密度"最好用于私人背景下，用来描述浪漫、友谊或家庭关系；术语"质量"最合适被用在客户—服务企业、卖方或买方—渠道背景下，描述顾客与企业或组织之间的关系重要性程度。Settoon 和 Mossholder（2002）为同事关系确定了三个维度：支持、信任和观点采纳，他们发现这些维度可以预测人际公民行为。Roberts（2007）描述了高质量的联系具有四个相关维度：相互受益、相互影响、相互期待和相互理解。Chen（2008）等在关系亲密度的基础上提出同事关系亲密度的概念，是指同事之间信任和感情亲疏的程度，并且信任水平越高和感情越深厚，同事之间的关系越亲密。鉴于中国"关系"（Guanxi）的特色，如中国人更强调攀关系、讲交情，并且呈现由"己"推出去的差序格局（费孝通，1998）。未来研究可以综合考虑中国背景下组织内员工二元工作关系的强度与亲密度的测量视角，以综合反映中国员工工作关系的状态。

总之，过去的关系研究专注于人际交往的整体质量；真诚、尊重、忠诚和其他与良好的工作关系相关的特性的程度（Ferris et al., 2009；Ragins & Dutton, 2007；Stephens, Heaphy & Dutton, 2012），以及良好的关系的特征结构（Dutton & Heaphy, 2003；Stephens, 2012）。这些要素明确区分良好和不好的工作关系。Ferris 等（2009）认为，工作关系维度的差异会影响关系互动的质量及结果。本书认为，工作关系研究可以综合考虑强度与亲密度。不过，在中国现代社会生活中，当人们说到"关系"时，更多的是指人与人之间特殊的人情关系（陈维政和任晗,2015)。为此,在中国组织背景下员工的工作关系可能有其不同于西方的特色。

第三节 工作关系的影响效应研究

关系对于人类具有重要意义。深度且有意义的亲密关系,在人类的蓬勃发展中起着举足轻重的作用(Diener, Lucas & Scollon, 2006; Lyubomirsky et al., 2005; Seligman, 2008)。支持性关系可以通过促进参与的机会帮助人们茁壮成长,使他们能提高积极的幸福感、扩大和建设资源(Fredrickson, 2001),以及找到生活的目的和意义(Ryff & Singer, 1998)。更融入社会以及与他人有更多的支持和回报关系的人,会拥有更好的心理健康、更高水平的主观幸福感(Cohen, 2004; Uchino, 2009)。亲密关系理论认为,高质量关系——表现为搭档间感觉紧密相连、双方都能够向对方表露自身的中心问题并且能收到对方的回应——这些都能让人产生积极情绪(Ryan & Deci, 2001)。社会关系提供的资源能为接受者带来快乐和安宁,甚至当"关系"不能提供直接的资源时,它们也可以满足人类的持久的需要(Baumeister & Leary, 1995)。由此可见,在社会生活中"关系"对于整个社会及其成员均具有积极的影响作用,包括影响个体的情感体验,进而对社会的态度认知与行为等。

工作中的人际关系同样也具有重要的意义,如可以促进资源获取差异(Graen, 1976)、适应(Huy, 2002)、公民行为(Settoon & Mossholder, 2002)以及在其他结果中有效的协调(Dutton, Worline, Frost & Lilius, 2006)等。

第一,工作关系可能导致资源获取差异。研究表明,良好的关系可以促进自知、自尊和其他积极关系的生成过程(Dutton, Roberts & Bednar, 2010; Roberts, 2007)。换句话说,积极的工作关系能有效地生成和传递各种资源(Rousseau & Ling, 2007),除能产生例如能量和自觉等基本要素之外(Baumeister & Leary, 1995),还可以为员工的成长和发展提供养料支持以及促进彼此间的资源交换(Ragins & Dutton, 2007; Rousseau & Ling, 2007)。

第二,工作关系影响员工的情绪体验。在人际关系中,人们都会收获资源并且有机会回馈资源,因此,最有可能引起积极情绪(Ragins & Dutton, 2007; Stephens et al., 2012)。Grant 等(2008)指出,在良好的工作关系背景下,当员工给予同事机会时,员工个人也会因此获益。因为给予他人机会满足了人们帮助他人的需求,并强化了人们在所关心的人心中的核心个人身份,这也会让人们产生积极情绪。亲密关系能够成为紧张的根源,同时也是支持的来源(Brooks &

Dunkel Schetter,2011)。与亲密关系的人分享负面情绪,且听众表示同情、鼓励认知重建时,可以减少人们的情绪困扰和促进情绪恢复(Nils & Rimé,2012)。

第三,工作关系影响员工的工作相关认知评价。Coleret、Bond 和 Purvanova(2016)指出,基于人际关系的考虑而给予同事非正式的机会,即在工作外被赋予的额外机会,会增加员工的工作意义感认知。

第四,工作关系促进个体成长与发展。从成长和发展的理论视角检验工作关系(Dutton & Heaphy,2003),发现工作关系提供的资源可以直接支持个人的成长和发展。良好的工作关系会促进员工给予和帮助他人,而给予他人既是员工感知工作有意义的最重要指标,也是实现员工蓬勃发展的关键抉择点。Feeney 和 Collins(2015)的关系兴盛理论是以依恋理论(Bowlby,1988)为基础发展得来的,认为关系会及时为压力提供一个安全的避难所,也为促进成长和发展提供一个安全的基础。依恋理论(Attachment Theory)认为,个体倾向于在压力下展现出寻求他人、探索环境以及探索亲近他人的行为(Bowlby,1988;Mikulincer & Shaver,2007)。逆境会让人们感受到痛苦,并渴望接近关系亲密的伙伴以及被关系亲密的伙伴支持(Collins & Feeney,2000,2005)。Feeney 和 Collins(2015)在此基础上就明确强调,关系不仅可以帮助人们应对逆境,还能为个人追求成长和发展提供机会。

第五,工作关系影响个体职业身份建构。在关系背景下的身份是不断创造的、制定的和修正的(Dutton & Heaphy,2003)。不同的关系状况,可能会进一步影响个体自身身份的建构与再建构过程。与此观点类似,Coleret、Bond 和 Purvanova(2016)发现关系功能不仅可以促进个人成长、还为实现职业身份提供发展的建议和机会,同时还能塑造和培育个人良好的自我概念。

第六,工作关系影响组织有效性。工作场所中的关系会影响员工对于工作相关的认知与评价,如工作意义感认知,而员工感知工作有意义对组织层面来说也是非常重要的,因为它能增加员工工作积极性(Spreitzer,1995)。Baker 和 Dutton(2007)也强调,当员工发展积极的关系网络,他们更可能彼此分享信息和积极的情绪,并使所在工作中的个人、团队和组织纷纷受益。

综上所述,本书提出了如图 13-1 所示的工作关系影响效应机制模型。积极的工作关系被认为是互利性和生成性的,即积极的工作关系可以让同事之间彼此获益,而且还可以产生多种积极功能以获取资源和影响结果(Ragins & Dutton,2007)。Feeney 和 Collins(2014)认为,人们最有可能在关系支持功能完整的情况下,在逆境和生活机会中茁壮成长。关系提供的一个重要功能是支持人们在逆境中获得力量支持源(Source of Strength Support),它不仅可以缓解人们受到的压力的负面影响,而且还帮助人们摆脱压力,或者通过某种方式在这种环境下使他们能够蓬勃发展。支持互动的直接结果对长期繁荣兴盛的结果存在累积影响。

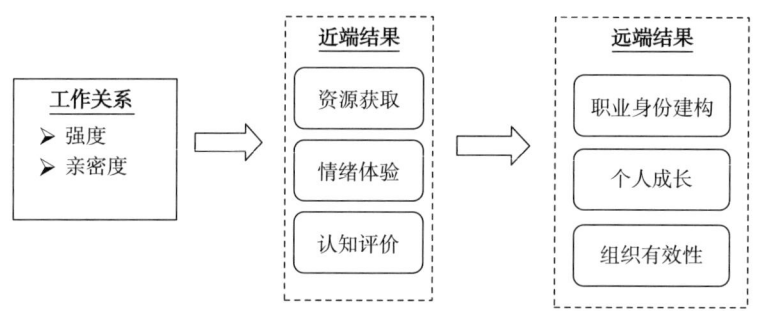

图 13-1　工作关系影响效应机制模型

第四节　工作关系的发展及其影响因素研究

关系并不是一个稳定的特征，而可能是一个动态发展的状态及结果。Kram（1983）关于师徒关系的发展模型中强调关系发展可分为四个阶段：启蒙、培养、分离、再定义。Dwyer、Schurr 和 Oh（1987）在社会交换和契约框架的基础上，发展了一个买卖双方关系形成的模型，该模型假设关系发展到最终结束分为五个阶段：察觉、探索、扩大、承诺、崩溃。可见，不管是组织内的工作关系还是社会互动环境中的各种关系，其关系发展可能是一个动态演变的过程，其变化受到多种因素的影响，而且不同因素在关系发展中所起的作用可能具有显著差异性。在此，本书构建了如图 13-2 所示的工作关系发展的驱动模型。

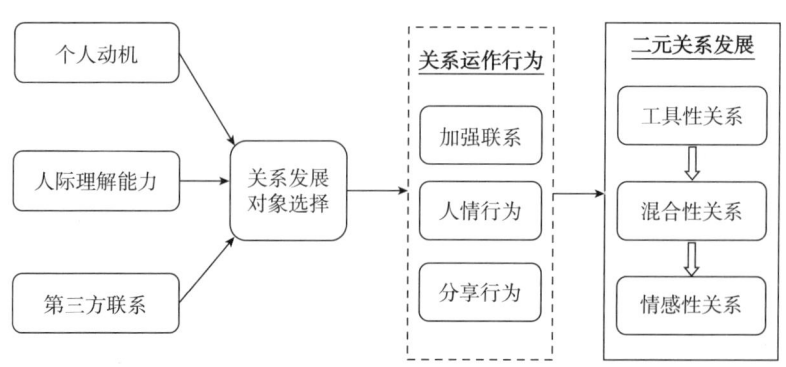

图 13-2　工作关系发展的驱动模型

第十三章 移动网络技术使用与员工组织内二元工作关系发展机制研究

第一,动机的影响。动机影响人的行为。关系发展或者运作常常是个体有意行为的选择,尤其是在工作情境下更是如此。研究人员强调了社会关系的适应价值,"需要归属"激励人们形成和维持最少的持久的、积极的以及有意义的人际关系(Baumeister & Leary, 1995; Reis, Collins & Berscheid, 2000)。满足需要促进幸福的亲密关系的特点是基于关心对方的幸福,而与对方发生频繁的、愉快的情感相互作用(Baumeister & Leary, 1995)。

第二,个人的人际理解能力的影响。的确,在个人与他人的交往中,如果不理解对方的情感基调、情绪和感觉,以及伙伴的经历的话,这段关系是很难被理解和发展的(Bowlby, 1979; Clark & Watson, 1988)。所谓"话不投机半句多"。

第三,第三方联系的影响。第三方对二元关系是很重要的(Krackhardt & Kilduff, 2002)。一个人对一个目标个体的信任,受第三方对目标个体的信任程度的影响。当二元关系中的两方都共同与第三方有联系时,两方的关系强度加强。的确,当二元关系中的两方都信任相同的第三个同事成员时,同事之间的信任可得到加强(Ferrin, Dirks & Shah, 2006)。相似地,同事之间倾向于信任被直接领导信任的同事(Lau & Liden, 2008)。根据社会信息处理理论(Salancik & Pfeffer, 1978),Dora 和 Robert(2008)发现,在两种情况下员工严重依赖第三方信息,即在第三方的信用度较高和环境不确定的时候。

第四,确定关系发展对象。工作场所中的关系发展常常是有意识的,甚至在很多情况下是根据需要进行重点发展的结果。人们会接近那些能对他们完成目标提供工具性支持的重要的人(Fitzsimons & Finkel, 2011; Fitzsimons & Fishbach, 2010; Fitzsimons & Shah, 2008)。因此,拥有较高工作胜任力或者其他重要资源的个体常常会成为工作关系主动发展的对象。

第五,实施关系运作行为。关系运作行为对于关系发展具有重要意义。具体来说,关系运作行为包括许多,而其中的一个重点即是加强联系。关系发展的初始阶段,是互动方关于社会交往的潜在手段的信息搜索。一个研究社会网络的方法将个人作为节点,而与个人的关系代表联系。在联系的开创性概念上,Granovetter(1973)提出,网络关系的联系强度是基于"扮演联系节点的人们之间,投入的时间、情感强度、亲密关系(相互信任)以及相互服务的量。"他认为根据社会资本理论,联系作为不同社会群体之间的桥梁,可提供信息和影响资源(Coleman, 1988)。据此,加强联系是促进关系发展并进一步提供关系支持功能的基础。另外,人情行为也是常见的一种关系运作行为,在关注人情的中国文化背景下更是如此。张志学(2001)等的研究表明,当人们与同事进行交往时,对同事遇到的困难或提出的要求给予帮助、同事之间互相尊重并真诚相待,在必要时给予人方便等行为,都是人情行为的具体表现。这些人情行为可能是促进工作关系发展的积极主动因素之一。另外，Reis 等（2000）发现，工作成员间的理解、欣赏、谈论一些有意义的东西，或分享有趣的活动等都有可能使员工产生积极的情感。通过信息和情感的分享，成员间的情感依恋往往伴随而生，从而有助于进一步加深关系。

第六，不同深度的二元工作关系的动态发展。中国台湾学者黄光国（2010）将人际关系划分为三种不同的性质：情感性关系、工具性关系与混合性关系。当个体和他人维持情感性关系时，维持关系本身是最终目标；当是个体和他人建立工具性关系时，"关系"只是作为获得目标的一种手段和工具，其间纵然带有情感成分，但是也非常有限。混合性关系介于情感性关系和工具性关系之间。中国情境下员工的工作关系也可能包括以上三种，而且同一个体也可能存在与不同对象发展起来的深度不同的关系。不过一般情况下在组织中混合性关系阶段的状况很比较多。因为纯工具性关系难以达到深关系可以获得的关系益处，而情感性关系在存在利益冲突可能性的职场中也难以达到。所以一般而言，工具性关系阶段都会发展进入混合性关系阶段，即融入了一定的情感因素和情感依恋。但是，纯粹的情感性关系也未必适合职场情境，并且难以达到，所以较少情况或者较少人会追求达到情感性关系阶段。

概括而言，工作关系的发展是一个动态的过程。工作关系可能处于不同深度，如可能分别处于工具性关系、混合性关系以及情感性关系，而且这一关系阶段既可能加深也可能倒退；既可能从工具性关系发展到混合性关系，也可能因为一些信任违背事件导致情感性关系倒回工具性关系阶段。这一关系在发展过程可能受到个体动机、人际理解能力以及第三方联系等因素的影响。个体可能主动发展关系，不同个体可能根据多方面因素有意识选择关系发展对象，并针对性地实施相应地关系运作行为，如加强联系、人情行为或者分享行为等，主动推动关系发展。另外，关系发展也还可能受到其他因素的影响。如 Sparrowe 和 Liden（1997）将 LMX 应用于社交网络，提出在领导和成员互动背景下，社交网络的结构更容易描述关系。在这一关系中，下属会潜移默化地受其直属领导的行为影响（与他们共享网络联系），特别是那些具有高 LMX 关系的下属，尤其是当他们的领导人处在建议网络的中心。Page 和 Riquier（1997）认为，在一个时间点，客户有何种行为措施是累积的，它超越了单次交集评价。因此，关系质量是客户基于所有以前的经验和印象而对服务提供商提出的一个整体评价。可见，工作中的二元关系发展是多种因素综合影响的结果，而且二元关系是一个可能不断动态发展的过程。基于此，对于工作中二元关系的管理需要采取一种动态观，综合考虑多种因素的影响，从而更好地管理自己的工作关系。

第五节 移动网络技术使用对员工二元工作关系发展的影响

传统研究中的关系功能可能与一般的工作态度相关,而延伸分类后的关系功能却可直接支持员工蓬勃发展、允许员工达到最高技能水平,并促进员工心理健康(Keyes,2007)。Coleret、Bond和Purvanova(2016)对良好的工作关系进行关键事件描述分析,发现关系功能描述的情况与新兴的理论相一致,即认为关系可以促进人们的成长和发展,而且工作关系的作用范围已超出了工作领域。在移动网络技术超越时间与空间的有利刺激下,工作关系更可以拓展和利用到更大的范围,包括工作领域与非工作领域、工作时间与非工作时间。

在蓬勃发展和身体健康的关系的研究中,Keyes(2005)定义和许多关于蓬勃发展的指标,包括积极的情绪和积极的身体机能。个人的成长、友谊以及给予他人预测的结果象征着员工能够拥有积极的工作情绪和心理功能(工作意义和生活满意度),为关系功能可以促进员工成长和发展,并最终导致个人蓬勃发展的观点提供证据。另外,工作关系对于非工作领域也可能产生重要影响。随着工作和个人身份间的边界越来越不清晰(Ramarjan & Reid,2013),工作关系被看作是获取友谊的重要来源。在工作中拥有朋友,会让人们感受到积极情绪,而这种积极情绪的产生是超越人们性格特征的影响范围的,例如,积极、快乐或者愉悦。随着积极情绪成为员工蓬勃发展的重要组成成分,工作中的友谊也是推动员工迈向幸福的关键因素(Bove & Johnson,2001)。

关系能够提供的功能可能不止任务协助、职业晋升和情感支持,其中以前关系研究的重点是工作领域中的关系(Ragins & Cotton,1999;Stroebe & Stroebe,1996)。学者们呼吁应对组织生活中的工作关系有一个更全面的了解,尤其是对积极的、高质量的工作关系(Dutton & Heaphy,2003)。并且随着工作和非工作身份的边界越来越模糊(Ramarajan & Reid,2013),工作关系不仅是工具性的工作相关支持(Instrumental Work – Relevant Support)的来源(如任务协助和职业建议),而且还能够支持超越工作领域的非工作相关的事务,如个人成长和友谊(Dutton & Heaphy,2003;Niven,Holman & Totterdell,2012)。

而移动网络技术的普遍使用显然为联系提供了更为便利的条件。但是,这种便利对于关系的发展可能是一把"双刃剑"。一方面,移动网络技术使用促进了关系的加深,使关系各方有更多的时间和方式进行交流和联系,从而可能促进工作关系发展成朋友性质的友谊。而另一方面,Coleret、Bond和Purvanova(2016)

的受访者描述工作关系可以支持个人的成长、作为友谊的来源。当工作关系发展成为友谊时,人们更愿意流露自我中心问题,也更有可能得到对方的回应。友谊超出了典型的同事关系,因为对方更愿意花费工作以外时间去对另一方展现出活跃的关心,并且朋友之间更愿意一起分享有趣的活动。因此,友谊往往是愉快的,是工作中提供积极情绪的重要来源(Lucas & Dyrenforth,2006)。可见,一方面,恰当的移动网络技术有助于工作关系的深入发展,从而支持个人工作成长与组织有效性提高;另一方面,不恰当的移动网络技术使用有可能带来负面的结果,导致关系质量的停滞甚至下降。当领导者借用移动网络技术过多地将工作相关事件渗透到下属的家庭生活中时,如在非工作时间通过下属查阅并遵守执行工作相关邮件,则可能导致下属对于领导的不满意,影响上下级关系质量。又如同事在微信朋友圈不恰当的动态信息更新及转贴,包括对工作中不满情绪甚至是愤怒的宣泄或者不实信息的转发以及不恰当的评论等,都可能影响他人对焦点同事的评价,从而影响焦点同事个体的工作关系发展。

总之,二元工作关系对于个体组织均具有重要意义,并且这一影响面越来越广,超越了工作领域的范围。为此,关注二元工作关系的发展特别重要。在移动网络技术普遍应用的当下,二元工作关系发展又有了新的影响因素。恰当的移动网络技术是二元工作关系发展的有利助推器,而不当的移动网络技术使用则可能成为二元工作关系的破坏者。基于此,组织管理者和员工均需要重视移动网络技术,学会恰当利用移动网络技术的关系发展优势,同时避免因使用不当移动网络技术可能导致的关系发展风险。

第六节 结语及未来研究展望

一、结语

长期以来,工作关系都是管理学者和实践者关注的重要主题。在中国关系文化背景下,工作关系的含义有了更多的内涵和意义。工作关系可以有不定的特定类型的划分,例如,师徒关系(Kram,1985)和领导—追随者关系等(Graen & Uhl-Bien,1995)。此外,还有学者提出同事关系也是一种重要的工作关系。

在工作中发展高质量联系对个人和组织成果的实现都意义重大,对个人和组织而言常常伴随积极结果;相反地,低质量联系可能会损害个人利益,最终影响组织利益(Dutton & Heaphy,2003)。Coleret、Bond 和 Purvanova(2016)的关键事件法研究表明,良好的工作关系可以支持个人的成长、作为友谊的来源,并且为他人提供机会。他们的研究发现，工作关系在促进员工的成长和发展中扮演着重要的角色，它不仅通过工作关系提供的具体功能，还通过其产生的蓬勃发展结果对其产生作用。除此之外，无论是工作关系提供的资源还是工作关系能够满足人们的需求，都能让人们在工作中产生积极的情绪。由工作关系引发的认知评价与情绪体验还可能进一步研究更终端的结果，并且影响机制也还存在一定的差异性路径。如个人成长和友谊，相对于与工作相关的任务协助或者职业晋升来说，会与生活满足感有更强的联系。

工作关系是一个动态发展的过程，可以通过关系运作行为主动促进工作关系的发展，如加强联系、人情行为以及分享行为。而在移动网络技术普及的情况下，显然是加强联系、分享行为等均可以更为便利，可以说移动网络技术可以促进工作关系的加深和拓展。不过，个人动机、人际理解能力以及第三方联系等均可能影响关系发展对象的选择以及相应的关系运作行为，并且影响移动网络技术使用的具体效果，从而可能导致工作关系的发展未必如预期。为此，对移动网络技术的使用要特别注意其可能存在的风险。组织管理者和员工均应该也有必要恰当地利用移动网络技术有效促进工作关系的发展，为个人成长与发展及组织有效性提高奠定良好的关系基础。

二、未来研究展望

第一，移动网络技术使用背景下员工二元工作关系发展的影响因素。工作关系不仅可以帮助个体应对逆境，更能从积极组织行为学视角拓展，发挥积极工作关系促进成长与提高的功能。尽管工作领域中的关系是研究的中心，但工作关系的形成和维持方式、工作关系的发展和改变过程以及工作关系影响结果的作用机制等问题仍然研究不足，还有许多问题需要进一步的研究。另外，值得关注的是在自媒体时代，随着移动技术的使用，微信、QQ等工具与通信平台在职场中的使用也变得越来越普遍。移动技术使用如何影响职场中的工作关系，以及如何借助于上述技术促进职场中的工作关系更好的发展是一个值得注意的重要问题。二元工作关系发展的影响因素，包括个体特征、事件的程度与性质（积极与消极）。

第二，移动网络技术使用的频率与情调基调对二元工作关系发展的影响机制。如可以具体比较短期效应与长期效应；即时效应与累积效应的关键驱动因素比较。Byron（2008）指出，有E-mail可能引发信息接受者的不同情感反应。电子通信的言语及非言语线索均可能激发信息接受者的情感。如言语描述的情感内容，非言语线索中的电子通信的正式程度、有无问候、信息长度等，都可能导致不同的情感体验。有调查称，"90后"的电子沟通都是使用表情包的。但这种方式在与不同工作关系中所产生的影响是否有差异，仍然不明确。

第三，二元工作关系发展的边界条件研究，包括关系方向的差异性影响，如平行的同事关系，纵向向上关系与纵向向下关系发展；另外，原有关系基础的影响，可能发生的差序格局潜在效应，导致移动网络技术使用及其对关系发展的促进影响有所不同。

第四，不同工作关系的效应机制研究。工作关系包含多个维度，而且工作关系影响多种工作相关结果。如研究结果表明，每种关系功能都独特关联着蓬勃发展中的一种结果，例如，任务协助与工作满意度联系最强、给予个人和有意义的工作联系最强、友谊与工作中的积极情绪联系最强，以及个人成长和生活满意度联系最强。未来可以研究不同工作关系维度与不同结果变量间可能存在的差异性影响效应机制。又如 Bian（1997）发现，弱关系可以在成员之间提供更好的信息获取途径，而强关系可提供更好的影响力，且信任和责任可以维持牢固的联系。未来可以进一步对比研究工作关系中的弱关系与强关系的可能差异性影响效应。

第五，工作关系研究的进一步细分聚焦。工作关系是一个综合性的构念，可能包括不同的关系类型，如同事关系、师徒关系等。进一步细化研究有助于更深入地挖掘不同类型工作关系的驱动机制和效应机制。如 Seers（1989）指出，团队成员之间也存在交换关系，即团队—成员交换关系（TMX）。并认为 TMX 存在于团队成员角色相互依赖的任务环境中，个体与其他成员之间 TMX 的质量会随着个体能力、利益以及其他成员的需要而发生改变。随后，Seers（1995）进一步将 TMX 界定为成员与团队其他成员之间在观点传达反馈、协助他人，以及与之相对应的观点接受、获取他人帮助等方面形成的互惠交换关系。在团队工作模式日益普遍的当前背景下，探讨团队—成员交换关系的内涵，发展及影响效应机制将具有特别重要的意义。

第十四章 工作关系与边界工作的相互关系研究

第一节 引 言

当今社会，大众普遍具有以工作为荣、以工作为先的工作观，以及想要给孩子世界上最好的教育与物质的养育观，这种极端的工作观（Hewlett & Luce, 2006）和养育观（Jong, 2010）势必会造成工作与家庭的冲突。因而，人们正普遍且热切地寻求在工作和家庭之间保持"平衡"（Trunk, 2007）。与以往相比，更多的人正在兼顾工作与家庭两个领域，如双职工夫妻均要分担赚钱养家和照料家庭的责任（Hernandez, 2005；Jacobs & Gerson, 2001）。在同时兼顾工作和家庭领域的目标追求过程中，个体不仅需要决定并完成优先任务，还需要拒绝过多的请求，甚至拒绝一些有吸引力的机会。为此，个体了解如何有效地管理其工作—非工作界面变得至关重要。这也是员工有效应对来自工作和非工作两方面越来越高的期望和挑战的基础。

对于管理复杂的工作和家庭生活的人们而言，社会和组织的支持无疑是重要和必要的。如组织为员工提供越来越多可供选择的家庭友好支持性计划以及更高水平的工作场所灵活性，来帮助员工更好地平衡工作与家庭之间的需求（Avery & Zabel, 2001；Galinsky et al., 2008）。与此同时，员工如何运用组织的这些政策并争取获得更多的支持变得尤为重要。也正是在这样的背景下，关系因素得到了越来越多的重视。对许多人来说，建立和维持良好的关系是工作和生活中的一件重要事情（Klinger, 1977）。实际上，鉴于"关系"的重要意义，长期以来人类在发展积极而持久的重要人际关系的问题上普遍具有强大动力（Baumeister & Leary, 1995；Lawrence & Nohria, 2002；Reis, Collins & Berscheid, 2000）。只是随着人们越来越重视工作需求，对关系的重视开始拓展到工作关系上。

早前大多数关于工作关系的研究主要聚焦于两个个体的二元关系中（Sparrowe & Liden, 2005；Sluss & Ashforth, 2007；Dutton et al., 2006）。典型的二元交换关系有两种形式：领导—成员交换（LMX）关系、师徒关系和同事关系。随着工作关系研究的推进，有学者提出应该将工作关系的范围加以拓展，超越基于两个个体的二元关系关注的视角，如个体与组织之间的关系（员工—组织关系，EOR）。Ferris 等（2009）更是认为，只要实体之间存在相似的层次关系，就可以将二元工作关系概念应用于不同层次的关系维度和阶段的研究上（如个体与个体、团队与团队、组织与组织）。不过，虽然二元工作关系的相关研究已得到拓展，但其总体研究范围依旧有限（Ragins & Dutton, 2007）。目前，工作关系研究的分散性会严重影响其理论和实践的进步，可能导致对某些领域的冗余研究、对其他领域的研究不足，以及忽视潜在的重要边界条件等（Ferris et al., 2009）。鉴于当前背景下的工作—非工作边界渗透关系的重要影响，融合工作—非工作边界与关系两个领域的探讨将有可能得到新的研究发现。然而，在目前的边界工作研究中基于人际关系层面的分析尚未得到充分的探讨（Trefalt, 2013）。虽然一些研究人员已经注意到，边界工作可能会发生在与老板、配偶、同事以及顾客的联系与互动中（Clark, 2000; Kreiner et al., 2009; Nippert-Eng, 1996; Kossek, Noe & De Marr, 1999）。不过，在早前的研究中这些互动常常被孤立地考虑，而不是作为持续发展关系的一部分（Hinde, 1997），也就是说，虽然研究人员已经认识到在特定时刻，重要的他人对个体边界工作会产生影响，但他们往往忽略了边界工作如何受到关系的影响，即可能如何通过与特定方关系的相互作用而对于边界工作产生影响。基于此，本书将探讨个体与他人之间的工作关系会如何对其从事边界工作的动机、类型及结果产生影响，并同时讨论个体所从事的边界工作又会反过来对其工作关系产生什么样的影响，在分析边界工作与工作关系相互影响作用的基础上，提出相应的边界工作管理策略，最后指出未来研究的可能方向。

第二节 核心概念界定与理论基础

一、核心概念界定

1. 关系与工作关系的内涵、特征及分类

（1）关系的内涵、特征及分类。Hinde（1997）认为，关系是两个人之间的一系列互动，包括一段较长时间的沟通交流。也就是说，人们要通过沟通来开始、发展、维持和终止一段关系（Hinde, 1997; Sigman, 1995）。根据关系的上述定义，个体间必须进行一定程度上的互动与相互作用才能构成关系，而且关系中不同的相互作用会导致不同的关系水平。每一种关系的互动双方都要考虑对方的行为以及自己的行为选择,只是这种考虑并不一定是以一种合作的方式进行的。

关系具有一定的动态性和稳定性特征。一方面,关系是一个动态的而非静态的过程(Duck, 1990; Sias, Krone & Jablin, 2002)。具体而言,个体间进行的当前互动会受到先前互动以及对未来互动的期望的影响(Hinde, 1997; Sias et al., 2002),而变化的互动又会使双方间的关系可能随之发生变化。另一方面,即使关系是动态可变的,但也具有一定程度的稳定性和可预测性特点,表现为关系中的互动被模式化,而固定化模式化的互动带来了相对稳定的关系,即随着时间发展,双方的互动方式相对稳定下来,而关系也因此变得相对稳定了。

Hwang(1987)提出,可以使用工具性和情感性成分分析关系,并将关系分为三类:社会情感型关系、工具型关系和混合型关系。当一种关系中既涉及工具性维度,又包含情感性维度时,便形成混合型关系(黄光国,1988)。另外,Yang(1993)还将关系划分为家人(家族)、熟人(相识的人)和陌生人。根据Hwang(1987)和Yang(1993)对中国关系的分类,可以认为个体与家庭成员之间的关系是社会情感型的,与陌生人之间的关系是工具型的,与熟人之间关系是混合型的。具体而言,在陌生人的关系中,任何一方都不指望将来会进行任何感情交流,因此,他们期待遵循公平的原则,进行客观、公正、即时的交流,即一种工具性连接的关系;在家庭关系中,双方对关系都有很高的期望,希望"尽你所能,尽你所需"地去做事,即一种带有情感性连接的关系;在熟人关系中,社会交换遵循人情规则或者动态互惠原则,这种关系中的情感成分服务于所需资源的工具功能(Hwang, 1987),即一种既具有情感性维度又具有工具性维度的混合性连接的关系。

(2)工作关系的内涵、特征及分类。除组织中的关系个体与个体之间的"人际关系"之外,还涉及群体与群体之间的"群际关系"。因而,有研究者认为,组织中的关系由"人际关系"和"群际关系"两大部分组成。其中,人们在工作场所中建立的可满足个体归属需求的,并通过与重要他人的关系来帮助人们更好地定义自己的人际关系称为工作关系(Bateson, 1980; Baumeister & Leary, 1995)。Trefalt(2013)也认为,工作关系指处于工作场所中的个体之间可用于塑造其组织生活的重要的持续联系。上述学者对于工作关系的定义主要是偏向于人际关系,即认为工作关系是一种特定的人际关系。而不同于个体之间单纯的人际关系,群际关系则是组织的边界管理人员由于组织间的商业合作而产生的工作场所内外的人际交往形式(Howard et al., 1995;王晓玉和晁钢令,2006)。

不过,Ferris 等(2009)扩展了二元关系的研究范围,他们认为,只要两个互动实体之间的层次是相似的就可以产生工作关系。Ferris 等(2009)将工作关系定义为两个相互作用的成员或合作伙伴之间（个人、团体或组织）为实现某些共同目标而形成的交流模式。可见，Ferris 等（2009）与其他的学者观点有所不同，他们认为工作关系不仅限于人际关系，还包括如团队或者组织之间的群际关系。他们在以往二元工作关系大部分集中于两人关系研究的基础之上，将工作关系推广到了群际层面，即工作关系可以应用在各级层面中（如个人对个人的、团队对团队的、组织对组织的）。

虽然工作关系与非工作关系有许多共同的特点，但是在组织背景下的交流特殊性使工作关系也体现出一定的独特性（Ferris et al.，2009）。也就是说，工作关系除具备一般关系的动态性和稳定性特征之外，还因其组织背景而具有独有的特征。具体而言，由工作关系的定义（为实现共同目标而形成的互动交流模式）可知，基于人际互动的工作关系往往表现出合作特征（何晓丽和谢荣慧，2018）。也就是说，互动双方的合作程度越高，实现共同工作目标的可能性就越高，从而形成的互动交流模式的有效性就越高。不过，正如其他的一些工作关系研究学者所指出的，工作关系不应仅限于人际层面，实际上群体层面（团队或组织）间也会发展起工作关系。但群体间可能存在竞争性。即人际间工作关系具有合作性，而群际间工作关系则具有一定的竞争性。以往的群际关系研究大多基于竞争格局，主要聚焦于群际偏见、群际竞争等问题（Hewstone et al.，2002；Kilduff et al.，2010）。而在工作关系强调实现共同目标视角下，群际间的工作关系会如何发展，其间的内在机制如何，还需要更为深入地探讨。

在以往关于工作关系的研究中，学者们根据不同的视角对工作关系进行分类。有学者将形成关系的互动双方的类型作为划分工作关系类型的标准，提出了典型的工作关系有以下三种：领导—成员交换（LMX）、员工—组织关系（EOR）和师徒关系或者指导关系。

另外，有学者根据关系双方所进行的持续沟通时间的长短，将工作关系分为短期人际关系和长期人际关系。例如，Stephens 等（2011）和马珂等（2016）将组织中简洁的、短期的人际关系定义为组织中的高质量联结（High – Quality Connections，HQC），即在工作中的两个体进行短期的、积极的互动关系，是存在于两者之间的动态性、存在性的联系，能使交往双方体验到活力、积极关照与相互交融。HQC 具有高情感承载力、关系张力与联结力三个特征。与长期工作关系相比，HQC 重点关注分散性互动（Discrete Interactions），为一种偶然、暂时或短期的关系，即为"联结"（Connections）而非"关系"（Relationship）。具体而言，发生在某一场合或持续性关系中某一特定情景下的互动都属于 HQC，如走廊上的偶遇（偶然关系）、会议上的问答（短期关系）、休息室内的一个眼神、一句玩笑，甚至是一次道歉或感谢（暂时关系）等。与 HQC 关注两个体之间短期性、即时性的微量"关系"不同（Heaphy & Dutton, 2008），长期的工作关系更关注个体、群体、组织、社区等多个层次之间反复发生的联结，更注重长期性和多次性。不过，研究表明，两实体的互动既可以是简洁、短期的，也可以是深刻、持久的，但无论是短暂的互动还是长期的互动，都可能催生出有活力的、互惠的、积极的（高质量的）或消极的（低质量的）工作关系，形成何种工作关系关键取决于互动双方对彼此的尊重和信任程度（Ragins & Dutton, 2007）。

此外，根据工作关系的性质来看，可能包括工具性维度、情感性维度以及混合性维度。其中，工具性关系维度更多地表现为与工作相关的活动；而非工作相关的活动将更多地与情感性关系维度相联系（Chan, 1995; Chang & Holt, 1991; Yan, 1996）。基于这一视角来看，要在中国情境下形成一个密切的工作关系，可能需要涉及情感性和工具性维度成分，既要在中国的集体主义背景下与主管、同事等形成良好的工作关系，又要在工作方面为他们提供工具性支持，并在生活方面为他们提供情感性支持，由此混合型关系在中国组织实践中是最为普遍的（黄光国和胡先缙，2002）。Chen 和 Peng（2009）也提出，同事关系之间的亲密度可以从很远到很近，应落在熟人关系的范畴，这种关系的特点混合了情感型和工具型成分。具体而言，在同事关系中，人们对人情规范的情感性和工具性特质都有一定的期望。同事之间的情感交换可以通过非工作相关的事件来体现，工具性交换可以通过帮助解决与工作相关的问题来体现。相比之下，同事在工作中表现出的能力和诚意很可能给人带来积极的感觉，下班后社交活动也很可能给同事创造机会发展人际关系。

再者，Trefalt（2013）根据关系双方持续合作的时间长短、亲密度水平（Hinde, 1997）和相互信任程度（Lewicki et al., 1998）的差异，将组织中的人际关系划分为四种相互排斥的关系类型：亲密关系、已建立关系、怀疑关系和新建立关系。其中，"已建立关系"是指曾与自己工作过一段时间的同事之间的良好关系，其特点是对专业问题的高度信任和低度不信任；"亲密关系"则是将工作伙伴描述为"非常喜欢"的"好朋友"之间的关系，这类关系伙伴不仅对工作相关问题相互信任，还对其个人问题表示相互信任；"怀疑关系"指的是个体因与他人发生了一些事情，或者听说过和与某人一起工作的"噩梦故事"而"不喜欢"某人的关系，其特点表现为有时会相互信任某些事物，但对与边界工作有关的问题则表现出不信任；"新建立关系"则是指最近才开始的一段不是很亲密和亲近的关系，其特点是关系双方会仔细观察对方，信任程度也各不相同。由于"已建立关系"和"亲密关系"都是互惠互利的，可被认为是"积极的"工作关系（Ragins & Dutton, 2007），但两者之间的联系广度有所不同。"新建立关系"则可看作是一种中性的工作关系，但"怀疑关系"却是消极的。

由上述分析可以看出，不同的关系学者基于不同的标准或者视角将工作关系分为不同的类型，具体可概括为如表14-1所示。对于工作关系的细分分类把握将有助于更深入地理解工作关系，并且可以为后续的实证研究检验提供指导和操作化参考标准。

表14-1 工作关系的分类依据和分类类型

代表人物	分类依据	工作关系分类类型
Ferris 等（2009）	相互作用的成员所在层级	人际层面关系和群际层面关系
Stephens 等（2011）	持续沟通时间的长短	组织中的高质量联结（HQC）和长期的工作关系
黄光国等（2002）、Chen 等（2009）	关系特征、亲密度	工具性、情感性以及混合性关系
Trefalt（2013）	亲密度、信任程度和持续时间	亲密关系、已建立关系、怀疑关系和新建立关系

2. 边界与边界工作

（1）工作—非工作边界。人们通常在工作和非工作领域中遵守不同的规则，具有不同的思维方式和行为模式。具体而言，典型的工作领域指上班时间和工作场所，而典型的非工作领域则是家庭生活，更为广义地定义则包括所有休闲生活（Kanter，1977）。将个人生活分割为工作领域与非工作领域是现代社会的重要标志（Giddens，1991）。实际上这种划分工作与非工作领域的意识要出现得更早。早在1951年，Lewin就因工作与非工作两个领域间存在显著差异而提出，可以通过利用"边界"来将工作和非工作领域区分为两个相互独立的领域。而后 Nippert - Eng（1996）将两个领域之间的"边界"定义为工作—非工作边界。

传统理论将工作—非工作边界划分为三种类型：物理边界、时间边界和心理边界（Schein，1971），之后的学者大多支持这一分类（Clark，2000；韦慧民，2011）。然而，除这三种类型之外，还有学者创造性地认为人也是工作与家庭边界中一个很重要的因素（Clark，2000；王华锋，2009）。例如，Nippert - Eng（1996）认为，个体在某领域中遇到的其他人与自己相似度的高低是影响其边界的重要因素。在此基础上，Langulaire（2009）提出了人际边界这一新的边界类型，将不同领域里人与人之间的关系作为影响边界的一个重要因素进行考量。马璐和刘洪（2015）结合早前学者的观点，将工作与非工作边界的维度定义为时间边界、物理边界、心理边界和人际边界四个维度。其中，时间边界是指通过对时间的设定来划分出工作领域和非工作领域责任承担的时间；物理边界是指用于区分工作与家庭的有形边界，如工作场所或非工作场所的围墙，它定义了领域相关的行为所发生的场所或者相关物品；心理边界是指一种由个体自身决定的无形边界,如在每个领域所采用的思维方式、行为方式以及情绪等;人际边界是不同领域里人与人之间的关系成为构成边界的一个重要因素。

(2) 边界工作。研究表明,虽然工作与非工作领域是两个独立的领域,但个体可以通过边界工作和时间安排来管理工作—非工作边界,从而实现工作与生活两个领域的平衡 (Kossek, Lautsch & Eaton, 2005)。边界工作是指个体随着时间的推移,进行无休止的、实践的、可见的协商、设定、维护和转换工作—非工作边界的过程 (Nippert-Eng, 1996)。相似地,Trefalt (2013) 也将边界工作定义为个体从事协商、设定、移动和调整工作与工作以外的生活之间的界限的过程。

个体从事边界工作的直接目的在于实现工作与非工作领域的不同目标,最终目的是获得工作与非工作领域之间的平衡感 (马璐和刘洪, 2015)。初期研究大多认为,工作与非工作领域之间是非此即彼的对立关系,但随着研究的深入,学者们开始意识到在给定边界情况下的工作与非工作领域之间实际上是可以相互渗透的,且两个领域之间存在相互补充和影响的关系 (Greenhaus, 2003; Pleck, 1977)。学者们逐渐产生这些意识主要是源于社会生活中的种种现象,令他们不得不承认工作与非工作领域之间确实存在的渗透性。具体而言,随着女性进入职场和双收入家庭的普遍存在,打破了传统的"男主外,女主内"的角色分工,职场人士比以往任何时期都要身兼更多的工作和家庭的双重角色,这一现象使工作和家庭领域之间的边界开始相互渗透;另外,移动通信技术的发展使人与人之间的互动和沟通超越了时间和空间的约束,进一步促使工作和非工作边界的模糊化 (韦慧民和刘洪, 2013);同时,员工工作自主性的增强使其更有可能和条件,按照自身情况安排工作时间和地点 (马璐、刘洪和杨书生, 2014),加剧了工作—非工作边界的模糊程度。这些现象都表明,工作与非工作领域之间已经不可能完全分隔,当前研究也普遍肯定了工作与非工作领域相互渗透的关系。不仅如此,工作与非工作领域间还面临着模糊性和渗透性日益增强的趋势,而且员工的工作家庭冲突及其引发的不良后果也随之而来 (Frone, Russell & Cooper, 1992; Gutek, Searle & Klepa, 1991)。随着研究的开展,有学者开始认识到仅仅研究冲突是不够的,个体更需要的是平衡两者的具体措施和方案 (马璐和刘洪, 2015)。在此背景下,探讨员工如何设定工作与非工作之间的边界、处理工作与非工作之间的关系,从而达到个人生活的平衡问题引发广泛的关注 (Valcour & Hunter, 2005; Kossek & Lambert, 2005)。因为这既是提高员工个人工作和生活质量的一个迫切的现实问题,又是企业人力资源管理所面临的新挑战 (刘永强, 2006),同时还是管理学界广泛关注的一个焦点 (韦慧民和刘洪, 2013)。

早期关于边界管理对策的研究主要集中于组织层面,即研究组织中的人力资源政策对于工作和家庭平衡的影响（Stebbins，2001）。组织热衷于制定平衡员工的工作和家庭的人力资源政策也不无道理。一方面，基于人本主义管理视角，组织需要关注员工的生活要求，帮助其实现工作与生活之间的平衡（Kreiner, Hollensbe & Mathew, 2009）；另一方面，组织就算出于避免员工的工作—家庭冲突对组织绩效带来的负面影响的目的，也需要为员工设计有效、适用的管理策略，如时间管理（Jex & Elacqua, 1999）、弹性工作制（Kossek & Ozeki, 1999）、家庭照顾福利（Kossek & Ozeki, 1999）、培育工作—家庭文化（Thompson, Beauvais & Lyness, 1999; Kinnunen et al., 2005）等，并将这些管理策略正式化与制度化，以帮助员工降低其工作—家庭冲突水平。虽然这些管理策略起到了一定的效果，但实际上，却进一步模糊了员工的工作—非工作边界，可能为员工带来了更多的角色冲突（Bulger, Matthews & Hoffman, 2007），出现了事与愿违的结果。

由于上述研究得出初衷与结果相互违背的效果，且对于管理政策的具体影响有限（Kossek & Lambert, 2005）。因此，近期的研究开始关注个体层面的边界管理对策，研究个体如何通过灵活性地从事边界工作和时间安排来管理工作—非工作边界，从而实现工作与生活的平衡（Kossek, Lautsch & Eaton, 2005）。若个体要通过边界工作等手段来达到平衡，就必须要具备进行边界管理的知识和能力，才能辨识问题并且采取有效的解决策略（Cummings & Jones, 2003），所以个体在工作—家庭冲突的处理上并不是一个被动的接受者。相反，个体在边界管理中扮演着关键的角色，边界管理实际上是一种主观能动行为，且这种行为与个体的边界管理偏好以及主观认知等紧密相关（Kossek, 2012）。如有研究认为，个体的边界工作策略一部分是由所处的工作结构差异而定，另一部分则是由个体差异造成。例如，Kreiner等（2009）认为，个体分割（保持分离）或整合（合并在一起）工作和非工作领域的偏好会影响其边界工作。此外，还有学者认为，个体的边界工作策略受其关系伙伴的影响。例如，Clark（2000）的研究强调了诸如老板和配偶等"边界侵犯者"对个体从事的边界工作策略具有重要影响。她认为，边界工作"是一种主体间的活动，其中，有几组行为者在协商这些领域的构成，以及领域间的边界在哪里"。也就是说，边界的具体位置实际上是在边界设定者和边界侵犯者相互协商的过程中确定的，即边界工作可能涉及人际关系的管理。

研究表明，不同的个体会通过从事不同类型的边界工作来协调工作—非工作边界，从而达到工作与家庭平衡的状况（Grzywacz, 2005），即边界工作存在个体差异。Trefalt（2013）将边界工作具体分为三种类型：边界设定、印象管理和自我管理，如表14-2所示。其中，边界设定是指边界设定者与其关系伙伴协商并确定工作—非工作边界的过程，目的是积极应对和参与多重角色的核心挑战，是边界工作的实质性目标；印象管理是指个体在从事边界工作时会主动调控关系伙伴对其边界工作的反应,因为边界设定者不仅关心能否成功设定边界,而且也关心边界设定是否会对自己与他人的关系造成影响;自我管理则是指个体在从事边界工作时,调控自己对于边界工作的过程和结果反应的相关活动,自我管理活动包括证明自己的行为是合理的以及对他人的行为进行归因。印象管理和自我管理共同作为边界工作的关系性目标。当个体面对特定的、相互冲突的工作—非工作要求时,要努力实现的不仅是实质性目标(积极应对参与多重角色的核心挑战)(Mark,1977),还要实现关系性目标(Trefalt,2013)。因而,个体在从事边界工作时,会通过边界设定来解决需求相互冲突的实质性问题,还会通过"印象管理"(管理他人对边界设定者的印象)和"自我管理"(管理自己对边界工作的反应)来调控自己与边界侵犯者的关系。

表14-2 边界工作的类型

分类	内涵	目标
边界设定	设定者与关系伙伴协商和确定边界	实现积极应对多角色挑战的实质性目标
印象管理	主动调控关系伙伴反应	维护自己与伙伴关系的关系性目标
自我管理	主动调控自己的边界工作与结果反应	维护自己与伙伴关系的关系性目标

资料来源:参考文献(Trefalt,2013)。

二、理论基础

1. 边界理论

边界是"物理的、时间的、情感的、认知的和/或关系的限制"(Ashforth,Kreiner & Fugate,2000),可以帮助人们将一个实体与另一个实体区分开来。工作和生活通常被看作两个相互区别的实体,它们之间很有可能存在某种界限。因而,Nippert-Eng(1996)提出工作—家庭边界理论(Work/Family Boundary Theory,以下简称边界理论)用以解释这一问题。该理论将工作与家庭看作两个各自存在边界且相对独立的领域。而后,不少学者探索与发展了边界理论,如张伶(2007)根据边界理论将工作和家庭看作两个有着不同的目的和文化的相互差异的范围。另外,边界理论认为文化边界是工作—家庭边界的起源和特征反映,如人们常以肤色、性别、国家、物理对象、领域以及角色等方面为标准在不同实体之间设定边界(Lamont & Molnar,2002;Nippert-Eng,1996;Zerubavel,1991)。

初期研究大多认为工作与非工作领域之间是彼此对立的关系,但随着研究的深入,学者们开始逐渐意识到,在给定边界情况下工作与非工作领域是可以相互渗透的,而且两个领域之间存在着可以相互补充和影响的关系(Greenhaus, 2003;Pleck,1977)。研究进一步提出,工作和家庭边界具有渗透性(Permeability)、灵活性(Flexibility)(Nippert-Eng,1996)、混合性以及边界强度等特征(张再生,2002)。其中,渗透性是指某种角色领域的元素可以进入其他角色领域的程度(Eagle, Miles & Icenogle, 1997;Frone, Russell & Cooper, 1992);灵活性是指为了适应工作或家庭特定领域的要求,对工作家庭边界进行调整的程度(高中华和赵晨,2014),即角色与具体情境和时间的结合程度(马丽和徐枞巍,2011);当边界同时具有渗透性和灵活性时,便会形成混合性边界(张再生,2002);边界强度取决于一个领域的边界阻碍另一领域向其渗透或挤压的能力。在边界具有的上述诸多特征中,最关键的是布局(Placement)和渗透性(Permeability)(Nippert-Eng,1996)。布局是指一个边界所包围领域的范围大小以及沿着每个领域的边界的精确定位;渗透性则反映了在精神上跨越边界的难易程度。先前关于边界理论的研究还关注相互冲突的角色要求对工作—家庭冲突的影响。例如有研究发现,当边界跨越者所拥有的资源不能完全满足两个领域的边界维护者的角色要求时,就有可能引发边界跨越者的工作—家庭冲突(Kahn et al.,1964;Yang et al.,2000;张再生,2002)。

概括而言,在工作—非工作研究中,边界理论常被用来研究人们在工作和家庭生活中创造、维持和改变边界的方式(Kreiner et al.,2009;NippertEng,1996)。边界理论在创造、维持和改变边界的过程中的主要作用集中于其建构主义视角,即逐渐形成对具体的人、事、物的定义和印象。个体在此过程中通过与他人的相互作用,而获得他们对边界以及由边界定义的实体的共同定义(Berger & Luckmann,1967)。在边界以及某些实体的定义得到普遍认可之前,需要社会建构者不断地协商、讨价还价来实现定义共享。

不过,当前关于边界理论的研究主要聚焦于工作和家庭边界本身具有的属性(Ashforth, Kreiner & Fugate, 2000;Clark, 2000),以及工作与家庭领域中的边界维护者对边界跨越者的角色要求所造成的影响(Boyar et al.,2008;Voydanoff, 2005)。虽然之前的学者都将这两类研究看作是相对独立的,但高中华和赵晨(2014)通过深入分析发现,它们之间存在一定的内在联系,即边界属性可以看作形成工作—家庭冲突的外在条件,而角色要求可以看作是形成工作—家庭冲突的内在条件。这说明边界理论不仅能解释工作与家庭领域间复杂的相互作用和产生冲突的原因,还可解释工作—家庭冲突的作用机制(刘永强,2006;高中华和赵晨,2014)。

实际上,工作—非工作边界是一个典型的由边界设定者和边界侵犯者通过协商而达到共同认知的结果。个体(边界设定者)为了设定自己认为理想的工作—非工作边界,就需要与受其边界影响的人(边界侵犯者),例如,他们的同事、主管、客户和配偶,进行协商以构建得到双方认可的工作和非工作领域间的边界(Clark,2000;Kreiner et al.,2009;Nippert-Eng,1996)。由此可看出,边界设定者的家庭成员、主管、下属、同事和客户等人物在其边界工作中具有重要作用。例如,Kreiner 等(2009)的研究发现,一些牧师的配偶能帮助牧师把要求过高的教区居民拒之门外,而教区居民表达不满、烦恼和怨恨的情绪也会推翻牧师的边界。另外,Perlow(1998)对员工边界控制的研究也表明,与他人的互动在边界设定中起着至关重要的作用,而且员工与配偶的关系密切,反过来也会影响他们与管理者的协商方式。当然,除上述之外,一些其他的因素也可能会成为制约、促进或阻碍边界工作的根源。未来可以对此进行深入探讨。

2. 趋近和回避动机理论

长期以来,动机心理学都在探讨个体的内在能量以及改变个体行为方向的因素,并逐步形成包括生理性动机与社会性动机、原始动机与习得动机,以及外在动机与内在动机等分类框架(郭德俊,2001)。然而,上述的动机分类标准却未能完全解释人类的内在能量与行为方向的关系。例如,无论是动物还是人类,都十分自然地表现出趋利避害的行为倾向,但人们对此现象背后的内在动力机制却知之不详(张晓雯、禤宇明和傅小兰,2012)。

心理学家认为,上述趋避行为反应与动机系统密切相关,且动机系统在评价情境的危险性以适应自身的行为过程中作用巨大,据此,将动机系统分为欲求动机系统(Appetitive Motivational System),又称趋近动机系统;以及厌恶动机系统(Aversive Motivational System),又称回避动机系统(Cacioppo, Gardner & Berntson, 1997; Lang, Bradley & Cuthbert, 1990; Neumann & Strack, 2000)。这就是动机心理学中又一种重要的动机分类:趋近动机(Approach Motivation)与回避动机(Avoidance Motivation)。这一动机分类强调趋利避害(追求快乐、回避痛苦)的享乐主义原则。近 10 年来,随着进化心理学的发展与兴起,以行为和能量指向为划分依据的这一趋近—回避动机分类方法受到关注,成为动机研究的又一个基本理论框架(刘惠军和高磊,2012),并逐渐在动机研究中占有主导地位,成为很多心理学理论的潜在动机假设。

根据趋近—回避动机理论(Elliot,1999;Elliot & Covington,2001),人们的行为遵循趋利避害的享乐主义原则(Freud,1950)——个体的行为由趋近动机和回避动机系统驱动。趋近动机指由追求积极结果的目标所引导的动机,回避动机则指由回避消极结果的目标所引导的动机(Elliot & Church,1997)。在趋近动机下,个体的行为是由正性的、所期望的外部事件诱发的;而回避动机下,个体的行为是由负性的、不被期待的外部事件性引起的(Elliot,1999)。此外,趋近和回避动机作为最基本的动机系统,具有行为组织功能。具体而言,趋近系统通过调集能量来接近、掌控个体所偏爱的刺激所带来的愉悦,回避系统则通过调集能量来逃离或阻止不利刺激的伤害(刘惠军和高磊,2012)。随着研究的深入,研究发现,这两类动机并不是独立工作的,而是相互协同作用的。如 Elliot(2008)指出,回避动机保证了个体的生存,趋近动机则能促进个体的成长,因而只有将两种动机系统相结合才能产生成功的适应。

3. 调节定向理论

趋近—回避动机理论可对许多个体行为做出合理的解释,因而 Miller 和 Dollard(1941)将其作为人类行为的基石,且此观点获得广泛认可。然而,趋近—回避动机理论却未能解释人类所有的行为。虽然享乐主义在原则上解释了个体为何出现趋利避害的行为反应,但却未能说明个体如何实现趋利避害的效果,也无法解释一些看似矛盾的现象,例如,为何趋近积极结果有时能提高任务表现,而有时又会对任务执行起到阻碍作用?因而为了更好地理解人类的动机,Higgins(1997)超越享乐主义原则,提出调节定向理论(Regulatory Focus Theory)试图理解享乐主义原则运作背后的原理。调节定向理论可认为是在自我差异理论(self-discrepancy theory)(Higgins,1987)的基础上发展而来的。之后,Higgins 等(2000;2003)又在调节定向理论的基础上,提出调节匹配理论(Regulatory Fit Theory),最终形成一套系统的自我调节理论体系。

自我调节是个体为达到特定目标而努力改变或控制自己的思想、反应的过程(Geers et al.,2005)。个体进行自我调节的本质原因在于自我差异(Self-Discrepancy)的存在。自我差异的概念和理论由 Higgins 等(1987)首次提出,他们认为个体的意识中同时存在三个自我,即现实自我(Actual Self)、理想自我(Ideal Self)和应该自我(Ought Self)。其中,现实自我是指个体自己或他人认为个体实际具备的特性的表征;理想自我是指个体自己或他人希望个体理想上应具备的特性的表征;应该自我是指个体自己或他人认为个体有义务或责任应该具备的特性的表征。理想自我和应该自我并称为自我导向(Self-Guides)或自我标准。自我差异(Self-Discrepancy)是指现实自我与自我导向之间的差距(Higgins et al.,1987)。自我差异理论认为,自我导向是引导现实自我的标准,当现实自我与这些标准间存在差异时,个体就会产生要减少这种差异的动机,从而推动个体达到现实自我与自我导向相匹配的状态(Higgins et al.,1987)。

早前,Higgins 等(1997)认为,自我差异仅是一种有情绪意义的、较为稳定的认知结构,但从其具有较高的稳定性来说,自我差异似乎也是一种稳定的人格特点(杨荣华和陈中永,2008)。由于个体的自我导向具有差异性,因而个体减少自我差异的动机倾向性也存在差异,即个体在通过自我调节以减少自我差异的过程中，会表现出特定的方式或倾向——调节定向。为此，Higgins 等（1997）提出调节定向理论，并将个体在减少自我差异过程中表现出来的方式或倾向区分为两种不同的调节定向类型：促进定向（Promotion Focus）和预防定向（Prevention Focus）。促进定向为减弱现实自我与理想自我之间的自我差异的动机倾向，与提高需要（成长、发展和培养等）相关，指个体主要关注怎样达成自己的理想、抱负，更多地体验到与喜悦—沮丧相关的情绪；预防定向为减弱现实自我与应该自我之间的自我差异的动机倾向，与安全需要（保护、免受伤害等）相关，指个体主要关注怎样达成自己应该完成的责任和义务以避免惩罚和批评，更多地体验到与放松—愤怒相关的情绪。因而，对于实现同一目标，激发不同调节定向类型的个体的内在因素可能存在差异。例如，对于改善人际关系这一目标，促进定向个体会将其表征为加强社交联系的机会；而预防定向个体则会将其表征为消除不利于社交联系的隐患、避免社会排斥的方法。

调节定向理论认为，虽然个体儿时与照顾者的互动方式决定了其主导的自我导向的类型，进而影响个体的调节定向类型（Higgins，1997），但这并不意味着调节定向的形成就是自我导向的习得过程。研究者认为，调节定向分为特质性和情境性调节定向两类，前者是个体在成长过程中逐渐形成的个性倾向，而后者则是由任务框架的信息线索所诱发的（Wang & Lee，2006；Forster，Higgins & Idson，1998）。也就是说，调节定向既可以受个体的自我调节历史的影响，表现为一种长期的人格特质，也可以受当前情境或任务的影响，表现为一种暂时性的动机定向（姚琦和乐国安，2009）。有研究表明，调节定向作为一种普遍的动机原则，对人们的基本心理过程，如认知评价（Freitas，Travers，Azizian & Berry，2004；Shah & Higgins，2001；Higgins & Tykocinski，1992）、决策判断（Liberman et al.，2001；Kluger et al.，2004；Brockner & Higgins，2002）和行为策略（Friedman & Förster，2001；Förster et al.，2003；Shah & Higgins，1997）都会产生非常重要的影响。

作为当前影响社会生活的研究热点，调节定向理论被应用到人际互动、组织管理、营销等领域，出现了很多有趣且有意义的研究。例如，在人际互动方面，Molden 等（2006）研究了不同调节定向的个体对亲密关系中的背叛的具有不同的反应。此外，调节定向不仅影响人际关系，还会对群际关系产生影响（Shah et al.，2004）；在组织管理方面，Brockner 和 Higgins（2001）建议用调节定向研究组织中的匹配、领导风格、员工对组织改变的态度等问题。

4. 理论基础小结及其对边界工作的影响分析

对比调节定向理论和趋近—回避理论发现，促进定向和预防定向分别关注积极结果和消极结果，与趋近积极结果、回避消极结果的享乐主义原则具有很高的相似性，但实质上两者属于不同的范畴。促进/预防定向解释的是比趋近/回避动机更一般的不同情境（Molden & Lee, 2006）。简言之，趋近积极目标状态或回避消极目标状态的动机都既可以是促进定向的，也可以是预防定向的（姚琦和乐国安，2009）。例如，有两个当前人际关系良好的人，都想在一次晚宴中有出色表现（都有趋近积极目标状态的动机）。其中，一个人将此视为进一步提升其社会影响的机会（促进定向动机），而另一个人将此视为维护当前已有社交联系所必需的行动（预防定向动机）。总之，调节定向理论与趋近—回避动机理论的重要区别在于：趋近—回避动机理论关注不同动机背后的需求差异，而调节定向理论则更关注由需求差异而产生的动机策略差异（姚琦和乐国安，2009）。例如，同样是为了趋近"事业成功"目标，有些人会创造和利用一切有利于事业发展的机会，而有些人则更关注如何做好分内的工作、不犯错误。

简言之，调节定向理论能较好地解释"为什么人们面对同一目标会采取不同的趋近或回避策略"的问题。然而，调节定向理论却未能很好地解释"为什么对于相同目标，有些人会采取趋近动机，而有些人却采取回避动机"的问题。因而，与其说调节定向理论超越了趋利避害的享乐主义原则，不如说它更深入地分析了如何趋利或如何避害。Higgins（1997）认为，虽然人们都具有趋近或回避的普遍趋势，但每个人的动机都会随着情况的变化而变化。同样地，Elliot（2006）和 Gable（2006）也认为，虽然个人的行为会受到倾向差异的影响，但也受到环境因素和短期目标的影响。因而，只有将趋近—回避动机理论与调节定向理论结合起来，才能更好地理解人类的动机与行为的关系（Taylor, 1998）。

Trefalt（2013）结合趋近—回避动机理论和调节定向理论来研究个体的边界工作，他将调节定向理论中提出的自我调节原则（调节定向和调节预期）作为研究分类点，认为这两种自我调节原则上也可以具有趋近或回避方向。具体而言，趋近导向个体主要关注是否存在积极结果（Higgins & Spiegel, 2007），其动机是获得收益和提升（表现为促进定向），以及期望体验到预期的快乐与喜悦情绪（表现为趋近调节预期）；回避导向个体更关注是否存在消极结果（Higgins & Spiegel, 2007），试图防止损失、保持满意度（表现出预防定向），并避免出现预期的痛苦情绪（表现出回避调节预期）（Higgins, 1997）。

在边界工作中，趋近动机将反映在专注于获得理想的工作休假时间（表现为促进定向）以及能够这样做的期望（表现为趋近调节预期），而回避动机则反映在关注于防止不理想的（表现出预防定向）、预期的（表现出回避调节预期）边界侵犯行为的发生。在以往的边界工作研究中，个体从事边界工作的动机在相关文献中很少受到重视。例如，Zerubavel（1991）在研究个体为何要设定边界时，认为这只是一种定义事物时的感知或赋予事物意义的手段，并认为心中的界限很可能是受基因遗传或社会文化影响而形成的（Hartmann，1991）。

综上来看，以往研究主要关注的是如何在工作与非工作之间设定具体边界，而非驱动这种行为的内在原因。虽然边界理论已经从分割—整合偏好（Nippert - Eng，1996；Rothbard et al.，2005）以及抵制或接受他人要求（Perlow，1998）等个体差异因素角度研究了边界设定的差异，却没有探讨这些差异是如何影响个体采用不同的边界工作方式，即很少说明为什么不同的人会以不同的方式进行边界工作。尽管 Kreiner 等（2009）及其同事已经含蓄地暗示个体有动机去设定所需的边界，因为设定自己需要的边界能够使他们在工作和非工作领域上分布的时间、空间、精力和注意力的状态更趋近其理想状态，远离侵犯边界的行为或者现象。但遗憾的是，他们仍未明确关注边界工作的动机，也未对此进行深入的探讨。随着研究的推进，Trefalt（2013）开始关注到了动机因素的影响，建议将个体体验到的趋近和回避动机纳入边界工作的研究，并发现个体在从事边界工作时，不仅会追求实质性的、与边界有关的目标（趋近理想边界或回避不理想边界），而且还会追求关系性目标——与工作场所中的其他人保持联系的目标（追求积极关系结果或避免消极关系结果），而驱动个体追求这些目标动机（趋近或回避动机）取决于关系的性质（与合作伙伴形成关系的持续时间、相互信任程度和亲密程度），而这一动机反过来又推动了个体选择的边界工作类型。

第三节 工作关系对边界工作的影响

以往研究发现，个体差异和组织结构因素是影响其边界工作的重要原因（Kossek et al.，2005），然而现有研究表明，当个体从事边界工作时还受该过程中发生的人际关系的影响，且人际关系的性质决定了边界工作的可能性和体验感（Trefalt，2013）。由此来看，工作关系将会对个体的工作—非工作边界管理工作产生不可忽视的影响作用。但令人惊讶的是，在以往的关于工作—非工作边界的研究中，关系却未得到更多的关注，甚至还无法获得应有的关注，少有研究考虑到个体在从事边界工作过程中涉及的关系可能产生的影响作用。

虽然早前关于边界工作的研究承认了边界设定者的家庭成员、主管、下属、同事和客户在边界工作中的重要作用（Clark，2000；Kreiner et al.，2009），但在实际研究过程中仍将边界工作视为一种非关系性的个体选择。即使研究人员都清楚地知道，尽管个体是在与他人的互动中进行边界工作的，但仍孤立地考虑这些互动，认为边界工作未受到先前互动和未来互动的期望的影响。简言之，以往研究并未将个体在从事边界工作时，为适应某些特定的角色要求和期待而遵守的行为规则看作影响其具体边界工作策略与方式的重要因素之一（Hinde，1997）。而不同关系互动决定了当下的特定角色定位及相应的行为规则，从而可能需要采取不同的边界工作策略。

实际上，边界工作并不会孤立地发生，而是代表构成关系的相互作用链中的一个环节。个体若想在某种情况下选择应从事的边界工作类型，就必须了解相应关系中以前发生过的事情并着眼于未来可能发生的事情（Trefalt，2013）。事实上，忽略关系性质对边界工作的影响就相当于承认所有类型的边界工作策略都适用于所有个体。然而，许多现实事例都表明了，同一个体对不同对象采用不同的边界工作策略所达到的效果迥然不同；不同个体采用同一种边界工作策略处理所有冲突所达到的效果也不尽相同。这些实际存在的事例与早前研究得出的结论存在明显的矛盾，说明之前的关于边界工作的研究可能忽略了某些因素，而且以往研究未明确承认关系在边界工作中的作用研究结论也是不完整的。

大量研究表明，关系能够影响个体间的给予和接受帮助（Casciaro & Lobo，2008；Schein，2009）、在协商过程中减少冲突（Mc Ginn & Keros，2002），以及规定人际交往规则（Clark & Mills，1993）等方面的问题。如果关系能够影响上述情景，那么关系肯定会影响到需要涉及上述情景的边界工作。此外，Trefalt（2013）的归纳定性研究也发现，如果不考虑边界工作中发生的关系，就不可能完全理解边界工作。具体而言，第一，在没有考虑关系的情况下，虽然研究者能用个体差异视角较好地解释为何不同个体倾向于采用不同类型的边界工作，但却未能很好地解释为何同一个体对其不同的关系伙伴会使用不同类型的边界工作。第二，忽视关系的作用往往容易使研究者忽略个体采用差异化的边界工作的重要潜在解释因素。有学者发现，边界设定者和边界侵犯者之间关系性质，就预测在此类关系中可供边界设定者选择的边界工作类型（Trefalt，2013）。例如，个人必须选择自己想与主管、同事或客户建立什么样的关系，而这些选择反过来又会影响他们在这些关系中可用的边界工作类型。这是因为不同类型的关系性质会驱动个体启用不同的动机系统（趋近动机或回避动机），这些动机又会影响个体追求目标（与边界设定相关的实质目标以及与维持关系发展的关系目标）的行为策略（促进定向或预防定向），而这些行为策略则表征为个体所从事的具体边界工作类型。也就是说，个体从事边界工作的动机在不同类型的关系性质中具有差异，而不同的动机和行为策略又会驱动个体选择不同类型的边界工作。这一发现很好地解释了个体从事边界工作的原因以及可选用的边界工作的类型。第三，忽视关系也意味着忽视边界工作的重要后果。在未考虑关系背景之前，以往研究很难解释"为什么个体在采用相同类型的边界工作时，其达到的效果却不尽相同？"然而，关系性质却能让其做出合理的解释。研究表明，决定相同类型的边界工作是否有效的原因在于此过程中发生的关系的性质（Trefalt，2013）。因为关系性质造就了个体对边界工作的选择，只有相互匹配的关系性质和边界工作类型才能获得成功，而不相匹配的关系性质和边界工作类型却无法奏效，即相同类型的边界工作只有搭配合适的关系性质才能发挥其效。

总而言之，忽略边界工作的关系背景会限制人们对边界工作的方式、前因及其后果的理解。这说明人际关系在个体从事边界工作的过程中发挥着关键性作用，只有将关系作为研究个体从事边界工作过程中的背景，才可以更充分、更全面地解释边界工作的选择、前因及后果。本书基于 Trefalt（2013）对工作关系的分类标准，根据关系互动双方的亲密度、相互信任程度和关系持续时间的差异，将边界制定者和边界侵犯者之间的工作关系性质分为四种相互排斥的关系类型："亲密关系""已建立关系""新建立关系"和"怀疑关系"。并对处于这四种关系性质中的个体所从事的边界工作的前因、类型和结果进行分析与比较，即从个体驱动边界工作的动机模式（趋近/回避动机、促进/调节定向以及趋近/回避调节预期）、所从事的边界工作类型（边界设定、印象管理和自我管理）以及边界工作的结果（实质性目标和关系性目标）等角度去比较四种关系性质中的边界工作。不同工作关系背景下的边界工作如表 14-3 所示。

表 14-3 不同工作关系背景下的边界工作

关系类型	关系特点	驱动动机	边界工作	影响结果
亲密关系	高水平信任工作与非工作领域问题	趋近动机	边界设定（工作与非工作领域在一定程度上的整合）	积极的边界工作结果；更紧密的关系
已建立关系	高水平信任工作问题；非工作问题理解表面化	趋近动机	"趋近边界设定 + 印象管理"（倾向于分割工作与非工作领域）	边界工作的实质目标成功；关系性目标中性（非积极）
新建立关系	信任程度差异较大	"趋近动机 + 回避动机"	"趋近边界设置 + 印象管理"	边界设置部分成功：认同度高时，边界设定部分妥协，培养刚起步关系；认同度不同时，回避边界，自我决定，关系恶化
怀疑关系	工作问题有一定信任，而对非工作问题则怀疑	回避动机	"回避边界设置 + 回避方式的印象管理 + 回避方式自我管理"	边界设置成功度有较大差异；关系影响负面

资料来源：根据文献 Trefalt（2013）相关内容整理。

一、亲密关系中的边界工作和结果

在亲密关系中,关系双方具有相互关怀与协作特性,不仅很适用于与他人交往、分享有关个人喜好和优先事项的信息,还适用于与他人共同努力寻找"双赢"的解决方案。因而,亲密关系中的互动双方在与工作和非工作有关的问题上都具有信任特点,此时,个体会认为邀请他人参与自己的边界工作是有益的。同时,亲密关系方还会认真对待个体的个人需求,并尽力帮助其满足需求。例如,Trefalt(2013)研究发现,个体倾向于相信自己的亲密关系伙伴会将自己的最大利益放在心上,而且不会反对个体在工作之外有其他的利益和义务。因此,个体在这种关系中从事边界工作时,仅受趋近动机系统驱动,仅采用边界设定方式来开展其边界工作,而不需要进行印象管理和自我管理。具体表现为,个体会很愿意披露其个人信息并为他人提供有效的解决方案,而且在此过程中,个体通常觉得没有必要积极管理他人对自己的印象或自己对边界工作的反应,因为他们不担心这样做会对他们的亲密关系造成负面的影响。

在亲密关系中处理边界工作往往可以会导致非常积极的实质性和关系性结果,即成功设定边界的同时推动关系朝良好的方向发展。出现这种结果的原因在于,边界设定者会感谢边界侵犯者的理解和帮助,且边界侵犯者还会加强其对边界设定者的承诺(Festinger, 1957; Hinde, 1997)。此外,研究还发现,在亲密关系中从事边界工作所产生的积极结果具有螺旋式自我强化的特性(Trefalt, 2013)。具体而言,高水平的关系亲密度使关系双方相互信任,相信对方是想帮助而非滥用或误解自己与他们分享的非工作信息(表现为趋近调节预期),并相信他们对双方进一步发展关系深度感兴趣并持开放态度。而这种态度反过来又会引发真诚的理解、体谅与帮助,从而最终获得积极的边界工作结果和更紧密的关系。

二、已建立关系中的边界工作和结果

在已建立关系中,虽然关系双方在工作相关问题上会相互信任,但对于彼此的个人需求和优先事项的理解则相对表面化。具体而言,当个体面临工作与非工作要求相互冲突的挑战时,尽管已建立关系双方能够找到彼此都能接受的替代方案来完成工作,而不会对对方的非工作任务产生怀疑,但个体在透漏自己的个人要求、喜好和优先事项等非工作相关信息时都会表现得很谨慎。因此,在已建立关系中,个体通常采用趋近边界设定来开展其边界工作,然而与亲密关系相比,已建立关系双方往往还需要通过更多的印象管理作为边界工作的补充(Trefalt, 2013),但该过程中却很少会涉及积极的自我管理。具体而言,若在开展边界工作过程中使用了自我管理,个体通常会使用趋近自我管理为自己的动机和行为进行辩解,他们往往会将自己的动机进行善意归因,并将面临的挑战和阻碍归咎于工作本身或环境性质。

在已建立关系中,边界工作结果通常是积极的。具体而言,边界工作的实质性目标往往能够获得成功,即能够在边界设置方面取得较大成功,但边界工作的关系性目标却更多地反映为中性结果,即在对关系的影响方面往往是中性对的而非积极的(Trefalt,2013)。在亲密关系的例子中,同事会清楚而公开地告诉工作伙伴自己未婚妻的生日。而已建立关系与其形成鲜明对比,已建立关系中的相互信任程度足以支持合作,但他们对发展双方间超越当前状态的关系并不太感兴趣。属于典型的倾向于分割工作和非工作域的个体。虽然已建立关系允许这种分割,但亲密关系却需要一定程度的整合。此外,当个体获得已建立关系中的他人对自己的非工作要求提供慷慨的帮助时可能会显著改变已建立关系的基调,可能使其成为亲密关系(Ballinger & Rockmann,2010;Trefalt,2013)。

三、新建立关系中的边界工作与结果

在新建立关系中的人与人之间的信任程度各不相同(Kramer & Cook,2004;Lount et al.,2008;Mc Knight,Cummings & Chervany,1998),大多数个体似乎凭直觉认为,积极的第一印象至关重要,不仅是为了将来的边界工作,也是为了其职业发展(Lazega,2001)。而且从长远来看,早期违反信任的行为可能会危及他们之间的关系(Kim,Dirks & Cooper,2009;Lount et al.,2008)。因此,在新建立关系中,个体会针对不同对象的同时使用趋近和回避边界工作,则可能是因为新建立关系存在模糊性,因而允许人们根据不同对象使用不同动机以发挥更大的作用(Elliot & Thrash,2002)。然而,在新建立关系中主要使用的边界工作还是印象管理。有趣的是,平均而言,个体在新建立关系中选择趋近或回避印象管理在关系目标或实质性目标的结果方面几乎没有差别(Trefalt,2013)。

个体在新建立关系中设置边界时,一般而言至少可以取得部分成功,且对关系产生的通常是中性影响。在某些情况下,处于新建立关系中的互动双方彼此认同对方的程度较高,个体倾向于从事趋近边界设置,此时,边界制定者可能会在与对方的边界设定问题上做出一定程度的妥协(Trefalt,2013)。具体而言,处于新建立关系中愿意通过接受不完全成功的边界设置来培养刚刚起步的关系(Lewicki & Bunker,1995),即在不损害关系的情况下最大限度地设定其理想边界(Trefalt,2013),这样做既有助于深化新建立关系并为日后所用,又符合第一印象对未来关系发展至关重要的逻辑。然而,如果个体对与新认识的同事进一步发展关系不感兴趣时,个体往往会从事回避边界设置,那么他们在设定边界的过程中就会回避这些缺乏经验的边界侵犯者,仅凭其个人主观经验和想法而做出自己的决定，这样就会导致新建立的关系变得糟糕。因为在这种情况中，边界侵犯者对边界制定者的印象取决于其在单独地进行边界工作决定时，所表现出来的整体承诺、责任和成熟度，但这种印象评价往往是非正面的，而边界制定者则对这种负面判断表示不满，因而造成双方关系恶化。

四、怀疑关系中的边界工作与结果

在怀疑关系中，关系双方在工作相关问题上一般能够相互信任，一旦涉及非工作相关问题时则更多地表现出怀疑态度。正是出于这种不信任，出于怀疑关系中的个体在进行边界工作时会非常谨慎，可以的话不会让其他人知道。只有当他们觉得自己所处的环境，为其理想边界提供了强有力的支持时，才会允许涉及其他人。具体而言，当个体从客观的角度（不仅是从他们自己的角度）觉得自己的非工作承诺非常重要，或者当个体认为自己所寻求的便利不会对工作造成任何形式的意义的影响时，就有可能让他人知道自己的非工作相关信息。因而，怀疑关系中的边界工作反映了边界制定者对边界侵犯者的怀疑，所以边界制定者从事边界工作时的主要动机便是防止边界侵犯者对其产生负面影响。因此，这种情况下关系的性质会促使个体在怀疑关系中采用回避动机；仅当这种情况被其他情况所压倒，才会驱使个体的趋近动机占主导地位。

与其他类型的关系不同的是，在怀疑关系中进行趋近边界设置，无论是对实质性目标还是对关系性目标都没有帮助，即使用趋近或回避边界设置的两种结果是相似的。造成这种结果的最常见的原因是边界侵犯者的反应冒犯了边界制定者，导致他们不得不对边界设置做出妥协（Trefalt，2013）。而且边界工作的结果还受到不同个体所关注的不同信息的影响，例如，如何解读模棱两可的社会信息，以及从对方那里获得的信息量都会对结果造成差异化影响（Gable & Berkman，2008）。在印象管理方面，怀疑关系中的个体主要采用回避的方式，即不让对方知道自己的边界工作信息，以避免其负面反应（Trefalt，2013）。此外，在自我管理方面，相互怀疑关系性质使个体只采用回避自我管理。具体表现为，他们经常对彼此做出严厉的指责，将别人的行为和反应理解为符合其先验期望，即认为对方的行为是出于主观恶意的（Lewicki & Bunker，1996）。总之，尽管在怀疑关系中的边界设置的成功程度各不相同，但对关系的影响始终是负面的（Trefalt，2013）。虽然个体有时能够强加其理想边界，而当边界侵犯者能够及时干预时，他们不得不做出妥协（导致边界设置成功程度不一致），但在关系方面却没有多少选择。一旦个体间彼此不信任，他们就对彼此间的关系可能性毫无兴趣。相反，进行边界工作不会不断地导致这种感觉更加强烈，即一方或另一方认为对方是不合理的、没有承诺的或腐败的，这只会增加彼此的不信任度。

第四节 边界工作对工作关系的影响

社会关系的适应性价值和"需要归属"无不促使个人至少形成和保持最少数量的持久、积极和重要的人际关系（Baumeister & Leary, 1995; Reis, Collins & Berscheid, 2000）。不同的关系性质采用不同的行为规则，关系性质决定了互动双方的协商过程（Gelfand et al., 2006; Mc Ginn & Keros, 2002; Valley, Neale & Mannix, 1995）、交易成本（Uzzi, 1997），以及给予帮助的意愿（Schein, 2009），这些都说明工作关系性质会影响到个体的组织生活。不仅如此，实际上组织生活反过来也会影响个体在工作场所中的关系。例如，当组织成员共同努力以满足彼此期望，并通过交换更多的信息来完成工作时，他们之间的关系无疑会变得越来越深（Ballinger & Rockmann, 2010; Ferris, Liden, Munyon, Summers, Basik & Buckley, 2009; Gabarro, 1978; Lewicki & Bunker, 1996）。有许多研究就发现，个体间的关系可以通过共同工作而改变和发展。不难据此推出，与他人共同应对边界工作的挑战可能也会影响其关系。

越来越多的社会现象表明，设定工作—非工作边界至少在某些方面与设定关系边界发生重叠（Trefalt, 2013）。例如，拒绝老板提出的周末加班的请求既可被看作是在工作和非工作间设定一个界限，也可以被看作是通过巩固或弱化服从性而在与老板的关系中设定一个界限。以上例子可以看出，个体在从事边界工作的过程中，总会或多或少、有意无意地涉及甚至影响到自己与他人的关系。但在已有的关于工作—非工作边界的研究中，边界工作对工作关系的影响却未得到足够的关注，少有研究考虑到个体从事边界工作导致的关系变化。

实际上，个体在组织生活中从事边界工作时也可能会对自己与他人的工作关系造成影响。例如，Trefalt（2013）发现，个体从事边界工作的类型会影响其边界工作的关系性目标，即成功设置边界对关系的影响。边界工作除会对当下的工作关系造成短期影响之外，在很大程度上足以改变其在长期运行中的性质，即边界工作会对个体间的工作关系造成长期性、持久性的影响。

首先，恰当的边界工作有助于工作关系的良性发展。个体在边界工作中获得的积极体验会促进其工作关系朝良性方向发展。例如，当个体在面对工作和非工作领域困难的时候也全身心投入工作，且此时边界侵犯者也表现出对其边界的理解，那么他们之间的相互信任和尊重的程度会随着积极体验的积累而逐渐提升（Ferrin, Bligh & Kohles, 2008; Mc Allister, 1995），即工作关系会朝着积极方向发展，因此，并可能长期保持良好的关系。

其次，不恰当的边界工作可能导致工作关系的恶化。个体在从事边界工作过程中体验到的负面经历有时会永久性地破坏关系。例如，当边界设置者或边界侵犯者断定对方是不可靠的、不尊重人的或有道德错误时，他们在与对方互动时都会变得格外谨慎，并努力在将来不再与对方合作（Trefalt, 2013）。

概括而言，对于边界工作来说，无论是积极或消极的经历都有可能对长期关系性质造成持久性影响（Ballinger & Rockmann, 2010），而受边界工作影响而发生变化的工作关系往往又会反向改变未来的边界工作的状况，由此可能进入一种循环模式，包括恰当边界工作下的积极良性循环或者不恰当边界工作下的恶性循环。

正是由于边界工作可对关系性质产生长久且不可逆的影响，个体为保持能够满足其需求的持久、积极和重要的人际关系，不得不谨慎地选择和小心地开展边界工作，以免对其人际关系造成无可挽回的负面影响。工作关系除能沿既定方向逐渐发展之外，还会因某些偏离预期的行为引发个体间关系性质的迅速突变。例如，Ballinger 和 Rockmann（2010）发现，当关系双方中的一方比另一方预期的进行了更多或更少合作时，也会因实际情况偏离预期行为引起双方关系性质的迅速改变。研究还发现，工作之外的困境常常迫使个体向他人分享更多相对私密的个人信息，这反过来又使他们更相互趋近对方，使他们之间的关系水平比预期升温得更快（Collins & Miller, 1994; Hinde, 1997; Levesque, Steciuk & Ledley, 2002）。

Trefalt（2013）认为，个体在从事边界工作时不仅关注实质性目标，同时也关心关系性目标。因而，在追求成功设定边界的同时，个体至少要保证自己的边界工作不会恶化与他人的关系。为了在从事边界工作的过程中依旧维持关系朝着预定的、良性的方向继续发展，个体首先要根据工作关系性质谨慎地选择边界工作类型；其次要避免自己的边界工作给他人造成负面体验而对关系造成长期性的消极影响；最后要避免因实际的边界工作与可预测行为发生偏离而导致突然性的关系损害。因此，个体在从事边界工作时要寻求并遵守特定关系的规则，去满足其特定关系伙伴的角色期望（Fiske, 1992; 2004）。然而，个体会对与自己形成不同的关系性质的关系伙伴，具有不同的关系规则和角色期望（Trefalt, 2013）。因此，边界工作对个体能否成功设定边界（实质性目标）以及对关系产生何种影响（关系性目标）的最终效果，即边界工作的可衡量和预测的两个结果，实际上取决于边界工作类型和关系性质类型的组合。

第五节 工作关系与边界工作的相互关系研究发现的管理启示

关系是两个体之间进行的一系列包括一段较长时间沟通交流的互动（Hinde,

1997)。工作关系则为互动双方（个人、团体或组织）为实现某些共同目标而形成的交流模式（Ferris et al., 2009）。不同的互动双方具有不同的共同目标，因而会采用不同的交流模式，最终形成差异化的工作关系。此外，Ferris 等（2009）还发现，工作关系维度的差异会影响关系互动的质量及结果，且其潜在维度和过程应该在多个相似层次上具有同样作用，即工作关系的影响因素不仅能够影响个体间关系互动的质量及结果，还能影响具有相似层次的二元工作关系类型。本书回顾以往关于工作关系的研究，根据影响工作关系的潜在维度和过程以及工作关系的质量和结果的差异，将工作关系的影响因素与影响效果及其与边界工作的关系总结为一个综合模型，如图14-1所示。

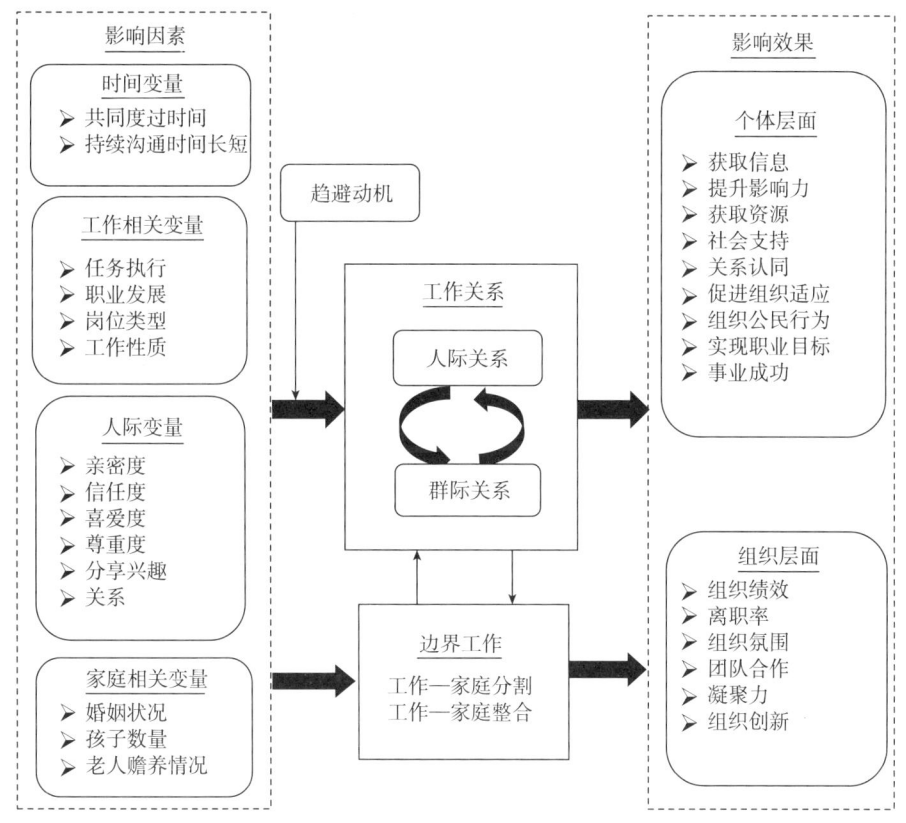

图14-1 工作关系与边界工作综合管理模型

一、发展良好的工作关系为职场发展奠定良好的基础

社会资本理论认为，关系是连接人、事、物之间的桥梁，可以帮助个体在不

同社会群体之间获取信息与资源（Coleman, 1988）。具体而言，弱关系可以为个体在组织成员之间提供更好的信息获取途径，而强关系能为个体在组织成员之间提供更好的影响力和资源（Bian, 1997）。这说明工作关系在组织科学的许多主题中起着不可或缺的作用。许多学者发现，积极的工作关系可成为员工获取影响力（Sparrowe & Liden, 2005）、社会支持（Mc Guire, 2007）和关系认同（Sluss & Ashforth, 2007）的源泉；而且工作关系对个体在组织生活中的适应促进（Huy, 2002）、资源获取差异（Graen, 1976）、公民行为（Settoon & Mossholder, 2002）以及在其他结果中有效的协调（Dutton, Worline, Frost & Lilius, 2006）等方面都具有一定程度的影响。

简言之，高质量的工作关系对个人和组织而言都伴随着积极结果；相反地，粗鲁的、低质量的工作关系可能会损害个人利益，并最终影响组织利益（Dutton & Heaphy, 2003）。因而，在工作中发展高质量的工作关系，无论是对个人成果获取而言，还是对组织目标实现而言，都是具有至关重要的意义的。一方面，成员间的交往是组织赖以达成目标的基础；另一方面，人际关系状况会影响成员在组织内的发展（Dutton & Heaphy, 2003），从获得帮助（Casciaro & Lobo, 2008；Schein, 2009）、找到有趣的工作、与他人合作完成工作（Lazega, 2001），到实现职业目标和事业成功（Briscoe & Kellogg, 2011；Burt, 2000；Lazega, 2001），都离不开组织中的人际关系的差异影响。

工作关系是从个人的探索（Teboul & Cole, 2005）、互相评估（Sathe, 1985）以及寻求与相似的人（Sias & Cahill, 1998）和有益的人（Teboul & Cole, 2005）建立关系的过程中发展起来的。这一过程涉及多个人物与事件，且其中产生的差异会导致关系双方形成迥然不同的工作关系，这些影响工作关系质量和结果的因素总结而言不外乎四个：时间变量、人际变量、工作相关变量和家庭相关变量。综合考虑这四个方面因素的影响作用是发展良好工作关系的基础。

首先，研究表明，互动双方彼此接触和交流的时间长短会对其工作关系产生显著影响。因为每一段长期关系都是从短暂的接触与联结开始的。具体而言，刚开始，互动双方仅通过短暂的接触、联结去表达自己和了解他人。然而，由于首因效应和晕轮效应的存在，短暂接触却是形成长期人际关系的关键时段（马珂和田喜洲，2016）。也就是说，任何一次与他人进行短暂而积极的交往都有成为高质量联结的可能，而高质量联结正是形成牢固的长期工作关系所不可缺的因素。例如，一次交谈或会议上的互动都能为参与的双方注入更大的活力，推动他们关系的前进（Dutton, 2014）。这说明长期稳定的工作关系的形成是短期高质量联结逐渐累积的结果（马珂和田喜洲，2016），即短期联结的质量很有可能影响长期工作关系的性质，或者说短时间交往的质量可能会对关系好坏带来巨大的影响。然而，每一次的短期联结在时间长短、内容等方面也各不相同，造成的影响也不尽相同，因而短期关系的质量具有易变性（马珂和田喜洲，2016），正如极易受内外部因素的影响会不断变化的情绪一样。因此，相对于高稳定性的长期关系而言，个体更应该关注与控制短期关系质量，以防因某一次恶劣变化的短期关系质量而长久地影响到长期关系质量。

其次，大量研究表明人际变量是造成组织中的人际关系差异的重要因素。随着关系水平的逐步发展，当关系双方逐渐开始通过发展共同的期望、共识以及建立忠诚度等方式进行互动时，他们之间的关系就会慢慢进入一个更加稳定的阶段（Gabarro，1987；Teboul & Cole，2005）。在此过程中，无论是发展共同愿望、建立共识或忠诚度，都无疑会涉及互动双方中的人际变量因素。具体而言，每个个体都有不同的愿望和目标，当拥有不同想法的个体试图建立稳定关系时，必会遭遇更多难以调和的差异；而当拥有相同想法的个体尝试建立长期稳定的工作关系时，往往会达到一拍即合的效果。因而，人际变量差异会深刻影响到互动双方的工作关系质量。此外，人际关系常以变化为标志，因而灵活性成为社会交往的重要原则，然而，关系中的灵活性常因个人或受外力（如转换职业）影响而被修正（Ferris et al.，2009），因而处于任何阶段的关系水平都不可能是绝对稳定的，实际上，发展到任何阶段的工作关系仍处于一个不断发展变化的动态性阶段（Duck，1990；Hinde，1997；Sias，Krone & Jablin，2002）。此后的关系可能会进一步发展、停滞不前或者恶化（Teboul & Cole，2005）。而关系出现上述变化的原因很大一部分源于互动双方的人际变量。一方面，鉴于关系具有持续发展的特性，任何时间点的关系在很多方面都有所不同，包括互动双方的自我披露程度、相互紧密度与亲密度（Altman & Taylor，1973；Laurenceau，Barrett & Pietromonaco，1998）以及彼此信任和不信任的程度（Gabarro，1987；Lewicki & Bunker，1995；Lewicki，Mc Allister & Bies，1998；Lount et al.，2008），这说明关系水平会影响互动双方的人际相关因素。另一方面，上述渐进化发展的关系之外，组织中的人际关系也会发生迅速而戏剧性的变化，这是由于个体在与他人互动的过程中，在某些时间内感受到的被对待方式与预期不同（Ballinger & Rockmann，2010），即互动过程发生的行为偏离了个体的可预测行为。的确，在个体与他人的交往过程中，如果自己感知到无法理解对方的情感基调、情绪、感觉和经历，或者感知到自己的情感和经历不被对方理解的话，那么这段关系可能便会瞬间恶化或戛然而止了（Bowlby，1979；Clark & Watson，1988）。此外，第三方对二元关系也具有重要意义和作用（Georg Simmel，1908；1950；Heider，1958；Krackhardt & Kilduff，2002）。也就是说，一个体对另一个体的信任，会受第三方对目标个体的信任程度的影响。当二元关系中的两方都共同与第三方有联系时，两方的关系强度更有可能得到加强。具体而言，当二元关系中的两方都同时信任第三个同事成员时，前两者之间的信任也会进一步加强（Ferrin, Dirks & Shah, 2006）。相似的事例还有，同事之间倾向于被直接领导信任的同事（Lau & Liden, 2008）。概括而言，组织中的个体在从事边界工作时要注意多与工作伙伴进行人际相关互动，防止自己的某些行为给他人造成完全偏离预期的后果，同时加强发展第三方联系人在自身关系发展中的作用。

再次，除影响工作关系的人际变量之外，研究发现还有一系列工作相关变量影响着工作中有意义的人际关系的发展。具体而言，Kahn（2007）发现，任务执行、职业发展、意义创造和个人支持等工作维度能促进个体与他人形成积极工作关系。相似地，Ferris 等（2009）也发现，工作关系维度的差异会影响关系互动的质量及结果，且工作关系的潜在维度和过程在多个层次的关系互动上具有同样作用，例如，当一个体与组织成员中若干个体在工作关系维度上存在差异时，那么该个体与他人的关系互动的质量（表征出来的关系性质）和结果都会因此相异。因此，组织中的个体的首要工作仍旧是努力完成自己的工作任务，当你能很好地完成工作时，你与别人的关系往往不会太差。与其费尽心思讨好他人，不如立足于发展职业水平。此外，Blatt 和 Camden（2007）提出，发展工作关系的必备条件是在工作中建立一种社区意识，即人们在工作中感觉到归属感，觉得自己对彼此和对组织都很重要的感知。

最后，家庭相关变量也会影响个体的工作关系，如婚姻状况、孩子数量、赡养老人情况等，都可能成为员工角色负荷的重要来源。而研究表明，角色超载可能带来极大的压力和心理焦虑等，从而影响其人际互动和人际关系发展。在组织情境下，这一影响结合工作压力可能导致双重负面影响，从而对工作关系发展带来不利结果。

二、选择恰当的边界工作模式以更好实现工作—家庭平衡目标

边界工作可能影响工作—家庭冲突的应对。如何才能通过恰当的边界工作以更好应对日益突出的工作—家庭冲突问题是当前职场人的一个重要挑战。了解影响边界工作的多层面因素是选择恰当边界工作模式的基础。研究发现，边界工作可能受到时间因素、人际因素、工作因素以及家庭因素的影响。如工作性质对于员工的工作—家庭边界管理选择有着重要的影响。自由度较高的工作使员工在边界管理方式选择上有更多的权利，而工作程序与时间较为严格的工作则使员工的自主权利会受到较大的限制。人际网络较广的个体会有较多的社会支持来源，这将使个体边界管理的压力相对也较少，个人发展受到边界管理的影响相对也较少。家庭因素也是一个重要的影响要素。如有人就说"家有老人是一宝"，当家

里有老人可以帮助照顾孩子时，个人的工作—家庭冲突相对较小，使其在工作—家庭边界管理的压力会少许多。在这样的背景之下，该员工将更有可能有时间和精力投入到工作之中。换句话说，在家庭的有利条件支持下，该员工的工作—家庭边界管理的影响相对较少。

三、正视工作关系与边界工作的相互影响是追求个人和组织成功的一个重要途径

有学者将积极工作关系定义为能建立信任的关系（Pratt & Dirks, 2007）、产生责任的关系（Duck, 2007）以及获得归属感的关系（Blatt & Camden, 2007）等。此外，研究还表明积极的、相互的工作关系的建成、发展、培养和承诺都受到信任的影响（Roberts, 2007）。也就是说，信任必须存在才能产生高质量的关系，倘若一段关系中缺乏信任便会导致关系恶化。从边界工作的角度具体来谈这个问题，个体在从事边界工作时把边界侵犯者排除在外的做法，实际上意味着个体对这段关系的不信任，缺乏信任的关系无疑只会产生消极后果——个体在边界工作中的负面体验会永久性地破坏关系；相反，个体允许边界侵犯者共同参与自己的边界工作，就表明了对对方的高度信任，从而能够进一步深化彼此的关系质量。实际上，个体间相互信任的牢固的联系可以理解为一种积极的工作关系。正如Pratt和Dirks（2007）所言，"信任是所有积极关系的核心"。信任的态度反映了人们抽象的积极期望，即在现在和将来都可依靠伴侣来关心自己，并对自己的需求做出反应（Holmes, Remple & Ashmore, 1989）。高度信任的伴侣可以吸收关于其伴侣的负面信息，而不会损害他们之间的信任（Murray & Holmes, 1993）。由此可见，工作关系与边界工作可能彼此是紧密相连的。

研究还发现，一方面，工作关系受到工作相关变量的影响产生差异；另一方面，工作关系反过来还能够影响互动双方的工作相关变量。例如，Trefalt（2013）发现，个体间的关系性质会影响其在组织生活中从事的边界工作的选择与结果。另外，采用边界工作的有效性会随着关系的变化而变化。

概括而言，个体需要认识到关系在边界工作过程中的重要性，并有目的地发展关系为边界工作做好准备。不同关系中的边界工作产生了不同的结果——重要的不仅是关系类型或边界工作类型，两者的结合也很重要。边界工作的结果取决于边界工作类型和关系类型的组合。一方面，企业需要尊重员工，考虑员工的需要；另一方面，员工也应该保持良好的认知与心态，专注生活和工作。企业与个人都是工作—非工作边界渗透管理的主体。个人需要树立工作—非工作边界意识，有效管理工作和私人生活的边界，采取恰当的边界管理策略，创建适度的工作—非工作分割或者整合的水平（韦慧民和刘洪，2013）。

第六节 结论及未来研究展望

一、结论

本书为关于工作边界与工作关系之间的关系研究与管理实践提供了有益的参考和借鉴。具体来说,本书为边界工作作为一种基本的关系过程提供了一种新的理论理解,在不同类型的关系中运用的边界工作是不同的。作为对边界工作的基础研究,需要了解这个过程是如何涉及人际关系的。工作关系对边界工作的影响研究揭示了边界工作发生的关系性质,影响了个人追求边界工作的动机:在某些关系中,个人是由趋近动机驱动的,在另一些关系中是由回避动机驱动的,每种关系都导致了一种不同类型的边界工作。边界工作对于工作关系的研究发现则表明,边界工作类型与关系类型相结合可以预测边界工作的实质性结果和关系性结果。概括而言,边界工作不仅是由工作结构和个体差异决定的(Kossek et al.,2005),而且还在很大程度上是受到边界工作所处的特定关系影响的。综上所述,本书共得出以下三点结论:

第一,边界工作是一个关系性过程。边界工作不仅受到个人差异和结构因素的影响(Kossek et al.,2005),而且还受其过程中发生的人际关系的影响。人际关系的性质决定了边界工作的可能性和体验。一旦个体从事边界工作,就会在不同类型的关系中具有不同的表现。这一发现不仅把边界工作问题的研究焦点从个体差异和结构因素扩展到发生边界工作中的人际关系,还明确强调了个体在边界工作中的作用,个人可以更容易地通过与工作中的其他人建立关系而影响其边界工作,而不是通过改变其个性特征或组织结构。

第二,关系性质的不同会影响到员工动机倾向,从而间接影响员工的边界工作策略。具体来说,不同关系性质引发不同的趋近—回避动机,进而驱动边界工作类型的选择。Trefalt(2013)的研究,不仅观察到边界工作在不同类型的关系中是不同的,还发现了从事边界工作不仅追求实质性的、与边界有关的目标,而且还会追求关系性目标,即与工作场所中的其他人保持联系的目标。他们追求这些目标的趋近或回避动机,取决于关系的性质——它的持续时间以及与合作伙伴之间的相互信任和亲密程度。这一动机反过来又推动了边界工作类型的选择。这是第一次明确尝试理解边界工作的动机以及作为选择不同边界工作方式的基础的机制。本书将趋近—回避动机理论(Elliot,2008)及其调节定向和调节预期的基本原则(Higgins,1997)引入边界理论,以探索人们为什么要做他们所做的事情方法，而不是仅仅检查人们是如何做边界工作的。

第三，边界工作的实质性和关系性结果取决于边界工作类型和关系类型的组合。本书研究发现，边界工作不仅影响工作—非工作边界，还会影响关系伙伴对彼此间的看法，从而影响其关系性质。一方面，当关系紧张时，设置期望的界限可能会加剧而不是减轻压力（Bolger, De Longis, Kessler & Schilling, 1989），从而削弱了减少工作—非工作冲突的目的；另一方面，出于有利于关系的考虑而对边界设置进行妥协可能不是一个坏的选择。此外，边界工作对人际关系的负面影响可能会导致许多边界设置者体验到负面的职业后果。虽然组织文化会显著地影响到个人的体验，但对工作—非工作边界设置者产生的负面影响取决于个人的所作所为。此外，本书重申了边界工作的关系性质，即这些结果取决于边界工作类型和关系类型的组合。

综上所述，工作—家庭平衡作为边界工作最重要的结果，被定义为"通过个体与其角色相关的合作伙伴之间的沟通、谈判和分享来实现角色相关期望"（Grzywacz & Carlson, 2007）。这一定义强调了关系伙伴在个体实现工作—家庭平衡过程中的重要地位，也表明了边界工作不仅包括冲突管理，也涵盖了人际关系管理（Kreiner et al., 2009; Trefalt, 2013）。边界工作研究者和管理实践者均需要在边界工作中纳入工作关系性质的考虑，只有综合考虑不同关系背景下恰当的边界工作选择，才可以更好地实现员工的工作—家庭平衡目标，乃至整个组织的目标。

二、未来研究展望

第一，群际关系层面工作关系发展的影响因素研究。早前有学者指出，组织中的关系包括人际关系层面和群际关系层面。之后的研究者特别强调工作关系既包括人际关系层面，也包括群际关系层面。不过，已有研究主要关注的是人际关系层面的工作关系，对群际关系层面的探讨相对有限，未来还需要进一步探究群际关系层面工作关系的发展机制问题。如 Adrian 等（1995）和 Susan 等（2005）认为，企业之间的关系发展是以边界管理人员之间的互动为反映的，即边界管理人员之间的工作关系好坏在很大程度上代表了企业之间的群际关系的质量高低。因此，边界管理人员之间的关系会影响到企业间关系的发展。其中，边界管理人员这一概念是 Evan（1966）在研究企业间关系时提出的，是指一个企业中连接本企业与其他企业的工作人员。随着关系营销理论和实践的发展，边界管理人员逐渐被理解为负责建立和维持与其他企业的交换和合作关系的企业员工（Susan et al., 2005）。那么边界管理人员究竟可以如何促进企业间关系发展，其中可能存在的中介机制以及边界条件是什么，是未来可以深入探析的一个主题。因为不同于人际互动，群际关系的本质特征是竞争导向（何晓丽和谢荣慧，2018）。群际关系指不同社会群体之间的相互作用（Tajfel，1982），由于人们生活在社会中总是会从属于不同的群体，而不同的社会群体之间又势必会发生联系，因而不同的群体间进行互动是在所难免的。然而，与人际互动相比，虽然群际互动也经常发生，但当个体知觉到自己在和另一群体进行互动时，他们往往会表现出更少的合作行为和更多的竞争性行为。具体表现为，在群际互动过程中，各个群体会激烈地争夺资源；并且群体之间的相似度越高，需要争夺的资源就越相近，群体感知到的威胁越多，竞争也就越激烈（Kilduff et al.，2010）。因而，群际关系的本质特征是竞争导向，每个群体都致力于实现各自的绩效目标。在这样的背景之下，一方面边界管理人员的人际互动常要求合作性，另一方面不同群体（企业、团队）间又存在竞争性。如何协调这一矛盾促进群际关系层面工作关系发展是一个极具挑战的课题。

第二，工作关系与边界工作之间的关系还需要进一步地实证检验。Kreiner 等（2009）的研究尽管已经对边界工作中的个人影响因素进行了一些探讨，但还没有研究明确表示关系性质是影响个体从事边界工作的重要因素。Trefalt（2013）虽然对工作关系与边界工作之间的相互影响关系作了一个探索性的分析，但是显然这一研究还需要更深入地对比分析。特别是关系常常是一个文化特定的概念，中国特有的关系文化背景是否会使工作关系与边界工作之间的研究机制有其不同于西方的独特之处，将是未来研究的一个有益尝试。

第三，边界工作对于个体与组织发展的影响机制研究。在当前背景之下，个体的工作与非工作边界之间的相互渗透相互融合现象日益普遍，导致工作与非工作之间的截然分割几乎不存在。这使边界工作对于个体和组织而言都将是一个无法回避的迫切挑战。但是究竟边界工作会如何影响个体与组织的发展，其中可能存在哪些边界条件会影响到边界工作效应，不同类型的边界工作的个体与组织层面影响机制如何等问题，仍然并不明确。未来研究可以对此进行更为深入的实证检验。相信对这一些问题的探讨将会使研究者和管理实践者对于边界工作效应机制有更深入的理解。一方面这些研究将会极大地促进边界工作理论工作更深入发展，另一方面也可以借以更有针对性地指导边界工作的管理实践，促进边界工作积极效应更好地发挥。

第十五章 组织情境中的负面关系及其影响研究

第一节 引 言

个人生活在社会之中，为了维持生产生活或者情感需要，会与社会中其他的人建立一定的联系，也就是构建和发展关系。国外学者将关系作为一种社会资本进行研究（Nahapiet & Ghoshal, 1998）认为，关系资本是人们通过互动而发展（Granovetter, 1992），从社会交往中演化而来的（Gabarro, 1978）。关系反映了信任水平，良好的关系意味着较高水平的信任。关系能够给人们带来资源和信息（Nahapiet & Ghoshal, 1998）。人们维系关系类似于存钱或者买保险（Fan, 2002），在某一时候关系将可以用以为自身服务，如提供帮助、信息或者资源等。学者们认为，对于企业而言，关系资本能够为企业获得发展所需的更多信息与资源（Batjargal & Liu, 2004；Ostgaard & Birley, 1994），能够降低交易过程中的机会主义风险（Liao & Welsch, 2005）。对于企业内部的员工个人而言，关系资本对于个人的职场适应及整个职业生涯发展也有着重要影响（Davisgreen, 2012；Jr, 2013），如提高其晋升的可能性等（Luthans & Fred, 1988；Podolny & Baron, 1997）。

相比西方国家而言，关系在中国社会上扮演着更为重要的角色。自古以来，关系在中国人的生活中就有着举足轻重的地位。自周代以来的宗族制度以及儒家的伦理制度让家庭及其所在的家族承担了诸多公共职能。家庭伦理关系被儒家视为仁政、社会制度等的源头，而以私德维系的政治运作机制、公共交往特质又反过来强化了这种伦理关系。家庭的伦理规范在社会交往的过程中，也承担并延伸了自己的功能，从而导致了社会交往互动中关系的诞生与发展（王雨磊，2013）。自关系诞生以来，就在中国社会的每一个角落发挥着自己的作用。可以说，中国的社会到处都有着关系与人情往来。甚至有学者认为，中国社会既不是个人本位，也不是社会本位，而是关系本位（宝贡敏等，2008）。梁漱溟（1987）指出,"在关系本位的社会系统中,重点不在于任何一方,而关乎关系,彼此交换"。关系作为一个具有中国特色的社会文化重要组成部分受到了海内外学者的大量关注(Gu et al., 2008; Park & Luo, 2001; 罗家德, 2012)。

无论是组织的发展还是个人的发展,都离不开关系,为此在组织情境下的关系也得到了学者们的高度重视。Lovett 等(1999)指出,在制度缺乏的背景下,关系在中国扮演着非常重要的角色,关系意味着信任和诚信。在商业活动中,关系起到润滑剂的作用,被认为是商业成功的关键因素(Tsang, 1998)。对于企业而言,关系能够帮助企业获取关键的资源,对于私人企业尤为重要,能够提高私人企业解决问题的效率(黄海洋等, 2016; Lovett et al., 1999)。对于个人而言,在中国关系本位的社会中,求职者能够通过网络影响关键资源分配者,从而直接影响职业地位获得(孙宇等, 2017)。

从众多学者的研究中,我们不难发现,在中国社会中关系能够带来很多益处。然而,关系本身具有两面性,有好坏之分(刘乐, 2018)。"好关系"代表着信任,而"坏关系"与之截然相反,代表着不喜欢、不信任甚至是敌对(Labianca & Brass, 2006),这两种截然相反的关系所带来的后果可能截然不同。早前的研究往往将关系与"好关系"等同,故而往往直接探讨关系的益处。但这种研究趋势是不利于对关系的全面认识的。一方面,我们无法回避关系所带来的负面效应。由于受到社会科学中的"关系乐观主义"影响,现有对于关系的研究更多集中于探究关系的正面性(关系带来的收益),忽略掉关系所带来的负面效应(刘乐, 2018)。另一方面,将关系作为一个总体概念进行讨论,忽视了关系性质上的两分性,即除长期关系的良好关系之外,还存在着一种负面关系,可能会产生许多负面结果。因此,我们把关系分为"良好关系"以及负面关系,并在此主要聚焦于以往研究被忽视角"负面关系",探讨负面关系的发展及影响效应机制,以期促进对组织情境中关系的更全面认识,也为关系管理实践提供更全方位的借鉴参考。

第二节 组织情境中的负面关系的内涵界定

要想理解组织情境中的负面关系的内涵,首先从探讨"关系"的界定和分类入手。Jacobs(1979)将关系定义为一种"特别的纽带"。关系作为中国文化内涵中的传统概念,通常被定义为包含信任、互惠、依赖和适应的特殊人际网络(Wong & Leung, 2001)。Su(2001)认为,关系包含着每个人要遵守的特定伦理结构,在儒家思想之下,人伦纲常成为人际交往以及社会运作的核心准则。金耀基（2006）也认为，关系需要遵守特定的准则。关系作为人与人之间的一种联系，在复杂的社会背景之下，需要遵循与各自身份地位相符合的规则，以此来进行联系。费孝通（1985）提出了"差序格局"理论奠定了中国关系研究的理论基础，认为中国人根据与自身的亲疏远近将接触的人进行划分，根据与自我中心的远近来进行人际交往，并发展起不同水平的关系。处于不同人际关系水平中的个体遵循不同的行为准则。组织情境中的人际关系也可以称为一种特殊的纽带，联系不同的成员，包括了领导与下属关系、同事关系、指导关系等。

Labianca 和 Brass（2006）将组织工作背景下的负面关系定义为关系双方至少有一个人不喜欢对方，并且这种不喜欢持续存在并且反复出现。组织中的负面关系可以发生在不同的关系方中，包括领导与下属之间、横向的同事之间等。

概括而言，行为人之间的关系不仅存在着程度上的高低，甚至于在性质上也能区分好坏（刘乐，2018）。良好的关系通常意味着信任和诚信（黄海洋等，2016），而不好的关系或者负面关系则意味着不喜欢和不信任。当一个人被某个人或者其朋友讨厌时，就可能会产生负面关系。

第三节 组织情境中负面关系的发展

工作场所中的关系常常被理解为是"友好的""积极的"或者至少是"中立的"，也就是所谓的"良好关系"或者"正面关系"。但是，不可避免地，也会存在一些不喜欢的情绪，当这种不喜欢的情绪得以持续，并且行为人在这种不喜欢的情绪支配下，对不喜欢的对方有着不利意图时，就产生了负面关系（Labianca & Brass, 2006）。组织情境中负面关系的存在相对于积极正面关系受到的关注还较少。实际上这一负面关系可能会产生非常严重的后果。为此，理解组织情境中负面关系的发展机制，并予以适当干预具有重要意义。

一、较高的网络密度会抑制负面关系的形成

网络密度是网络中实际关系与可能关系数量的比率（Wasserman & Faust, 1994）。网络密度衡量了网络中各个节点之间联系的紧密程度，用网络成员的现有关系相对于每个成员都彼此联系的关系总数的比例来测量。网络中联系越多，网络密度也就越大（彭伟等，2017）。

一般认为，在高密度网络中，大多数参与者彼此了解并互动；网络的高密度使得监管更为轻松。由于员工的行为受到监督，员工可能很难采取对组织其他成员有害的自利，违规或机会行为（Labianca & Brass, 2006）。负面关系往往不是

凭空孤立的二元关系，而是依托于社交网络而存在。同时，在网络之中，存在有第三方可能会消除已有的负面关系（Kelley & Thibaut, 1978），这种可以影响负面关系产生的第三方数量随着网络密度的增加而增加（Wasserman & Faust, 1994）。因此，社会网络密度越高，负面关系会越少（Labianca & Brass, 2006）。

二、长期消极情绪状态会促进负面关系发展

长期情绪消极的个体容易忧虑，经常心烦意乱，对自我持有负面看法，并且通常对生活不满意。与此同时，他们也会更倾向于关注他人和整个环境中的消极方面，从而越容易不喜欢别人，也越容易不被人喜欢。因为他们"可能会以疏远同事的方式行事，导致更多负面的人际互动"（Brief et al., 1995）。同时，他们可能对负面刺激更敏感，并且在经历负面事件时可能会对更极端的情绪做出反应（Brief et al., 1995；McCrae & Costa, 1991），从而随着时间的推移可能发展出更多的负面关系。

三、缺乏责任感也会促进负面关系发展

缺乏责任感的人也容易在社交网络中产生负面关系。责任感是指个人在工作上的条理性、努力程度和可靠程度（Labianca & Brass, 2006）。低责任感的个体通常会对工作持有懈怠的态度，在工作上不努力，同时也是不可靠的。由于在组织中，组织成员是以实现组织工作为目的，那些因为缺乏责任感而承担不了工作的个体会引起组织内其他成员的不满。久而久之，经常"拖后腿"的成员将会与其他成员产生更多的负面关系。

第四节 组织情境中负面关系的影响效应机制

关系的功能观强调关系的经济或者实践效用（李敏等，2016）。在管理学领域，学者们更加关注于关系的功能观。一些学者认为，关系与利益相关。Fan（2002）就将关系看作一个过程，认为关系是一个利益持续交换的过程。总体来看，在赞同功能观的相关研究中，学者们认为，关系在利益的获取与交换中扮演着工具性的角色。人们建立和维护关系的目的，是将关系作为一种利益获取的工具，以求在未来获得直接的利益或者是权力与地位等（Tsang, 1998）。在深受儒家文化影响的中国社会，社会中的个体依旧有着对自我身份的认同，遵循着儒家的伦理道德，但是在现实环境下，个体也存在着逐利性，关系的维持并不仅限于情感层面的交流与支持，也伴随直接或者间接利益的交换。另外，关系能够减少

契约成本、简化运作程序（Wong，2010）、加强资源和信息的传递（Gu，2008）。

尽管如此，关系的正面性（"好关系"）依旧容易让人陷入盲目的"关系乐观主义"。人们一般认为在关系之中一定是收益与获利的，忽略掉即使是"好关系"，也会带来一定的负面效果的客观事实，更不用说会关注到关系本身客观存在着的负面成分（刘乐，2018）。但是，不管这种负面效应或者负面关系如何被人们所忽视，行为人只要处在关系之中就不得不面对关系所带来的负面效应或者负面关系的发展。其中，由于负面关系一直被忽视，导致了其负面影响常常是最后发生了而不得不痛苦面对的结果。基于此，本书在此特别关注组织情境下负面关系的影响效应机制。

一、组织情境下负面关系的直接影响效应

Labianca 和 Brass（2006）认为，负面关系代表了一种持久的、反复出现的负面判断、感受和对另一个人有想要采取负面行为的意图。组织情境中的负面关系会破坏组织内部成员之间的信任。由于负面关系的存在，处在负面关系之中的双方会缺乏信任。这可能会使一方隐瞒重要信息，或者拒绝接受相关的信息（Labianca & Brass，2006），信息的缺乏会妨碍工作，降低员工工作满意度，影响工作绩效。

另外，处在负面关系之中的个体，会对另一方予以负面评价。这种由于个人厌恶对工作绩效的负面评价会对个体在组织中的声誉有负面影响，由此导致对同事的感知会出现偏差，受到负面声誉影响的个体在实际工作效率与情感上都会受到影响。而且负面关系还可能导致一些明面上或者暗地里的伤害性行为，例如，企图伤害对方，这也会对当事人造成极大的负面效应。

再者，负面关系可能导致组织或者群体中关系的进一步划分，形成相互高度对立的子群体，使组织或者群体关系破裂和关系冲突更突出。随着二元负面关系的发展会加大负面关系中的一方与某第三方之间的积极关系的稳定性（Labianca & Brass，2006）。正如中国民间所言，"敌人的敌人就是朋友"。当两个人同时讨厌另外一个人时，这种"同仇敌忾"会使双方对彼此产生认同感，从而增进双方的友谊（Hays，1988）。但这一代价即是形成的共同联盟可能共同加强了对于原二元关系另一方的对抗性，致使关系分裂更为严重。

概括而言，在组织工作中，负面关系与行为人的任务相关的结果和社会情感结果关联性更强（Labianca & Brass，2006）。处在负面关系中的个体会因为负面关系而受到一定的负面影响，如信息获取存在障碍、声誉受到影响甚至存在人身安全隐患等（Labianca & Brass，2006）。

二、负面关系影响的网络间接传递效应

Labianca 和 Brass（2006）指出，在存在地位差异的负面关系中可能会产生间接网络效应。例如，当焦点个体的直接主管与一个更高级别的经理有负面关系时，该焦点个体的职业生涯也可能会受到阻碍（Sparrowe & Liden，1999）。具体来说，虽然焦点个体本身并不处于负面关系之中，但是却受到其直接主管与更上层主管的负面关系的波及影响。因为根据平衡理论，如果当事人对一个人有负面判断时，对其朋友的判断也往往是消极的（Heider，1958；Newcomb，1961）。由于直接主管与其下属可能关系较为紧密，导致被更上层主管归为一类，致使负面关系的负面效果产生波及影响。

三、负面关系影响效应的边界条件

第一，负面关系互动方的"受欢迎程度"。负面关系是否会带来负面效应将会与对方的"受欢迎程度"有关（Labianca & Brass，2006）。具体而言，如果与当事人产生负面关系的对象本身拥有大量负面关系或者声誉较差，负面关系的产生不一定会给当事人带来负面效应。甚至于当事人会与对方的"敌人"建立起积极关系，由此获得一些益处。

第二，负面关系互动方的组织地位。Labianca 和 Brass（2006）提出，处在负面关系中的成员在组织中的相对地位的不同会对负面关系所产生的负面效应有着不同的影响。与组织中地位较高的人产生负面关系将会对低地位一方的组织依恋产生负面影响，也会影响到其工作任务的完成（Graen & UhlBien，1995；Sparrowe & Liden，1997）。依此逻辑，如果员工与领导发展起负面关系，可能会对员工的组织依恋和工作任务产生更强的负面影响，即强化负面关系的负面效应。此外，对于相对地位较低的负面关系成员而言，随着时间的推移，其晋升和获得收入的机会将会减少（Labianca & Brass，2006）。因为处在负面关系中的高级别人员可能会阻碍对方的晋升或大幅降低对方在组织中的影响力。Brass（1984）就指出，与管理者的积极联系是组织中获取权力和晋升的主要决定因素，而负面联系可能就完全相反了。

第三，较高的网络密度会放大负面关系所带来的负面效应。行为人处在关系网络之中，工作生活受到关系网络制约。社会网络密度越高，负面关系所带来的负面效应会越大（Labianca & Brass，2006）。在具有高密度的网络中，成员之间的联系极为紧密（李树祥等，2015），处在负面关系的员工会去寻求网络中其他人的支持，由此可能会放大负面关系的影响。第三方也可以被吸引到负面关系冲突中从而使负面关系的负面结果会进一步升级（Pruitt & Rubin，1986；Smith，

1989）。相反，当网络密度较低时，负面关系所产生的影响可能较小。

第四，较高的任务互依性会放大负面关系所带来的负面效应。任务互依性是指团队成员在完成团队任务的过程中需要相互依赖、互动和合作的程度，是团队的一个重要任务情景变量（Campion et al.，1993）。高任务互依性使团队运行过程更强调互动性和合作性（马跃如等，2018）。一般而言，高互依性的团队任务增加了工作的复杂性和灵活性，对团队成员之间的合作和积极互动（如帮助、主动沟通行为）要求更高（张正堂等，2014），也使成员工作的相互依赖程度提高（刘颖等，2012）；而低互依性任务则更依赖于个体自身的努力，团队成员对自己团队成员身份的认知也比较淡薄。因此，当团队工作的任务互依性水平不同，团队工作对于成员之间合作的需求程度也会有较大的差异（张正堂等，2014）。在高任务互依性的前提条件下，任务对于成员合作的要求高，而负面关系的存在将极大地阻碍团队内部的必要合作，从而会由此产生更大的负面效应。为此，当任务的互依性程度越强，合作需求也就越强，各参与方越应尽力避免负面的关系的形成，而在负面关系形成之后，也会更积极地进行处理。

第五节 组织情境中负面关系的管理启示

第一，组织情境中需要重视良好关系的构建。在中国，人情世故嵌套在社会的每一个角落。人情和面子是发展和维护关系必不可少的因素（Hwang，1987）。面子体现的是等级中的荣耀、地位，与身份的认同相关，而人情则代表着社会义务和互惠意识（Su，2001；Tsang，1998）。一般而言，虽然给面子不一定与实质性利益相关，但是却是对双方身份地位的认同，在中国社会有着重要的意义。而人情通常伴随实际利益，送人情也会被认为是给面子（汪鸿昌等，2014）。中国人常说，"人情需要往来""面子是互相给的"，这也就意味着无论是人情还是面子，都不是单方面一次性的行动促成，而是需要关系双方不断循环往复的行为来予以维持，从而发展起良好关系。

第二，组织情境下关系的构建与发展需要把握好"度"，避免"过犹不及"。Su等（2003）提出，关系由义务和回报两种准则驱动。受中国传统文化的影响，一旦一个人得到另外一个人的帮助，受助者往往会找机会回报，由此来避免内心的亏欠感，因此，人情实际上也意味着义务（黄海洋等，2016）。不过，由于人情与面子需要付出实际行动或者是实物，对于处在关系里的双方而言，这些为了维护关系所"必需的"实际行动与实物也是一种成本，对于关系的双方会造成一定的负担（汪鸿昌等，2014）。随着关系的发展，关系中所含有的义务性程度越来越重,关系内成员对于对方提出的"请求"的拒绝越发艰难,关系也就演变成了一种对于关系双方的支配,关系双方也同时拥有对对方的支配,即使这种支配看起来充满"人情味",掩盖在其乐融融的表象之下,但是支配的本质依旧是支配,无论表象如何和谐,对于承受者而言都是不小的负担(王雨磊,2013)。对于关系的双方而言,此时就出现了一种"套牢效应"。Uzzi(1997)指出,套牢效应是关系网络中所固有的一种现象,是指随着关系的加深,关系的边际作用越来越小,最后将产生负面的影响。随着关系的进一步加深,"套牢效应"也会越来越严重。对于关系双方而言,随着"好关系"的不断发展,关系的维持将会给行为人带来高额的成本,为了维持关系所要实施的一系列行为将会是关系承担者的一大负担,其成本将会大于关系所带来的收益(Nooteboom,2004),"好关系"也将产生巨大的负面效应,关系所带来的边际效用递减,最终将会演变成负效用(Uzzi,1997)。

第三,高任务互依团队更需要努力避免负面关系。在诸如需要通过互惠、互信等作出共同决策以完成任务的网络中,当存在负面关系时,整个网络的任务结果可能出现极大变数。因此,交易的每一参与方都需要预防负面关系的形成,并且需要在负面关系形成后尽量减少由此带来的负面影响(Labianca & Brass,2006)。如当部分参与者积累了负面关系,而处在负面关系的双方与第三方存在积极关系时,第三方可能会进行调解(Labianca & Brass,2006)。负面关系双方可能会为了维持与第三方的积极关系,而对负面关系进行缓和,由此达到平衡(Heider,1958)。

第四,对于组织情境中关系的积极效应也应持谨慎的态度。"好关系"中的成员倾向于维护现有关系,排斥处在关系网络以外的人,从而阻碍网络的开放性(Gu et al.,2008),使组织在发展过程中容易错过外来机会,缺少内部竞争。并且良好关系网中的成员往往更不愿意接受外界的不同意见和信息,抑制组织内的创新。良好关系网还会排斥关系网络外或者关系距离较远的人员,弱化组织内的公平竞争环境。"好关系"维持意味着较高的成本,对于关系内成员而言,可能会导致双方利益受损,更有甚者,关系中的一方可能会以损害组织利益为代价来满足关系方的要求。而且在"好关系"中的双方出于对对方的信任或者是为了维护面子、人情,容易为了自己或者对方的利益而做出损害组织利益甚至违背道德法律的事情,例如,贪污、贿赂(Li & wright,1999;Snell,1999;Standifird & Marshall,2000)。

第五,不同类型关系的发展以及影响效应机制有所区别,因而组织关系管理需要针对不同类型关系采取差异性的策略。在对关系的划分上,主要有两种观点。一种是根据自然的关联进行划分,将关系分为家人关系(父母、兄弟姐妹等)、熟人关系（亲戚、邻居、同学等）和生人关系（陌生人）（Su, 2001；杨国枢，2004）。与此类似的是 Fan（2002）对于关系的划分，将关系划分为存在血缘关联的关系、自然形成的关系（同学、同事）以及偶然或者一定目的下建立的关系。另一种是更为被学者们接受的划分方法，是 Hwang（1987）从哲学的角度将关系按照人际亲疏划分为情感型关系、工具型关系和混合型关系。其中，情感型关系是基于较深情感依恋之上的长期与稳定的关系（金杨华，2008）。一般而言，纯粹情感型关系往往存在于家庭成员之间，对应着第一种分类中的家人关系。工具型关系通常是基于经济型交换的短期、不稳定的关系。工具型关系是一种以经济利益得失来计算彼此交往行为，强调资源交换的经济理性的评价，在交换过程中遵循个人利益最大化原则（姜定宇，2005）。工具型关系的利益交换涉及政治、经济、物质等。通常，工具型关系的形成是某个人为了达成某种目的，而与他人进行人际交往，这种关系的形成与维持都具有目的性与利益指向，在组织工作之中，基于功利的工具型关系可能会对员工之间的友谊与合作关系有着负面的影响（李敏等，2016）。混合型关系则是介于情感型关系和工具型关系之间的一种状态，体现着经济、社会等多重交换（金杨华，2008）。混合型关系既有情感型关系的感情成分在，又有工具型关系的利益指向与目的性。从关系感情观来看，情感型关系的情感成分居首，不以获取利益为目的，出于真正的感情交流，既较为长久，又较为稳定，一般存在于以感情寄托较多的家庭或者密友环境之中。工具型关系的情感成分居末，一般是短暂且不稳定的，而混合型关系情感成分居中，并且在商业环境下的关系大多都是工具型和混合型（宝贡敏等，2008；金杨华，2008）。总的来说，较深层的家人关系和情感型关系是最稳固的，不过组织情境下这种关系相对较少，更多的是混合型关系和工具型关系，这些关系较容易受破坏，发展成负面关系，更需要慎重管理。

第六节　结语与未来研究展望

一、结语

在中国的社会背景下，关系对人和企业都具有极大影响。组织情境中的积极关系可能给人和企业带来正面效应，如能够影响个人的职业获得与晋升，能够为企业带来资源和信息，增加企业竞争优势（Labianca & Brass, 2006）。

与此同时，负面关系可能会带来一系列负面影响。当行为人处在负面关系之中时，会因为对对方的不喜欢选择隐瞒重要的信息以及提供错误信息，或者是由于不信任而拒绝接受对方的信息（Labianca & Brass，2006），信息的缺乏将会对个人的工作产生巨大影响，并且也会对整体组织的正常工作产生影响。而且，负面关系的存在也意味着关系双方在合作上会有所欠缺，处在负面关系中的个体可能会避免与对方合作甚至会故意妨碍对方工作，由此对个人的工作绩效和组织产生负面影响。

但是，负面关系与负面效应之间的有关系还可能存在一定的边界条件。如负面关系所带来的影响还与对方在组织中的地位有关。一般而言，对方的地位越高，越受欢迎，与之产生负面关系的行为人受到的负面影响也就越大。与之相反的是，与受到公众讨厌的人产生负面关系却可能会对行为人有积极的影响。只是需要特别强调的是，这种小圈子内的良好关系是以牺牲整体关系为代价的，往往导致更大范围的关系对立，最后得不偿失。

正是由于负面关系对于组织和个人有着非常不利的影响，组织管理者需要高度重视并采取恰当措施予以干预。而掌握组织情境下负面关系发展的机制是一个重要前提条件。组织环境可能影响负面关系发展，如组织中过高的政治行为和不公正行为会导致组织成员间关系的负面发展；另外，行为人负面关系的形成还受到其本身的个性和情绪的影响。鉴于此，组织情境下负面关系的管理需要从组织和个人双方入手，以便更有效地改善关系。

二、未来研究展望

第一，虽然现有文献研究指出随着时间的推移，组织情境中的良好关系会给行为人带来的边际效用递减，并且最终可能会因为回馈义务过多带来负效用。但是这种负效用在什么条件下会产生却少有研究。未来还需进一步深入探讨组织情境中的良好人际关系可能产生负效用的内在机制与边界条件。如组织情境中的人际关系可能包括情感型、工具型和混合型关系，不同类型关系的情感联系和回报义务并不相同，其产生负效应的条件和机制也可能有所区别，未来可以对这一问题进行深入对比研究。

第二，组织情境中的负面关系的发生机制。由于组织中的负面关系对于个人和组织都可能产生严重的负面后果。为此，把握组织情境中负面关系的关键影响要素及其作用机制可以防患于未然，采取主动的针对性措施尽力避免或者减少组织情境中负面关系的发生。虽然已有研究对于组织情境中负面关系的影响因素有所涉及，但是相关研究还是比较少的。如已有研究关注了行动方的个性特征的影响，如大众人格中的尽责性或者宜人性可能影响负面关系发展。但是，组织情境也可能是负面关系发展中的一个重要的背景因素。究竟组织情境中哪些因素可能产生影响，其与个体特征因素可能如何产生协同影响等问题都需要未来进一步深入探讨。

第三，组织情境中的负面关系的可能效应机制还需要进一步探析。组织中包含有很多负面关系，对于组织而言，如何平衡内部成员的负面关系，尽量规避其负面效应也是提高组织工作效率的一个重要内容。因此，对于负面效应机制的研究有着重要意义。未来可以对此深入挖掘。如负面关系通常会带来负面效应，但在特定情况下，与受大众讨厌的人建立的负面关系可能会带来一定的积极效应，这种积极效应的具体产生条件及其作用机制值得进一步探讨。又如负面关系产生的负面效应可能会受到其他边界条件的影响，如双方关系地位差异、团队氛围等，都可以进一步探讨。而且有关中国文化背景下负面关系作用的内在机理研究也存在不足。虽然现有文献主要关注于积极关系对个人和企业所带来的影响，但是对负面关系是如何发挥作用的并且如何规避关系的负面作用也是未来值得研究的内容，特别是中国特有文化背景在其中的影响作用如何更需要深入挖掘。

第十六章　新创企业员工—组织关系发展及其影响效应研究

随着创业企业的阶段发展，其企业的员工—组织关系也在发生动态的变化。因此，有必要研究关系变化的动态机制（relational change dynamics）。员工—组织关系是员工与组织形成的一种人群关系状态（朱苏丽、龙立荣等，2015）。

第一节　引　言

京东创始人刘强东在中央电视台的访谈节目中说他最骄傲的事是当初跟着自己一起创业的哥们大部分现在都还在公司。他还特别谈到，2008年国防金融危机时，也是公司最困难的时期他最担心的不是金钱的损失，而是如果不得不宣布公司倒闭会觉得内心很愧疚，感觉对不起跟着自己十几年的老员工，对不起他们对公司的投入。另外，顺丰老总王卫也曾因公司快递小哥被打发布声明，誓言追究到底，否则不配做顺丰总裁，被网友们一致称为"中国好老板"，感谢老板对员工尊严的关注。最近，一家国内著名民营企业"清理老员工"，以年龄为标准裁员的传闻引发了轩然大波。虽然最后官方回应为谣言。但是，这种社会高度关注度的背后确实反映了民营企业或者创业企业随着企业发展该如何处理员工—组织关系是一个迫切又实现的问题。究竟企业该如何对待勤勤恳恳踏实工作的老员工，而员工又该如何平衡个人追求与企业要求之间可能存在的差距呢？华为老总任正非曾说"华为是没有钱的，大家不奋斗就垮了，不可能为不奋斗者支付什么"。这反映了企业在员工—组织关系处理上的一种最现实的思考。

综上来看，优秀企业对于员工—组织关系关注是一种普遍现象。这也反映了员工—组织关系的重要价值。不过，不同企业的员工—组织关系可能存在显著差异，并由此导致了企业不同的关系状况和绩效结果。员工—组织关系不仅获得了管理实践者的普遍关注，同时也是组织管理学者长期以来的一个研究焦点。然而，已有的相关研究主要关注的是成熟企业，而新创企业有其不同于成熟企业的独特之处。究竟新创企业员工—组织关系有何特点，其发展趋势以及影响效应如何都还需要进一步予以关注。基于此,本书聚焦于新创企业,探讨这一独特背景之下员工—组织关系的发展及其影响效应,期望能为新创企业管理实践有所启迪,同时也为员工—组织关系理论研究的深入推进有所贡献。

第二节 员工—组织关系的内涵及特征

Tsui 等(1997)从组织视角出发,依据两个维度的人力资源管理措施,即组织为员工提供的报酬以及组织对员工的期望贡献,交叉组合形成了四种不同类型的员工—组织关系,即准契约交易型、相互投入型、过度投入型、投入不足型。Jia 等(2014)指出,在建立员工—组织关系时,决策制定者面临着两种关键的选择:第一,选择提供给员工的诱因与投入的类型和水平;第二,决定预期的员工贡献的类型与水平(Tsui et al.,1997)。其中,提供的诱因与投入包括物质奖励,如竞争性的薪酬水平与福利,以及发展性奖励,如培训、职业发展等。预期的贡献包括被预期的角色内与角色外要求的宽度与深度。这两个连续体的组合,既提供的诱因与预期的贡献,又构成了两个平衡的(准契约交易型与相互投入型)和两个非平衡(投入不足型与过度投入型)的一般雇佣关系。

吴继红和陈维政等(2009)指出,员工—组织关系(Employee – Organization Relationship,EOR)是一种组织与员工之间的一种双向社会交换关系,体现了组织对员工的投入与员工对组织的贡献和承诺。赵曙明等(2016)指出,雇佣关系(Employee Relationship)指雇主与雇员间的关系。员工—组织关系是员工与组织形成的一种人群关系状态。基于相互关系视角,朱苏丽和龙立荣等(2015)提出并检验了在中国文化背景下,员工—组织关系除契约式经济交换和工具性社会交换之外,还存在一种独特的类亲情交换关系。这种类亲情交换关系反映了员工与组织高度融合的一种状态。所谓的员工—组织的类亲情交换关系是指员工和组织之间以满足对方需求为导向,不求回报、不计得失的一体化关系(朱苏丽和龙立荣等,2015)。本书在此关注组织内的组织方与员工方之间的关系,在此统称为员工—组织关系(EOR)。

员工—组织关系研究中的一个重要理论即是社会交换理论(Blau,1964)。基于社会交换理论,组织中的雇佣关系是组织与员工之间的一种社会交换与经济交换,具有关系、互惠以及交换的特征(Cropanzano & Mitchell,2005)。Shore 等(2004)也指出,互惠性与相互性是员工—组织关系中的两个关键维度。

Shore 等(2004)指出,从社会交换理论切入,员工—组织关系研究可以分别从组织、员工以及相互关系视角开展研究。其中,组织视角关注雇主对于员工提供的激励和相应的期待；员工视角则强调员工的心理感知；相互关系视角则同时强调了雇主与员工的互动交换（朱苏丽和龙立荣等，2015）。对于员工—组织的关注可能不同主体有不同的重点。如 Herriot 等（1997）就指出，企业管理者更重视关系的无形要素（人性），而员工则更重视其中的有形要素（薪酬公平）。由此可见，员工—组织关系研究需要采取更为细化的视角，选择聚焦的切入点，从而才能更深入地挖掘员工—组织关系的可能内涵及其特征表现。

第三节　员工—组织关系的影响因素及其动态发展机制

一、员工—组织关系的影响因素

员工—组织关系的影响因素可能很多。就微观而言，员工的职位或岗位不同可能会导致不同的员工—组织关系；从中观而言，企业特征，如所有制类型、领导风格、人力资源管理体系，也可能影响员工—组织关系；就宏观而言，外界环境因素也可能影响员工—组织关系。

1. 员工个体差异的影响

员工职位或者工作岗位的影响。在组织中，员工—组织关系可能会跨层次变化（如主管、生产工人），也会跨职能或工作而变化（如会计、工程师）（Tsui et al.，1995；Tsui et al.，1997；Jia et al.，2014）。即员工—组织关系可能受到员工职位或者工作类型的影响而有所不同。为此，在研究新创企业员工—组织关系问题时，对研究对象可能需要考虑员工层级以及工作职能的差别，从而进一步细化研究。

由此可见，员工—组织关系可能体现为一种个体差异性存在，即在同一家企业中，不同的员工可能有不同的员工—组织关系状态与认知。基于此，在探讨员工—组织关系时，除对比研究企业间的差异之外，也需要重视同一企业内部可能存在的差异性员工—组织关系问题。

2. 企业特征的影响

张一弛（2004）研究了企业所有制类型对企业雇佣关系模式的影响作用。可能不同所有制类型对于组织与员工关系的定位与期望有所不同，从而导致了企业采取的雇佣关系不同。那么依此逻辑，新创企业在不同的发展阶段有可能会出现关系定位的不同，从而促使雇佣关系出现有意甚至无意的变动。刘泱、朱伟、赵曙明（2016）发现，CEO 是组织的代理人，其领导风格作为一种信号，向员工传递了组织会为员工提供的工作诱因以及对待员工的方式。实际上,组织创建的人力资源管理体系会导致不同形式的员工—组织交换关系(Shaw et al.,2009)。人力资源管理体系反映了组织对员工的不同投入以及组织对员工的不同行为预期。

组织惰性(Organizational Inertia)可能导致企业抵制变化(Kelly & Amburgey, 1991)。嵌入的关系、信念、规范、价值观和态度可能减缓,甚至有时候阻止组织为适应下一个生命周期阶段的预期而进行的调整和改变。导致组织惰性主要有两个重要的机制,即关系锁定(Relational Lock–In)和认知锁定(Cognitive Lock–In)(Maurer & Ebers, 2006)。其中,关系锁定是指源于强社会关系和互惠规范,行动方对于特定群体内的他人所承担的义务;认知锁定则是指源于与特定领域中的他人的强共享身份而形成的对行动方采用新的认知图式的动机、能力与胜任力的一种限制。关系锁定和认知锁定可能使创业者在企业生命周期的一个阶段转向下一个阶段的过程中,进而抵制改变他们的企业身份宣称以及相关的运营实践等(Fisher, Kotha & Lahiri, 2016)。这种实践可能也包括HR实践,从而影响员工—组织关系?因为组织成员常常会对主流的组织身份产生一种认知依恋,并内化这些主流的组织逻辑,当新和旧的行为标准不一致时,组织成员可能就会产生认知失调和困惑(Thornton et al.,2012)。而上述抵制可能会加剧由转换阶段中未来的资源提供者发布的一组新的合法性标准所产生的认知失调。关系和认知锁定程度越大,成员在转换阶段面对的认知失调程度越大(Fisher, Kotha & Lahiri, 2016)。在发展的前一阶段被认为高度合法性的新创企业要进行这种阶段转换的必要性调整可能是最为困难的。新创企业在该阶段的成功获得了各种积极的强化企业的观念,即投入了恰当的活动、实践以及关系强,才获得如此成功。这种积极的反馈能够激起企业管理者增强对这一阶段的创业身份的承诺。这样,新创企业的成员可能会更加抵制改变他们的行动方向,从而坚持原有成功的行动(Brockner, 1992)。评价新创企业合法性的标准会随着企业生命周期所处阶段的不同而变化,因为企业需要随着阶段发展吸引具有不同预期的资源提供者。这些预期可能包括社会预期、关系预期或者整合的预期等。(Fisher, Kotha, & Lahiri, 2016)就指出,高水平的先前企业生命周期阶段的合法性可能导致高的企业身份嵌入,从而使新创企业难以调整以满足新一个阶段的合法性要求,从而影响其成功的转换到新的阶段。这可能意味着新创企业前面阶段的成功导致更需要关注阶段转换后的调整,即是不是对成功的路径依赖。这种路径依赖是不是影响新创企业不同发展阶段的员工—组织关系发展的一个内在机制呢?这个问题值得研究。

有学者指出,关系锁定具有"双刃剑"性质(Gulati, Nohria & Zaheer,

2000），嵌入的网络关系可能会为企业提供无与伦比的信息与资源获取路径，然而也可能将他们锁定为没有生产性和不产生效益的关系，或者阻止他们发展跨越网络边界的新关系（Baker & Nelson，2005）。新创企业，特别是以血缘或学缘等先有关系构建起来的新创企业，有可能关系锁定现象更为突出，这将如何影响新创企业员工—组织关系的发展，其影响效应如何？创业元老与新员工在这一原有关系锁定背景下有可能有何不同反应与影响？另外，Gong 等（2013）研究表明，具有高权力距离和内群体集体主义的对象，对团队领导的信任的影响作用可能更为突出。他们认为，在高权力距离的文化背景下，与团队领导的关系影响团队成员的行为更突出。鉴于创业创始人对新创企业的重要意义及可能存在的印刻效应，创始人的影响是一个不可忽视的视角。基于此，未来研究可以探讨创始人以及创业元老随着新创企业阶段发展可能进行的角色转换中的关系变化动态机制及其对企业员工—组织关系可能产生的影响。

3. 外界环境特征的影响

外界环境特征，如文化和环境不确定性，也可能影响员工—组织关系。因此，除探讨微观的职位差异以及中观的企业特征影响之外，还需要关注较为宏观的外界环境特征的影响。

学者黄光国（2010）将华人社会中的人际关系划分为三类，即工具性关系、混合性关系与情感性关系。其中，在工具性关系中，"关系"可能仅仅是个体实现目标的一种工具或者手段；在情感性关系中，"关系"可能就是人际互动追求的最终目标；混合性关系则处于上述两种关系间。可见，在华人社会中人际互动遵循的交易法则可能有其独特之处。如差序格局（费孝通，1998）所强调的由己推出、愈推愈远、愈推愈薄的关系特征，以及中国人"讲交情"的特点，使人际之间交易法则不完全如西方的经济交换或者公平互惠的法则。那么中国文化背景特有的一些关系法则可能如何影响新创企业的员工—组织关系发展？而且在差序格局中"自家人"的范围可因时因地伸缩（费孝通，1998），这种动态自由性可能进一步增加了动态视角下的新创企业的员工—组织关系变化。当上述推及范围仅限于"小群体的自己人"，则可能产生"内外有别"的不公平。是否新创企业成长期，创业元老员工与非元老员工是否可能存在这种推及差异，从而导致员工—组织关系的不同。那么，是否新创企业发展阶段不同，也会相应引发关系价值的外生变动（Exogenous Changes in Relationship Value），即随着时间发展与某一互动方关系中的可能获益会随之变化（Vanneste & Puranam et al.，2014），从而导致交易法则的调整？这种调整可能产生什么影响？关键可能在于双方是否实现了匹配性的调整。正如我们在前期的探索性调研中，有元老级员工就说"当初老板与我们一起打排球、一起运动、一起玩，虽然没有很多钱，但是大家很开心。不过,现在企业大了,很难再见到老板,更没办法常常一起活动了,然而没关系,企业大了,自然有大的管理方式。但我们收入增长很可观呢,所以大家还是很开心"。据此,新创企业的不同发展阶段,企业的关键利益提供方可能会有所变动,而这可能引发不同利益方与组织关系价值的外生变动,从而进一步引发其关系的变化。但如何影响,其中是否存在相关的边界条件与中介机制还需要进一步检验。

另外,朱苏丽和龙立荣等(2015)指出,中国企业中特有的类亲情交换关系是一种情感性关系,与之前员工—组织关系研究中所提出的两种维度,即经济交换和社会交换有着显著不同,而是一种类似中国家庭亲人的相处方式。朱苏丽和龙立荣等(2015)强调,中国企业特色的类亲情交换关系受到集体主义文化以及工作环境不确定性的影响。中国文化背景下人际互动有着明显的相互依赖特征,呈现家族主义特征或者泛家族主义特征,使中国企业的员工—组织关系有着不同于西方企业的特征。同时,他们的研究发现,当工作环境具有高不确定性时,员工—组织类亲情交换关系水平越高。因为在不确定性比较高的情境下,工具性的交换中的等价或者互惠的算计会变得更为模糊,甚至无法做到。此时,不计回报的情感关系状态可能更有解释力和影响力。虽然在新创企业初创期这种类亲情关系可能较为明显,但随着成长,规范性需要凸显,可能公平互惠开始受到关注,是否这可能导致员工—组织关系的动态调整的内因。新创企业面临的不确定性可能更为突出,因为创业活动具有高风险和高不确定性。并且由于工作不确定性越高,员工—组织的类亲情交换关系的建立可能比社会交换的互惠关系以及经济性的工具交换关系更可行并且更为现实,因为在这种情况下算计难以做到(朱苏丽和龙立荣等,2015)。新创企业不同发展阶段可能会有所不同,如初创期高不确定性,类亲情交换关系重要;而成长期规范性高,理性互惠关系易实现,会变得更突出。关系锁定的"双刃剑"性质是否也意味着要进一步深思,而且有没有可能员工—组织的定位匹配对于关系的动态调整成功与否非常关键。

二、员工—组织关系的动态发展机制

Rousseau(2001)认为,在组织中的员工—组织关系的形成可以划分为四个阶段。值得强调的是,他认为在每一个发展阶段,都有其特定的行为与认知因素影响雇佣关系的发展。为此,组织内的雇佣关系会随着时间演化而动态发展。刘军等(2007)、张建君等(2016)研究指出,员工所感受的雇佣关系会随着时间变化而发生动态变化。相应地,新创企业员工—组织关系的发展可能会有多种形式或者发展趋势。新创企业不同发展阶段的要求与管理模式的发展(何正亮和龙立荣,2013),使员工与组织关系可能要有所改变以适应环境要求的变化。另外,不同所有制企业类型对于组织与员工关系的定位与期望有所不同,从而导致了企业采取的员工—组织关系不同(张一弛,2004)。那么依此逻辑,新创企业在不同的发展阶段有可能会出现关系定位的不同,从而促使员工—组织关系出现有意甚至无意的变动吗?本书将探讨新创企业员工—组织关系发展可能随着企业发展阶段的不同而呈现的动态演化趋势。此外,不同新创企业员工—组织关系发展趋势可能会有所不同,那么导致这种不同发展趋势的关键驱动因素是什么?对于这一问题的探讨有助于更好地理解新创企业员工—组织关系的发展,并随着新创企业的发展进行适应性的员工—组织关系管理有着重要的指导意义。

虽然员工—组织关系呈现动态发展的观点受到了学者们的普遍认可,但是对于员工—组织关系的发展趋势及其关键影响因素有哪些均较少研究。以下从一些相关视角引入,以为员工—组织关系动态发展机制研究,特别是本书拟探讨的新创企业员工—组织关系的动态发展趋势及其驱动机制提供一些有益的借鉴和参考。

1. 社会嵌入(Social Embeddedness)的影响

Granovetter(1985)指出,经济工作受到行动方的社会关系的影响。这种嵌入具有二元性(Dual Nature),即关系(Relational)和结构(Structural)。过去的研究更多关注的是结构嵌入(Structural Embeddedness)(Barden & Mitchell, 2007;Moran, 2005)。不过,对于新创企业员工—组织关系变化,可以基于角色转换观,同时探讨嵌入的二元性,即不仅探讨结构嵌入,还要涉及私人的有意义联系。这对于新创企业而言特别有价值。因为新创企业创业成员选择常常将私人的关系作为一个重要的考虑因素。

另外,Granovetter(1985)关于嵌入的构念,不仅考虑了关系与结构两种形式,而且还考虑了两种基本力量起作用的程度,即低社会化思考(Under-Socialized Thinking)和超社会化思考(Over-Socialized Thinking)。可否以此视角考虑,在不同思考方式下,员工—组织关系变化的方向可能会有所不同。如重关系而非效率,或者相反,重视经济或者效率而不是关系质量本身,从而导致了新创企业发展的不同绩效路径。基于关系视角对创业企业的研究,长期以来都受到重视。尽管这个在中国重关系的文化背景下是特别适合的,但是过去的研究主要关注的是外部社会网络的影响,而较少重视内部关系问题。未来可以综合上述两因素的共同考虑。

2. 角色变化的影响

Jonczyk等(2016)探讨了角色转换(Role Transition)过程中的关系变化(Relational Change)问题,采用了一个综合的观点,探讨两种类型的网络变化的驱动因素,包括关系损失(Tie Loss)和关系获得(Tie Gain)(张建君和张闫龙，2016）。角色转换是组织中非常普遍的一种现象，如管理晋升。研究表明，当个体进入一个新的或者扩展的角色（Expanded Role）时，其可能会经历一些深刻的变化（Stephens，1994），如角色转换过程中的社会关系变化。Stephens（1994）强调，角色转换随着对社会支持、信息，以及学习的需要，所有这样都要求关系的调整。但有关在角色转换过程中关系变化的实证研究还是较少的（Ashforth & Saks，1995）。

Jonczyk等（2016）认为，角色转换创造了关系变化的机会。实际上，新创企业随着企业发展阶段的不同带来的角色转换要求可能不仅是关系变化的机会，同时更是关系变化的要求。随着创业者在企业发展进入新阶段后产生的新责任，他们必须要根据新需求调整战略意识、管理定位等。角色变化引发的适应性调整一般包括两个方面，即心理（如认同形成）（Chreim et al.，2007）和行为。在稳定的环境中，虽然强关系的保持的趋势是特别突出的，但是如果环境发生变动，关系可能发生变化。如专业人员新晋升到管理岗位，可能面对着多重力量的影响——现有关系的惯性拉力，以及朝向更有效率和关系合理化（Relational Rationalization）的推力。如新创企业进入了成长期，对于效率以及管理规范化的新要求开始凸显。原有的关系可能要发生变动以适应新要求。创业者同样面对着原有关系的惯性拉力甚至是阻力，以及理性和规范化管理的推力。

Ashforth和Saks（1995）指出，个体先前的职业经历会影响到其对于新角色的适应。依此，不同的个体在新创企业员工—组织关系变化中其动态适应性调整也可能受到其先前的职业经历的影响。不同职业经历的个体随着新创企业发展阶段调整而需要进行角色转换中适应能力和方式可能会有所不同。未来可以从相应的视角探讨，在创业企业发展中创业者的角色也在发生转变，以适应不同发展阶段的新创企业的发展新要求。那么这种角色转变可能也会引发相应的关系变化。不过，创业者的角色转换可能是有意或无意的。那其引发的员工—组织关系动态发展可能是一个复杂的过程，需要深入探究。

3. 地位的影响

一定程度上的权力差距可能带来积极的影响作用（Krause et al.，2014）。在中国高权力距离和重视权威的文化背景下，权力差距显得更为重要（张建君和张闫龙，2016）。为此，上下级间保持一定的权力差距反而可能是遵从社会规范的表现（张龙和刘洪，2009）。有研究指出，在中国企业中，控制是一种重要的领导行为，上级没有实施强有力的领导与控制可能会让下属更不适应（王辉等，2006）。不过，创业初期阶段这种差异可能并不明显。随着创业推进，可能形成正式和非正式的权力差距。这时候，领导与下属如果进行适应性调整，会比较容易进入新的权力差距状态，对上下级关系相处模式的调整比较到位。否则，一方调整而另一方没有调整则可能出现错位，引发矛盾。虽然文化中权力距离价值观影响、高权力差距可能有用。但是，创业在中国背景下常选择关系较好的。可能在创业初期差序格局模式下的关系近疏的影响作用更明显。也就是说，可能创业发展阶段是员工—组织关系模式的一个重要边界条件。这一模式与创业阶段的动态匹配程度影响了新创企业发展。

Barkema 等（2015）指出，西方与东方的环境差异显著。西方研究常常强调权力差距的负面影响作用（Patel & Cooper, 2014），但是，在中国文化背景下权力差距有一定的积极作用（张建君和张闫龙，2016）。Krause 等（2014）指出，权力集中使权力的使用更有效率，避免无谓的争论，从而可以更好地决策和执行。不过，尽管在新创企业进入成长或规范化阶段所需要的，但新创企业初创期可能并不适合。这引发了一个关系模式随新创企业发展而调整的要求。如许多新创企业在成长期或规范期仍以人情为主流，可能影响企业规范化发展。或者创业元老无法调整，认知模式仍留在原样，可能难以适应创始人的规范化管理要求。可见，关系模式的错位或者说不能随着新创企业发展阶段的变化而适应性调整，可能有两个主体来源，包括创始人（或创业团队）和创业元老。如果有创业团队，则团队内关系模式也可能要考虑。如创业团队内的分裂可能导致创业元老员工的站队行为，进一步影响新创企业发展。有创始人权力，相对应的是否有创业员老的隐性权力。新创企业新进入员工没有前期与创始人的关系模式对比，其较少可能因关系错位影响。但创业元老可能就需要关系模式的调整。那么调整的影响因素是什么？动态演化模式不同可能是企业的影响有不同，还需要进一步探究。

4. 企业发展阶段变化的影响

Fisher、Kotha 和 Lahiri（2016）指出，创业企业在发展和成长过程中，需要面对多个合法性门槛。要获取资源，新创企业需要获得合法性，而这就要求新创企业随着企业演化与成长，在创业企业生命周期的各个阶段，不断地调整自身以满足不同阶段具有不同规范、标准和价值观的各方关键资源提供者的预期。组织学者强调，合法性需要仔细管理，以免在得到以后还会失去（Garud et al., 2014）。因此，随着新创企业发展和成长，创业者需要努力获得和管理组织合法性。这个过程可能是一个动态的发展过程。因为在新创企业生命周期的早期阶段的合法性获得，并不必然保证随着时间发展而能继续保持。

新创企业在经历不同生命周期阶段的过程中，会寻求从具有不同合法性标准的不同行动方获取资源，新创企业的身份必须发展、演化和调整以满足变动的行动方的不同预期。因为新创企业的身份是印刻于其日常规章与价值观中的（Hannan, Baron, Hsu & Kocak, 2006），并与其创业者的个人身份紧密联系在一起的

（Fauchart & Gruber, 2011），所以改变一个新创企业的身份具有相当的挑战性。实际上，创业企业要被认为是合法的，其结构、实践和行为都必须与其所处的环境的主流体系保持一致（Tolbert, David & Sine, 2011）。对于新创企业合法性的评价在很大程度上是基于企业平衡不同利益相关者利益的能力的，其中利益相关者包括员工、供应商、顾客、投资者等（Jawahar & McLaughlin, 2001）。企业的持续成功依赖于创造和满足多个利益相关者群体需求的管理能力（Freeman, 2010）。如果企业忽略了某个利益相关者群体，则其将可能失去该群体的认可，最终其合法性也将受到质疑（Fisher, Kotha & Lahiri, 2016）。

组织生命周期理论指出，新创企业面对的需要与挑战会随着时间而改变（Chandler, 1962）。在企业生命周期的每一个阶段，都会产生新的资源需要以及不同的资源获取挑战（Reese & Aldrich, 1995）。由于这些变化，新的行动方作为主要的资源提供者，变得更重要。为新创企业提供资源的不同行动方可能是在不同的社会解构体系传统（Sociallly Constructed Institutional Convention）下运行（Fisher, Kotha & Lahiri, 2016）。早期资源提供者，如朋友和家庭，普遍是在与家庭关系相联系的、以社会和"基于认同的关系"为特征的社会解构体系下运转。但是，后期的资源提供者，如风险投资者或机构投资者，则以基于市场的"算计的关系"为特征的解构体系（Hite & Hesterly, 2001）。随着企业的发展，后期的资源提供者可能更有能力帮助新创企业减轻成长相关的挑战。可以说，随着企业发展，企业为了支持自己的成长，需要与阶段匹配的资源提供者的更多支持（Berkery, 2007）。这种不同企业发展阶段的关键利益方互动遵循的社会解构体系的变化，可能需要新创企业调整与不同互动方或者利益相关方的互动原则，其中可能就包括与员工这个利益相关方的关系运作原则或体系的调整。由此可见，新创企业不同发展阶段员工—组织关系的调整与变动是一个客观现实与要求。只是这种变动效应如何可能需要进一步的思考。是否不同变动方式对于新创企业的发展影响不同也是一个可以深究的主题。

虽然不同的学者对于企业发展阶段的划分可能有所不同，但是其阶段的描述在本质上是相似的。新创企业在不同发展阶段，可能需要调整自身的实践、行为等以保持利益相关者对企业的合法性认可，包括员工—组织关系。但是，这种调整效果还取决于关键方的理解与认可程度。员工作为企业的一个重要利益相关者，对于不同发展阶段的企业员工—组织关系调整的理解与认可有着重要的意义。理解与认可程度的不同可能导致发展趋势呈现匹配性发展以及非匹配性发展。匹配性发展适应企业发展阶段的调整需要，是支持新创企业发展的重要根基，而不匹配性发展则可能阻碍新创企业的持续成长。鉴于员工—组织关系对于企业发展的重要意义，新创企业需要关注并努力追求员工—组织关系的匹配性适应发展。

可见,企业不同发展阶段的变化可能也会导致员工—组织关系模式的调整,如成长期的企业要适应企业规范化发展的要求,可能会引发员工—组织关系的适应性变动,从而影响企业绩效发展。可见,随着企业的阶段发展,其企业的员工—组织关系也可能在发生动态的变化。

第四节 新创企业员工—组织关系的影响效应机制与理论基础

一、新创企业员工—组织关系的影响效应

众多的实证研究表明,不同类型的员工—组织关系方法联系着不同的结果,包括员工的组织承诺和工作绩效(Hom et al., 2009;Tsui et al., 1997)、员工的离职(Shaw, Dineen, Fang & Vellella, 2009)以及组织绩效(Wang, Tsui, Zhang & Ma, 2003)。

具体来说,Tsui 等(1997)的研究发现,相互投入型关系会带来更好的员工工作绩效和组织公民行为表现,投入不足型关系中员工的绩效和态度均较差。另外,Tsui 等(1997)曾指出,同样的员工—组织关系产生的影响效应可能存在个体差异,即不同的员工可能对同样的员工—组织关系产生不同的反应。Daniel (2003)指出,组织中的和谐雇佣关系氛围,如公正、信任、尊重,将利于提高员工的忠诚度、主动性以及绩效,最终促进组织的长远发展。员工—组织关系所提供的社会情感资源可以满足员工的自尊、情感支持的需要,从而可以强化组织承诺。在这一过程中,员工可以很好地将组织身份融入自己的社会身份中,从而建立起一种与组织的强烈情感依恋(Eisenberger et al., 2004)。

Collins 和 Smith(2006)发现,基于承诺的 HRM 体系影响企业绩效,并且社会交换氛围在这一关系中起着中介作用。Takeuchi 等(2007)在研究高绩效工作体系与企业有效性之间的关系中,高承诺的 HRM 体系相似于相互投入的员工—组织关系,可以提高员工社会交换知觉,并进而提升绩效。Shaw 等(2009)研究发现,人力资源管理诱因及投入与员工离职率呈负向相关,并且预期提高的人力资源管理实践负向相关于优秀绩效者的辞职率,而与差绩效者的离职率呈正向相关。具体来说,预期提高的人力资源实践会减弱诱因和投入与优秀绩效者的离职率间的负向关系,而会加剧诱因和投入与差绩效者离职率间的负向关系。另外,恰当的员工—组织关系可以激发新颖的、创造性或者创新性的问题解决办法

(Zhang & Jia, 2010)。

朱苏丽和龙立荣等（2015）指出，中国企业中特有的类亲情交换关系相比社会交换关系，对于员工的情感承诺、工作绩效与组织公民行为等均有更强的解释力。另外，在类亲情交换关系对员工的自我牺牲与建言行为的关系中企业绩效起着负向调节作用（朱苏丽和龙立荣等，2015）。具体来说，当企业绩效水平越不好时，员工—组织的类亲情交换关系越能促进员工的自我牺牲与建言行为。刘泱、朱伟、赵曙明（2016）实证研究指出，组织的雇佣关系氛围正向影响员工的主动行为。

二、新创企业员工—组织关系的理解基础

长期以来，社会交换都是学术界关于员工—组织关系效应解释的一个主流理论（Shaw et al.，2009），用于解释员工—组织关系如何影响员工贡献和企业绩效（Coyle-Shapiro & Conway, 2004）。社会交换在员工—组织关系中扮演着积极的作用，它能够促进员工形成更有利于组织的工作态度与行为（Shore et al., 2006; Song, Tsui, Law, 2009; Hom et al., 2009; Loi et al., 2009; 徐燕、赵曙明，2011）。基于社会交换观，决策制定者提供给员工某种投入，确定行为的某种预期水平，而员工则会回馈与这些投入和预期相当的承诺与绩效水平。社会交换观认为，个体会回报与雇主提供的诱因与确定的预期水平相匹配的态度与行为（Jia & Shaw et al.，2014）。

随着研究的发现，有学者提出了社会交换观之外的解释视角，认为社会交换或经济交换可能并不能够完全解释受到各种形式的组织交换机制影响的员工的心理体验（Song, Tsui & Law, 2009）。如 Hom 等（2009）提出并检验了一个双路径模型，即社会交换和工作嵌入均可以很好地解释相互投入和过度投入的 EOR 会促进员工的承诺与忠诚。实证表明，尽管社会交换可能对于短期而言是一个重要的中介机制，但是工作嵌入可能是一个长期的影响机制。Jia 等（2014）也指出，社会交换在员工对雇佣关系反应中发挥着重要作用，但除此之外，还有超越社会交换的其他解释。Jia 等（2014）认为，理解团队创造性要比回报（Reciprocation）更为复杂，因为团队创造性要超越个体之和。团队创造性要求员工间知识的传递与联合，这就可能意味着会存在一种不同于雇主与员工之间社会交换的过程（Perry-Smith, 2006）。基于此，他们发展了一种社会结构观（Social-structural Perspective）探讨员工—组织关系与团队创造性之间的关系。他们指出，相互投入型员工关系（Mutual Investment EOR），即雇主预期高水平的员工贡献，会提供大量的诱因，相比其他类型的员工—组织关系，会联系着更高水平的团队创造性。并且实证研究表明，上述关系受到团队成员工作相关沟通密度（Work-Related Communication Density）的中介作用，而且这一中介关系在团队成员任务较复杂时会更强。当任务环境相对简单时，组织决策者可能并不会完全意识到建立一种相互投入形式的雇佣关系的价值，而高复杂任务环境下相互投入型的价值会更突出。

研究表明，虽然员工—组织关系对于企业和个人均有着重要的影响作用。但是，在员工—组织关系的影响效应研究中，社会交换观的视角已显然无法完全解释员工—组织关系的效应机制。为此，超越社会交换观的解释，探讨员工—组织关系的影响机制将是未来研究的发展趋势。另外，从综合视角探究员工—组织关系的内在作用机制将可以更全面地理解并推动员工—组织关系效应研究。如 Jia 等（2014）就指出，未来可能可以探讨，促进员工在相互投入型关系更多创造性的认知过程，例如，员工—组织关系作为一种环境刺激对于如工作相关沟通的员工行为反应之间的认知过程。在此，本书将综合地探讨新创企业员工—组织关系的绩效效应机制，包括超越社会交换观的员工—组织关系对企业绩效间的内在影响机制，以及员工—组织关系对员工个体绩效关系间的情感与认知过程机制等。

根据社会交换理论（Social Exchange Theory），组织是经济和社会交换的场所（Cropanzano，Prehar & Chen，2002）。社会和经济交换的差别就在于社会交换包含了没有指明的义务（Blau，1964）。此外，中国背景下还存在着特有的类亲情交换关系。虽然基于中国文化背景下的研究表明，中国特有的员工—组织类亲情交换关系作为员工与组织高度融合的关系状态，体现了员工与组织之间超越工具性关系的高度情感嵌入（朱苏丽和龙立荣等，2015）。但是对于企业绩效而言，这种只强调类亲情交换关系未必会带来好的结果，反而可能带来低效率和资源配置不当，从而降低企业绩效。这可能是所谓的关系锁定的负效应存在。那如何更好地选择和构建适应企业绩效需要的员工—组织关系呢？是否不计回报的类亲情交换关系与经济交换、互惠的社会交换关系均需要，这种综合考虑是否适应动态发展的新创企业或者是如何进行动态的适应性调整均是需要进一步考虑的问题。

Datta、Guthrie 和 Wright（2005）就特别指出，任务复杂性（Task Complexity）是 EOR 与创造性之间的一个关键背景调节变量。任务复杂性是指任务包含低常规工作、高认知要求以及不确定性的程度（Herold，1978）。Jia 等（2014）就特别指出，社会资本在更为复杂的任务环境下可能会更有效用。新创企业的发展任务可能更具复杂性和动态性，是否员工—组织关系对于员工工作相关态度与行为的影响更为突出。而且随着新创企业发展阶段的不同，这一影响关系可能会有所变动。但是如何变动，影响机制怎样还需要进一步的实证研究检验。有研究指出，在中国，社会网络可能是包括了工具性和情感性联系（Chen，Cheng & Huang，2013），以及亲属关系或者类亲属关系（Luo，2011）。在创业企业中，这种复杂性的关系可能更为普遍。有研究指出，不同形式的社会网络与创造性绩效间可能存在曲线关系（Chen & Gable，2013）。如 Jia 等（2014）指出，在相互投入型的 EOR 中，社会资本发展机会与动机为紧密网络的发展提供了很好的基础。相互投入型 EOR 相比其他 EOR，可以产生最为紧密的沟通网络。中国人"内外有别"的人际互动法则是否可能使对新创企业的不同员工如创业元老与非元老员工有无这种情感关系网络的差别，可能产生的绩效效应有何不同，如积极效应还是消极效应，导致所谓关系锁定的"双刃剑"性质的差异性绩效效应体现。在此，本书探讨员工—组织关系对个体绩效效应的影响机制时，将纳入认知与情感的双路径考虑，如基于认知机制视角的领导认同或社交地位认知，基于情感视角的友谊或情感信任在其中的中介作用等。

三、基于动态观视角的新创企业员工—组织关系发展的差异性绩效效应

近年来，关于不同形式员工—组织关系的发展与结果的研究逐渐得到了发展。这部分原因在于竞争环境中激烈的变革促使组织要重新评估他们管理员工的方法（Hom et al.，2009；Shore，Coyle‐Shapiro，Chen & Tetrick，2009）。实际上，新创企业可能面临着更为激烈的竞争环境要求，而且随着新创企业发展阶段的不同，也需要调整或者完善员工管理的方法，那么基于动态观视角探讨新创企业在不同发展阶段的员工—组织关系发展及其绩效效应机制显得更为必要。本书将探讨基于时间轴的新创企业员工—组织关系发展趋势不同可能产生的绩效效应包括动态匹配适应性发展的绩效提升效应以及非匹配发展的绩效阻滞效应。理解新创企业员工—组织关系的动态发展是否以及如何能够更好地刺激新创企业绩效的可持续成长，可以丰富员工—组织关系的相关理论，同时对于新创企业发展的管理实践也具有指导意义。

Shaw 等（2009）研究指出，组织采用过度投入的方式（高诱因与投入，低预期）的方式可以保持优秀绩效工作者相对较低的辞职率，但是这种方式对于优秀绩效者的保留可能会伴随一定的成本，如长期来看优秀绩效工作者的努力可能较难维持高水平状态。实际上，Tsui 等（1997）就曾强调，过度投入的方式并不能提供刺激优秀绩效员工持续表现卓越，而可能仅仅是维持现状而已。如最近有报道说，谷歌无人车项目的员工由于高收入，不再需要工作保障，已在一定程度上享有了财务自由，所以不少人辞职创业。可见，从一定程度上来说，基于组织视角的诱因—贡献模型引发的员工反应可能会随着时间发展而变化，相互视角下的员工—组织关系的可能呈现出阶段动态性。为此，不同员工—组织关系产生的绩效效应可能同样需要基于动态视角，如考虑其可能存在的员工个体短期绩效效

应与长期绩效效应的差异或者不同发展趋势可能产生的不同企业绩效结果。

基于动态发展视角，新创企业在不同发展阶段可能呈现不同的管理要求与特点。由于企业管理要求的注重效率与理性和制度的管理措施有可能让员工产生一种与组织是工具性交换关系的感觉。一方面，员工原有的"人情关系"投入产生的情感嵌入体验又可能转变成工具性关系，并回报给企业相应的基于算计和平等互惠的工作态度及行为；另一方面，新创企业进入成长期之后，规范化管理的引入也可能令其抛弃原有的"人情"。基于动态视角，新创企业在不同发展阶段的员工—组织关系的不同发展趋势，可能产生什么样的企业绩效效应和个体绩效效应。或者从时间纵向发展维度探讨组织视角、员工与组织互动关系视角下匹配失衡可能产生的差异性绩效效应。这将是实现新创企业可持续发展必须要解决的重要问题。

第五节 新创企业员工—组织关系综合管理模型及其启示

通过文献梳理可以发现员工—组织关系已经成为组织管理研究中的一个重要主题。已有研究表明，员工—组织关系对于企业和员工均有着显著的影响作用，包括企业绩效的提升，员工个人工作态度与行为的改善等。对处于高不确定性的新创企业的可持续性发展来说，恰当的员工—组织关系的构建与维护可能是一个重要而现实的支撑。基于此，新创企业需要高度关注企业的员工—组织关系管理。本书在此提出如图 16-1 所示的新创企业员工—组织关系综合管理模型。

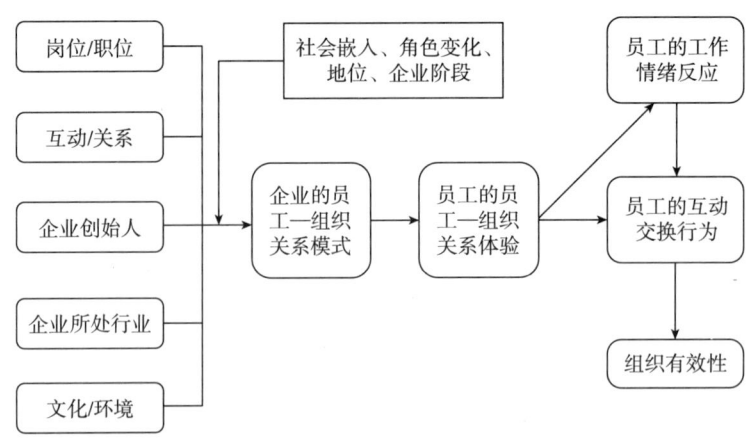

图 16-1 新创企业员工—组织关系综合管理模型

一、对新创企业员工—组织关系影响因素的理解与把握是管理员工—组织关系的基础

影响企业采取何种员工—组织关系模式的因素可能有很多,如行业不同、企业高层的不同。新创企业可能所处行业、创始人特点不同也可能会对新创企业的员工—组织关系产生影响。并且,研究表明,同一组织内部,不同类型的员工(赵曙明等,2016)、不同的职位可能会有不同的员工—组织关系模式(Tsui et al.,1997)。组织确定的对员工的投入标准,可能会因工作或团队的职能在组织中的中心性不同而有所不同(Jia et al.,2014)。Jia 等(2014)研究了在团队层面构建员工—组织关系,开展 EOR 对团队创造性的影响。他们在研究中也特别强调团队层面的诱因提供与贡献预期的相似性与可比性。在新创企业成长期后,不同类型员工可能不同。为此,当研究新创企业员工—组织关系问题时,对研究对象可能需要考虑员工层级以及工作职能的差别,进一步细化研究。同时,创业元老与非创业元老员工是否也会有所不同,有无可能新创企业中创业元老员工与非元老员工可能采取不同的员工—组织关系处理方式。这种不同可能如何影响员工与组织的相互关系体验?形成相互关系视角下不同的员工—组织关系结果?这也是在新创企业员工—组织关系研究中要细化设计的地方,以获得更有价值的深入发现。

多层次理论和研究表明,一个社会系统(如团队)分析的基本单位常常是个体行为(Kozlowski & Klein,2000;Morgeson & Hofmann,1999;Gong et al.,2013)。在空间和时间上个体行为的相遇,导致了社会互动。个体间行动和反应的系统导致了集体现象,如气氛、文化等(Morgeson & Hofmann,1999),可能进一步影响集体相关行动与结果。那么,据此来说,新创企业内部员工自下而上的关系(Bottom – up Relationship)及其互动可能对于相互关系视角下的员工—组织关系产生重要影响。

中国人要追求个人的成功,但同时也非常关注互依关系状态,这有可能形成中国特色的员工—组织互依关系特点(朱苏丽和龙立荣等,2015)。Lewicki 和 Bunker(1995)强调,互动会导致人们随着时间发展而认同彼此,因为他们内化了彼此的偏好。Vanneste 等(2014)理论分析指出,互动双方随着时间发展越多地认同彼此,则信任关系随着时间发展而提高。那么新创企业中关系互依状态及其变动可能如何影响员工—组织关系,是中国文化背景下员工—组织关系研究的一个值得关注的重点。

总之,中国文化背景下,基于相互关系视角的新创企业的员工—组织关系可能有多种模式特征,如经济交换、社会交换或者类亲情交换关系等。导致不同关

系模式的影响可能包括多个层面，行业差异、企业创始人特征、个体岗位，甚至新创企业创业元老与非元老员工存在的与企业关系互依状态差异等。本书的目标之一即是综合探讨不同层面因素对员工—组织关系模式可能产生的综合影响机制。

二、不同的员工可能产生各自的员工—组织关系体验进而影响其交换机制选择及伴随的行为

组织提供的员工—组织关系模式产生的效果，即员工的体验可能存在个体差异（Tsui et al., 1997）。根据社会信息加工理论（Social Information Processing Theory）（Salancik & Pfeffer, 1978），个体会从其所处的直接的社会情境中寻求构建和解释现实的线索，以及恰当的态度和行为的线索。这些社会线索可以帮助个体学会究竟什么是他们需要的、价值观和要求应该是什么样的。在一个团队背景下，相互依赖的成员为彼此提供了一个重要的社会线索的来源（Gong et al., 2013）。为此，新创企业中组织方提供的员工—组织关系模式可能会如何影响相互关系视角下的员工—组织关系互动交换，其中可能存在的机制是什么，是一个值得深入挖掘的研究问题。

现有员工—组织关系的研究主要有三种不同的视角，包括员工视角（关注员工对 EOR 的感知，如心理契约）、组织视角（关注诱因—贡献）以及相互关系视角（关注双方的互动交换）。早前员工视角和组织视角的探讨相对较多，而相互关系视角的探讨现在开始逐渐受到关注。未来研究可以响应这一发展趋势，基于相互关系视角更深入地探究员工—组织关系，并且同时可以融入不同视角的探讨，如组织的诱因—贡献可能如何影响相互关系互动交换内容，以便综合地理解员工—组织关系的发展。

三、基于动态观视角对待员工—组织关系模式以实现企业员工—组织关系的动态适应性调整

企业员工—组织关系可能呈现动态性特征，社会嵌入、角色变化、地位、企业发展阶段等的变化都可能导致企业所采取的员工—组织关系模式有所变化，而基于个体视角的员工—组织关系状态与体验也可能随之有所变化。一方面，这种动态变化可能是一种现实状况，即随着条件的变化已经采取的新模式；另一方面，相关条件的变化需要企业对员工—组织关系进行动态调整，以适应当前的要求。

基于时间轴探讨新创企业员工—组织关系发展的动态演化趋势及其可能的驱动机制具有重要意义。新创企业呈现更明显的阶段动态发展特征，可能使新创企

业员工—组织关系的阶段动态演化性更明显。本书将探讨新创企业员工—组织关系发展可能存在的匹配性发展与非匹配性发展趋势及其内在的关键驱动因素,如中国文化背景下差序格局关系"自己人"可能随关系外生变动进行的动态调整引发的员工—组织关系发展动态演化,以及期间可能存在的组织惰性引发的关系锁定或认知锁定对于员工—组织关系发展演化的影响机制。

四、员工—组织关系对员工和组织均产生重要的直接和间接影响

员工—组织关系可能影响员工的体验,进一步影响员工的情绪反应和互动交换行为,最终影响组织有效性。鉴于员工—组织关系的重要性,有必要明晰新创企业员工—组织关系的个体与企业绩效效应的内在影响机制。未来研究有必要综合探讨新创企业员工—组织关系的绩效效应机制,包括超越社会交换观视角的员工—组织关系对企业绩效的内在影响机制以及员工—组织关系对个体绩效的认知与情感过程机制等。另外,由于员工—组织关系的动态性,还需要对比探讨动态发展视角下的新创企业员工—组织关系不同发展趋势可能产生的差异性绩效效应机制。具体来说,包括从动态发展角度对比分析不同的员工—组织关系发展趋势可能导致的动态匹配适应性发展的绩效提升效应机制以及非匹配发展的绩效阻滞效应机制。

概括而言,赵曙明等(2016)明确指出,探讨中国情境下员工—组织关系模式的影响因素具有重要的理论与实践意义。Tsui等(1997)曾强调,当环境复杂多变时,组织难以预测未来的可能困难,为此,组织常常倾向于经济交换和社会交换结合的关系,而不会仅仅限于经济交换。因为社会交换会激发高责任心、信任和感激等情感,这是经济交换难以达到的(Blau,1964)。创业环境同样如此,面对着高不确定性,可能同样不能仅仅依靠经济交换。不过中国文化背景下可能特有的类亲情交换是否也是一种重要的关系模式?导致不同关系模式的影响因素有哪些等是值得进一步研究的问题。那么,新创企业基于相互关系视角的员工—组织关系呈现的特征是什么?影响新创企业员工—组织关系的重要因素有哪些?如行业差异、创始人特点、岗位类型差异、员工差异、新创企业自下而上的关系及其互动因素、互依关系状态等。组织视角下的诱因—贡献模型是否影响相互视角下的员工—组织关系互动交换,及其可能存在什么样的边界条件?等等问题将是未来研究关注的重点。

由于新创企业具有更高的不确定性与变动性,而这又对于员工—组织关系有着重要影响。因此,新创企业为员工—组织关系研究提供了一个具有特别意义的研究情境。虽然已有研究关注成熟企业,其员工—组织关系研究取得了较为丰富的成果,但基于新创企业的员工—组织关系研究必将有助于员工—组织关系理论

的进一步丰富与发展。未来研究可以结合调查研究与案例研究发现,为新创企业提供基于员工—组织关系构建及动态适应性调整以支撑新创企业可持续发展的管理对策与建议。对比研究基于时间轴视角的新创企业员工—组织关系发展可能存在的阶段匹配性发展与非匹配性发展动态演化趋势及其内在关键驱动因素。基于动态观视角对比分析不同员工—组织关系发展趋势可能导致的动态匹配适应性发展的绩效提升效应机制及非匹配发展的绩效阻滞效应机制。通过深入挖掘新创企业员工—组织关系发展的影响因素及其作用机制将可以更好地基于关系观剖析新创企业发展的机制,同时指导新创企业内部治理实践。

第六节 结论及未来研究展望

一、结论

员工—组织关系对于员工及企业均具有重要意义,而且员工—组织关系呈现动态性特征。如组织外界竞争的加剧以及技术的变革,组织内部的人力资源变动等都可能促进新的员工—组织关系的出现(Tsui et al., 1997)。一直以来员工—组织关系研究都受到组织管理学者的重视,并取得了较为丰富的研究成果。但由于新创企业有其不同于成熟企业的地方,致使已有的成熟企业的员工—组织关系研究成果虽然可以为新创企业员工—组织关系研究提供有益的参考与借鉴,但能否直接应用可能还需要进一步检验与比较。

新创企业员工—组织关系的影响因素、发展动因及绩效影响等问题还缺乏深入的探究。由于企业特征对于员工—组织关系有着不可忽视的影响,因此,未来更有针对性地对新创企业员工—组织关系,特别是快速变化下的员工—组织关系的可能动态适应性调整及其机制开展研究,是推进员工—组织关系研究深入发展的一个有益研究背景和契机。基于动态视角探讨员工—组织关系发展的动态演化趋势,对比分析新创企业随着发展阶段的不同而可能出现的员工—组织关系的匹配性与非匹配性动态发展及其内在驱动机制,将可以更为动态地把握新创企业员工—组织关系的动态发展机制,可以为新创企业员工关系管理提供更为全面的动态指导。基于时间轴视角对比分析新创企业员工—组织关系的不同发展趋势可能导致的动态匹配适应性发展的绩效提升效应机制以及非匹配性发展的绩效阻滞效应机制,可以从一个新的关系视角明晰新创企业绩效的内在机制,为新创企业可持续发展提供关系治理对策与建议。

二、未来研究展望

第一,进一步开发和修订适应新创企业的员工—组织关系量表。Tsui 等(1997)在美国开发的量表用于基层员工,朱苏丽和龙立荣等(2015)基于中国文化背景开发的类亲情交换关系量表具有一定的参考性,但其基于成熟企业,其适应性还需要进一步检验。未来研究可以在原有开发的员工—组织关系量表的基础上,进一步针对新创企业进行开发与修订,为后续实证研究提供科学有效测量工具。

第二,新创企业员工—组织关系的特点及影响研究。新创企业对于员工—组织关系可能有着其多样的思考。为此,在员工—组织关系思考上可能有其不同于成熟企业的地方。一方面,新创企业生存可能是最突出的要务,经济回报上的考虑不可谓不重要;另一方面,中国创业组建可能涉及更多的情感因素。同时,情感互依可能又是中国文化传统特别关注的人际互动发展原则。"士为知己者死"。在创业活动中,内生的高风险性使风险共担成为一个关键要素,而其中"关系"的影响可能变得非常突出。那么,新创企业成长及发展过程中如何处理员工—组织关系,经济交换与情感互依如何权衡和实现等问题值得深思。已有研究主要集中于成熟企业的探讨,对处于快速发展和高不确定性背景下的新创企业中员工—组织关系发展的影响因素究竟有哪些还缺乏深入研究。大量研究表明,创业企业与已经建立的成熟企业有许多共同之处,但是两类企业在一些重要的方面存在着不同。新创企业新生劣势,缺乏合法性。创业企业相比已建立的成熟企业有着更大的内部变化与不稳定(Shane & Venkataraman, 2000; Markman, 2003)。对于新创企业员工—组织关系特征与影响因素的探讨将有助于更好地理解与指导新创企业的员工—组织关系构建与维护。

第三,新创企业员工—组织关系的跨层面影响因素研究。员工—组织关系模式可能受到多种因素影响。如有研究探讨,工作岗位和类型、企业所有制类型等对员工—组织关系的影响(Tsui et al., 1997; Jia et al., 2014)。不过,正如赵曙明等(2016)所指出的,关于企业员工—组织关系模式影响因素的研究还相对简单,未来还需要进一步拓展员工—组织关系前因变量的研究。并且,由于已有研究主要集中于成熟企业,而对新创企业的研究关注较少。但是企业不同可能导致员工—组织关系模式的不同,因此,以新创企业为关注点有其特有的研究价值,可能有新的发现。另外,导致员工—组织关系体验差异的个体影响因素研究也将有助于加深对员工—组织关系的理解。虽然在组织人力资源管理体系中对于员工投入和预期的不同可能导致不同的员工—组织关系。但是,组织对员工的投入和预期引发的员工交换关系体验还可能存在个体差异。导致员工—组织关系发展差异的个体影响因素有哪些还是一个没有明确的问题。

第四，员工—组织关系的效应机制研究。尽管员工—组织关系的影响效应及其作用机制受到了越来越多的学术关注，也取得了不少的研究成果，但是员工—组织关系如何以及为什么影响员工贡献以及企业绩效却仍然有着许多尚不明确的地方，需要进一步关注。如员工—组织关系的中介机制可能需要区分短期与长期影响。正如 Hom 等（2009）研究指出的，虽然社会交换与工作嵌入均是员工—组织关系影响员工贡献的中介机制，但是社会交换可能短期而言更重要，而从长期来看工作嵌入的影响更为突出。并且，已有研究探讨员工—组织关系更多的是在成熟企业中。如发现在成熟企业中相互投入型关系可以产生更好的员工绩效表现（Tsui et al.，1997；Hom et al.，2009）。但是，新创企业是否可能有所不同，因为新创企业初创期与成长期可能会有不同的人力资源管理模式与要求，从而可能引发员工—组织关系的变动。因此，新创企业员工—组织关系对于绩效影响机制如何，其内在机制是什么，包括影响机制是否存在短期与长期差异，或者在不同企业发展阶段呈现不同的机制特征等问题还需要进一步的探讨。

第五，员工—组织关系发展的动态趋势及其影响研究。基于时间维度的动态发展视角探讨员工—组织关系的动态发展趋势及其对企业的绩效效应机制有着重要的理论与实践意义。员工—组织关系发展的动态视角还关注较少，并且发展的关键驱动因素研究还不足，从而影响了员工—组织关系的理论进展。虽然有一些学者探讨了员工—组织关系的变化（如 Robinson et al.，1994；Robinson，1996），但是他们未能探讨员工—组织关系发展的影响因素，从而影响了员工—组织关系理论的发展（刘军等，2007）。在当前的经营环境下，企业具有快速变化的特征，使得其员工—组织关系可能会更具变动性或者更需要进行适应性变化。究竟如何实现员工—组织关系的企业发展阶段适应性调整，如何支撑企业的可持续发展，还是一个未有深入研究的重要主题。

第六，员工—组织关系的跨文化研究。中国文化背景下的"关系"有其不同于西方的特色，使西方主流研究基于社会交换理论的视角可能无法完全解释中国背景下的员工—组织关系及其发展。正如 Shore 等（2012）所说的员工—组织关系研究中主流的社会交换和互惠法则应该进行进一步的跨文化比较和检验，如未来中国背景下的研究可以在员工—组织关系中加入"关系"的考虑。如未来可以着重基于相互关系视角，综合中国的"关系"因素考虑，并且基于动态视角关注企业的员工—组织关系研究，以高不确定性和高动态性的当前中国转营经济环境为切入点，探讨在中国文化背景下企业员工—组织关系的影响因素、动态发展趋势及其绩效效应机制问题。

第十七章　新创企业关系行为的发展及影响效应研究

在强调"关系"的中国文化背景下,企业关注关系行为是一个必然而又现实的选择。新创企业由于新生劣势可能带来的企业发展受阻更促进新创企业投入到关系行为之中。基于此,本书聚焦于新创企业,探究新创企业关系行为的构成及测量;分析新创企业进行关系行为的发生机制;基于动态视角对比分析新创企业关系行为的不同动态发展趋势及其各自的内在驱动机制;探讨新创企业关系行为对企业绩效的"双刃剑"影响效应以及新创企业不同发展阶段可能存在的作用机制差异;最后探究新创企业关系行为实施的合理化对策建议,以尽可能争取关系优势,避免关系风险。期望通过本书对新创企业上述相关问题的探讨促进新创企业关系行为研究的进一步发展,同时对新创企业关系行为实践有所借鉴。

第一节　引　言

自1999年国家开始实施西部大开发战略以来,在税收优惠、转移支付、基础设施、资源环境和人才培养等方面都对西部企业进行了大力扶持(彭曦和陈仲常,2016)。2014年,李克强总理又提出了"双创"的概念,加上随后"双创战略"的推进引发中国的创业热潮(李锐,2017),并给予创业者政策支持(周义晶,2016)。在这种背景下,西部地区的新创企业正在如火如荼地进行着开发和创新,憧憬着自己的美好愿景。但不容忽视的事实是新创企业失败率非常高。因此,如何促进新创企业可持续成长与发展成为一个现实迫切的重要问题。

创办一个企业,除需要考虑自身能力和行业的可行性之外,还需要企业高管团队或企业家在仔细观察当地政府的服务意识以及其他企业的发展定位的基础上,与政府和其他企业之间建立良好的关系活动(Luo,2010),以此提升企业发展进程。同时,"在家靠自己,出外靠朋友""多个朋友多条路"这样的观念在中国商业活动中仍然相当盛行。关系活动已成为中国情境下新创企业不得不考虑的一个问题。

越来越多的研究表明,企业家的关系网络在创业过程中的重要性(Li & Zhang,2007)。关系在中国社会里提供了一种更灵活的商业途径,有助于企业获取资源(李敏等,2016)。在一个缺乏稳定的商业交易制度的环境中,企业家与政府、与联盟伙伴之间的非正式的人际关系就显得尤为重要(李新春和刘莉,2009)。有很多学者在研究转型经济发展时提到中国关系网络的独特性(Peng et al.,2003),中国的关系网络以非正式的人际关系网络为核心,具有人情、互惠互利的思想。结合学者们提到的"关系战略"(Guanxi Strategy)对年轻公司商业上成功的重要性(Sonja et al.,2017),以及学者们通过实证研究证实的企业家关系战略的运用程度对企业绩效有显著正向影响(Peng & Luo,2003),可以发现新创企业要想更好更快发展,不仅需要资金、技术等硬条件,还需要进行相关的关系实践。因为从微观层面上看,新创企业受到"新进入缺陷"的影响更大。新创企业往往缺乏成熟企业所拥有的合法性、良好的顾客和供应商关系,从而难以获取企业发展所需的资源(李新春等,2010)。为此,新创企业可能更需要一系列关系活动带来的发展保障。

概括而言,我国经济处于转型时期,在经济"新常态"下,新创企业发展面临新的机遇和挑战(Peng,2003)。在面对"新生劣势"的问题下,新创企业如何正确运用关系活动支持新创企业可持续发展是一个现实而迫切的问题。西部地区同样面临着创业发展的机遇,然而西部地区相对落后的经济条件、与发达地区相比不同的地区文化背景等均可能使其关系活动投入驱动因素和影响效应有其不同之处,值得进一步的探究。

第二节 新创企业关系行为的内涵及其发展

中国的关系有着很丰富的文化内涵,在很大程度上体现着中国人的生活本身(韩巍和席酉民,2001)。"关系"(Guanxi)被普遍认为是中国社会文化的一个重要概念(Bian,1997;Lin,2001;Tsui & Farh,1997)。受"关系"传统文化潜移默化的影响,如今的中国人仍然讲关系、讲人情、讲面子,以"称兄道弟""拉关系"等方式来积累和拓展"人脉"。"关系"在商业活动中是很普遍的。

Chen 等(2013)综合回顾了近 20 年来中外文献里的中国人关系,指出目前主要有三种关系构念,第一种界定是关系类型,例如,家人同学这样先有关系基础(Pre-Existing Guanxi Bases)的关系,以及和陌生人建立起来的关系纽带(Current Guanxi Ties);第二种界定是关系质量(Guanxi Quality),比如强关系、弱关系等;第三种界定是关系实践(Guanxi Practices),包括关系行为(Guanxi

Behavior)、关系活动(Guanxi Activities)、关系战略(Guanxi Strategies)、关系利用(Guanxi Utilization)和关系投资(Guanxi Investment)等。

就关系行为的研究,有学者提出了不同的视角。如Chen等(2011)指出,关系行为包括个人层面与群体层面。从内涵来看,个人层面的关系实践涉及的是处于关系中的各方,是指管理者为那些和他们有着良好关系的下属制定有利于下属的决策;而群体层面的关系行为,指组织或部门在制定人力资源管理制度时依据人际关系程度的一般模式来进行,涉及的是所有员工。这些研究实际上主要聚焦于组织内部。

就组织间的关系行为也有所探讨。Su等(2009)基于嵌入理论(Embeddedness Theory),在供应商和零售商的二元模型中嵌入三个要素(任务环境、社会关系和制度标准)来界定营销渠道中人际影响策略(Interpersonal Influence Strategies)的前因、中介和权变变量。具体地说,对合作伙伴的依赖,企业边界人员的社会资本以及他们的文化价值观(如关系导向)与企业边界人员在营销渠道中使用人际影响有关,这种人际影响反过来又会影响渠道成员的满意度。Su等(2009)把供应商和零售商间营销渠道中的人际影响定义为企业边界人员使用非正式的沟通方式去传达信息来达到一致协调的渠道行为,其过程就要用到边界人员的个人关系和义务。

关系可以作为组织层面的关系战略或者关系行为(Chen & Huang,2013)。基于行动观视角,关系活动或者关系行为可以指企业战略地发展和利用特殊关系,以期更有效率地达到组织目标(Sonja et al., 2017)。

新创企业关系行为的出发点是企业同政府间和企业同其他企业间的关系行为。其中,可以用企业政治行为的定义来解释新创企业同政府之间关系行为的内涵;可以将企业与其他企业之间的关系行为定义为:一个企业采取的一系列与其他企业的团结合作和依从的行为。

早前的研究较多从组织内部考察关系行为,较少从组织层面来探讨(Chen et al., 2013)。实际上,在中国,人际关系战略在政府部门以及企业间的交易中经常用到(李新春和刘莉,2009)。由于中国自身传统文化的影响,使企业关系网络这种非正式的人际关系在商业交流以及资源获取中显得尤为重要(Luo et al., 2003)。与成熟企业相比,新创企业具有的"新生劣势"使其有着不同于一般成熟企业的特点。由于新生劣势的合法性缺失而导致的获取企业发展所需资源的困难,使新创企业可能更需要通过战略性行为投入争取利益相关者的认可。关系行为就是其中的一种重要的战略性行为。因为新创企业的商业活动现在更多的是以私人人际关系为基础(Li et al., 2004),从而高层管理者关系网络的构建对企业创业的机会和资源获取有重要影响,在市场发育不完善或经济转型的制度环境下尤其如此（Peng et al.，2003）。

基于此，新创企业可能需要更多投入到关系构建与发展之中。那么，新创企业的关系行为具体构成究竟有哪些？与成熟企业相比，新创企业的关键关系行为有何不同等问题是本书首先关注的，也是进一步理解新创企业关系行为驱动因素及效应机制的基础。

第三节 新创企业关系行为的影响因素

企业关系行为，常指企业之间用来发展、利用与维持关系的行为和努力。

中国的关系既有工具性交换要素（把关系看成是为获取某种利益的工具），也加入情感性要素（把发展良好的人际关系看成是关系行为的目的）。可见，工具性和情感性因素都可能成为关系行为的驱动因素。

有研究表明，企业首席执行官的风险厌恶在企业年龄、市场导向的调节作用下影响着其关系活动的选择（Sonja et al.，2017）。高关系主义（Relationalism）的个体依据有无关系或者关系亲疏来评价同盟者或者对手（Chen et al.，2009），并在这一评价的基础上采取关系行为。可见，企业高层管理者也可能影响关系行为的投入。

企业层面因素也同样影响企业关系行为。Peng和Luo（2000）认为，对于一个竞争性强的企业来说只是需要关系但并不会依赖于关系，而对于缺乏竞争性的企业往往更依赖于关系活动。

最后，情境因素的影响。King（1991）指出儒家社会理论（Confucian Social Theory）是发展关系导向的理论推动力，而中国人之所以专注于关系建设，其背后确实有内在的文化需求。另外，企业建立符合中国文化背景下的关系网络可以规避制度障碍的缺陷（Flora et al.，2008），即制度背景因素是企业投入关系行为的一个重要考虑因素。

综上所述，影响企业投入关系行为的因素是多层面的。新创企业投入关系行为有着以上诸多因素的影响，同时也有其新创企业独特的因素影响。如新创企业自身的稚嫩性推动了其与政府建立关系行为的诉求。新兴市场不完善、制度缺失和环境不稳定，使新创企业面临着很多不确定性，限制了其资源获取。并且政府在批准土地和建筑许可、征收罚款和税金等很多稀缺资源的控制和分配上占主导权（Yang，2005）。另外，新创企业在市场配置化程度较低、正式制度保护较弱的情况下，会选择主动与政府建立良好的关系行为来寻求一种法律和产权保护的支持，同时这种良好的关系行为还能使新创企业降低不确定性、降低市场准入门槛、享受税收优惠、获取到关键资源(曾萍和邓腾智,2012),弥补了自身作为新生企业的劣势。我国新创企业的新生劣势以及企业生存发展模式中提到的建立关系活动的重要性(梁强等,2011),促使企业开始注重自己的关系网络。

第四节 新创企业关系行为的效应机制

关系行为既可能使关系更紧密,也可能恶化关系。关系行为受到规范的约束,不符合的行为被视为"无礼"。

有研究从组织内部探讨关系行为对于组织内部成员的影响。如通过实证研究,Chen 等(2011)发现,个人层面的关系实践与员工感知到的报酬分配的程序公平感正相关,群体层面的关系实践与之负相关,并且群体层面的关系实践中介了个人层面的关系实践与程序公平的关系。类似地,国内学者也有从上下级关系的角度来考察关系实践的内涵和效应机制。如王忠军等(2011)把上下级关系实践引向关系运作的层面,并引入 LMX 来探讨关系的运作机制。于桂兰等(2016)依据 Chen 等(2011)对关系实践的定义,将个体层面的上下级关系拟合到群体层面,探讨了上下级关系实践对员工工作绩效的影响机制。

就企业层面的关系行为影响效应研究来看,有研究聚焦于企业间的关系行为,如研究发现,当零售商和供应商的人际影响的行为一致时,会产生关系上的满意而非经济上的满意。这一结论与以往的研究相一致,即关系并不一定会带来利润,过度嵌入的关系会对企业效率带来危害(Luo,2002)。

从研究主体来看,有研究以企业高层管理者为关系行为的实施主体,探讨关系行为的影响效应。Peng 和 Luo(2000)将管理者关系(Managerial Ties)定义为高管的边界跨越活动(Boundary-Spanning Activities)以及他们和外部组织的互动行为,并通过实证分析探讨了在中国转型经济背景下,管理者关系(微观构念)对企业绩效(宏观层面,分为市场份额和资产回报两维度)的影响。具体来说,管理者与其他企业高管之间的关系活动对企业的市场份额(Market Share)总是正相关,但是这种关系活动对资产回报(Return On Asset)无显著影响。管理者和政府官员之间的互动对企业绩效两个维度都有显著影响。并且值得注意的是,虽然两种类型的管理者关系对整体绩效都很重要,但是与政府官员之间的互动对企业绩效的重要性要大于和其他企业高管之间的互动带来的重要性。而且,非国企管理者与政府官员之间的关系活动对绩效的影响要大于国企管理者所进行的关系活动带来的影响。此外,企业的业务领域和企业规模也都可能影响企业关系行为的影响效应。胡永平等通过研究证实国有电力生产上市公司中的高层管人员与政府关系行为正向影响企业绩效（胡永平和张宗益，2009）。孙焕伟在已有相关文献研究的基础上，总结出了企业与政府之间良好的政治关联行为对非国有公司的技术创新能力有明显的正向影响（孙焕伟，2012）。也有学者从企业与政府之间建立关系行为的一系列好处的角度出发，认为融资优势、市场准入和税收优惠等这些好处必然可以使企业获得重要的资源优势，极大地增强创业企业的研发投入，给企业带来极大的技术创新和竞争优势，从而提高企业经营效率（邓建平等，2009）。

虽然关系行为可能带来一定的积极作用，但是捆绑的关系可以转变为盲目的联系。一个强大的关系网络可能会造成过度嵌入，从而减少新想法流入网络（Gargiulo & Benassi，1997），并限制其开放性（Nahapiet & Ghoshal，1998）。Warren 等（2004）认为，关系可能使整体利益受到损害。

概括而言，企业关系行为对于企业可能产生积极影响也可能导致不利结果。企业关系行为的影响效应可能存在一定的边界条件，如与大型企业相比，小型企业管理者的关系活动对绩效有更显著的正向影响，并且与政府官员之间的关系活动对小型企业绩效的影响也更显著。又如对于成长缓慢的行业来说，关系活动对绩效有更显著影响。

第五节　结论、管理启示及未来研究展望

一、结论

目前的关系研究大都从静态出发，如关注关系类型或者关系质量，而缺乏基于行动观视角的关系研究，如较少聚焦于关系实践或者关系行为的探讨。Chen 等（2013）呼吁，未来的关系研究应从动态视角（Dynamic Perspectives）出发，从不同层面考察关系实践的具体内涵。实际上，基于行动观视角探讨关系活动更能全面把握关系发展的动态性，同时有助于指导关系治理与管理实践。另外，已有关系行为的探讨，更多聚焦于组织内部成员之间。就组织对外部而言，也关注的是供应商与零售商之间的营销渠道关系实践。而基于企业视角，探讨企业的外部关系行为对企业自身发展影响的研究还相对较少。再者，对关系效应的探讨忽视了关系的矛盾性，如"双刃剑"效应。以往对关系的研究太过极端化，一些研究者关注关系实践和关系特征的积极一面，还有些研究者则关注消极一面，并且关注积极的文献占大多数。未来的研究应该对关系的作用进行更加平衡和全面的理解（Han & Altman，2009），同时关注关系行为的"双刃剑"效应，即可能

产生的积极和消极结果以及其中的内在机制。而且新创企业的新生劣势使其对关系行为的依赖可能更重,但新生劣势也导致其投入关系行为的驱动机制与成熟企业有所不同,相关研究还较少见,仍需要深入探讨。学者们虽然关注到了新创企业进行关系活动的益处,如关系网络提升企业竞争力(郭增科等,2006),关系网络促进资源来源和服务获取(Sonja et al.,2017)。却很少研究这种有益的关系活动的发生机制,甚至忽略了进行关系活动应注意的一些事项。

综上可知,在中国文化背景下关系的作用仍然不可忽视,包括商业环境下同样避免不了关系的影响。中国关系网络以非正式的人际关系网络为核心,具有人情、互惠互利的思想。对于"关系"的研究,未来可能需要从动态演变的视角出发,基于行动观探讨"关系"运作机制及其影响效应机制。企业通过与政府和其他企业进行积极有效的关系行为,能够明显提高自己的资源来源和市场服务,进一步提升自己的竞争优势。存在新生劣势的新创企业可能更需要进行良好的关系行为来改善自身的不利状况,以促进企业的进一步发展壮大。具体来说,本书重点在于明确新创企业关系行为的内涵和构成,并对比不同关系互动方(如政府或其他企业)情境下新创企业关系行为关键构成的可能差异;对比分析基于企业发展阶段的新创企业关系行为不同发展趋势及其内在驱动机制;基于动态视角探讨新创企业关系行为投入的演化趋势差异对企业绩效可能产生的不同影响。

本书的创新在于嵌入到行为层面探讨关系,挖掘新创企业关系行为的构成,理解"关系"的主动行为表现,有助于更好地理解行动观视角下新创企业关系的内涵;综合剖析新创企业关系行为对企业绩效可能的积极与消极影响效应机制,以更全面地把握新创企业关系行为的影响作用;基于动态视角探讨不同企业发展阶段有效关系行为的可能发展及其对企业绩效的作用机理,可以更好地把握更具动态性特征的新创企业的"关系"动态性治理要求。

二、管理启示

本书将在探讨新创企业关系行为构成及其动态适应性调整的基础之上,剖析新创企业关系行为投入的驱动因素与作用机制,进而深入研究新创企业关系行为对企业绩效的影响,包括正面及负面影响的"双刃剑"效应,以及新创企业不同发展阶段中关系行为对企业绩效的作用机制对比,最后探讨新创企业关系行为的管理策略,期望本书能够为中国背景下的新创企业管理人员应对创业活动的高风险性和不确定性下的战略决策提供参考依据。本书具体探讨的内容主要包括以下五个方面:第一,新创企业关系行为的构成;第二,新创企业关系行为投入的驱动因素及其作用机制;第三,基于企业发展阶段的新创企业关系行为动态发展趋势及其内在机制;第四,新创企业关系行为对企业绩效的"双刃剑"作用机制以及企业不同发展阶段的作用机制对比;第五,新创企业关系行为的有效管理策略。在此,本书提出如图 17-1 所示的研究基础模型供进一步的实证检验。

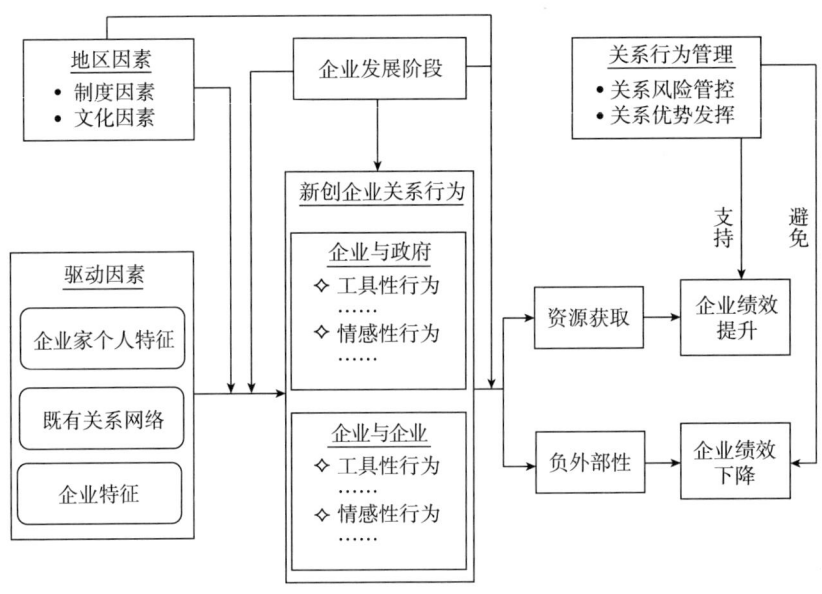

图 17-1　本书的基础模型

1. 新创企业的关系行为构成

关系资源作为中国文化情境下的一种特殊现象,普遍存在于社会交往和商业活动中,这些关系活动有助于构建企业持续的竞争优势(郭增科等,2006)。关系活动能有效地获取更有力的资源和服务,从而增强组织获得资金和市场效益(Luo et al.,2011)。新创企业为了获取企业发展所需要的资源与支持,可能投入的关系行为究竟有哪些? 关系可能包括工具性与情感性因素。从文化传统来看,中国人更喜欢少有功利色彩的交往以及由此而产生的亲近感,这就需要双方投入到情感性因素以产生高信任与相互关怀,而功利色彩较浓的工具性因素可能难以达到这一目的。

另外,Chen 等(2013)认为,探讨关系行为时要考察实施关系行为的主体、对象和其他互动方,因为他们可能会影响关系实践的过程和结果。为此,本书探讨新创企业关系行为时,以新创企业及其高层管理者为实施主体,具体区分政府和其他企业为实施对象深入分析。首先,企业与政府间的关系行为,即企业主动采取政治策略与政府(官员)建立的密切联系(徐细雄,2010);其次,企业间的关系行为,即企业与企业间实施的主动关系联系与发展行为。

基于此，新创企业的关系行为也可以基于主体与互动方而言，分为企业与政府间关系行为以及企业与企业间关系行为，并且均可以从工具性与情感性两个维度去探讨。而具体来看，新创企业可能投入的工具性关系行为与情感性关系行为有哪些？企业与不同互动方实施的工具性和情感性关系行为有何不同？这些关系行为对新创企业而言，有哪些是与成熟企业不同的？这将是本书探讨的一个重点内容。

2. 新创企业关系行为的驱动要素及作用机制

有研究表明，企业的组织绩效可能影响关系，表现为良好的组织绩效可以促进企业外部关系网络发展（Luo et al., 2012）。"关系"可作为一种资本，为创业主体带来商业机会、资源及提供庇护作用等（Wank, 1999）。但由于新创企业的新生劣势，缺乏优秀绩效的历史，有可能新创企业关系行为的发生机制不同于成熟大企业。

张建君等（2005）发现，企业家与政府打交道和建立关系的能力有着显著差异，并不是所有的企业家都有同等的与政府官员搞好关系的能力。另外，Batjargal 和 Liu（2004）、Bian（2006）等认为，关系是一种特殊的社会网络，这种网络使网络中的人彼此视对方为圈内人，从而相互之间更容易获得特殊的利益或者便利。而对新创企业创业者来说，在创业之前，会拥有诸如家人朋友这些亲密关系的基础，在创业过程中，创业者可通过这个关系基础去扩大自己的关系圈，设法进入原本不属于自己的关系网。基于此，新创企业创业者既有关系可能影响其后续关系行为的实施。再者，有研究表明，不同性质的企业对于关系的重视程度也有所不同，如对民营企业而言，关系放在更加重要的位置（Xin & Pearce, 1996）。

总的来说，对于新创企业而言，投入关系行为可能有着比成熟企业更高的必要性，但是新创企业关系行为的实际投入可能受到多种因素的影响。虽然新创企业要投入到较多的关系行为之中，包括与政府间关系和其他相关企业间的关系，但是新创企业投入关系行为的关键影响因素究竟有哪些，具体作用机制是什么，从而导致不同新创企业在关系行为上的投入有所不同，将是本书在此着重探讨的内容。本书将主要企业家个人特征、既有关系网络以及企业特征等方面探讨新创企业投入关系行为的具体因素，并且综合考虑西部地区的制度因素以及文化因素等可能在其中的边界影响。

3. 新创企业关系行为的动态发展趋势及其内在驱动机制

有研究发现，新创企业家在日常经营管理上投入的时间与企业发展并无显著相关，但是其在社交活动上投入的时间则显著正向影响新创企业的成长（何晓斌等，2013）。Leung 等（2005）发现，跨国公司的经理想与中国企业达成合作关系，就需要建立人情关系，从"陌生人"关系变成"熟人"关系来加强双方的信任。不过，企业发展不同阶段，关系行为的重要性可能有所不同，并且有效关系行为也可能应新创企业发展阶段的不同而有所变动。Hulsink 等（2003）也指出，关系网络在新创企业的创业阶段中会发生重要的影响，尤其是在创业早期阶段。

国内学者蔡莉等认为，新创企业应依据现有环境及时调整自身的战略目标，积极主动地去适应外部竞争环境，并创造能满足自己需要的"和谐环境"（蔡莉等，2007）。另外，组织生存不仅依赖于外部环境条件，更重要的是新创企业自身努力与外部竞争环境之间的匹配关系等（Aldrich & Marinex，2001）。

基于此，新创企业关系行为发展可能需要具备一定的动态性，有效的关系行为可能会随着企业发展阶段的不同而进行动态适应性调整。但是，并非所有新创企业均可能自觉意识到这一动态调整的必要性，而且关系行为的实施可能也具有一定的路径依赖，特别是早期成功的关系行为可能在后期进一步强化，而没有考虑到企业发展阶段不同而导致的需求变动。为此，本书将深入探讨基于企业发展阶段的新创企业关系行为的不同动态发展趋势及其内在的驱动机制，通过对比分析新创企业有效关系行为是否存在企业发展阶段以及行业等方面的差异。

4. 新创企业关系行为对企业绩效的"双刃剑"效应及其影响机制

新创企业的新生劣势可能导致其资源获取的困难，从而影响了企业绩效的提升（Leung et al.，2006）。而对新创企业来说，创业关系网络强度和创业关系网络中心性正向影响着企业绩效（龙静，2016）。杨俊等（2009）指出，创业者利用社会关系有助于获取更多的资源，支持新创企业发展。

实际上，关系实践（Guanxi Practices）可能会对组织和整个社会带来消极影响。从社会困境研究中借鉴外部性的概念，Chen 等（2009）将这些消极的后果（如任人唯亲、腐败、违反组织程序，以及对权威的不信任）称为关系的负外部性（Negative Externalities）。而且，新创企业的关系行为可能伴随较高的人际成本和经济成本等，从而可能会限制企业的成长。如果创业者过于投入到政商关联中，并将其作为企业合法性获取的重要途径，则可能使新创企业的有限资源无法更好地投入到企业发展战略上，从而限制企业竞争力的提升（李新春等，2016）。

虽然善于利用社会关系网络的创业者更可能收获更高的企业绩效（杨俊等，2009），但是投入关系行为对于本身就缺乏资源的新创企业而言可能会有所不利。基于此，新创企业关系行为对于企业绩效的影响可能是两面的，导致新创企业关系行为与企业绩效的"双刃剑"效应机制究竟是什么？企业不同发展阶段，关系行为对于企业绩效的作用机制有何不同等问题将是本书在此重点剖析的内容。

5. 新创企业关系行为的管理策略

对于中国情境下的管理者而言，虽然关系行为对改善企业绩效等方面有促进作用，但是如果过度依赖于关系而忽略战略选择等方面，就可能出现负面影响。例如，Peng等（2000）发现，管理者关系对于市场份额的影响要大于资产回报，其中一个原因是发展管理者关系需要宴会、礼物和娱乐等现金流，这会帮助提高市场份额，但是会对资产回报产生直接限制，至少从短期来看是这样。所以如果对关系的过度依赖而不执行正确的战略从而导致资产回报率过低，势必会影响企业的发展。

Chen等（2009）发现，虽然关系各方相互合作，但可能也会对组织产生不利影响，造成负面的外部性。他们认为，关系主义加剧了亲密关系的负面影响。不过，他们也提出了各种制度机制和个人因素，可以减少这种影响。可见，关系行为对于新创企业而言也可能带来风险，只是恰当的管理策略可以尽力避免这种潜在不利影响，而尽力发挥关系行为的优势效应。

在具体关系行为实施中，一些企业聘请现任或退休的政府官员为他们企业服务（张建君等，2005）。从国家层面来说，转型经济时期，存在新旧制度的交替过程，制度缺失与制度冲突也将在一定期间与一定范围内长期存在，再加上制度与政策执行中执行者在主观裁量方面的随意性，使企业尤其是非知识密集型企业在经营过程中不得不关注并努力构建政治关系，否则就可能在制度资源获取中处于劣势地位。为此，制度环境，如西部地区的制度因素，对于关系行为的可能影响与如何应对措施也是需要思考的一个问题。

总之，关系活动能帮助企业有效地获得更有利的资源和服务，从而增强组织资金和效益来源（Park & Luo，2001）。当然，由于这些关系活动的非强制性和非正式性，加之缺乏合同协议以及高度动荡的商业环境，并不一定所有的关系活动都能给组织带来回报和效益。反之，会给企业发展带来威胁，这也就是所谓的关系风险（Sonja et al.，2017）。根据内部组织理论，企业之间的合作及关系活动在文化距离感较高、工作方式不兼容的情况下，会导致较高的协调成本，进一步增加企业之间关系活动的风险（Hennart & Zeng，2002；高丹雪和仲为国，2017）。另外，过度关注同企业之间的关系行为会导致企业资源分配不合理，将注意力过多的放在关系培养上，从而忽视了自身开发战略和竞争战略的投入，导致新创企业内部创新能力及工作效率低下。为此，对关系进行更系统和严谨的思考，对关系负外部性的关注将有助于网络功能的均衡发展（Chen et al.，2009）。究竟新创企业应该如何有效实施关系行为，如何管控关系风险，充分发挥关系优势？其中的可能企业因素、制度环境因素的应对策略是什么，如何对关系行为进行有效管理以支持新创企业可持续发展将是本书重点探讨的问题。

三、未来研究展望

第一，新创企业关系行为的不同地区对比研究。不同地区可能存在不同的关系文化特色,从而促使不同地区新创企业关系行为表现及发展机制可能有所不同。未来研究可以试图在前人研究基础之上,研究西部地区新创企业在同政府和其他企业进行关系行为时的具体驱动机制及关系行为的可能"双刃剑"效应机制,并据此提出西部地区新创企业进行关系行为的合理对策及管理建议,以期达到丰富关系行为的理论研究,同时指导新创创业关系管理实践的目的。

第二,新创企业关系行为与成熟企业的对比研究。企业关系行为的研究并不是一个全新的主题。实际上,一直以来,企业关系行为都受到学者们的普遍关注,并取得了较为丰富的成果。如研究者探讨企业关系行为发展的关键驱动机制,或者企业关系行为的影响效应等。但是,已有的研究更多关注的是成熟企业,而新创企业有其不同于成熟企业的独特之处,可能使其关系行为的驱动机制及效应机制有着不同于成熟企业之处。为此,未来研究有必要更深入地对比分析新创企业与成熟企业在企业关系行为选择及表现方面的可能差异,以及新创企业与成熟企业关系行为影响结果及具体作用机制上可能存在的不同。

参考文献

[1] Abrams D, Wetherell M, Cochrane S, et al. Knowing What to Think by Knowing Who You are: Self – Categorization and the Nature of Norm Formation, Conformity and Group Polarization [J]. British Journal of Social Psychology, 1990, 29 (2): 97 – 119.

[2] Adams J S. Towards an Understanding of Inequity [J]. The Journal of Abnormal and Social Psychology, 1963, 67 (5): 422 – 439.

[3] Aguinis H, Beaty J C, Boik R J, et al. Effect Size and Power in Assessing Moderating Effects of Categorical Variables Using Multiple Regression: A 30 – year review [J]. Journal of Applied Psychology, 2005, 90 (1): 94 – 107.

[4] Aguinis H, O'Boyle Jr E. Star Performers in Twenty – First Century Organizations [J]. Personnel Psychology, 2014, 67 (2): 313 – 350.

[5] Ambler T. Marketing's Third Paradigm: Guanxi [J]. Business Strategy Review, 1994, 5 (4): 69 – 80.

[6] Ambler T. Reflections in China: Re – orienting Images of Marketing [J]. Marketing Management, 1995, 4 (1): 22 – 27.

[7] Baker T, Nelson R E. Creating Something from Nothing: Resource Construction Through Entrepreneurial Bricolage [J]. Administrative Science Quarterly, 2005, 50 (3): 329 – 366.

[8] Balkundi P, Harrison D A. Ties, Leaders, and Time in Teams: Strong Inference About Network Structure's Effects on Team Viability and Performance [J]. Academy of Management Journal, 2006, 49 (1): 49 – 68.

[9] Barsade S G. The Ripple Effect: Emotional Contagion and Its Influence on Group Behavior [J]. Administrative Science Quarterly, 2002, 47 (4): 644 – 675.

[10] Bauer T N, Erdogan B, Liden R C, et al. A longitudinal Study of the Moderating Role of Extraversion: Leader – Member Exchange, Performance, and Turnover During New Executive Development [J]. Journal of Applied Psychology, 2006, 91 (2): 298 – 310.

[11] Bauer T N, Erdogan B. The Oxford Handbook of Leader – Member Exchange [M]. Oxford University Press, 2015.

[12] Bernerth J B, Armenakis A A, Feild H S, et al. Leader – Member Social Exchange (LMSX): Development and Validation of a Scale [J]. Journal of Organizational Behavior, 2007, 28 (8): 979 – 1003.

[13] Blau P M. Exchange and Power in Social Life [M]. New York: Wiley, 1964.

[14] Blau P M. Inequality and Heterogeneity: A Primitive Theory of Social Structure [M]. New York: Free Press, 1977.

[15] Boies K, Howell J M. Leader – Member Exchange in Teams: An Examination of the Interaction between Relationship Differentiation and Mean LMX in Explaining Team – level Outcomes [J]. The Leadership Quarterly, 2006, 17 (3): 246 – 257.

[16] Bolino M C, Turnley W H. Relative Deprivation Among Employees in Lower – Quality Leader – Member Exchange Relationships [J]. The Leadership Quarterly, 2009, 20 (3): 276 – 286.

[17] Brannon D L, Wiklund J, Haynie J M. The Varying Effects of Family Relationships in Entrepreneurial Teams [J]. Entrepreneurship Theory and Practice, 2013, 37 (1): 107 – 132.

[18] Brewer M B. Social Identity, Distinctiveness, and In – Group Homogeneity [J]. Social Cognition, 1993, 11 (1): 150 – 164.

[19] Brockner J. The Escalation of Commitment to a Failing Course of Action: Toward Theoretical Progress [J]. Academy of Management Review, 1992, 17 (1): 39 – 61.

[20] Buckingham M, Coffman C. First Break All the Rules: What the World's Greatest Managers do Differently [M]. New York, NY: The Gallup Organization, 1999.

[21] Campbell A. Signaling in Social Network and Social Capital Formation [J]. Economic Theory, 2014, 57 (2): 303 – 337.

[22] Carter M Z, Mossholder K W. Are We on the Same page? The Performance Effects of Congruence between Supervisor and Group Trust [J]. Journal of Applied Psychology, 2015, 100 (5): 1349 – 1363.

[23] Chan D. Functional Relations Among Constructs in the Same Content Domain at Different Levels of Analysis: A Typology of Composition Models [J]. Journal of Applied Psychology, 1998, 83 (2): 234 – 246.

[24] Chandler A D. Strategy and Structure: Chapters in the History of the American Enterprise [M]. Cambridge, MA: Massachusetts Institute of Technology, 1962.

[25] Chen C C, Chen X P, Huang S. Chinese Guanxi: An Integrative Review and New Directions for Future Rescarch [J]. Management and Organization Review, 2013, 9 (1): 167 – 207.

[26] Chen L, Gable G G. Larger or Broader: Performance Implications of Size and Diversity of the Knowledge Worker's Egocentric Network [J]. Management and Organization Review, 2013, 9 (1): 139 – 165.

[27] Chen X P, Peng S. Guanxi Dynamics: Shifts in the Closeness of Ties between Chinese Coworkers [J]. Management and Organization Review, 2008, 4 (1): 63 – 80.

[28] Chen Y, Friedman R, Yu E, et al. Examining the Positive and Negative Effects of Guanxi Practices: A Multi – Level Analysis of Guanxi Practices and Procedural Justice Perceptions [J]. Asia Pacific Journal of Management, 2011, 28 (4): 715 – 735.

[29] Cheung M F Y, Wu W P, Chan A K K, et al. Supervisor – Subordinate Guanxi and Employee Work Outcomes: The Mediating Role of Job Satisfaction [J]. Journal of Business Ethics, 2009, 88 (1): 77 – 89.

[30] Chissom B S. Interpretation of the Kurtosis Statistic [J]. The American Statistician, 1970, 24 (4): 19 – 22.

[31] Collins C J, Smith K G. Knowledge Exchange and Combination: The Role of Human Resource Practices in the Performance of High – Technology Firms [J]. Academy of Management Journal, 2006, 49 (3): 544 – 560.

[32] Courtright S H, Thurgood G R, Stewart G L, et al. Structural Interdependence in Teams: An Integrative Framework and Meta – Analysis [J]. Journal of Applied Psychology, 2015, 100 (6): 1825 – 1846.

[33] Coyle – Shapiro J A M, Shore L M. The Employee – Organization Relationship: Where Do We Go from Here? [J]. Human Resource Management Review, 2007, 17 (2): 166 – 179.

[34] Cropanzano R, Mitchell M S. Social Exchange Theory: An Interdisplinary Review [J]. Journal of Management, 2005, 31 (6): 874 – 900.

[35] Crosby F. A model of Egoistical Relative Deprivation [J]. Psychological Review, 1976, 83 (2): 85 – 113.

[36] Daniel T A. Tools for Building A Positive Employee Relations Environment

[J]. Employment Relations Today, 2003, 30 (2): 51-64.

[37] Dansereau Jr F, Graen G, Haga W J. A Vertical Dyad Linkage Approach to Leadership within Formal Organizations: A longitudinal Investigation of the Role Making Process [J]. Organizational Behavior and Human Performance, 1975, 13 (1): 46-78.

[38] Darlington R B. Is kurtosis Really "Peakedness?" [J]. The American Statistician, 1970, 24 (2): 19-22.

[39] Datta D K, Guthrie J P, Wright P M. Human Resource Management and Labor Productivity: Does Industry Matter? [J]. Academy of Management Journal, 2005, 48 (1): 135-145.

[40] Davies H, Leung T K P, Luk S T K, et al. The Benefits of "Guanxi": The Value of Relationships in Developing the Chinese Market [J]. Industrial Marketing Management, 1995, 24 (3): 207-214.

[41] DeCarlo L T. On the Meaning and use of Kurtosis [J]. Psychological Methods, 1997, 2 (3): 292-307.

[42] DeChurch L A, Mesmer-Magnus J R. The Cognitive Underpinnings of Effective Teamwork: A Meta-Analysis [J]. Journal of Applied Psychology, 2010, 95 (1): 32-53.

[43] DeRue D S, Hollenbeck J, Ilgen D, et al. Efficacy Dispersion in Teams: Moving Beyond Agreement and Aggregation [J]. Personnel Psychology, 2010, 63 (1): 1-40.

[44] Dohmen T, Falk A, Huffman D, et al. Individual Risk Attitudes Measurements: Measurement, Determinants, and Behavioral Consequences [J]. Journal of the European Economic Association, 2011, 9 (3): 522-550.

[45] Duchon D, Green S G, Taber T D. Vertical Dyad Linkage: A longitudinal Assessment of Antecedents, Measures, and Consequences [J]. Journal of Applied Psychology, 1986, 71 (1): 56-60.

[46] Dulebohn J H, Bommer W H, Liden R C, et al. A Meta-Analysis of Antecedents and Consequences of Leader-Member Exchange: Integrating the Past with an Eye Toward the Future [J]. Journal of Management, 2012, 38 (6): 1715-1759.

[47] Earley C P, Mosakowski E. Creating Hybrid Team Cultures: An Empirical Test of Transnational Team Functioning [J]. Academy of Management Journal, 2000, 43 (1): 26-49.

[48] Edwards J R, Lambert L S. Methods for Integrating Moderation and Media-

tion: A General Analytical Framework Using Moderated Path Analysis [J]. Psychological Methods, 2007, 12 (1): 1-22.

[49] Elston J A, Audretsch D B. Financing the Entrepreneurial Decision: An Empirical Approach Using Experimental Data on Risk Attitudes [J]. Small Business Economics, 2011, 36 (2): 209-222.

[50] Erdogan B, Bauer T N. Differentiated Leader-Member Exchanges: The Buffering Role of Justice Climate [J]. Journal of Applied Psychology, 2010, 95 (6): 1104-1120.

[51] Fairhurst G T, Snavely B K. A Test of the Social Isolation of Male Tokens [J]. Academy of Management Journal, 1983, 26 (2): 353-361.

[52] Fairhurst G T, Snavely B K. Majority and Token Minority Group Relationships: Power Acquisition and Communication [J]. Academy of Management Review, 1983, 8 (2): 292-300.

[53] Fan Y. Questioning guanxi: Definition, Classification and Implication [J]. International Business Review, 2002, 11 (5): 543-561.

[54] Fang R, Duffy M K, Shaw J D. The Organizational Socialization Process: Review and Development of A Social Capital Model [J]. Journal of Management, 2011, 37 (1): 127-152.

[55] Fauchart E, Gruber M. Darwinians, Communitarians, and Missionaries: The Role of Founder Identity in Entrepreneurship [J]. Academy of Management Journal, 2011, 54 (5): 935-957.

[56] Figner B, Weber E U. Who Takes Risks When and Why? Determinants of Risk Taking [J]. Current Directions in Psychological Science, 2011, 20 (4): 211-216.

[57] Fisher G, Kotha S, Lahiri A. Changing with the Times: An Integrated View of Identity, Legitimacy, and New Venture Life Cycles [J]. Academy of Management Review, 2016, 41 (3): 383-409.

[58] Fisman R. Estimating the Value of Political Connections [J]. American Economic Review, 2001, 91 (4): 1095-1102.

[59] Florin J, Lubatkin M, Schulze W. A Social Capital Model of High-Growth Ventures [J]. Academy of Management Journal, 2003, 46 (3): 374-384.

[60] Ford L R, Seers A. Relational Leadership and Team Climates: Pitting Differentiation Versus Agreement [J]. The Leadership Quarterly, 2006, 17 (3): 258-270.

[61] Freeman R E. Strategic Management: A Stakeholder Approach [M]. Cambridge University Press, 2010.

[62] Gardner T M, Wright P M, Moynihan L M. The Impact of Motivation, Empowerment, and Skill - Enhancing Practices on Aggregate Voluntary Turnover: The Mediating Effect of Collective Affective Commitment [J]. Personnel Psychology, 2011, 64 (2): 315 - 350.

[63] Garud R, Schildt H A, Lant T K. Entrepreneurial Storytelling, Future Expectations, and the Paradox of Legitimacy [J]. Organization Science, 2014, 25 (5): 1479 - 1492.

[64] Gooty J, Yammarino F J. Dyads in Organizational Research: Conceptual Issues and Multilevel Analyses [J]. Organizational Research Methods, 2011, 14 (3): 456 - 483.

[65] Graen G B, Liden R C, Hoel W. Role of Leadership in the Employee Withdrawal Process [J]. Journal of Applied Psychology, 1982, 67 (6): 868 - 872.

[66] Gravetter F J, Wallnau L B. Statistics for the Behavioral Sciences [M]. Cengage Learning, 2016.

[67] Griffeth R W, Hom P W, Gaertner S. A Meta - Analysis of Antecedents and Correlates of Employee Turnover: Update, Moderator Tests, and Research Implications for the Next Millennium [J]. Journal of Management, 2000, 26 (3): 463 - 488.

[68] Gu F F, Hung K, Tse D K. When Does Guanxi Matter? Issues of Capitalization and Its Dark Sides [J]. Journal of Marketing, 2008, 72 (4): 12 - 28.

[69] Gulati R, Nohria N, Zaheer A. Strategic Networks [J]. Strategic Management Journal, 2000, 21 (3): 203 - 215.

[70] Han Y, Altman Y. Supervisor and Subordinate Guanxi: A Grounded Investigation in the People's Republic of China [J]. Journal of Business Ethics, 2009, 88 (1): 91 - 104.

[71] Hancock J I, Allen D G, Bosco F A, et al. Meta - Analytic Review of Employee Turnover As A Predictor of Firm Performance [J]. Journal of Management, 2013, 39 (3): 573 - 603.

[72] Hannan M T, Baron J N, Hsu G, et al. Organizational Identities and the Hazard of Change [J]. Industrial and Corporate Change, 2006, 15 (5): 755 - 784.

[73] Harrison D A, Klein K J. What's the Difference? Diversity Constructs as Separation, Variety, or Disparity in Organizations [J]. Academy of Management Re-

view, 2007, 32 (4): 1199 – 1228.

[74] Hausknecht J P, Trevor C O. Collective Turnover at the Group, Unit, and Organizational Levels: Evidence, Issues, and Implications [J]. Journal of Management, 2011, 37 (1): 352 – 388.

[75] Henderson D J, Liden R C, Glibkowski B C, et al. LMX Differentiation: A multilevel Review and Examination of Its Antecedents and Outcomes [J]. The Leadership Quarterly, 2009, 20 (4): 517 – 534.

[76] Herold D M. Improving the Performance Effectiveness of Groups Through A Task – Contingent Selection of Intervention Strategies [J]. Academy of Management Review, 1978, 3 (2): 315 – 325.

[77] Hewett K, Bearden W O. Dependence, Trust, and Relational Behavior on the Part of Foreign Subsidiary Marketing Operations: Implications for Managing Global Marketing Operations [J]. Journal of Marketing, 2013, 65 (4): 51 – 66.

[78] Hillman A J. Politicians on the Board of Directors: Do Connections Affect the Bottom line? [J]. Journal of Management, 2005, 31 (3): 464 – 481.

[79] Hite J M, Hesterly W S. The Evolution of Firm Networks: From Emergence to Early Growth of the Firm [J]. Strategic Management Journal, 2001, 22 (3): 275 – 286.

[80] Hogg M A, Terry D I. Social Identity and Self – Categorization Processes in Organizational Contexts [J]. Academy of Management Review, 2000, 25 (1): 121 – 140.

[81] Holm H J, Opper S, Nee V. Entrepreneurs Under uncertainty: An Economic Experiment in China [J]. Management Science, 2013, 59 (7): 1671 – 1687.

[82] Holtom B C, Mitchell T R, Lee T W, et al. 5 Turnover and Retention Research: A Glance at the Past, A Closer Review of the Present, and A Venture Into the Future [J]. The Academy of Management Annals, 2008 (2): 231 – 274.

[83] Hom P W. Why Do Chinese Manager Stay? Explaining Employment Relationships with Social Exchange and Job Embeddedness [J]. Journal of Applied Psychology, 2009, 94 (2): 277 – 297.

[84] Hooper D T, Martin R. Beyond Personal Leader – Member Exchange (LMX) Quality: The Effects of Perceived LMX Variability on Employee Reactions [J]. The Leadership Quarterly, 2008, 19 (1): 20 – 30.

[85] Humphrey S E, Morgeson F P, Mannor M J. Developing A Theory of the Strategic Core of Teams: A Role Composition Model of Team Performance [J]. Jour-

nal of Applied Psychology, 2009, 94 (1): 48 - 61.

[86] Jawahar I M, McLaughlin G L. Toward A Descriptive Stakeholder Theory: An Organizational Life Cycle Approach [J]. Academy of Management Review, 2001, 26 (3): 397 -414.

[87] Jia L D, Shaw J D, Tsui A S, Park T Y. A Social - Structural Perspective on Employee - Organization Relationships and Team Creativity [J]. Academy of Management Journal, 2014, 57 (3): 869 -891.

[88] Jiang K, Lepak D P, Hu J, et al. How Does Human Resource Management Influence Organizational Outcomes? A Meta - Analytic Investigation of Mediating Mechanisms [J]. Academy of Management Journal, 2012, 55 (6): 1264 -1294.

[89] Jiwen S L, Tsui A S, Law K S. Unpacking Employee Responses to Organizational Exchange Mechanisms: The Role of Social and Economic Exchange Perceptions [J]. Journal of Management, 2009, 35 (1): 56 -93.

[90] Johnsona S, Mittonb T. Cronyism and Capital Controls: Evidence from Malaysia [J]. Journal of Financial Economics, 2003, 67 (2): 351 -382.

[91] Jonczyk C D, Lee Y G, Galunic C D, et al. Relational Changes During Role Transitions: The Interplay of Efficiency and Cohesion [J]. Academy of Management Journal, 2016, 59 (3): 956 -982.

[92] Kehoe R R, Wright P M. The Impact of High - Performance Human Resource Practices on Employees' Attitudes and Behaviors [J]. Journal of Management, 2013, 39 (2): 366 -391.

[93] Kelly D, Amburgey T L. Organizational Inertia and Momentum: A Dynamic Model of Strategic change [J]. Academy of Management Journal, 1991, 34 (3): 591 -612.

[94] Khazanchi S, Masterson S S. Who and What is Fair Matters: A Multi - Foci Social Exchange Model of Creativity [J]. Journal of Organizational Behavior, 2011, 32 (1): 86 -106.

[95] Kovarik J, Leij M V D. Risk Aversion and Social Networks [J]. Review of Network Economics, 2014, 13 (2): 121 -155.

[96] Kramer M W. A longitudinal Study of Superior - Subordinate Communication During Job Transfers [J]. Human Communication Research, 1995, 22 (1): 39 -64.

[97] Kremer M, Lee J, Robinson J, et al. Behavioral Biases and Firm Behavior: Evidence from Kenyan Retail Shops [J]. American Economic Review, 2013, 103

(3): 362-368.

[98] Lau D C, Murnighan J K. Demographic Diversity and Faultlines: The Compositional Dynamics of Organizational Groups [J]. Academy of Management Review, 1998, 23 (2): 325-340.

[99] Lavelle J J, Rupp D E, Brockner J. Taking A Multifoci Approach to the Study of Justice, Social Exchange, and Citizenship Behavior: The Target Similarity Model [J]. Journal of Management, 2007, 33 (6): 841-866.

[100] Laws J L. The Psychology of Tokenism: An Analysis [J]. Sex Roles, 1975, 1 (1): 51-67.

[101] Le Blanc P M, González-Romá V. A Team Level Investigation of the Relationship between Leader-Member Exchange (LMX) Differentiation, and Commitment and Performance [J]. The Leadership Quarterly, 2012, 23 (3): 534-544.

[102] Lee D Y, Dawes P L. Guanxi, Trust, and Long-Term Orientation in Chinese Business Markets [J]. Journal of International Marketing, 2005, 13 (2): 28-56.

[103] Lee T W, Burch T C, Mitchell T R. The Story of Why We Stay: A Review of Job Embeddedness [J]. Annual Review of Organizational Psychology and Organizational Behavior, 2014, 1 (1): 199-216.

[104] Lee T W, Mitchell T R, Sablynski C J, et al. The Effects of Job Embeddedness on organizational Citizenship, Job Performance, Volitional Absences, and Voluntary Turnover [J]. Academy of Management Journal, 2004, 47 (5): 711-722.

[105] Lepak D P, Snell S A. The Human Resource Architecture: Toward A Theory of Human Capital Allocation and Development [J]. Academy of Management Review, 1999, 24 (1): 31-48.

[106] Leung A, Zhang J, Wong P K, et al. The Use of Networks in Human Resource Acquisition for Entrepreneurial Firms: Multiple "Fit" Considerations [J]. Journal of Business Venturing, 2006, 21 (5): 664-686.

[107] Li A N, Liao H. How Do Leader-Member Exchange Quality and Differentiation Affect Performance in Teams? An Integrated Multilevel Dual Process Model [J]. Journal of Applied Psychology, 2014, 99 (5): 847-866.

[108] Li H, Zhang Y. The Role of Managers' Political Networking and Functional Experience in New Venture Performance: Evidence from China's Transition Economy [J]. Strategic Management Journal, 2007, 28 (8): 791-804.

[109] Li J J, Sheng S. When Does Guanxi Bolster or Damage Firm Profitability?

The Contingent Effects of Firm – and Market – Level Characteristics [J]. Industrial Marketing Management, 2011, 40 (4): 561 – 568.

[110] Li S M, Park S H, Li S H. The Great Leap Forward: The Transition from Relation – Based Governance to Rule – Based Governance [J]. Organizational Dynamics, 2004, 33 (1): 63 – 78.

[111] Li Y, Chen H, Liu Y, et al. Managerial Ties, Organizational Learning, and Opportunity Capture: A Social Capital Perspective [J]. Asia Pacific Journal of Management, 2014, 31 (1): 271 – 291.

[112] Liao J, Welsch H. Roles of Social Capital in Venture Creation: Key Dimensions and Research implications [J]. Journal of Small Business Management, 2005, 43 (4): 345 – 362.

[113] Liden R C, Erdogan B, Wayne S J, et al. Leader – Member Exchange, Differentiation, and Task Interdependence: Implications for Individual and Group Performance [J]. Journal of Organizational Behavior, 2006, 27 (6): 723 – 746.

[114] Liu D, Zhang S, Wang L, et al. The Effects of Autonomy and Empowerment on Employee Turnover: Test of A Multilevel Model in Teams [J]. Journal of Applied Psychology, 2011, 96 (6): 1305 – 1316.

[115] Loi R, Mao Y N, Neo H Y. Linking Leader – Member Exchange and Employee Work Outcomes: The Mediating Role of Organizational Social and Economic Exchange [J]. Management and Organization Review, 2009, 5 (3): 401 – 422.

[116] Luo J D. Guanxi Revisited: An Exploratory Study of Familiar Ties in A Chinese Workplace [J]. Management and Organization Review, 2011, 7 (2): 329 – 351.

[117] Luo Y, Huang Y, Wang S L. Guanxi and organizational performance: A meta – analysis [J]. Management and Organization Review, 2012, 8 (1): 139 – 172.

[118] Luo Y. Industrial Dynamics and Managerial Networking in An Emerging Market: The Case of China [J]. Strategic Management Journal, 2010, 24 (13): 1315 – 1327.

[119] Luo Y. Stimulating Exchange in International Joint Ventures: An Attachment – Based View [J]. Journal of International Business Studies, 2002, 33 (1): 169 – 181.

[120] Lusch R F, Brown J R. Interdependency, Contracting, and Relational Behavior in Marketing channels [J]. Journal of Marketing, 1996, 60 (4): 19 – 38.

[121] Ma L, Qu Q. Differentiation in Leader – Member Exchange: A Hierarchical Linear Modeling approach [J]. The Leadership Quarterly, 2010, 21 (5): 733 – 744.

[122] Marsh H W, Hau K T, Grayson D. Goodness of Fit in Structural Equation Models [J]. American Psychological Association, 2005, 21 (6): 225 – 340.

[123] Marsh H W, Lüdtke O, Trautwein U, et al. Classical Latent Profile Analysis of Academic Self – Concept Dimensions: Synergy of Person – and Variable – Centered Approaches to Theoretical Models of Self – Concept [J]. Structural Equation Modeling, 2009, 16 (2): 191 – 225.

[124] Masterfano M K. Raising Venture Capital for the Serious Entrepreneur [J]. New England Journal of Entrepreneurship, 2010, 13 (2): 97 – 98.

[125] Maurer I, Ebers M. Dynamics of Social Capital and Their Performance Implications: Lessons from Biotechnology Start – ups [J]. Administrative Science Quarterly, 2006, 51 (2): 262 – 292.

[126] Meyer J P, Stanley D J, Herscovitch L, et al. Affective, Continuance, and Normative Commitment to the Organization: A Meta – Analysis of Antecedents, Correlates, and Consequences [J]. Journal of Vocational Behavior, 2002, 61 (1): 20 – 52.

[127] Mitchell T R, Holtom B C, Lee T W, et al. Why People Stay: Using Job Embeddedness to Predict Voluntary Turnover [J]. Academy of Management Journal, 2001, 44 (6): 1102 – 1121.

[128] Morgan R M, Hunt S D. The Commitment – trust Theory of Relationship Marketing [J]. Journal of Marketing, 1994, 58 (3): 20 – 38.

[129] Morin A J S, Morizot J, Boudrias J S, et al. A Multifoci Person – centered Perspective on Workplace Affective Commitment: A Latent Profile/Factor Mixture Analysis [J]. Organizational Research Methods, 2011, 14 (1): 58 – 90.

[130] Morrison E W. Employee Voice Behavior: Integration and Directions for Future Research [J]. The Academy of Management Annals, 2011, 5 (1): 373 – 412.

[131] Morrison E W, Milliken F J. Organizational Silence: A Barrier to Change and Development in a Pluralistic World [J]. Academy of Management Review, 2000, 25 (4): 706 – 725.

[132] Nahapiet J, Ghoshal S. Social Capital, Intellectual Capital, and the Organizational Advantage [J]. Academy of Management Review, 1998, 23 (2):

242-266.

[133] Nahrgang J D, Seo J J. How and Why High Leader – Member Exchange (LMX) Relationships Develop: Examining the Antecedents of LMX [J]. The Oxford Handbook of Leader – Member Exchange, 2015, 12 (3): 87 – 118.

[134] Nie R, Zhong W, Zhou M, et al. A Bittersweet Phenomenon: The Internal Structure, Functional Mechanism, and Effect of Guanxi on Firm Performance [J]. Industrial Marketing Management, 2011, 40 (4): 540 – 549.

[135] Nyberg A J, Ployhart R E. Context – emergent turnover (CET) Theory: A Theory of Collective Turnover [J]. Academy of Management Review, 2013, 38 (1): 109 – 131.

[136] Oh H, Labianca G, Chung M H. A Multilevel Model of Group Social Capital [J]. Academy of Management Review, 2006, 31 (3): 569 – 582.

[137] Opper S, Nee V, Holm H J. Risk Aversion and Guanxi Activities: A Behavioral Analysis of CEOs in China [J]. Academy of Management Journal, 2017, 60 (4): 1504 – 1630.

[138] Ostroff C. The Relationship between Satisfaction, Attitudes, and Performance: An organizational level analysis [J]. Journal of Applied Psychology, 1992, 77 (6): 963 – 974.

[139] Park S H, Luo Y. Guanxi and Organizational Dynamics: Organizational Networking in Chinese firms [J]. Strategic Management Journal, 2001, 22 (5): 455 – 477.

[140] Park T Y, Shaw J D. Turnover Rates and Organizational Performance: A meta – analysis [J]. Journal of Applied Psychology, 2013, 98 (2): 268 – 309.

[141] Park H S, Shin S Y. The Role of the Star Player in A Cohesive Group [J]. Small Group Research, 2015, 46 (7): 415 – 430.

[142] Pearce J L, Gregersen H B. Task Interdependence and Extrarole Behavior: A Test of the Mediating Effects of Felt Responsibility [J]. Journal of Applied Psychology, 1991, 76 (6): 838 – 844.

[143] Peng M W. Institutional Transitions and Strategic Choices [J]. Academy of Management Review, 2003, 28 (2): 275 – 296.

[144] Perry – Smith J E. Social Yet Creative: The Role of Social Relationships in Facilitating Individual Creativity [J]. Academy of Management Journal, 2006, 49 (1): 85 – 101.

[145] Pichler S, Varma A, Michel J S, et al. Leader – Member Exchange,

Group – and Individual – Level Procedural Justice and Reactions to Performance Appraisals [J]. Human Resource Management, 2016, 55 (5): 871 – 883.

[146] Ramesh A, Gelfand M J. Will They Stay or Will They Go? The Role of Job Embeddedness in Predicting Turnover in Individualistic and Collectivistic Cultures [J]. Journal of Applied Psychology, 2010, 95 (5): 807 – 823.

[147] Roberson Q M, Colquitt J A. Shared and Configural Justice: A Social Network Model of Justice in Teams [J]. Academy of Management Review, 2005, 30 (3): 595 – 607.

[148] Robinson S L, Rousseau D M. Violating the Psychological Contract: Not the Exception But the Norm [J]. Journal of Organizational Behavior, 1994, 15 (3): 245 – 259.

[149] Robinson S L. Trust and Preach of the Psychological Contract [J]. Administrative Science Quarterly, 1996, 41 (4): 574 – 599.

[150] Rockstuhl T, Dulebohn J H, Ang S, et al. Leader – Member Exchange (LMX) and Culture: A Meta – Analysis of Correlates of LMX Across 23 Countries [J]. Journal of Applied Psychology, 2012, 97 (6): 1097 – 1130.

[151] Rousseau D M. Schema, Promise and Mutuality: The Building Blocks of the Psychological Contract [J]. Journal of Occupational and Organizational Psychology, 2001, 74 (4): 511 – 542.

[152] Rubenstein A L, Eberly M B, Lee T W, et al. Surveying the forest: A Meta – analysis, Moderator Investigation, and Future – Oriented Discussion of the Antecedents of Voluntary Employee Turnover [J]. Personnel Psychology, 2018, 71 (1): 23 – 65.

[153] Scandura T A. Rethinking Leader – Member Exchange: An Organizational Justice Perspective [J]. The Leadership Quarterly, 1999, 10 (1): 25 – 40.

[154] Schmidt F L, Oh I S. Methods for Second Order Meta – Analysis and Illustrative Applications [J]. Organizational Behavior and Human Decision Processes, 2013, 121 (2): 204 – 218.

[155] Seers A. Team – Member Exchange Quality: A New Construct for Role – Making Research [J]. Organizational Behavior and Human Decision Processes, 1989, 43 (1): 118 – 135.

[156] Seers A, Petty M M, Cashman J F. Team – Member Exchange under Team and Traditional Management: A Naturally Occurring Quasi – Experiment [J]. Group and Organization Management, 1995, 20 (1): 18 – 38.

[157] Seo, Nahrgang D, Carter Z, Hom W. Not all Differentiation is the Same: Examining the Moderating Effects of Leader – Member Exchange (LMX) Configurations [J]. Journal of Applied Psychology, 2018, 5 (23): 478 – 495.

[158] Shao R, Rupp D E, Skarlicki D P, et al. Employee Justice Across Cultures: A Meta – Analytic Review [J]. Journal of Management, 2013, 39 (1): 263 – 301.

[159] Shapiro D L, Hom P, Shen W, et al. How do Leader Departures Affect Subordinates' Organizational Attachment? A 360 – Degree Relational Perspective [J]. Academy of Management Review, 2016, 41 (3): 479 – 502.

[160] Shaw J D, Delery J E, Jenkins Jr G D, et al. An Organization – Level Analysis of Voluntary and Involuntary Turnover [J]. Academy of Management Journal, 1998, 41 (5): 511 – 525.

[161] Shaw J D, DineeenB R, Fang R, Vellella R F. Employee – Organization Exchange Relationships, HRM Practices, and Quit Rates of Good and Poor Performance [J]. Academy of Management Journal, 2009, 52 (5): 1016 – 1033.

[162] Shore L M, Coyle – Shapiro J A M, Chen X P, et al. Social Exchange in Work Settings: Content, Process, and Mixed Models [J]. Management and Organization Review, 2009, 5 (3): 289 – 302.

[163] Shore L M, Tetrick E, Lynch P, Barksdale K. Social and Economic Exchange: Construct Development and Validation [J]. Journal of Applied Social Psychology, 2006, 36 (4): 837 – 867.

[164] Shore L M, Tetrick L E, Taylor M S, et al. The Employee – Organization Relationship: A Timely Concept in A Period of Transition [M]. Research in Personnel and Human Resources Management. Emerald Group Publishing Limited, 2004.

[165] Sias P M, Jablin F M. Differential Superior – Subordinate Relations, Perceptions of Fairness, and Coworker Communication [J]. Human Communication Research, 1995, 22 (1): 5 – 38.

[166] Siegel J. Contingent Political Capital and International Alliances: Evidence from South Korea [J]. Administrative Science Quarterly, 2007, 52 (4): 621 – 666.

[167] Sluss D M, Ashforth B E. How Relational and Organizational Identification Converge: Processes and Conditions [J]. Organization Science, 2008, 19 (6): 807 – 823.

[168] Song L J, Tsui A S, Law K S. Unpacking Employee Responses to Organi-

zational Exchange Mechanisms: The Role of Social and Economic Exchange Perceptions [J]. Journal of Management, 2009, 35 (1): 56 – 93.

[169] Standifird S S, Marshall R S. The Transaction Cost Advantage of Guanxi Based Business Practices [J]. Journal of World Business, 2000, 35 (1): 21 – 42.

[170] Su C, Yang Z, Zhuang G, et al. Interpersonal Influence as an Alternative Channel Communication Behavior in Emerging Markets: The Case of China [J]. Journal of International Business Studies, 2009, 40 (4): 668 – 689.

[171] Sun L Y, Aryee S, Law K S. High – Performance Human Resource Practices, Citizenship Behavior, and Organizational Performance: A Relational Perspective [J]. Academy of Management Journal, 2007, 50 (3): 558 – 577.

[172] Sun P, Mellahi K, Wright M, et al. Political Tie Heterogeneity and the Impact of Adverse Shocks on Firm Value [J]. Journal of Management Studies, 2015, 52 (8): 1036 – 1063.

[173] Takeuchi R, Lepak D P, Wang H, et al. An Empirical Examination of the Mechanisms Mediating between High – Performance Work Systems and the Performance of Japanese organizations [J]. Journal of Applied Psychology, 2007, 92 (4): 1069 – 1083.

[174] Thornton P H, Ocasio W, Lounsbury M. The Institutional Logics Perspective: A New Approach to Culture, Structure, and Process [M]. Oxford University Press on Demand, 2012.

[175] Tolbert P S, David R J, Sine W D. Studying Choice and Change: The Intersection of Institutional Theory and Entrepreneurship Research [J]. Organization Science, 2011, 22 (5): 1332 – 1344.

[176] Tracey J B, Hinkin T R. Contextual Factors and Cost Profiles Associated with Employee Turnover [J]. Cornell Hospitality Quarterly, 2008, 49 (1): 12 – 27.

[177] Tsui A S, Farh J L L. Where Guanxi Matters: Relational Demography and Guanxi in the Chinese Context [J]. Work and Occupations, 1997, 24 (1): 56 – 79.

[178] Tsui A S, Pearce J L, Porter L W, et al. Alternative Approaches to the Employee – Organization Relationship: Does Investment in Employee Pay Off? [J]. Academy of Management Journal, 1997, 40 (5): 1089 – 1121.

[179] Tsui A S, Wu J B. The New Employment Relationship Versus the Mutual Investment Approach: Implications for Human Resource Management [J]. Human Resource Management, 2005, 44 (2): 115 – 121.

[180] Vanneste B S, Puranam P, Kretschmer T. Trust Over Time in Exchange Relationships: Meta – Analysis and Theory [J]. Strategic Management Journal, 2015, 35 (12): 1891 – 1902.

[181] Vidyarthi P R, Liden R C, Anand S, et al. Where do I stand? Examining the Effects of Leader – Member Exchange Social Comparison on Employee Work Behaviors [J]. Journal of Applied Psychology, 2010, 95 (5): 849 – 861.

[182] Waldman D A, Carter M Z, Hom P W. A Multilevel Investigation of Leadership and Turnover Behavior [J]. Journal of Management, 2015, 41 (6): 1724 – 1744.

[183] Wang D, Tsui A S, Zhang Y, et al. Employment Relationships and Firm Performance: Evidence From an Emerging Economy [J]. Journal of Organizational Behavior, 2003, 24 (5): 511 – 535.

[184] Warren D E, Dunfee T W, Li N. Social Exchange in China: The Double – Edged Sword of Guanxi [J]. Journal of Business Ethics, 2004, 55 (4): 353 – 370.

[185] Watrous K M, Huffman A H, Pritchard R D. When Coworkers and Managers Quit: The Effects of Turnover and Shared Values on Performance [J]. Journal of Business and Psychology, 2006, 21 (1): 103 – 126.

[186] Whitman D S, Caleo S, Carpenter N C, et al. Fairness at the Collective Level: A Meta – Analytic Examination of the Consequences and Boundary Conditions of Organizational Justice Climate [J]. Journal of Applied Psychology, 2012, 97 (4): 776 – 791.

[187] Wu J B, Hom P W, Tetrick L E, Shore L M, et al. The Norm of Reciprocity: Scale Development and Validation in the Chinese Context [J]. Management and Organization Review, 2006, 2 (3): 377 – 402.

[188] Xiao Z, Tsui A S. When Brokers May not Work: The Cultural Contingency of Social Capital in Chinese High – tech firms [J]. Administrative Science Quarterly, 2007, 52 (1): 1 – 31.

[189] Yang D. Remaking the Chinese Leviathan: Market Transition and the Politics of Governance in China [M]. Stanford: Stanford University Press, 2005.

[190] Yu, Matta K, Cornfield. Is Leader – Member Exchange Differentiation Beneficial or Detrimental for Group Effectiveness? A Meta – Analytic Investigation and Theoretical Integration [J]. Academy of Management Journal, 2018, 61 (3): 1158 – 1188.

[191] Zhang A Y, Tsui A S, Song L J W, Li C P, et al. How do I trust thee?

The Employee – Organization Relationship, Supervisory Support and Middle Managers' Trust in the Organization [J]. Human Resource Management, 2008, 47 (1): 111 – 132.

[192] Zhang S, Li X. Managerial Ties, Firm Resources, and Performance of Cluster firms [J]. Asia Pacific Journal of Management, 2008, 25 (4): 615 – 633.

[193] Zhang Y, Zhang Z. Guanxi and Organizational Dynamics in China: a Link between Individual and Organizational levels [J]. Journal of Business Ethics, 2006, 67 (4): 375 – 392.

[194] Zhang Z, Jia M. Using Social Exchange Theory to Predict the Effects of High – Performance Human Resource Practices on Corporate Entrepreneurship: Evidence from China [J]. Human Resource Management, 2010, 49 (4): 743 – 765.

[195] 陈维政, 任晗. 人情关系和社会交换关系的比较分析与管理策略研究 [J]. 管理学报, 2015, 12 (6): 789 – 798.

[196] 邓建平, 曾勇. 政治关联能改善民营企业的经营绩效吗 [J]. 中国工业经济, 2009 (2): 98 – 108.

[197] 邓新明, 熊会兵, 李剑峰等. 政治关联、国际化战略与企业价值: 来自中国民营上市公司面板数据的分析 [J]. 南开管理评论, 2014, 17 (1): 26 – 43.

[198] 樊耘, 马贵梅, 颜静. 建言行为研究的演进过程述评 [J]. 人力资源管理, 2013 (4): 179 – 183.

[199] 樊耘, 马贵梅, 颜静. 社会交换关系对建言行为的影响——基于多对象视角的分析 [J]. 管理评论, 2014, 26 (12): 68 – 77.

[200] 费孝通. 乡土中国生育制度 [M]. 北京: 北京大学出版社, 1998.

[201] 高丹雪, 仲为国. 企业间合作关系终止研究综述与未来展望 [J]. 外国经济与管理, 2017, 39 (12): 53 – 69.

[202] 郭晓薇, 李成彦. 中国人的上下级关系: 整合构念的建立与初步检验 [J]. 管理学报, 2015, 12 (2): 167 – 177.

[203] 郭晓薇. 中国情境中的上下级关系构念研究述评——兼论领导—成员交换理论的本土贴切性 [J]. 南开管理评论, 2011, 14 (2): 61 – 68.

[204] 何晓斌, 蒋君洁, 杨治等. 新创企业家应做"外交家"吗? ——新创企业家的社交活动对企业绩效的影响 [J]. 管理世界, 2013 (6): 128 – 137, 152.

[205] 何正亮, 龙立荣. 基于新生企业发展阶段的动态角色匹配 [J]. 管理学报, 2013, 10 (6): 868 – 874.

[206] 胡永平,张宗益. 高管的政治关联与公司绩效:基于国有电力生产上市公司的经验研究 [J]. 中国软科学, 2009 (6): 128 - 137.

[207] 黄光国. 人情与面子:中国人的权力游戏 [M]. 台北:巨流图书公司, 1988.

[208] 黄光国, 胡先缙. 人情与面子:中国人的权力游戏 [M]. 北京:中国人民大学出版社, 2008.

[209] 黄海洋, 何佳讯, 王承璐. 关系在中国商业活动中的负面影响 [J]. 商业研究, 2016 (6): 15 - 21.

[210] [美] 阿奇·B. 卡罗尔. 企业与社会:伦理与利益相关者管理 [M]. 北京:机械工业出版社, 2004.

[211] 李新春, 刘莉. 嵌入性—市场性关系网络与家族企业创业成长 [J]. 中山大学学报(社会科学版), 2009, 49 (3): 190 - 202.

[212] 李新春, 叶文平, 朱沆. 牢笼的束缚与抗争:地区关系文化与创业企业的关系战略 [J]. 管理世界, 2016 (10): 88 - 102, 188.

[213] 李云, 李锡元. 上下级"关系"影响中层管理者职业成长的作用机理——组织结构与组织人际氛围的调节作用 [J]. 管理评论, 2015, 27 (6): 120 - 127, 139.

[214] 李锐, 凌文辁, 柳士顺. 传统价值观、上下属关系与员工沉默行为——一项本土文化情境下的实证探索 [J]. 管理世界, 2012 (3): 127 - 140, 150.

[215] 梁强, 张书军, 李新春. 基于创业机会的新创劣势和应对策略分析与启示 [J]. 外国经济与管理, 2011, 33 (1): 19 - 25.

[216] 刘军, 刘小禹, 白新文. 雇佣关系变迁及其影响因素的实证检验 [J]. 经济科学, 2007 (2): 68 - 76.

[217] 刘林青, 梅诗晔. 管理学中的关系研究:基于SSCI数据库的文献综述 [J]. 管理学报, 2016, 13 (4): 613 - 623.

[218] 刘泱, 朱伟, 赵曙明. 包容型领导风格对雇佣关系氛围和员工主动行为的影响研究 [J]. 管理学报, 2016, 13 (10): 1482 - 1489.

[219] 龙静. 创业关系网络与新创企业绩效——基于创业发展阶段的分析 [J]. 经济管理, 2016, 38 (5): 40 - 50.

[220] 罗党论, 刘晓龙. 政治关系、进入壁垒与企业绩效——来自中国民营上市公司的经验证据 [J]. 管理世界, 2009 (5): 97 - 106.

[221] 马力, 曲庆. 可能的阴暗面:领导—成员交换和关系对组织公平的影响 [J]. 管理世界, 2007 (11): 87 - 95.

[222] 潘静洲, 王震, 周文霞等. LMX 差异化对创造力的影响: 一项多层次研究 [J]. 管理科学学报, 2017, 20 (2): 108 – 126.

[223] 潘清泉, 韦慧民. 小型创业企业高层团队成员变动问题及对策 [J]. 中国人力资源开发, 2012 (5): 27 – 30.

[224] 潘镇, 李云牵, 李健. 总经理掌控力、董事长—总经理垂直对特征与创新持续性 [J]. 经济管理, 2017, 39 (9): 82 – 99.

[225] 任孝鹏, 王辉. 领导—部属交换 (LMX) 的回顾与展望 [J]. 心理科学进展, 2005 (6): 86 – 95.

[226] 沙颖, 陈圻, 郝亚. 关系质量、关系行为与物流外包绩效——基于中国制造企业的实证研究 [J]. 管理评论, 2015, 27 (3): 185 – 196.

[227] 寿志钢, 苏晨汀, 杨志林等. 零售商的能力与友善如何影响供应商的关系行为——基于信任理论的实证研究 [J]. 管理世界, 2008 (2): 97 – 109.

[228] 覃大嘉, 杨颖, 刘人怀等. 技能员工的创新、承诺与离职: 被中介的调节模型 [J]. 管理科学, 2018, 31 (2): 20 – 32.

[229] 谭明方. 社会学理论研究 [M]. 武汉: 华中科技大学出版社, 2002.

[230] 汪涛, 陆雨心. 新兴市场中企业对政府的关系投入与企业出口: 创新能力的调节作用 [J]. 科学学与科学技术管理, 2017, 38 (7): 90 – 104.

[231] 王佳宁, 罗重谱. 中国小型微型企业发展的政策选择与总体趋势 [J]. 改革, 2012 (2): 5 – 17.

[232] 王建军, 赵金辉. 关系与 IT 外包绩效: 服务质量调节的中介作用 [J]. 科研管理, 2015, 36 (8): 104 – 111.

[233] 王萌, 郭迅华, 陈国青等. 在线关系对中小网商绩效影响的实证分析 [J]. 中国管理科学, 2016, 24 (10): 156 – 163.

[234] 王晓玉. 边界管理人员关系与企业间关系——信任的核心作用 [J]. 管理学报, 2006 (6): 728 – 732.

[235] 王永跃, 段锦云. 政治技能如何影响员工建言: 关系及绩效的作用 [J]. 管理世界, 2015 (3): 102 – 112.

[236] 王震, 孙健敏. 领导—成员交换关系质量和差异化对团队的影响 [J]. 管理学报, 2013, 10 (2): 219 – 224.

[237] 王震, 仲理峰. 领导—成员交换关系差异化研究评述与展望 [J]. 心理科学进展, 2011, 19 (7): 1037 – 1046.

[238] 王忠军, 龙立荣, 刘丽丹. 组织中主管—下属关系的运作机制与效果 [J]. 心理学报, 2011, 43 (7): 798 – 809.

[239] 卫武. 中国环境下企业政治资源、政治策略和政治绩效及其关系研究 [J]. 管理世界, 2006 (2): 95–109.

[240] 吴冰, 王重鸣. 小型创业企业生存分析 [J]. 科研管理, 2007, 28 (5): 41–44.

[241] 吴继红, 陈维政, 刘云. 双向视角的员工—组织关系 IP/C 模型研究 [J]. 科研管理, 2009, 30 (6): 141–151.

[242] 吴婷, 张正堂. LMX 对员工组织支持感知与情绪枯竭的影响——LMX 差异化的调节作用 [J]. 经济管理, 2017, 39 (8): 103–115.

[243] 谢雅萍, 张金连. 创业团队社会资本与新创企业绩效关系 [J]. 管理评论, 2014, 26 (7): 104–114.

[244] 徐燕, 赵曙明. 社会交换和经济交换对员工情感承诺和离职意向的影响研究——领导—成员交换关系的调节作用 [J]. 科学学与科学技术管理, 2011, 32 (11): 159–165.

[245] 薛晋洁, 史本山. 关系、治理策略对合资企业社会困境的影响研究 [J]. 软科学, 2016, 30 (5): 74–77.

[246] 严兴全, 周庭锐, 李雁晨. 信任、承诺、关系行为与关系绩效: 买方的视角 [J]. 管理评论, 2011, 23 (3): 71–81.

[247] 杨春江, 逯野, 杨勇. 组织公平与员工主动离职行为: 工作嵌入与公平敏感性的作用 [J]. 管理工程学报, 2014, 28 (1): 16–25.

[248] 杨俊, 张玉利, 杨晓非等. 关系强度、关系资源与新企业绩效——基于行为视角的实证研究 [J]. 南开管理评论, 2009, 12 (4): 44–54.

[249] 杨晓, 师萍, 安立仁. 领导—成员交换理论的新拓展——相对领导—成员交换关系研究综述 [J]. 外国经济与管理, 2013, 35 (10): 72–80.

[250] 杨晓, 师萍, 谭乐. 领导—成员交换社会比较、内部人身份认知与工作绩效: 领导—成员交换关系差异的作用 [J]. 南开管理评论, 2015, 18 (4): 26–35.

[251] 叶仁荪, 倪昌红, 黄顺春. 职场排斥、职场边缘化对员工离职意愿的影响: 员工绩效的调节作用 [J]. 管理评论, 2015, 27 (8): 127–140.

[252] 尹洪娟, 杨静, 王铮等. "关系"对知识分享影响的研究 [J]. 管理世界, 2011 (6): 178–179.

[253] 于桂兰, 付博. 上下级关系对组织政治知觉与员工离职倾向影响的被中介的调节效应分析 [J]. 管理学报, 2015, 12 (6): 830–838.

[254] 袁建国, 后青松, 程晨. 企业政治资源的诅咒效应: 基于政治关联与企业技术创新的考察 [J]. 管理世界, 2015 (1): 139–155.

[255] 张建君, 张闫龙. 董事长—总经理的异质性、权力差距和融洽关系与组织绩效——来自上市公司的证据 [J]. 管理世界, 2016 (1): 110-120.

[256] 张建君, 张志学. 中国民营企业家的政治战略 [J]. 管理世界, 2005 (7): 94-105.

[257] 张祥俊. 微型创业企业的几个人力资源管理问题 [J]. 人力资源管理, 2014 (4): 22-24.

[258] 张一弛. 从扩展的激励—贡献模型看我国企业所有制对雇佣关系的影响 [J]. 管理世界, 2004 (12): 90-98.

[259] 张玉利, 杨俊, 任兵. 社会资本、先前经验与创业机会——一个交互效应模型及其启示 [J]. 管理世界, 2008 (7): 91-102.

[260] 杨国枢. 中国人的心理与行为: 本土化研究 [M]. 北京: 中国人民大学出版社, 2004.

[261] 杨中芳. 中国人的人际关系、情感与信任——一个人际交往的观点 [M]. 台湾: 远流出版事业股份有限公司, 2001.

[262] 曾垂凯. 情感承诺对 LMX 与员工离职意向关系的影响 [J]. 管理评论, 2012, 24 (11): 106-113, 157.

[263] 曾萍, 邓腾智. 政治关联与企业绩效关系的 Meta 分析 [J]. 管理学报, 2012, 9 (11): 1600-1608.

[264] 赵曙明, 席猛, 蒋春燕. 人力资源管理重要性与能力对企业雇佣关系模式选择的影响 [J]. 经济管理, 2016, 38 (4): 83-92.

[265] 郑晓涛, 俞明传, 孙锐. LMX 和合作劳动关系氛围与员工沉默倾向的倒 U 形关系验证 [J]. 软科学, 2017, 31 (9): 88-92.

[266] 朱苏丽, 龙立荣, 贺伟等. 超越工具性交换: 中国企业员工—组织类亲情交换关系的理论建构与实证研究 [J]. 管理世界, 2015 (11): 119-134.

[267] 朱秀梅, 费宇鹏. 关系特征、资源获取与初创企业绩效关系实证研究 [J]. 南开管理评论, 2010, 13 (3): 125-135.

[268] 庄贵军, 李珂, 崔晓明. 关系营销导向与跨组织人际关系对企业关系型渠道治理的影响 [J]. 管理世界, 2008 (7): 77-90.

后 记

"关系"本是一个普通词语,泛指人与人、人与物、人与事、人与团体组织等之间的联系。不过在中国现代社会生活中,当人们说到"关系"时,更多的是指人与人之间特殊的人情关系(陈维政和任晗,2015)。中国台湾学者黄光国(2010)将人际关系划分为三种不同的性质:情感性关系、工具性关系与混合性关系。当个体和他人维持情感性关系时,维持关系本身是最终目标,但是当个体和他人建立工具性关系时,"关系"只是作为获得目标的一种手段和工具,其间纵然带有情感成分,但是也非常有限。混合性关系介于情感性关系和工具性关系之间。就工作场所中的关系而言,同样可能包括不同成分。如黄光国(1988)提出"人情面子模型",认为同事关系属于混合性关系,即同事关系既有工具性成分——相互配合以完成工作任务,又有情感性成分——产生于工作之中和工作之外的各种互动。另外,Chen(2008)等在关系亲密度的基础上提出了同事关系亲密度的概念,反映的是同事之间信任和感情亲疏的程度,并且认为信任水平越高和感情越深厚,则同事之间的关系就越亲密。基于此,在中国组织情境中的关系研究可以进一步细化探讨不同维度的发展及其效应机制。由于中国"关系"("Guanxi")的特色,中国人更强调攀关系、讲交情,并且呈现由"己"推出去的差序格局(费孝通,1998),分析中国组织中"关系"发展的不同维度或者亲密度特点及内在机制将有着更为显著的意义,有助于更深入地了解不同关系的本质。

随着组织壮大以及利用团队合作完成任务的增多,工作变得越来越互相依赖,更需要相互合作以创造性的解决问题。在这样的背景下,关系也就成为工作中很重要的一部分(Chiaburu & Harrison, 2008; Grant & Parker, 2009)。工作关系(Work Relationship)是指在工作背景下两个人之间产生的被认为是可以互利共赢的新增联系。不过,随着工作关系的发展,有学者指出,工作关系不限于个体之间,而是可以拓展到更高的层面,如团队或者组织。概括而言,工作关系通常指两个相互作用的成员或合作伙伴之间的交流模式,无论是个人、团体还是组织,关系通常都是为了完成一些共同的事物或目标。工作关系典型的包括二元个体间的联系,除了领导—下属关系、同事关系、师徒指导关系之外;还包括团队层面的团队—成员交换关系以及组织层面的员工—组织关系。虽然这些工作关系与非工作关系有着许多共同的特质，但是在组织背景下的交流使研究工作关系具有独特性（Ferris et al., 2009）。基于组织背景探究工作关系的独特内涵、驱动机制以及影响效应机理有着其特征的价值。

越来越多的研究强调积极的人际关系在工作中的重要性（Dutton & Heaphy, 2003；Ragins & Dutton, 2007），并认为工作关系是能够帮助个体成长的一种有意义的能量来源（Ragins & Dutton, 2007）。如 Coleret、Bond 和 Purvanova（2016）指出，基于人际关系的考虑而给予同事非正式的机会，即在工作外被赋予的额外机会，会增加员工的工作意义。Feeney 和 Collins（2015）也强调，关系不仅可以帮助人们应对逆境，还能为个人追求成长和发展提供机会。另外，工作关系对于非工作领域也可能产生重要影响。随着工作和非工作身份的边界越来越模糊（Ramarajan & Reid, 2013），工作关系不仅是工具性的工作相关支持（Instrumental Work-Relevant Support）的来源（如任务协助和职业建议），而且还能够支持超越工作领域的非工作相关的事务，如个人成长和友谊（Dutton & Heaphy, 2003；Niven, Holman & Totterdell, 2012）。不过，虽然对于工作关系的探讨范围越来越广，但是相关研究却忽视了工作关系具有不同性质，如积极工作关系和消极工作关系。消极工作关系或者负面工作关系是指关系双方至少有一个人不喜欢对方，并且这种不喜欢持续存在并且反复出现（Labianca & Brass, 2006）。以往的研究将关系与"好关系"等同，故而往往直接探讨关系的益处。但这种研究趋势是不利于对关系的全面认识。把关系分为"良好关系"以及负面关系，探讨积极关系与负面关系的各自的发展及影响效应机制，可以促进对组织情境中关系的更全面认识，也为关系管理实践提供更全方位的借鉴参考。

在现有工作关系的研究中，领导—下属关系是研究最多的一种关系，并取得了较为丰富的成果。长期以来，因为领导—下属关系被认为是组织中最重要的一种关系，对于领导—下属关系的理论研究主要是基于领导—成员交换（LMX）关系视角。研究表明，领导—成员交换对于员工而言会有许多好处。在过去三十多年的 LMX 研究中获得的普遍认识即是，良好的领导—成员交换关系对于员工有效性与幸福感均有着重要的价值。LMX 的质量被众多学者证明是员工工作态度、有效性以及组织内的职业成功的重要决定因素（Dulebohn et al., 2012；Gerstner & Day, 1997）。不过，相对于关注 LMX 为员工带来的组织内发展具有重要意义，其在组织边界外的价值没有得到较好的探讨，如当员工离开当前组织到其他地方追求职业发展时，原组织中建立起的 LMX 关系究竟会带来什么影响并不明确。实际上，无边界职业生涯发展正变得越来越普遍。随着职场人越来越追求可能跨越多个组织的无边界的职业生涯发展，需要思考的一个问题就是：在原有组织中发展起来的高质量 LMX 的益处可以超越当前组织吗？Paghuram 等（2017）认为，与主管发展起的高质量 LMX 关系有益于他们更好的职业发展，这种好处还可以体现在外部劳动力市场的职业成长中。究竟 LMX 关系质量在员工的无边界职业生涯发展过程中有哪些积极的价值？LMX 关系质量如何影响员工在外部职场的发展？这些发展对于员工原有组织的意义有哪些等问题，都可以在未来进一步深入探讨。相信通过对这些问题的思考与探究，可以更深入地拓展 LMX 关系的价值，同时也对 LMX 关系维护与发展管理实践提供更有力的支持和指导。

一直以来，工作场所中关系的研究往往关注的是某一特定类型的工作关系，如领导—成员交换关系、师徒指导关系、同事关系、团队成员—交换关系、员工—组织关系等（Colbert et al., 2016；Ragins & Dutton, 2007）。由于上述不同分类的工作关系确实有其各自独特的内涵、发展与效应机制，因此，这种分散化的研究也存在着一个问题，即对于焦点个体在工作场合中的关系缺乏全面的把握。实际上，当前研究的一个趋势就是在分散探讨各类关系基础之上，对工作关系进行一个整体性的研究（Khazanchi et al., 2018）。基于此，未来研究可以从整合观视角探讨员工的整体工作关系发展及其影响效应，或者根据性质分析，探讨积极工作关系与消极工作关系的各自发展机制以及差异性的影响路径。

除了由分散化探讨各类关系向整体性把握工作关系这一关系研究趋势之外，在工作关系探讨中也有一些新的切入点或者关注要素。如在自媒体时代，随着移动技术的使用，微信、QQ 等工具与通信平台在职场中的使用也变得越来越普遍。在移动网络技术超越时间与空间的有利刺激下，工作关系更可以拓展和利用到更大的范围，包括工作领域与非工作领域、工作时间与非工作时间。不过，移动网络技术普遍使用提供的便利条件也可能有一定的成本代价，如不恰当的移动网络技术使用会导致关系负面发展。例如，领导者可能借用移动网络技术过多地将工作相关事件渗透到下属的家庭生活中，在非工作时间让下属频繁地查阅并遵照执行工作相关邮件，从而导致下属对于领导的不满意，影响上下级关系质量。又如同事在微信朋友圈中用不恰当的动态信息更新及转贴，包括转发对工作不满情绪宣泄或者不实信息等，都可能影响他人对焦点同事的评价，从而影响焦点同事的工作关系发展。究竟移动网络技术使用如何影响职场中的工作关系，对于不同类型工作关系的影响有何不同，以及如何借助于这些技术促进职场中的工作关系更好地发展是一个值得研究者关注的重要问题。就组织管理实践而言，组织管理者和员工均需要重视移动网络技术，学会恰当利用移动网络技术的关系发展优势，同时避免移动网络技术不当使用可能导致的关系发展风险。

员工身份对工作关系的影响也是一个新的关注热点。随着双收入家庭的增多，员工常常身兼数职，可能包括工作角色身份、家庭角色身份以及诸如志愿者、俱乐部会员等多种身份。在员工多重身份日益普遍背景下，身份与关系发展之间的联系越来越受到重视。随着工作和非工作身份的边界越来越模糊（Ramarajan & Reid，2013），工作关系不仅是工具性的工作相关支持的来源，而且还能支持超越工作领域的非工作相关的事务。如员工发展起的与工作团队和组织的心理联系（Psychological Bonds）对于员工的工作体验有着深刻的影响（Mael & Ashforth，2001）。与团队或者组织发展的这种心理联系可以用身份（Identity）这一构念来反映（Mesmer-Magnus et al.，2018）。身份是个体源于其对自己作为一个社会群体的成员资格以及对这一成员资格重要性认识而发展的一部分自我概念（Tajfel，1978）。身份，包括个人身份、团队身份和组织身份，对员工工作体验与行为会产生重要的影响作用（Riketta & van Dick，2005）。如果员工发展了较强的团队身份和组织身份，他对于团队和组织的态度以及行为往往与该身份认识保持一致，从而会努力表现以符合身份要求（Ashforth，Rogers & Corley，2011），并进而发展起更高质量的团队成员关系以及员工组织关系。因为高水平的团队身份使个体将自己看作与团队高度一体的，从而更可能提高其对团队的喜爱（Turner & Reynolds，2010）。可见，团队层面的身份定位也会影响成员与团队的交换关系。另外，在关系背景下的身份是不断创造的、制定的和修正的（Dutton & Heaphy，2003）。Coleret、Bond 和 Purvanova（2016）研究发现，关系功能不仅可以促进个人成长、还为实现职业身份提供发展的建议和机会，同时还能塑造和培育个人良好的自我概念。基于此关系如何影响个体身份建构与再建构，而建构的身份又会如何影响关系发展，是值得未来进一步探讨的一个重要主题。

工作关系动态发展性及其影响要素也是关系研究的一个新趋势。关系并不是一个稳定的特征，而可能是一个动态发展的状态及结果。工作关系可以处于不同阶段，如初期的工具性阶段或者较深的情感性阶段，或者处于不同水平的亲密度状态。随着时间发展，工作关系既可能加深也可能倒退，既可能从工具性关系发展到混合性关系，也可能因为一些信任违背事件导致情感性关系倒回工具性关系阶段，并且关系发展受到多种因素的影响，如个体动机、人际理解能力以及第三方联系等，而且不同因素在关系发展过程中所起的作用可能具有显著差异。个体可能主动发展关系，不同个体可能根据多方面因素有意识地选择关系发展对象，并针对性地实施相应的关系运作行为。具体来说，在工作场所中的关系发展常常是有意识的，甚至在很多情况下是根据需要进行重点发展的结果。如拥有较高工作胜任力或者其他重要资源的个体常常会成为工作关系主动发展的对象。个体为了更好地达到自己的目标，会有意识地选择特定的对象发展某种工作关系。而关系运作行为对于关系发展具有重要意义。关系运作行为包括许多，而其中的一个重点即是加强联系。另外，人情行为也是常见的一种关系运作行为，如对同事遇到的困难或提出的要求给予帮助,这在关注人情的中国文化背景下更是如此。Reis 等(2000)发现,在工作成员间的理解、欣赏、谈论一些有意义的事情,或分享有趣的活动等都有可能使员工产生积极的情感,从而有助于关系的进一步加深。究竟上述关系运作行为在不同关系阶段对于不同类型的工作关系影响有无差异,具体的路径机制如何等,还需要进一步研究检验。

在关系发展的过程中,可能会有某些事件成为影响关系的决定因素。究竟影响关系发展的关键事件具有什么特征,这些事件对于关系发展的影响内在机理是什么,是当前工作关系研究领导的一个新主题。Ballinger 和 Rockmann(2010)强调某些事件可能会成为关系中的锚。关于焦点个体与目标对象之间社会交换的信息会在记忆系统中储存和提取,包括个体对事件的各种体验(Conway & Pleydell – Pearce, 2000)。会成为关系中的锚的记忆事件的主要特征包括强烈的情感、生动性、与焦点个体长期关注点密切相关等(Conway et al., 2004)。而这些对于特定交换事件的记忆对于决定未来关系的形式是非常重要的。有关记忆的研究发现,个体会非常看重那些特别容易回忆起的信息(Tversky & Kahneman, 1974)。如果个体经历了一件特别强烈的事件则该事件更容易进入记忆系统并且很容易被提取出来(Ariely & Zauberman, 2003),用于对未来相关人和事的评价。具体来说,当焦点个体如果没有与目标对象的先前交换的强烈持久记忆时,焦点个体往往依据长期互动的累积影响或者说最近发生的事件来评价目标对象,并决定与其在随后的互动中应该遵循的互动规则(Ballinger & Rockmann, 2010)。其实关于心理契约和信任的研究文献也指出了关键事件会影响组织背景中关系的发展(Rousseau, 1995)。如根据心理契约的研究发现,当个体知觉到一个心理契约违背时,即发生一件关键负面事件让该个体经历了许多负面的结果,包括降低的信任水平、旷工、离职倾向以及降低的组织公民行为等(Raja, Johns & Ntalianis, 2004;Turnley & Feldman, 1999)。对此,Robinson(1996)曾指出,相比较低水平初始信任的个体,在组织中拥有高初始信任的个体在经历了一次心理契约违背后较少可能报告信任水平的降低。由此来看,初始信任水平的高低对于个体后续的知觉会产生持久的影响作用。据此逻辑,在双方互动过程中的初始信任水平对于后续互动事件的评价会产生显著而持久的影响力,并且因此会影响双方的互动规则。正是基于此,互惠规则并非是关系发展的唯一指导规则。不同关系阶段的互动规则可能有所差异,导致影响不同阶段关系发展的关键事件可能有所不同,未来可以对此进一步研究。

研究表明,关系修复不同于关系建立。Ren 等(2009)基于互动仪式观(Interaction Rituals)提出了关于关系冲突后有效关系恢复行为的模型。在二元关系中的关系冲突意味着一方违背了另一方关于其重要核心需要的预期(Cropanzano et al., 2005)。这导致了一种关系违背,因为违背者的行动并没有支持被违背者的预期(Goffman, 1967)。这种关系违背会引发关系的紧张,可能会表现出较多的负面情感(Guetzkow & Gyr, 1954)。正因如此,关系冲突可能会给个人和组织带来严重的负面后果。但是关系冲突引发的可能关系破坏如何修复才能达到较好的结果仍然不明确。虽然工作关系(Work Relationship)是有界限的,即由工作背景所限定的(Ferris et al., 2009)。但是,影响工作关系的因素却是无界限的,可能受到多种因素的影响,包括工作领域和非工作领域的因素。关系修复的关键影响因素与关系建立的影响因素是否有所不同,这种差异又是否会因关系阶段或者关系类型的不同而变化等问题是未来工作关系学者可以进一步关注研究的有趣主题。

此外,近年来,关于工作场所物理环境或者空间距离对于工作关系的影响作用开始受到一些学者的关注。我们相信对这一问题的探讨将会从一个新的侧面推进对工作关系的理解,同时也有助于指导工作场所设计。研究指出,随着工作互依性的日益提高,对于团队的依赖也日益增长,关系越来越成为工作背景中的一个重要方面(Colbert, Bono & Purvanova, 2016)。尽管不少的组织开始改造物理办公空间,以更好地培养工作场所中的关系。但是,物理空间究竟对于工作关系的影响如何?其内在机制是什么?仍然并不明确。如 Methot 等(2017)指出,关于组织背景如何影响关系发展的动态机制研究是非常有限的。他们指出,环境不确定性可能导致工作关系具有矛盾情感的特征。Golden - Biddle 等(2007)认为,要从其他组织文化在创造和维持积极工作关系中的动态机制。而关于物理空间对于工作关系的影响机制并没有涉及。

在过去的十多年,办公物理空间经历了显著的改变以适应不断变化的工作性质。具体来说,一方面,工作正变得越来越灵活,并且相互依赖也越来越复杂;另一方面,办公物理空间的改变也因为雇佣的性质发生了改变,如远程办公(Telecommuting)以及合同工(Contract Work)等(Davis, 2016; Sundararajan, 2016)。在这样的背景之下,物理办公空间设计从传统或者格子办公间向开放空间转换,甚至还有共享工作空间(Shared Coworking Spaces)。在共享工作空间中,独立的专业人员、自由职业者以及远程办公人员待在一起工作(Ashkanasy, Ayoko & Jehn, 2014; Spreitzer et al., 2015)。对于上述物理办公空间的改变,不少学者提出一个观点,即这种变化会有利于关系的发展(Khazanchi et al., 2018)。因为这种开放的办公空间或者不同人员共享的工作空间将促进彼此间的合作、信息分享以及创造性的解决问题办法。对于这一点,例如,苹果公司创始人乔布斯就非常赞同并落实于管理实践之中,在他曾经开办的"动画梦工厂"的办公室设计中就特别突出让设计师有机会互动交流,如茶歇室、休息室等。又如谷歌公司等一些大型企业也在管理实践中特别强调办公空间需要有开放的区域供员工休闲交流。实际上，办公空间设计确实可能会影响工作关系的形成与发展（De Croon et al.，2005；Kabo et al.，2015）。有关领地（territoriality）的研究表明，工作空间分配影响工作关系结果（Brown & Robinson，2011）。办公室布局如果产生拥挤感可能导致压力的产生（May et al.，2005），而这又会接下来消耗本可以用于工作关系形成与维持的自我调节资源（Luchies et al.，2011）。由此来看，未来可以对工作环境与工作关系发展间的关系机制进行更深入的挖掘。

最后，感谢韦慧民的硕士生曾慧敏、朱涛、刘布克、农梅兰、何杨曦照、周楷健和张艳冰积极参与了本专著部分章节的撰写工作。另外，本书还获得国家自然科学基金项目"基于 APIM 的创业团队成员互依信任动态演化及其影响因素研究"（71162026）部分资助在此表示感谢。

作者

2018 年 9 月 30 日